한국현대철학의 여명기를 개척한
철학자들의 고뇌와 사유

일제강점기
한국철학

한국철학의 여명기를 개척한
철학자들의 고뇌와 사유

일제강점기
한국철학

초판 1쇄 인쇄 2018년 2월 22일
초판 1쇄 발행 2018년 2월 28일

지은이 이태우
펴낸이 김승희
펴낸곳 도서출판 살림터

기획 정광일
편집 조현주
북디자인 꼬리별

인쇄·제본 (주)현문
종이 월드페이퍼(주)

주소 서울시 양천구 목동동로 293, 22층 2215-1호
전화 02-3141-6553
팩스 02-3141-6555
출판등록 2008년 3월 18일 제313-1990-12호
이메일 gwang80@hanmail.net
블로그 http://blog.naver.com/dkffk1020

ISBN 979-11-5930-062-2 93100

한국현대철학의 여명기를 개척한
철학자들의 고뇌와 사유

일제강점기
한국철학

이태우 지음

책머리에

이 책은 서양 문물이 밀려 들어오던 19세기 말에서 20세기 중반까지 일제강점기를 중심으로 선각자, 지식인, 독립운동가 등으로 살아온 한국의 철학자들과 그들의 철학사상을 발굴하고 재조명한 연구서이다. 지금까지 한국철학사에서는 일제강점기 한국철학이라는 용어를 찾아볼 수 없었다. 그 이유는 일제강점기라는 시대의 특수성 때문이다. 무엇보다 이 시기는 우리 민족에겐 기억하고 싶지 않은 상흔이 집단적 트라우마로 남아 있으며, 민족의 자존심과 자긍심, 정체성에 큰 상처를 남긴 시기였기 때문이다.

이 시기 우리 민족문화는 외세에 의해 타율적으로 강요받고 이식된 문화로 인식되어왔다. 따라서 이 시기의 철학 역시 당연히 그 존재성과 주체성, 정당성을 인정받을 수 없었다. 아니 어쩌면 고통받았던 당시의 기억을 지워버리기 위해 애써 외면하고 인정하기 싫었을지 모른다. 때문에 우리 철학사에는 이 시기에 대한 언급이 별로 없다. 다만 한국현대철학의 초기에 활동한 몇몇 철학자들만이 간략히 소개될 뿐이다.

이 시기는 서양철학이 본격적으로 유입되었지만 일제강점기라는 이유로 지금까지 학계에서 제대로 다뤄지지 않았다. 일제강점기를 거론하면 흔히 주체적인 철학보다 외부로부터 강요된 일제의 관학

(官學) 또는 어용 철학을 떠올리게 된다. 그러나 이 시기에도 많은 철학자들이 시대를 고민하며 철학 활동을 펼쳤다. 일제강점기는 암울한 시기였지만 한국현대철학의 기초를 닦는 시기이기도 했다. 따라서 학계의 조명을 받지 못하고 철학사에서 누락된 당시의 많은 철학자들을 발굴하고 그들의 철학사상을 소개하는 것은 결락된 한국철학사의 맥락을 잇는 일이 될 것이다.

물론 지금의 관점에서 그 당시에 무슨 철학이 있었을까, 있었다 하더라도 서양의 철학사상을 소개하는 정도가 아니었을까 하는 의구심을 갖는 사람이 적지 않을 것이다. 그러나 일제의 사상 탄압을 받으면서 주체적이고 자율적인 철학 활동을 펼치기 어려운 상황이었지만, 당시의 철학자들은 주어진 현실을 철학적 주제로 삼아 현실의 모순을 극복하기 위한 다양한 모색을 시도하기도 했다. 오히려 지금보다 더 치열하게 철학 활동을 하였다. 이미 주어진 시대적 상황이 치열한 철학적 사유를 추동하였으며, 지금보다 더 구체적이고 현실적인 과제가 그들 앞에 화두로 던져져 있었던 것이다.

비록 현재의 관점에서 보면 이들은 철학적으로 세련되지 않은, 어쩌면 비철학적인 모습을 보이기도 한다. 때로는 철학과 문학, 예술 등 장르의 경계를 오가는 감성적 언어를 사용하고 있기도 하다. 하지만 이제 이 시기의 철학들을 더 이상 회피하거나 감추지 말고 정면으로 응시하여야 한다. 오히려 확고한 목표와 뚜렷한 주제의식을 가지고 철학을 연구한 이 시기 철학자들과 그들의 철학 활동을 한국현대철학사의 일부분으로 수용해야 할 것이다. 그리고 21세기 한국철학의 정체성을 확인하고 주체적 한국철학을 형성해나가기 위해서도 이 시기 철학자들이 지녔던 문제의식과 문제점을 참고할 필요가 있을 것이다.

이 책은 일제강점기 한국철학에 대한 연구서로서 다음과 같은 의미가 있다.

첫째, 이 책은 일제강점기 한국철학을 주제로 한 최초의 연구서이다. 그동안 한국철학사에서 누락된 일제강점기 한국철학과 한국철학자들을 발굴하고 재조명하였다. 따라서 한국근현대철학사에서 결락된 일제강점기 한국철학사의 복원을 시도하였다는 점에서 그 의미를 가질 것이다.

둘째, 이 시기 철학을 연구하기 위해 당시에 발행된 신문과 잡지를 중요한 연구 대상으로 삼았다. 당시의 학술과 문예, 특히 새로운 서양의 사조를 소개하기 위한 매체로서 신문과 잡지는 중요한 자료적 가치를 지닌다. 이 시기를 연구하기 위해서는 당연히 당시에 출판된 철학서들을 참고해야 하나 당시에 출판된 철학서들은 해방 직전 출판된 몇 권을 제외하고 전무하다.

셋째, 따라서 이 연구를 위해 당시 『동아일보』와 『조선일보』, 『조선중앙일보』 등 신문에 등장한 철학 관련 기사들을 집중적으로 발굴·정리·분석했으며, 이는 일제강점기 한국철학을 연구하기 위한 연구 자료의 발굴과 자료적 가치라는 측면에서도 중요한 의미를 지닌다.

넷째, 부록으로 당시에 발행한 주요 신문·잡지의 철학 관련 논문, 기사의 총목록을 수록하였다. 이 책은 전적으로 당시의 신문·잡지에 수록된 철학 자료들을 분석하여 연구한 결과물이기도 하다.

이 책은 총 4부로 구성되었다.

제1부는 '일제강점기 대중매체를 통해 본 서양철학의 수용'이다. 여기서는 서양철학, 특히 유럽철학이 수용되어온 과정을 당시의 신문과 잡지라는 매체에 발표한 철학 관련 기사를 분석하여 철학사조, 주제어, 철학자 등을 중심으로 고찰해보았다.

제2부는 '일제강점기 서양철학의 수용과 한국적 변용'이다. 일제강점기와 해방 직후까지 철학 활동을 한 동양철학자 범부 김정설과 서양철학자 안호상, 신남철의 서양철학 수용과 한국적 변용 가능성에 대한 모색 과정을 검토해보았다.

제3부는 '일제강점기 한국철학자들의 현실인식'이다. 여기서는 당시 진행된 한국철학자들의 '유물론-유심론 논쟁'과 '철학관', '위기담론' 등을 통해 근현대를 살았던 그들이 철학과 현실을 어떻게 인식하고 식민지라는 위기 상황을 어떻게 극복하려 했는지 고찰해보았다.

제4부는 '일제강점기 한국철학자들의 재발견'이다. 생애의 중요한 시기를 일제강점기 속에서 보냈던 주요 철학자들을 발굴, 소개하였다. 이관용, 김중세, 배상하, 박치우 등 우리에게 많이 알려지지 않은 한국철학자들의 생애와 철학사상, 주요 논문과 철학 기사 등을 소개하고자 하였다.

이 책은 교육부와 한국연구재단의 지원이 없었으면 세상에 나올 수 없었을 것이다. 이 책의 제1부와 '부록'은 한국연구재단(구 한국학술진흥재단) 2006년 '기초연구지원사업(KRF 2006-324-A00009)'

「일제강점기 한국철학의 재발견」의 연구 성과물을 정리한 것이다. 이 책의 제2부는 한국연구재단 2012년 '중견연구자지원사업(NRF-2012S1A5A2A01019918)' 「일제강점기 서양철학의 수용과 한국적 변용」의 연구 성과물을 정리한 것이다. 이 책의 제3부는 한국연구재단 2008년 '학술연구교수지원사업(KRF-2008-358-A00026)' 「일제강점기 신문에 나타난 한국철학자들의 현실인식」의 연구 성과물을 정리한 것이다.

'부록'은 한국연구재단 2006년 '기초연구지원사업'으로 영남대 한국근대사상연구단에서 2년(2006년7월~2008년 6월)에 걸친 공동 연구를 수행하여 일제강점기 신문·잡지에 수록된 철학 자료를 발굴한 결과물이다. 이 자료들을 여러 단계의 분류 과정을 거쳐 최종적으로 신문별/연도별로 정리하여 목록화한 것이다. 이 목록은 이미 『범부 김정설 연구』(범부연구회 편, 대구프린팅, 2009, pp. 229-370)에 부록으로 공개한 바 있다. 그렇지만 이번 기회에 일제강점기 한국철학에 관심 있는 분들을 위하여 이 책의 부록으로 재수록하였다. 영남대 한국근대사상연구단에서 함께 공동연구에 참여한 최재목 교수님 이하 이상린, 정영준, 박홍식, 성혜준, 이한섭 교수님, 자문위원, 연구보조원들께 이 자리를 빌려 노고에 감사드린다. 이분들과의 공동연구가 없었더라면 이 책의 출판이 불가능했을 것이다.

아울러 공동연구를 통해 발굴·조사한 철학 자료들은 인터넷을 통해 쉽게 찾아볼 수 있다. 일제강점기 신문·잡지에 수록된 철학 논문·기사 자료 1,031건은 한국연구재단 기초학문자료센터 토대연구 DB(https://www.krm.or.kr/baseData/bird_index.jsp)를 통해 연구자나 일반인들이 언제든지 온라인상에서 쉽게 찾아볼 수 있도록 DB

화하여 원문 서비스를 제공하고 있다. 이 사이트에 접속하면 일제강점기 신문·잡지에 수록된 철학 자료 DB에 대한 소개글(http://ffr.krm.or.kr/base/td014/intro_db.html)을 읽을 수 있다. 이와 함께 함께 일제강점기 신문·잡지에 수록된 철학 자료 DB 검색(http://ffr.krm.or.kr/base/td014/index.html) 시스템을 통하여 기사명, 저자명, 키워드로 철학 관련 논문과 기사를 검색할 수 있다. 일제강점기 한국철학에 관심 있는 분들이 많이 이하시기를 바란다.

이 책이 나오기까지 많은 분들의 도움이 있었다. 먼저 출판 시장의 어려움 속에서도 흔쾌히 이 책의 출판을 허락해주신 살림터 정광일 대표께 감사드린다. 또한 이 연구를 관심 있게 지켜봐주시고 격려해주신 학과의 여러 선생님들과 동료 학자들, 지인들에게 감사드린다. 특히 시간에 쫓겨 방치해둔 원고 교정지를 꼼꼼히 읽어주시고, 수정·보완 작업의 노고를 아끼지 않으신 김은령 선생님께도 깊은 사의를 표한다. 예기치 않은 병고를 겪는 동안 변함없이 따뜻한 지지와 배려를 아끼지 않은 아내와 진주, 하주에게 감사의 마음을 전한다. 가족의 사랑이 없었더라면 이 책이 세상의 빛을 볼 수 없었을 것이다.

마지막으로 이 연구 성과물이 단행본으로 출판될 수 있도록 지원해준 교육부와 한국연구재단 측에 다시 한 번 심심한 사의를 표한다. 이 책이 일제강점기 동안 결락되었던 한국철학사의 맥을 다시 회복하고, 한국근현대철학사의 맥락을 이어주는 가교 역할을 하는 데 조금이라도 일조할 수 있다면, 저자로서는 더 이상의 기쁨이 없을 것이다.

2018년 2월
입량벌 연구실에서

차례

책머리에 4

| 제1부 | 일제강점기 대중매체를 통해 본 서양철학의 수용 |

제1장 일제강점기 신문을 통해 본 유럽철학의 수용 14
1. 철학 관련 신문 자료의 조사 방법과 조사 범위, 조사 내용 16
2. 신문에 소개된 유럽철학자 관련 기사에 대한 통계적 분석 21
3. 신문을 통해 유럽철학을 소개한 일제강점기 한국철학자 현황 24
4. 맺는말 35

제2장 일제강점기 잡지를 통해 본 유럽철학의 수용 38
1. 철학 관련 잡지 자료의 조사 방법과 조사 범위 39
2. 잡지에 나타난 유럽철학 관련 기사에 대한 분석 45
3. 맺는말 65

| 제2부 | 일제강점기 서양철학의 수용과 한국적 변용 |

제1장 범부 김정설의 칸트·헤겔 철학 이해 68
1. 지인들의 증언을 통해 본 범부와 서양철학 70
2. '범부문고'와 서양철학 72
3. 범부의 칸트 이해 73
4. 범부의 헤겔 이해 81
5. 맺는말 86

제2장 안호상의 독일관념론 철학의 수용과 한국적 변용 88
　1. 안호상에 대한 평가와 연구 방향 90
　2. 동서 철학의 비교와 변용 가능성의 모색 93
　3. 독일관념론 철학의 수용과 변용 100
　4. 맺는말 109

제3장 신남철의 마르크스주의 철학의 수용과 한국적 변용 113
　1. 신남철의 마르크스주의 철학의 수용 117
　2. 마르크스주의 철학의 한국적 변용 123
　3. 맺는말 139

제3부 일제강점기 한국철학자들의 현실인식

제1장 일제강점기 한국철학자들의 철학관 144
　1. 일제강점기 철학자들의 철학관 148
　2. 일제강점기 철학자들의 철학관의 특징 167
　3. 맺는말 169

제2장 일제강점기 한국철학자들의 위기담론 171
　1. 김두헌의 위기론 174
　2. 전원배의 위기론 176
　3. 박종홍의 위기론 180
　4. 박치우의 위기론 186
　5. 김기석의 위기론 194
　6. 맺는말 197

제3장 일제강점기 한국철학자들의 유물-유심 논쟁 203
　1. 유물-유심 논쟁의 발단 및 개요 205
　2. 유물-유심 논쟁의 전개 208
　3. 유물-유심 논쟁에 대한 평가 230
　4. 맺는말 233

| 제4부 | 일제강점기 한국철학자들의 재발견 |

제1장 풍류정신의 철학자 범부 김정설 238
1. 풍류도와 관련한 최근의 연구 경향 242
2. 김범부의 풍류도론 245
3. 맺는말: 풍류정신과 한국인의 정체성 265

제2장 원학의 철학자 일성 이관용 268
1. 이관용의 생애와 활동 271
2. 대중매체에 발표한 이관용의 논문 및 기사 288
3. 맺는말 301

제3장 일제강점기 주요 한국철학자 14인 310
1. 고형곤(高亨坤, 1906~2004) 310
2. 김기석(金基錫, 1905~1974) 313
3. 김두헌(金斗憲, 1903~1981) 316
4. 김정설(金鼎卨, 1897~1966) 318
5. 김중세(金重世, 1882-1946?) 322
6. 박종홍(朴鍾鴻, 1903~1976) 326
7. 박치우(朴致祐, 1909~1949?) 330
8. 배상하(裵相河, 1904~미상) 334
9. 백성욱(白性郁, 1897~1981) 337
10. 신남철(申南徹, 1907~1958?) 340
11. 안호상(安浩相, 1902~1999) 344
12. 이관용(李灌鎔, 1891~1933) 349
13. 이상은(李相殷, 1905~1976) 353
14. 한치진(韓稚振, 1901~미상) 356

부록 | 일제강점기 신문·잡지에 수록된 철학 관련 기사 총 목록 359
참고 문헌 420
찾아보기 434

제1부

일제강점기
대중매체를 통해 본
서양철학의 수용

제1장_ 일제강점기 신문을 통해 본 유럽철학의 수용
제2장_ 일제강점기 잡지를 통해 본 유럽철학의 수용

제1장

일제강점기 신문을 통해 본
유럽철학의 수용

20세기 초, 서양의 문물이 이 땅에 본격적으로 수입되기 시작했던 시기인 일제강점기에 서양철학은 어떻게 수용되었을까? 서양철학을 본격적으로 이 땅에 소개하고 수용했던 초기 한국철학자들은 어떤 사람들이었을까? 그들이 관심을 가지고 공부했던 서양철학자는 누구였으며, 왜 그들에게 관심을 가지고 접근했을까? 또한 그들이 접했던 서양철학은 어떻게 변용되어 이 땅에 수용되었으며, 식민지가 된 조국의 현실과 어떤 관련성을 가지고 있을까? 궁극적으로 근대기 한국철학자들은 철학이란 학문을 어떻게 이해하고 있었을까?

서양 학문의 뿌리로서 서양철학이 본격적으로 우리나라에 소개된 지 벌써 백여 년이란 세월이 흘렀다.[1] 적지 않은 세월이 지났지만

---

1   현재까지 서양철학이 한국에 수용된 과정을 다룬 연구물들은 다음과 같다. 강돈구·금장태, 「기독교의 전래와 서양철학의 수용」, 『철학사상』 제4호, 서울대학교 철학

사상연구소, 1994; 강영안, 『우리에게 철학은 무엇인가』, 궁리, 2002; 김여수, 「한국철학의 현황」, 심재룡 편, 『한국에서 철학하는 자세들』, 집문당, 1986; 김재현, 「남북한에서 서양 철학 수용의 역사」, 『철학연구』 제60집, 철학연구회, 1997; 김재현, 「근대적 학문체계의 성립과 서양철학 수용의 특징」, 이화여자대학교 한국문화연구원, 『한국문화연구』 제3집, 이화여자대학교 출판부, 2002; 김주일, 「개화기부터 1953년 이전까지 한국의 서양고대철학에 대한 연구와 번역 현황 연구」, 『시대와 철학』 제14권 2호, 한국철학사상연구회, 2003; 김효명, 「영미철학의 수용」, 『한국의 서양철학 수용과 그 평가』, 서울대학교 철학사상연구소, 1996; 박동환, 「한국현대철학의 문제의식과 서양철학의 수용」, 『동아연구』 제37집, 서강대학교 동아연구소, 1999; 박영식, 「인문과학으로서 철학의 수용 및 그 전개과정(1900-1965)」, 『인문과학』 26, 연세대학교 인문과학연구소, 1972; 박종홍, 「서구사상(西歐思想)의 도입 비판과 섭취: 그 일(其一) 천주학(天主學)」, 『아세아연구』 제12집, 고려대학교 아세아문제연구소, 1965; 박종홍, 「서구사상의 도입과 그 경향」, 아시아학술연구회, 『한국민족사상사대계』 1-개설 편; 박종홍, 「西歐思想의 導入과 그 影響」, 『박종홍전집』 제5권, 형설출판사, 1980; 백종현, 「서양 철학 수용과 한국의 철학」, 『철학사상』 제5호, 서울대학교 철학사상연구소, 1995; 백종현, 「서양 철학의 수용과 서우(曙宇)의 철학」, 철학연구회 편, 『해방 50년의 한국철학』, 철학과현실사, 1996; 백종현, 「한국에서 독일철학의 수용 전개 및 그 평가」, 『한국의 서양철학 수용과 그 평가』, 서울대학교 철학사상연구소, 1996; 차인석, 「서양 철학 수용: 한국의 현실과 철학의 과제」, 『철학사상』 제8호, 서울대학교 철학사상연구소, 1998; 성태용, 「서양철학 수용에 따른 전통철학의 대응 및 전개」, 『철학사상』 제8호, 서울대학교 철학사상연구소, 1998; 백종현, 「최근 백년 서양 철학 수용과 한국 철학의 모색」, 『철학사상』 제8호, 서울대학교 철학사상연구소, 1998; 신귀현, 「독일근세철학의 수용과 그 문제점」, 『철학』 제39집, 한국철학회, 1993; 신귀현, 「서양 철학의 전래와 수용」, 『한국문화사상대계』 제2권, 영남대학교 민족문화연구소, 2000; 신상희, 「서양철학 수용 100년 만에 이루어낸 쾌거」, 『철학과 현실』 제58집, 철학문화연구소, 2003; 윤사순·이광래, 『우리사상 100년』, 현암사, 2001; 이기상, 「철학개론서와 교과과정을 통해 본 서양철학의 수용(1900-1960)」, 『철학사상』 제5호, 서울대학교 철학사상연구소, 1995; 이기상, 『서양철학의 수용과 한국철학의 모색』, 지식산업사, 2002; 이만근, 「서양철학의 수용과정과 철학의 주체성」, 『동원논집』 제1집, 동국대학교 대학원, 1988; 이병수, 「1930년대 서양철학 수용에 나타난 철학 1세대의 철학함의 특징과 이론적 영향」, 『시대와 철학』 제17권 2호, 한국철학사상연구회, 2006; 이훈, 「서구철학사상의 유입과 그 평가-연구를 위한 자료의 통계적 분석」, 『철학사상』 제4호, 서울대학교 철학사상연구소, 1994; 임석진, 「韓國哲學의 새로운 定立을 위한 課題-특히 獨逸觀念 哲學의 韓國的 受容과 관련하여」, 『명대논문집』 제10집, 명지대학교, 1977; 조요한, 「서양철학의 도입과 그 연구의 정착」, 『종교 인간 사회: 휴머니티의 회복을 위하여』, 한남대학교출판부, 1988; 조희영, 「現代 韓國의 前期哲學思想研究-日帝下의 哲學思想을 中心으로」, 『용봉논총』 제4집, 전남대학교 인문과학연구소, 1975; 조희영, 「서구 사조의 도입과 전개-철학사조를 중심으로」, 『한국사상사대계』 6, 한국정신문화연구원, 1993; 조희영·신상호·성진기, 「韓國과 日本에 있어서의 西洋哲學의 受容形態에 관한 比較研究」, 『용봉논총』 제7집, 전남대학교 인문과학연구소, 1977; 진교훈, 「서양철학의 수용과 전개」, 『한국철학사』 하권, 동명사, 1987.

철학은 현재 대중들의 관심 밖에 있으며, 현실적 요구에 제대로 부응하지 못하고 있는 실정이다. 빈사 상태에 빠진 철학과 인문학은 무용론과 함께 존폐의 기로에 서 있다.

이 시점에서 일제강점기 한국철학에 대한 연구는 단순히 이 땅에 서양철학이 정착된 과정과 수용 현황만을 밝혀주는 것이 아니라 한국철학의 정체성을 확인하는 첫걸음이 될 것이다. 또한 이 연구는 '인문학 위기'의 시대에 현재 한국철학이 처해 있는 현주소를 되짚어 보고, 향후 우리 철학이 나아가야 할 방향을 모색하고 제시하는 데도 중요한 의미가 있을 것이다. 그러나 앞에서 제기한 문제들을 모두 해명하기에는 지면상 한계가 있으므로 이런 문제의식을 가지고 당시 발행된 신문에 나타난 철학 관련 기사에 대한 통계 자료의 분석을 통해 유럽철학의 수용 현황을 살펴보았다.

1. 철학 관련 신문 자료의 조사 방법과 조사 범위, 조사 내용

20세기 초는 우리나라에 서양 학문이 본격적으로 유입되던 시기이다. 서양철학 역시도 유럽과 미국, 일본 등으로 유학한 초기 유학생들에 의해 우리나라에 수용되었다. 그러나 이 시기는 외세에 의해 국권이 상실되고 일제의 식민지로 전락하면서 민족의 자주성과 정통성을 상실하게 된 시기이기도 하다. 따라서 일제강점기는 사상에 대한 엄격한 검열과 통제가 이루어지던 암울한 시기이기에 한국철학의 상세한 지형도를 그리기가 쉽지 않다.

실제로 이 시기의 한국철학에 대한 학자들의 기존 연구 방법은 해방 이후에도 여전히 논문과 저서에 대부분 의존한다. 이 때문에 일제강점기 한국철학을 총체적·총합적으로 파악하기에는 한계가 있다고 본다. 따라서 일제강점기의 한국철학에 대한 기존의 아카데미즘 연구 방법을 극복하고 일상의 지평에서 새롭게 철학을 이해하기 위해서 신문 자료를 이용한 연구 방법론을 적용하고자 한다.

연구의 대상을 명확히 한정하기 위해 우리는 서양철학(자) 중에서도 영미철학을 제외한 대륙 중심의 유럽철학에 국한해서 이 주제를 다룰 것이다. 이 연구를 위해 조사에 이용한 신문들은 1910년 한일합방을 전후로 한 시기에 발행되어 1945년 해방 이전까지 발행되었던 신문들이다. 따라서 이 연구에서 이용한 신문 자료들은 당시 대중들에게 가장 많이 보급되고 읽힌 『동아일보』, 『조선일보』, 『매일신보』, 『조선중앙일보』 등 18종의 신문에 국한하기로 한다. 대중매체로서 신문은 일제강점기 한국철학의 동향을 엿볼 수 있는 중요한 정보의 집적체이다. 요즘처럼 철학자들이 자신의 견해를 발표할 수 있는 통로로서 개인 저서나 논문을 단행본이나 전문학술잡지에 실을 수가 없었던 시절, 잡지와 더불어 당시 철학자들이 대중과 소통하고 그들의 사상을 표현할 수 있었던 유일한 수단이 신문이었다. 그나마 철학 관련 전문학술잡지인 『철학』[2]마저 1935년 제3호를 끝으로 폐간되었기에 신문은 철학자들이 지면을 통해 대중과 만날 수 있는 유일한 통로였다.

이 연구를 위해 조사 대상이 된 신문은 당시에 국내에서 발행된 대표적 신문들인 『조선일보』(1920. 3. 5 창간)와 『동아일보』(1920. 4. 1 창간), 『조선중앙일보』, 『시대일보』, 『매일신보』, 『중외일보』, 『만선일보』 등 1945년 이전에 발행된 신문들이다. 이 밖에도 『대한매일신보』 등 구한말·한일합방 전후~1920년 사이에 발간된 신문들도 조사 대상으로 삼았다. 일제강점기 발행된 신문 조사의 방법은 기존에 구축되어 있는 DB를 최대한 활용하였다. 『조선일보』는 『조선일보』 아카이브(http://srchdb1.chosun.com), 『동아일보』는 국사편찬위원회(http://www.history.go.kr)의 한국사 DB를 통해, 『조선중앙일보』 외 기타 신문은 국사편찬위원회나 국립중앙도서관 (http://www.nl.go.kr) 원문DB 서비스를 통해 철학 관련 자료를 검색하였다.

당시 신문에 나타난 서양(유럽)철학 관련 기사 내용은 다음과 같이 조사하였다. 신문 조사의 대상을 정한 후, 철학 관련 기사를 가능한 한 전반적으로 검색할 수 있는 검색어 항목을 정하고 신문 조사 대상의 기사를 검색할 수 있는 인터넷 데이터베이스를 통해 철학 관련 기사를 검색하는 순서로 진행하였다.

검색어 항목은 1차로 신문 조사 대상의 기사를 인터넷 데이터베이스를 통해 철학 관련 신문기사를 '포괄적'으로 검색할 수 있도록

---

2 우리나라 최초의 순수 철학 전문 잡지인 『철학』은 1933년 창간되었다. 그러나 '철학 연구회'에서 발간한 『철학』은 일제의 탄압으로 인해 1935년을 『철학』 3호를 끝으로 폐간되고 말았다. 『철학』 창간호(1933)에는 권세원의 「철학이란 무엇이냐. 철학의 영원성에 대하여」, 이재훈의 「구체적 존재의 구조」, 이종우의 「외계실재의 근거」, 안호상의 「객관적 논리학과 주관적 논리학」, 김두헌의 「윤리적 평가의 이념」, 신남철의 「헤라클레이토스의 斷片語」 등 총 7편의 논문이 실려 있다. 『철학』 2호(1934)에는 박치우의 「위기의 철학」, 박종홍의 「'철학하는 것'의 실천적 지반」, 이재훈의 「존재-인식」, 신남철의 「현대철학의 Existenz에의 전향과 그것에서 生하는 당면의 과제」, 이종우의 「생의 구조에 대하여」, 이인기의 「개성 유형과 그 교육적 의의」, 안호상의 「이론철학은 무엇인가」, 김두헌의 「故 이관용 박사 의욕론」 등 총 8편의 논문이 실려 있다. 『철학』 3호에는 이인기의 「교육원리로서의 개성과 사회와 문화」, 전원배의 「사회학의 이론적 구조」, 이재훈의 「철학의 문제 및 입장」, 안호상의 「이론철학과 실천철학에 대하여-지와 행에 대한 일고찰」, 갈홍기의 「회의주의의 이론적 방법」 등 총 5편의 논문이 실려 있다. 그러나 "이 『철학』지의 특색은 유감스럽게도 동양철학에 관한 논문이 한 편도 실려 있지 않았고 서양철학 일색으로 되었다는 점과, 그러나 집필자들이 대체로 자신의 문제를 가지고 철학하려고 하였다는 자세를 엿볼 수 있다."(진교훈, 「서양철학의 수용과 전개」, 『한국철학사』 하권, 동명사, 1987, p. 405).

하기 위해 상세한 철학 용어는 피하고 가능한 한 포괄적인 검색어를 사용하였다. 검색어는 '기본 검색어(철학, 사상)'와 '철학자별 검색어', '철학사조별 검색어', '기타 일제강점기 철학 관련 검색어'로 나눌 수 있다. 본 연구 수행 중 철학 관련 신문기사를 검색하기 위해 사용한 검색어는 아래의 〈표 1〉과 같다.

검색어의 종류		해당 검색어
기본 검색어		철학, 사상
철학자별 검색어	유럽철학자	소크라테스, 플라톤, 아리스토텔레스, 아우구스티누스(오거스틴), 토마스 아퀴나스, 데카르트, 쇼펜하우어(쇼펜하우엘), 스피노자, 라이프니츠, 칸트, 헤겔, 셸링(쉘링), 피히테, 루소(룻소), 포이어바흐(포이엘바하), 니체(니췌), 파스칼, 하이데거(하이덱거, 하이덱가), 야스퍼스(야스파스), 사르트르(샤르트르, 싸르트르), 베르그송(베륵손), 후설(훗설), 콩트(꽁트, 콘트, 콤트), 마르크스(맑스), 엥겔스(엔갤스, 엥갤스), 하르트만, 셸러(쉘러), 스펜서, 오이켄 (총 29명)

〈표 1〉 유럽철학자 관련 1차 검색어

1차 검색한 기사를 선별하면서 당시 신문에 유럽철학 관련 기사를 기고한 근대기 한국철학자들을 많이 발굴하였는데, 이렇게 발굴한 인물들을 2차 검색 대상 인물로 선정하여 이들에 대한 검색 작업을 실시하였다.

2차 검색 대상 근대기 한국철학자	갈홍기, 고유섭, 고형곤, 권국석, 권세원, 김계숙, 김기석, 김동화, 김두헌, 김법린, 김오성, 김용배, 김준섭, 김중세, 김태준, 박동일, 박의현, 박종홍, 박치우, 박희성, 배상하, 백남운, 백성욱, 손명현, 신석호, 신채호, 안용백, 안호상, 오천석, 윤태동, 이갑섭, 이관용, 이상은, 이인기, 이재훈, 이종우, 이정섭, 전원배, 정석해, 정진석, 조용욱, 채필근, 최두선(崔斗善), 최재희, 최현배, 한치진, 홍기문(총 47명)

<표 2> 2차 검색 대상 근대기 한국철학자명

　이들 2차 검색 대상 근대기 한국철학자들은 해외 유학 출신과 경
성제국대학 출신으로 나눌 수 있다. 해외 유학 출신으로는 유럽에서
박사학위를 받고 돌아 온 이관용(1921년 스위스 취리히대학), 김중세
(1923년 독일 라이프치히대학), 백성욱(1925년 뷔르츠부르크대학),
안호상(1929년 예나대학), 프랑스에서 철학 학사학위를 마치고 귀국
한 정석해(1930년 파리대학), 김법린(1926년 파리대학), 이정섭(1926
년 파리대학) 등이 있다. 미국에서 학위를 마치고 귀국한 사람들로
는 한치진(1930년 사우스캘리포니아대학), 갈홍기(1934년 시카고대
학), 박희성(1937년 미시간대학) 등이 있다. 일본에서 철학을 전공한
이들로는 김기석(도호쿠대학), 김오성(니혼대학, 월북), 최현배(교토
제국대학), 채필근(1926년 도쿄제국대학), 윤태동(도쿄제국대학), 김
두헌(1929년 경성제국대학), 전원배(교토대학), 이재훈, 이종우(교토
대학), 손명현(1936년 와세다대학), 하기락(1941년 와세다대학) 등이
있다. 국내에서 철학을 전공한 이들로는 1929년 경성제국대학 철학
과 1회 졸업생들인 김계숙, 권세원, 조용욱, 배상하, 박동일 등과 신
남철(월북), 안용백, 고유섭, 박종홍, 박치우, 고형곤, 최재희, 김규영
등의 졸업생들이 있다.

2. 신문에 소개된 유럽철학자 관련 기사에 대한 통계적 분석

2.1 신문별 1차 검색 자료에 나타난 유럽철학자 현황

철학자 \ 신문	『동아일보』	『조선일보』	『매일신보』	『조선중앙일보』	『중외일보』	기타	합계
소크라테스	3	0	1	0	0	0	4
플라톤	1	0	0	0	0	0	1
아리스토텔레스	0	0	0	0	0	0	0
합계	4	0	1	0	0	0	5

〈표 3〉 고대 유럽철학자 관련 검색 기사 수

철학자 \ 신문	『동아일보』	『조선일보』	『매일신보』	『조선중앙일보』	『중외일보』	기타	합계
아우구스티누스	0	0	0	0	0	0	0
토마스아퀴나스	0	0	0	0	0	0	0
합계	0	0	0	0	0	0	0

〈표 4〉 중세 유럽철학자 관련 검색 기사 수

철학자 \ 신문	『동아일보』	『조선일보』	『매일신보』	『조선중앙일보』	『중외일보』	기타	합계
데카르트	0	0	0	2	0	0	2
쇼펜하우어	0	0	0	1	0	0	1
스피노자	9	0	0	0	0	7	16
라이프니츠	0	0	0	0	0	0	0
칸트	13	22	0	6	0	4	45
헤겔	8	32	1	12	0	0	53
셸링	0	1	0	0	0	0	1
피히테	0	1	0	0	0	0	1

루소	14	0	0	1	0	0	15
파스칼	6	0	0	1	0	0	7
합계	50	56	1	23	0	11	141

〈표 5〉 근세 유럽철학자 관련 검색 기사 수

신문 철학자	『동아일보』	『조선일보』	『매일신보』	『조선중앙일보』	『중외일보』	기타	합계
포이어바흐	0	0	0	0	0	0	0
니체	1	10	0	7	0	0	18
하이데거	4	10	0	6	0	0	20
야스퍼스	0	0	0	0	0	0	0
사르트르	0	0	0	0	0	0	0
베르그송	0	0	0	0	1	0	1
후설	0	0	0	0	0	0	0
콩트	0	0	0	0	0	0	0
마르크스	6	30	3	0	27	9	75
엥겔스	0	2	0	0	1	0	3
하르트만	0	0	0	0	0	0	0
셸러	0	0	0	0	0	0	0
분트	1	0	0	0	0	0	1
스펜서	0	0	0	0	0	0	0
오이켄	1	0	0	0	0	0	1
딜타이	6	0	0	0	0	0	6
슐라이엘마엘	3	0	0	0	0	0	3
브루노 바우흐	5	0	0	0	0	0	5
마틴 루터	4	0	0	0	0	0	4
합계	31	52	3	13	29	9	137

〈표 6〉 근현대 유럽철학자 관련 검색 기사 수

2.2 유럽철학자 관련 1차 검색 기사에 대한 평가

이상과 같이 일제강점기 신문에 나타난 유럽철학자에 대한 기사를 통계화해서 살펴보았다. 1차 검색은 고대에서 근현대에 이르기까지 철학사에 언급되는 주요 유럽철학자명을 검색한 결과를 수치화해서 통계 자료로 나타낸 것이다.

1차 검색 작업 결과 유럽고대철학자를 다룬 기사는 『동아일보』에 소크라테스 3건, 플라톤이 1건으로 나타났다. 아리스토텔레스는 당시 신문에서 다루지 않은 것으로 나타났다. 유럽중세철학자의 경우 아우구스티누스, 토마스 아퀴나스를 검색했지만 1건도 검색되지 않았다.

유럽근세철학자에 대한 검색 결과 각 신문마다 고루 높은 비중으로 다루고 있음을 알 수 있다. 검색 결과 헤겔이 53건으로 가장 많이 다루어졌고, 다음으로 칸트가 45건, 스피노자 16건, 루소 15건, 파스칼 7건, 데카르트 2건 등으로 나타났다. 이것으로 볼 때, 유럽근세철학이 유럽고중세철학에 비해 월등하게 높은 비중으로 다루어졌음을 알 수 있다.

유럽근현대철학자들에 대한 기사를 보면 마르크스가 75건으로 가장 많이 다루어졌고, 다음으로 하이데거 20건, 니체 18건, 얀코아넬(러시아 유물론 철학자인듯) 12건, 딜타이 6건, 부루노 바우흐(브루노 바우흐) 5건, 릭켈트 4건 등의 순으로 나타났다. 유럽철학자들에 대한 1차 검색 결과 고중세철학자는 거의 기사에서 비중 있게 다루어지지 않았고, 근세철학자가 141건, 근현대철학자가 160건으로 비슷한 비중으로 다루어졌음을 알 수 있다.

위의 통계 수치에서 보듯이 일제강점기 신문에 나타난 유럽철학자 관련 기사는 근세철학자로는 헤겔과 칸트가 가장 많았고, 근현대

철학자로는 마르크스가 압도적으로 많았음을 알 수 있다. 위의 통계 자료를 통해 볼 때, 당시의 한국철학자들은 식민지 지식인들의 입장에서 암울한 시대상황을 극복하기 위해 칸트와 헤겔의 관념론 철학과 마르크스의 혁명 철학에 큰 기대를 걸고 있었던 것으로 보인다.

3. 신문을 통해 유럽철학을 소개한 일제강점기 한국철학자 현황

3.1 2차 검색 자료에 나타난 한국철학자 현황

철학자 \ 신문	『동아일보』	『조선일보』	『매일신보』	『조선중앙일보』	『중외일보』	기타	합계
갈홍기	5	0	0	0	1	0	6
고유섭	31	0	0	0	0	0	31
고형곤	6	0	0	0	0	0	6
권국석	0	0	0	0	0	0	0
권세원	0	0	0	0	0	0	0
김계숙	6	2	0	0	0	0	8
김동화	0	0	0	0	0	0	0
김두헌	29	9	0	2	0	2	42
김법린	5	3	0	0	1	0	9
김용배	10	0	0	0	0	0	10
김준섭	0	0	0	0	0	0	0
김중세	0	7	0	0	1	0	8
김태준	2	2	0	0	0	1	5
박동일	4	0	0	0	0	0	4
박의현	0	0	0	0	0	0	0
박종홍	5	17	1	0	0	0	23

박치우	14	21	0	0	0	0	35
박희성	0	0	0	0	0	1	1
배상하	0	36	0	0	0	0	36
백남운	15	1	0	1	0	0	17
백성욱	17	10	0	0	0	0	27
손명현	2	0	0	0	0	0	2
신석호	0	0	0	0	0	0	0
신채호	0	9	0	0	0	0	9
안용백	0	0	0	0	0	0	0
안호상	32	0	13	7	0	0	52
윤태동	0	0	0	0	0	0	0
이갑섭	0	0	0	0	0	0	0
이관용	17	26	0	5	0	8	56
이상은	0	13	0	0	0	0	13
이인기	0	0	0	0	0	0	0
이재훈	0	0	0	0	0	0	0
이종우	0	0	0	0	0	0	0
이창섭	0	1	1	0	0	0	2
전원배	36	0	0	27	0	0	63
정석해	6	0	0	0	0	0	6
정진석	0	0	0	0	0	0	0
조용욱	0	0	0	0	0	0	0
채필근	36	3	0	0	0	0	39
최두선	27	4	0	0	0	0	31
최재희	0	0	0	0	0	0	0
최현배	1	0	0	0	0	0	1
한치진	26	89	0	0	13	2	130
홍기문	5	9	0	0	0	0	14
강허봉	0	5	0	0	0	0	5

권구현	0	6	0	0	0	0	6
김기석	20	38	0	0	0	0	58
김영의	0	16	0	0	0	0	16
김오성	19	39	0	0	0	0	58
김용관	10	0	0	0	0	0	10
김일선	0	0	0	0	3	0	3
김형준	0	15	0	0	0	0	15
김후선	0	6	0	0	0	0	6
노고수	2	0	0	0	0	0	2
류명호	0	2	0	0	0	0	2
류춘해	0	6	0	0	0	0	6
문원태	0	11	0	0	0	0	11
박노철	12	0	0	0	7	0	19
박명아	0	4	0	0	0	0	4
박상현	0	17	0	0	0	0	17
박여애	6	8	0	0	0	0	14
박형병	4	2	0	0	0	0	6
백원흠	0	0	0	17	0	0	17
봉生	0	3	0	0	0	0	3
소철인	6	0	0	0	0	0	6
숭양산인	0	0	12	0	0	0	12
신남철	60	16	5	1	0	0	82
신도	0	8	0	0	0	0	8
이기영	0	10	0	0	0	0	10
이돈화	0	0	1	0	0	0	1
이정섭	0	1	0	0	9	0	10
이청원	0	0	0	0	0	0	0
정동철	0	0	0	0	5	0	5
정언생	9	0	0	0	0	0	9

정재욱	0	2	0	0	0	0	2
정종	0	0	0	6	0	0	6
정창선	1	0	0	0	0	0	1
천태산인	6	0	0	10	0	0	16
철인	10	0	0	0	0	0	10
최익한	8	0	0	0	0	0	8
탈향정인	0	0	12	0	0	0	12
합계	508	477	45	76	40	14	1,160

〈표 7〉 일제강점기 한국철학자 관련 검색 기사 수

3.2 신문을 통해 철학 활동을 한
일제강점기 한국철학자들에 대한 평가

이상과 같이 일제강점기 신문에 철학 관련 기사를 쓴 한국철학자에 대해 통계적으로 살펴보았다. 이들 철학자들은 신문 지면을 활용해 암울했던 식민지 현실에서 자신들의 철학적 견해들을 왕성하게 펼쳐 보였다. 지금까지 밝혀진 자료에 의하면 일제강점기 신문에 철학 관련 기사를 기고한 철학자는 80명에 이르며,[3] 이들이 쓴 철학 관련 글들은 총 1,160건으로 파악되었다.

---

3   물론 이 수치도 정확한 것은 아니다. 해외 유학을 통해 철학을 공부했거나 경성제대 철학과를 졸업한 철학자들로만 국한하면 이보다 좀 더 줄어들 수도 있으며, 지금처럼 문·사·철 구별이 엄격하지 않은 시기였기에 철학에 관심을 가진 비철학 전공자도 이 숫자에 포함될 수 있을 것이다. 물론 최현배나 고유섭처럼 철학 전공자이면서도 후에 국문학이나 미학미술사학 분야에서 더 많은 학문 활동을 펼친 이도 있다. 또한 천태산인, 탈향정인, 숭양산인, 철인 등의 필명으로 철학 관련 기사를 쓴 사람들을 철학자의 범주에 넣을 것인지도 이들의 실명 파악이 명확히 이루어진 후라야 분명해질 수 있을 것이다.

이 통계 자료에 의하면 신문지상을 통해 당시 가장 활발한 철학 활동을 펼친 한국철학자는 미국에서 유학한 한치진(130건)이다.[4] 다음으로 신남철(82건), 전원배(63건), 김기석·김오성(각 58건), 안호상(52건), 이관용(50건), 김두헌(42건), 채필근(39건), 배상하(36건), 박치우·최두선·고유섭(각 31건), 백성욱(27건), 박종홍(23건) 등의 순서로 당시 신문에 많은 철학 관련 기사를 게재하거나 철학 관련 활동(강연회 등)을 한 인물로 거명되었다. 이 밖에도 당시 신문을 통해 철학 활동을 한 인물로는 박노철(19건), 백남운·백원흠·박상현(각 17건), 천태산인(16건), 김형준(15건), 홍기문·박여애(각 14건), 이상은(13건), 탈향정인·숭양산인(각 12건), 이기영·이정섭·김용관·김용배·철인(각 10건) 등이 필자로서 많이 등장하고 있음을 알 수 있다.

미국철학을 전공한 한치진을 제외한 이들 대부분은 독일, 프랑스,

---

4 한치진은 1930년 미국에서 박사학위를 받고 귀국해 『조선일보』(26건), 『동아일보』(89건), 『조선중앙일보』(13건) 등 당시의 주요 언론지를 통해 가장 왕성한 활동을 한 인물로 평가된다. 그는 미국의 실용주의 철학과 과학사상을 국내에 소개하고 수용하는 데 많은 기여를 하였다. 한치진 역시 식민지 지식인으로서 조국의 현실을 외면하지는 않았지만 주로 개인의 삶을 주제로 한 철학적 단상을 많이 발표하였다. 「單子的 個我論」(『동아일보』, 1926.09.28~1926.10.02, 3회), 「進化上 個我의 地位: 單子的 個我主義」(『동아일보』, 1929.12.25~1929.12.31, 6회), 「푸래마티즘의 생활관」(『조선일보』, 1925.10.30~31, 2회), 「우리의 다시 살 길」(『조선일보』, 1926.08.02~1926.08.05, 3회), 「현대자살再論」(『조선일보』, 1927.02.09~1927.02.28, 10회), 「혼자 살 방침」(『조선일보』, 1927.03.15~1927.03.21, 5회), 「死에 대한 연구」(『조선일보』, 1928.12.13~1928.12.20, 7회), 「선악: 윤리학적 연구」(『조선일보』, 1929.11.07~1929.11.22, 10회), 「개인주의와 사회주의의 이상」(『조선일보』, 1930.01.18~1930.01.22, 4회), 「미국민의 기초사상: 철학의 실생활화」(1931.03.25~1931.03.29, 5회) 등 큰 범주에서 볼 때 영미철학에 속하는 글들을 신문지상에 많이 발표하였기에 '일제강점기 유럽철학의 수용 현황'을 다루는 본 논문에서는 일단 제외하기로 한다.

스위스, 일본에 유학하여 유럽철학을 공부했거나 경성제대 출신으로 독일 관념론 철학의 영향을 많이 받은 인물들이다. 유럽철학이 본격적으로 우리나라에 수용된 것은 주로 이들에 의해서라고 할 수 있다. 당시 우리 민족이 처한 식민지 상황에서 이들 근대기 한국철학자들은 민족해방과 민중계몽, 근대화를 이룰 수 있는 실천적 대안을 서구사상에서 찾으려고 하였다. 따라서 해외 유학생 출신들과 경성제대 출신들은 그들이 공부한 서양(유럽)철학을 바탕으로 식민지 조국의 현실을 외면하지 않고 정면으로 다루었다. 물론 이들이 활발히 철학 활동을 할 수 있었던 것은 당시의 주요 신문들을 통해서였다. 이들 중 당시 신문에 비교적 많은 철학 관련 기사를 기고한 신남철, 안호상, 이관용의 글을 통해 유럽철학이 한국에 어떻게 수용되고 있었는지를 살펴볼 수 있다.

3.2.1 신남철

신남철(申南哲, 1907~1957?)[5]은 『동아일보』에 60건, 『조선일보』에 16건 등 82건의 철학 관련 기사를 쓴 것으로 나타났다. 해방 후 월북하여 김일성대 철학과 교수로 있으면서 남한의 박종홍과 쌍벽을 이루었던 그는 마르크시즘에 기반한 유물론적 역사철학을 통해 민

---

5   신남철은 월북 전에 두 권의 저술을 남겼다. 『歷史哲學』(서울출판사, 1948)과 『轉換期의 理論』(白楊堂, 1948)에는 그가 신문이나 잡지에 발표했던 논문들이 재수록되었다. 신남철의 철학사상은 근대기·일제강점기 철학자들에 대한 연구가 부족한 실정에서 상대적으로 연구가 진척되었다(김재현, 「일제하, 해방 직후의 맑시즘 수용-신남철을 중심으로」, 『철학연구』 제24집, 철학연구회, 1988; 강영안, 『우리에게 철학은 무엇인가』, 궁리, 2002; 조희영, '申南澈에 있어서의 Marx主義哲學의 導入과 展開」, 「서구사조의 도입과 전개-철학사조를 중심으로」, 『한국사상사대계』 6, 한국정신문화연구원, 1993 참조).

족해방운동을 적극적으로 추구했던 인물이다. 따라서 그가 쓴 신문의 주요 철학 관련 기사들에 모순으로 파악된 식민지 현실을 극복하기 위한 자신의 철학적 입장을 철저히 반영한 글들이 많이 나타난다. 그러나 단순히 철학적 주제에만 국한된 것이 아니라 철학·종교·문학·역사·문화·예술 등 인문학의 전 분야를 아우르는, 장르에 구애됨이 없이 경계를 넘나드는 글쓰기를 하였다. 한정된 신문지면의 특성상 그의 글들은 주로 연재물 형태로 실리고 있음을 알수 있다.

- 「최근세계사조의 동향 각국에 있어서의 약간의 문제의 적출」(『동아일보』, 1933.09.13~1933.09.24, 7회)
- 「마르틴 루텔의 생탄 사백오십년, 현대종교에 있어서의 루텔적 과제」(『동아일보』, 1933.11.24~1933.11.30, 4회)
- 「최근 조선연구의 업적과 그 재출발, 조선학은 어떠케 수립할 것인가」(『동아일보』, 1934.01.01~1934.01.07, 4회)
- 「동양사상과 서양사상 양자는 과연 구별되는 것인가」(『동아일보』, 1934.03.15 ~1934.03.23, 8회)
- 「로서아(露西亞)의 철학과 톨스토이의 이성애(理性愛)」(『동아일보』, 1935.11. 20~1935.11.21, 2회)
- 「현대사상과 릭켈트, 그에 잇어서의 산 것과 죽은 것」(『동아일보』, 1936.08.19 ~1936.08.21, 3회)
- 「역사·문화·자료 조선문화자료관의 필요성을 논함」(1939.01.01~1939.01.10, 4회)
- 「철학의 일반화와 속류화: 한치진씨의 하기 강좌를 읽고」(『조선일보』, 1930.10. 11~1930.10.25, 11회)
- 「철학과 문학」(『조선일보』, 1933.02.23~1933.03.01, 5회)

〈표 8〉 일제강점기 신문에 게재된 신남철의 철학 관련 기사

3.2.2 안호상

안호상(安浩相, 1902~1999)은 1929년 예나대학에서 철학 박사학

위를 받고 1948년 초대 문교부 장관을 지낸 인물이다. 건국 초의 대표적 이데올로그인 안호상은 전체, 즉 국가와 민족이 개인에 우선한다는 일민주의(一民主義)에 기초한 국가철학을 기초한 인물로 평가받고 있다.[6]

해방 이전에 안호상이 신문에 게제한 철학 관련 글은 총 52건으로 파악되었으며, 신문별로는『동아일보』32건, 조선총독부 기관지인『매일신문』에 13건,『조선중앙일보』에 7건을 실은 것으로 각각 나타났다. 이 기사들을 통해 볼 때 그가 유럽철학자 중에서 관심을 가진 인물은 독일철학자인 헤겔과 부루노 바우흐, 니체 등이다.[7] 이들의 철학을 수용하면서 식민지 상황하에서 그가 관심을 가진 주제는 '시대와 철학의 관계', '민족철학', '철학의 본질문제' 등이다. 그는

---

6   오상무에 따르면 "안호상의 국가철학의 특징은 국가유기체설에 기초한 전체주의, 구체적으로는 반개인주의, 국가·민족중심주의에 있다. 그는 개인주의에 기초한 국가계약설을 비판하고, 국가는 자기 고유의 내적 통일원리에 의해서 건립된 유기체라고 주장한다. 국가를 구성하는 인간도 자기 독립적인 원자적 개인이 아니라 생래적으로 서로 긴밀한 연관을 맺는 인간, 구체적으로 말하자면 혈연으로 뭉쳐진 하나의 민족(一民)이다. 그래서 그는 국가의 목적을 단지 개인의 이익을 위한 도구라고 보는, 개인주의에 기초한 국가관을 비판하고, 국가는 자신의 고유한 목적을 갖는다고 주장한다. 국가와 개인과의 관계에서, 기본적으로 국가와 개인은 상호의존적이라고 하면서도 개인보다 국가가 우선한다고 본다. 국가는 전체이고 개인은 부분이기 때문이다. 이를 바탕으로 국가의 이익과 자유가 개인의 이익과 자유보다 우선한다고 주장한다. 또 개인주의에 기초한 서구민주주의를 비판하고 국가·민족중심의 민주주의를 제창한다. 그의 국가철학을 파시즘으로 단정하기는 어렵지만 이러한 특징 때문에 언제든지 전체의 이름으로 개인의 이익과 자유 그리고 민주정치의 기본원리들이 부정될 가능성을 지니고 있다."고 한다(오상무,「현대한국의 국가철학: 안호상을 중심으로」, 범한철학회 편,『범한철학』, 36집, 2005년 봄, p. 3). 안호상은 적지 않은 저술을 남겼는데『배달의 종교와 철학과 역사』,『배달·동이는 동아문화의 발상지』,『민족의 주체성과 화랑얼』,『민족사상과 정통종교의 연구』,『민족독립의 철학적 원리』,『단군과 화랑의 역사와 철학』,『나라역사 6천 년』,『일민주의의 본바탕: 일민주의의 본질』,『한백성주의의 본바탕과 가치』,『한웅과 단군과 화랑』등 주로 민족주의에 기반한 저술들이 대부분이다.

고대로부터 이어져온 한국의 전통사상, 다산과 율곡사상 연구에도 관심을 기울였는데, 이는 곧 '민족의 얼'을 되찾아 '우리 문화의 창조성'을 제시하려는 철학적 시도로 보인다.

- 「'헤겔'이 본 철학과 시대의 관계」(『동아일보』, 1932.07.14~1932.07.17, 3회)
- 「'부루노 바우흐' 현대세계 유일민족철학자"(『동아일보』, 1933.01.11~1933.01. 16, 5회)
- ♪ 자아란 무엇인가 자아의 철학적 고찰」(『동아일보』, 1934.03.31~1934.04.02, 3회)
- 「독서여향: 신추등하(新秋燈下)에 읽히고 싶은 서적 (2) '칸트', '헤겔'의 2저(二 著)」(『동아일보』, 1937. 09.03)
- "주역사상의 형상형하론과 생사관"에 대한 비평」(『동아일보』, 1937.11.06 ~1937.11.09, 3회)
- 「파롱생(跛聾生)의 주역해석에 대한 비판」(『동아일보』, 1937.12.01~1937. 12.03, 3회)
- 「하기지상대학: 철학의 본질과 현대적 주석」(『동아일보』, 1938.07.19~1938. 07.22, 4회)
- 「다산선생과 현대와의 관계」(『동아일보』, 1938.12.09)
- 「조선고대사상과 현대사조와의 관련성 특히 율곡사상과 현대사상」(『동아일 보』, 1939.01.03~1939.01.08, 4회)
- 「나의 생활철학: 참된 철학사색」(『동아일보』, 1939.11.02)
- 「조선문화의 창조성: 철학, 위대한 문화형성에는 철학적 지반이 필요」(『동아일 보』, 1940.01.01~1940.01.03, 2회)
- 「노동의 본질과 개념」(『매일신보』, 1942.01.27~1942.02.05, 9회)
- 「이지와 감정」(『매일신보』, 1942.05.10~1942.05.14, 4회)
- 「니체 부흥의 현대적 의의」(『조선중앙일보』, 1935.06.23~1935.06.30, 7회)

〈표 9〉 일제강점기 신문에 게재된 안호상의 철학 관련 기사

---

7   조희영은 안호상이 독일관념론을 도입하고 전개시킨 인물로 평가하고 있다. 이와 관련 해서는 '安浩相에 있어서의 獨逸觀念論의 導入과 展開'(조희영, 「서구사조의 도입과 전개-철학사조를 중심으로」, 『한국사상사대계』 6, 한국정신문화연구원, 1993)를 참조.

3.2.3 이관용

이관용(李灌鎔, 1891~1933)은 일제강점기 조선 지성계의 풍운아
로 1921년 스위스 취리히대학에서 박사학위를 받아 국내 철학계와
언론계에서 왕성한 활동을 펼치다 불의의 사고로 42세의 짧은 삶을
살다간 철학자이다. 이관용은 해외에서는 파리위원부에서 외교 활
동을 통한 민족운동을 펼쳤고, 유학을 마치고 귀국 후에는 국내에
서 민중계몽운동과 신간회운동을 통한 민족운동에 일생을 바친 인
물이다. 국내외에 걸친 활발한 활동으로 언론계와 사상계, 학술계에
서도 상당한 명망과 평판이 있었기에[8] 그의 죽음에 많은 사람들이
안타까워했다.

2000년 이전에 국내 학계의 논문이나 단행본에서 이관용에 대한
언급은 '한국에서 서양철학의 수용과정'과 관련해서 간략하게나마
찾아볼 수 있다. 그의 이름은 주로 해외에서 유학한 '최초의 철학 박
사', '서양철학 수용의 선구자' 정도로만 언급되고 있다.[9] 예컨대 진교
훈은 "우리나라 최초의 철학 박사는 이관용이다. 그는 1921년 스위
스 취리히대학에서 「의식의 근본사실로서 의욕론」이라는 논문으로
박사학위를 받고 귀국하여 연희전문학교에서 논리학, 심리학, 철학을
가르쳤다. 이관용은 철학이 과학적 성질을 가진 것을 시인하며, 한정

---

8   「朝鮮에서 活動하는 海外에서 도라온 人物評判記, 어느 나라가 제일 잘 가르처 보냇
     는가?」, 『별건곤』 제3호, 1927.01.01, pp. 19-23 참조.

9   진교훈, 「서양철학의 전래기」, 『한국철학사』 하권, 동명사, 1987, p. 400; 조요한, 「韓
     國에 있어서의 西洋哲學硏究의 어제와 오늘」, 『사색』 3집, 숭전대학교 철학회, 1972.
     p. 18; 조요한, 「서양철학의 도입과 그 연구의 정착」, 『종교 인간 사회: 휴머니티의 회
     복을 위하여』, 한남대학교출판부, 1988, p. 453; 이기상, 「철학개론서와 교과과정을 통
     해 본 서양철학의 수용(1900-1960)」, 『철학사상』 제5호, 서울대학교 철학사상연구소,
     1995, p. 60 이하 참조.

된 사실을 종합하여 우주의 원성(原性)과 원칙을 총괄적으로 연구함으로써 존재의 원유(原由)와 법칙과 목적을 발견하려고 하기에 철학을 원학(原學)이라고 부르는 것이 타당하다고 보았다."[10]라고 간략히 소개하고 있다.

이관용은 1933년 한국 최초의 철학회인 '철학연구회'를 신남철, 박치우, 김두헌, 박종홍, 안호상 등의 창립 멤버와 함께 조직하였다. 이 땅에서 처음 선보인 순수 철학 전문 학회지인 『철학』을 발간하면서 의욕적인 철학 연구 활동을 펼치려 했지만 아쉽게도 같은 해 8월 그의 돌연한 사망으로 인해 『철학』지에서는 그가 직접 기고한 글을 찾아볼 수가 없다.[11]

계몽적 지식인으로서 유럽의 철학사상을 국내에 소개하고 수용한 선구자로서 이관용이 신문을 통해 남긴 철학 관련 글들은 『동아일보』 17건, 『조선일보』 26건, 『조선중앙일보』 5건, 기타 신문 8건 등 총 56건으로 파악되고 있다. 국내 최초의 철학 박사로서 철학계와 언론계에서 두루 활동을 한 그는 유럽의 철학자들, 특히 칸트와 헤겔, 스피노자 등을 신문을 통해 소개하였다.

그 밖에도 철학 관련 기사는 아니지만 그의 사상의 일단을 살펴볼 수 있는 「중국정계소식」(『동아일보』, 1925.03.18~1925.03.02, 5회), 「적로소식(赤露消息), '치타' 차중에서」(『동아일보』, 1925.04.22~1925.04.24, 2회), 「막사과지방(莫斯科地方) '쏘비엣트'대회 방청기」

10   진교훈, 「서양철학의 전래기」, 『한국철학사』 하권, 동명사, 1987, p. 400.
11   이관용에 대한 보다 상세한 소개는 이태우, 「일제강점기 신문을 통해 본 서양철학의 수용 현황」, 『한국근대사상연구단 제1차 특별세미나 발표자료집』, 2006.12.30, pp. 131-141: 윤선자, 「이관용의 생애와 민족운동」, 한국근현대사연구회 편, 『한국근현대사연구』 Vol. 30, 한울, 2004, pp. 7-34 참조.

(『동아일보』, 1925.05.14~1925.05.19, 6회), 「적로화보(赤露畵報), 로도(露都)에서」(『동아일보』, 1925.05.27~1925.06.24, 10회), 「적로수도 산견편문(赤露首都散見片聞)」(1925.06.13~1925.06.18, 5회), 「혁명 완성된 중국을 향하면서」(『조선일보』, 1928.10.20~1928.10.23, 2회), 「신흥중국연구」(『조선일보』, 1928. 12.24~1929.01.11, 17회) 등의 글이 남아 있다. 이 글들은 모두 그가 해외 특파원으로 활동하면서 쓴 글이다.

이 밖에도 전원배, 김기석, 김오성, 김두헌, 채필근, 배상하, 박치우, 최두선, 고유섭, 백성욱, 박노철, 백남운, 백원흠, 박종홍, 박상현, 천태산인, 김형준, 홍기문·박여애, 이상은, 이기영 등이 있으나 이들에 대한 소개와 연구는 '일제강점기 한국철학의 지형도'를 완성하기 위해 앞으로 남겨진 연구 과제가 될 것이다.

- 「사회의 병적 현상」(『동아일보』, 1922.10.04~1922.10.20, 16회)
- 「임마누엘 칸트의 인격」(『동아일보』, 1923.04.22)
- 「헤겔과 그의 철학」(『조선일보』, 1929.09.03~1929.10.17, 13회)
- 「유물론 비평의 근거. 배상하의「비유물론적 철학관」을 읽고」(『조선일보』, 1929.10.24~1929.10.26, 3회)
- 「버나드 쇼의 생애와 사상」(『조선일보』, 1933.02.24~1933.02.26, 3회)
- 「스피노자와 그의 사상」(『중앙일보』, 1932.11.21~1932.11.29, 7회)

〈표 10〉 일제강점기 신문에 게재된 이관용의 철학 관련 기사

---

4. 맺는말

지금까지 한국에 서양철학이 도입·수용되는 과정에 대한 선행 연구들은 적지 않았다.[12] 그러나 일제강점기 신문에 나타난 철학 관련

기사에 대한 분석을 통해 서양철학이 한국에 도입·수용되는 과정을 해명한 연구는 찾아보기 어렵다. 그것은 서양철학의 수용과정에 대한 연구가 기존의 아카데미즘적 연구 방법, 즉 저서나 논문 중심의 연구 방법에만 지나치게 의존해 있었기 때문이다.

필자는 일제강점기 한국철학자들이 유럽철학을 접하고, 그것을 도입·수용하는 과정을 당시 발행된 신문에 나타난 철학 관련 기사를 통해 살펴보았다.

먼저, 신문에 소개된 유럽철학자 관련 기사를 검색하여 이를 통계자료로 수치화하여 보았다. 그 결과 유럽고·중세철학자에 대한 기사는 소수에 불과하였다. 이는 당시 한국철학자들에게 유럽의 고·중세철학이 크게 주목을 끌지 못했음을 보여주는 것이다. 그것은 식민지 현실 속에서 이들 철학이 당면한 문제를 단시간에 효과적으로 해명해주거나 극복해줄 수 있는 세계관이나 이론적 틀을 제공해줄 수 없었기 때문일 것이다.

반면에 유럽근세철학과 근·현대철학에 대한 관심은 상당히 높은 것으로 나타났다. 이미 기존 연구에서도 많이 언급된 바이지만, 유럽근세철학자로는 헤겔과 칸트, 스피노자, 루소, 파스칼 등 철학사에서 비중 있게 다루어지는 인물들이 소개되고 있다. 근·현대철학자로는 마르크스가 압도적으로 많았고, 실존철학과 생철학을 주도한 하이데거, 니체, 딜타이 등이 주로 소개되고 있음을 알 수 있다. 보다 상세한 분석이 뒤따라야겠지만, 일단 식민지 지식인들의 입장에서 암울한 시대상황을 극복하기 위해 칸트와 헤겔의 관념론 철학과 마르크스의 혁명 철학에 큰 기대를 걸고 있었던 것으로 보인다.

---

12 본 논문 각주 1)번 참조.

당연히 우리의 관심은 이러한 유럽철학(자)들을 소개하고 수용한 당시의 철학자들이 어떤 사람들이며 그들의 철학적 고뇌를 담은 글들이 어떤 것인지에 쏠리게 된다. 신문을 통해 철학 활동을 한 일제강점기 철학자들은 위에서도 밝혔듯이 한치진, 신남철, 전원배, 김기석, 김오성, 안호상, 이관용 등 약 80명에 이른다. 이들이 철학을 공부한 장소와 시기, 철학 주제가 서로 다르고, 문제에 대한 접근 방식이나 해결 방식이 서로 달랐다 하더라도 이들이 처한 현실과 극복 대상은 동일한 것이라 할 수 있다. 비록 서양(유럽)철학을 수용하였지만, 순수 학문의 차원에서만 수용하지 않고, 식민지 현실을 타개하기 위한 실천적 대안 모색을 위한 이론적 틀로서 수용하려는 주체적 태도를 우리는 이들에게서 찾아볼 수 있다.[13]

우리는 일제강점기를 국권을 상실하고 민족혼을 빼앗긴 암울했던 시대로 기억하고 있다. 실제로 많은 지식인들이 36년간 일제의 식민통치를 받으면서 독립에 대한 의지와 희망을 상실하거나 적극적으로 친일행위에 가담하기도 했다. 그러나 일제강점기 신문에 나타난 근대기 한국철학자들의 글에는 민족의 독립에 대한 의지와 열망이 결코 잦아들지 않았음을 확인할 수 있다.

---

13 이병수는 「1930년대 서양철학 수용에 나타난 철학 1세대의 철학함의 특징과 이론적 영향」이란 논문에서 1930년대 철학 1세대의 철학적 경향을 오늘날 '주체적 철학함의 요구'와 관련해서 분석하고 있다. 이 논문에서 이병수는 철학 1세대의 철학입문 동기가 조국 상실이라는 절망적 조건에서 비롯된 억울한 고뇌 혹은 민족독립이라는 애국적 정열과 밀접히 관련되어 있다고 본다. 따라서 철학 1세대들의 글에는 비극적 현실 속에 뿌리를 둔 문제의식, 철학의 현실적, 실천적 성격에 대한 강조가 특징적으로 나타난다고 하였다. 또한 이 땅의 철학 1세대들은 서양철학을 수입만 한 것이 아니라 민족현실과 민족 전통에 대해 주체적 사유와 결부시켜 토착화하려고 노력하였다는 점을 지적하고 있다.(이병수, 「1930년대 서양철학 수용에 나타난 철학 1세대의 철학함의 특징과 이론적 영향」, 『시대와 철학』 제17권 2호, 한국철학사상연구회, 2006, pp. 106-107 참조.)

제2장

일제강점기 잡지를 통해 본
유럽철학의 수용

　이 글은 '일제강점기(1910~1945) 유럽철학의 수용 현황'을 당시 '잡지'에 수록된 '철학 관련 기사들을 통해 파악하려는 데 있다. 필자는 이미 '신문 조사를 통한 일제강점기 유럽철학의 수용 현황에 대한 연구를 수행한 바 있으며,[14] 이 글은 대중매체를 통한 일제강점기 유럽철학의 수용 현황을 파악하기 위한 연속된 작업이다. 잡지는 신문과 더불어 대중과 소통할 수 있는 중요한 장(場)으로서 기능했기 때문에, '일제강점기 유럽철학의 수용 현황'을 이해하기 위한 또 하나의 중요한 매체인 것이다.

　필자가 이 글에서 의도하는 바는 일제강점기 잡지에 나타난 유럽

14　이태우, 「일제강점기 신문을 통해 본 유럽철학의 수용 현황: 철학 관련 기사 검색 자료에 대한 통계적 분석을 중심으로」, 『동북아문화연구』 제13집, 동북아시아문화학회, 2007, pp. 193-214; 이태우, 「일제강점기 신문조사를 통한 한국철학자들의 재발견: 김중세, 이관용, 배상하를 중심으로」, 『인문과학연구』 제8집, 대구가톨릭대학교 인문과학연구소, 2007, pp. 297-323; 이태우 외, 영남대 한국근대사상연구단 편, 『근대한국철학 형성의 풍경과 지형도』, 학진출판사, 2007 참조.

철학 관련 기사를 조사·분석함으로써, 유럽철학의 수용과 관련한 다양한 현황을 파악해보는 것이다. 그렇게 함으로써 근대 초기 유럽철학의 수용과정에서 우리의 철학 선구자들이 관심을 가진 유럽철학자들이 누구였으며, 어떤 철학사상에 관심을 가졌는지를 드러내보고자 함이다. 동시에 이들 유럽철학자들의 철학사상을 연구하고 수용한 한국의 철학 선구자들이 어떤 이들이었는지도 함께 드러날 것이다.

이를 위해 '일제강점기 잡지를 통해 본 유럽철학의 현황'을 고찰하기 위한 통계적 분석 방법을 주로 사용할 것이다. 그리고 본 글에서 언급할 '유럽철학'의 조사 대상과 조사 영역은 영미철학을 제외한 대륙철학에 한정할 것이다. 또한 이 글은 일제강점기 유럽철학에 대한 체계적·이론적 고찰이 아니라 당시 유럽철학의 현황을 개관하고 그 결과를 학계에 소개하는 데 있다. 따라서 일제강점기 잡지에서 선별한 유럽철학 관련 기사들에 대한 '통계'를 중심으로 '일제강점기 유럽철학의 현황'을 개략적으로 소개하는 데 중점을 두고자 한다.

1. 철학 관련 잡지 자료의 조사 방법과 조사 범위

1.1 조사 방법

20세기 초는 우리나라에 서양 학문이 본격적으로 유입되던 시기이다. 서양철학 역시도 유럽과 미국, 일본 등으로 유학한 초기 유학생들에 의해 우리나라에 수용되었다. 그러나 이 시기는 외세에 의해 국권이 상실되고 일제의 식민지로 전락하면서 민족의 자주성과 정통성을 상실하게 된 시기이기도 하다. 따라서 일제강점기는 사상에 대한 엄격한 검열과 통제가 이루어지던 암울한 시기이기에 한국철학의 상세한 지형도를 그리기가 쉽지 않다.

실제로 이 시기의 한국철학에 대한 학자들의 기존 연구 방법은 해방 이후에도 여전히 논문과 저서에 대부분 의존한다. 이 때문에 일제강점기 한국철학을 총체적·총합적으로 파악하기에는 한계가 있다고 본다. 따라서 일제강점기의 한국철학에 대한 기존의 아카데미즘 연구 방법을 극복하고 일상의 지평에서 새롭게 철학을 이해하기 위해서 우리는 잡지 자료를 이용한 연구 방법론을 적용하고자 한다.

연구의 대상을 명확히 한정하기 위해 우리는 서양철학(자) 중에서도 영미철학을 제외한 대륙 중심의 유럽철학에 국한해서 이 주제를 다룰 것이다. 이 연구를 위해 조사에 이용한 잡지들은 1910년 한일합방을 전후로 한 시기에 발행되어 1945년 해방 이전까지 발행되었던 잡지 384종이다. 그중에서 이 연구에 이용한 잡지 자료들은 당시 대중들에게 가장 많이 보급되고 읽힌 50여 종의 잡지에 국한하기로 한다. 이 시기에 발행된 수백 종의 잡지들이 있지만 최소 1건 이상의 철학 관련 기사가 게재된 잡지는 약 50여 종으로 파악되었다.

대중매체로서 잡지는 일제강점기 한국철학의 동향을 엿볼 수 있는 중요한 정보의 집적체이다. 요즘처럼 철학자들이 자신의 견해를 발표할 수 있는 통로로서 개인 저서나 논문을 단행본이나 전문학술 잡지에 실을 수가 없었던 시절, 신문과 더불어 당시 철학자들이 대중과 소통하고 그들의 사상을 표현할 수 있었던 유일한 수단이 잡지였다. 일간지나 주간지의 형태로 비교적 빠른 시간에 필요한 정보를 전달할 수 있는 장점을 가진 신문과는 달리, 잡지는 시간적으로는 늦지만 월간, 계간 등의 형태로 기획된 지식과 정보를 정기적으로 대중에게 전달해줄 수 있는 장점을 지니며, 논설적 주장을 통해 대중을 설득한다는 특징을 지닌다.

이 글에서 언급된 일제강점기 잡지의 철학 관련 기사는 다음과 같은 방법에 의해서 선별되었다.

먼저, 일제강점기에 발행된 잡지의 목차가 대부분 수록되어 있는 『한국잡지 개관 및 호별목차집』[15]에서 철학 관련 기사를 선별했다. 목차집에서 철학 관련 기사를 선별한 방식은 '일제강점기 신문을 통해 본 유럽철학의 수용 현황'[16]을 조사한 방식과는 다르다. 신문 조사를 통한 '유럽철학의 수용 현황 파악'을 위해서는 조사 대상이 되는 일제강점기 신문의 데이터베이스에서 128개의 검색어를 사용하여 철학 관련 기사를 검색했다. 하지만 일제강점기 잡지의 경우 기존의 데이터베이스가 많은 귀중한 일제강점기 잡지에 관한 자료를 포함하고 있기는 하였으나, 검색어를 지정하여 검색을 하기에는 잡지의 종류나 내용면에서 충분하지 않다고 판단되었다. 따라서 일제강점기 잡지에 수록된 철학 관련 기사는 앞의 『한국잡지 개관 및 호별목차집』에서 직접 목차를 보며 선별하였다.[17]

다음으로, 선별한 철학 관련 기사를 목록으로 작성한 후, 기사의

---

15 김근수, 『한국잡지 개관 및 호별목차집』, 영신아카데미 한국학연구소, 1973; 그 외 일제강점기 잡지를 조사하기 위해 다음과 같은 자료들의 도움을 받았다. 국회도서관, 『韓末 韓國雜誌 目次總錄, 1986~1910』, 국회도서관, 1967; 김근수, 『한국 잡지연표: 한국잡지 표지에 의거한』, 한국학연구소, 1991; 김근수, 『한국 잡지사연구』, 한국학연구소, 1992; 박기현, 『한국의 잡지출판』, 늘푸른소나무, 2003; 최덕교 편저, 『한국잡지백년1~3권』, 현암사, 2004; 한국잡지협회 편, 『韓國雜誌總攬』, 한국잡지협회, 1982; 한국잡지협회, 『한국잡지 100년』, 한국잡지협회, 1995 참조.

16 이태우, 「일제강점기 신문을 통해 본 유럽철학의 수용 현황: 철학 관련 기사 검색 자료에 대한 통계적 분석을 중심으로」, 『동북아문화연구』 제13집, 동북아시아문화학회, 2007, pp. 193-214 참조.

17 불필요한 기사를 최소화하기 위해 철학의 범위에 한정하여 선별하였고, 종교와 관련된 기사는 철학과 관련이 적은 것은 가능한 한 배제하였다.

원문들을 국사편찬위원회(http://www.history.go.kr)나 국립중앙도서관(http://www.nl.go.kr)의 원문 자료 데이터베이스를 통해 최대한 수집하였다. 여기에서 누락된 자료들은 다시 각 잡지의 원본·영인본 자료에서 찾아내어 jpg형식의 파일로 만들었다. 이 과정에서 기존의 일제강점기 잡지 자료를 수록하고 있는 데이터베이스에는 누락된 자료가 적지 않아 많은 기사를 각 해당 잡지의 원본 및 영인본에서 복사하여 스캔해야만 했다.[18] 위의 목차집(『한국잡지 개관 및 호별목차집』)에서 미처 선별하지 못했거나 누락된 철학 관련 기사는 이 과정에서 보충해 넣었다. 마지막으로 총 50종의 잡지에서 보충·삭제의 과정을 거쳐 일제강점기 잡지의 철학 관련 기사를 총 346건으로 정리하였다.

1.2 조사 범위

당시 잡지에 나타난 유럽철학 관련 기사 내용은 다음과 같이 조사하였다. 우선, 철학 관련 기사를 최대한 검색할 수 있는 기본 검색어 항목을 아래의 표와 같이 정한 후, 『한국잡지 개관 및 호별목차집』의 목차 순에 따라 차례로 정독하면서 철학 관련 기사를 선별하였다. 검색어는 '기본 검색어(철학, 사상)'와 '철학자별 검색어', '철학사조 및 주제별 검색어'로 나누어서 조사하였다. 이러한 기준에 따라 본 연구에서 철학 관련 잡지기사를 검색하기 위해 사용한 상세 검색어는 아래의 〈표 1〉, 〈표 2〉와 같다.

---

18 일제강점기 잡지의 인쇄 상태는 일제강점기 신문의 인쇄 상태보다는 비교적 양호하나 일부는 인쇄 상태가 선명하지 않아 해당 기사의 영인본과 데이터베이스의 원문을 대조해서 내용을 확인하는 것이 필요했다.

검색어의 종류		해당 검색어
철학자별 검색어	유럽 철학자	소크라테스, 플라톤, 아리스토텔레스, 아우구스티누스(오거스틴), 토마스 아퀴나스, 데카르트, 쇼펜하우어(쇼펜하우엘), 스피노자, 라이프니츠, 칸트, 헤겔, 셸링(쉘링), 피히테, 루소(룻소), 포이어바흐, 니체(니췌), 파스칼, 하이데거(하이덱거, 하이덱가), 야스퍼스(야스파스), 사르트르(샤르트르, 싸르트르), 베르그송(베륵손), 후설(홋설), 콩트(꽁트, 콘트, 콤트), 마르크스(맑스), 엥겔스(엔겔스, 엥갤스), 하르트만, 셸러(쉘러), 스펜서, 오이켄(이상 29명)
	한국 철학자	갈홍기, 고유섭, 고형곤, 권국석, 권세원, 김계숙, 김기석, 김동화, 김두헌, 김법린, 김오성, 김용배, 김준섭, 김중세, 김태준, 박동일, 박의현, 박종홍, 박치우, 박희성, 배상하, 백남운, 백성욱, 손명현, 신석호, 신채호, 안용백, 안호상, 오천석, 윤태동, 이갑섭, 이관용, 이상은, 이인기, 이재훈, 이종우, 이정섭, 전원배, 정석해, 정진석, 조용욱, 채필근, 최두선, 최재희, 최현배, 한치진, 홍기문(이상 47명)

〈표 1〉 유럽철학자 관련 1차 검색어

검색어의 종류	해당 검색어
기본 검색어	철학, 사상
철학사조 및 주제별 검색어	희랍(그리스, 그리샤)철학, 고대철학, 중세철학, 근세철학, 비판철학, (독일)관념론, 근현대철학, 실증주의, 실존철학, 현상학, 맑시즘(마르크스주의), 존재론, 사회진화론, 서양철학사, 사회주의, 사회사상, 형이상학, 논리학, 진리론, 인식론, 유물론, 유심론, (독일)관념론, 국가론, 역사철학, 인생관, 과학론, 종교, 윤리학, 변증법, 예술론, 인식론, 합리론, 공리주의, 교부철학, 스콜라철학, 염세주의, 낭만주의, 신칸트학파, 르네상스(루네쌍스), 기타

〈표 2〉 철학사조 및 주제별 검색어

검색 대상 근대기 한국철학자들은 해외 유학 출신과 경성제국대학 출신으로 나눌 수 있다. 해외 유학 출신으로는 유럽에서 박사학위를 받고 돌아 온 이관용(1921년 스위스 취리히대학), 김중세(1923년 독일 라이프치히대학), 백성욱(1925년 뷔르츠부르크대학), 안호상(1929년 예나대학), 프랑스 파리에서 철학 학사학위를 마치고 귀국한 정석해, 김법린, 이정섭 등이 있다. 미국에서 학위를 마치고 귀국한 사람들로는 한치진[19](1930년 사우스캘리포니아대학), 갈홍기(1934년 시카고대학), 박희성(1937년 미시간대학) 등이 있다. 일본에서 철학을 전공한 이들로는 김기석(도호쿠대학), 김오성(니혼대학, 월북), 최현배(교토제국대학), 채필근(1926년 도쿄제국대학), 윤태동(도쿄제국대학), 김두헌(1929년 경성제국대학), 전원배(교토대학), 이재훈, 이종우(교토대학), 손명현(1936년 와세다대학), 하기락(1941년 와세다대학) 등이 있다. 국내에서 철학을 전공한 이들로는 1929년 경성제국대학 철학과 1회 졸업생들인 김계숙, 권세원, 조용욱, 배상하, 박

---

19 1930년 미국에서 박사학위를 받고 귀국한 한치진은 대중매체를 통해 가장 왕성하게 철학 활동을 한 대표적인 인물이다. 『조선일보』(26건), 『동아일보』(89건), 『조선중앙일보』(13건) 등 당시의 주요 신문에 철학 관련 기사를 쓴 한치진은 잡지를 통해서도 철학 논문과 관련 기사를 다수 발표하였다. 그는 미국의 실용주의 철학과 과학사상을 국내에 소개하고 수용하는 데 많은 기여를 하였다. 한치진 역시 식민지 지식인으로서 조국의 현실을 외면하지는 않았지만 주로 개인의 삶을 주제로 한 철학적 단상을 많이 발표하였다. 당시 일간지에는 「單子的 個我論」, 「進化上 個我의 地位: 單子的 個我主義」(이상 『동아일보』), 「푸랙마티즘의 생활관」, 「우리의 다시 살 길」, 「현대자살 再論」, 「혼자 살 방침」, 「死에 대한 연구」, 「선악: 윤리학적 연구」, 「개인주의와 사회주의의 이상」, 「미국민의 기초사상: 철학의 실생활화」(이상 『조선일보』) 등을 발표했고, 잡지를 통해서는 「動的 生活主義로 본 道德問題」, 「唯物이냐, 唯心이냐」, 「哲學과 人生」, 「思考와 生活」(이상 『조선지광(朝鮮之光)』), 「哲學的 直覺論」(『청년』) 등을 발표했다. 그러나 한치진은 미국에서 유학생활을 했고, 큰 범주에서 볼 때 영미철학에 속하는 글들을 신문지상에 많이 발표하였기에 '일제강점기 잡지를 통해 본 유럽철학의 수용 현황'을 다루는 이 글에서는 연구 범위를 넘어서기에 일단 제외하기로 한다.

동일 등과 신남철(월북), 안용백, 고유섭, 박종홍, 박치우, 고형곤, 최재희, 김규영 등의 졸업생들이 있다.

2. 잡지에 나타난 유럽철학 관련 기사에 대한 분석

2.1 잡지별 철학 관련 기사 수록 분포

일제강점기에 발행된 잡지 중 철학 관련 기사를 수록하고 있는 잡지는 대략 50여 종 정도이며, 여기에 346건의 기사가 수록된 것으로 파악하고 있다. 구체적인 잡지명과 수록 횟수 등은 아래 제시한 표와 같다.

구분	잡지명	게재 건수	비율(%)
1	가톨릭 청년(靑年)	6	1.73
2	개벽(開闢)	20	5.78
3	공도(公道)	6	1.73
4	대중공론(大衆公論)	1	0.29
5	대한학회월보(大韓學會月報)	2	0.58
6	동광(東光)	6	1.73
7	문명(文明)	2	0.58
8	별건곤(別乾坤)	1	0.29
9	보성(普聲)	2	0.58
10	불교(佛敎)	17	4.9
11	불교진흥회월보(佛敎振興會月報)	1	0.29
12	비판(批判)	22	6.35
13	사상운동(思想運動)	1	0.29
14	삼광(三光)	1	0.29

15	삼천리(三千里)	2	0.58
16	서북학회월보(西北學會月報)	16	4.6
17	소년(少年)	3	0.86
18	시종(時鐘)	1	0.29
19	신단계(新階段)	3	0.86
20	신동아(新東亞)	19	5.5
21	신문계(新文界)	1	0.29
22	신민(新民)	1	0.29
23	신민공론(新民公論)	1	0.29
24	신생(新生)	14	4.04
25	신생명(新生命)	1	0.29
26	신생활(新生活)	5	1.45
27	신천지(新天地)	5	1.45
28	신흥(新興)	26	7.51
29	여시(如是)	1	0.29
30	연희(延禧)	22	6.35
31	유도(儒道)	2	0.58
32	인문평론(人文評論)	3	0.86
33	일광(一光)	1	0.29
34	일월시보(日月時報)	20	5.78
35	조광(朝光)	8	2.31
36	조선지광(朝鮮之光)	34	9.82
37	중앙시천교회종보(中央侍天教會宗報)	3	0.86
38	철학(哲學)	15	4.33
39	청년(青年)	17	4.91
40	청년조선(青年朝鮮)	1	0.29
41	청색지(青色紙)	1	0.29
42	청춘(青春)	3	0.86
43	춘추(春秋)	4	1.15

44	취산보림(鷲山寶林)	3	0.86
45	폐허(廢墟)	2	0.58
46	학등(學燈)	8	2.31
47	학지광(學之光)	4	1.15
48	학생계(學生界)	1	0.29
49	현대(現代)	2	0.58
50	현대평론(現代評論)	5	1.45
총계	50종	346건	100%

〈표 3〉 잡지별 철학 관련 기사 게재 건수(가나다 순/ 단위: 건)

이 표에서 보듯이 잡지에 따라 철학 관련 기사의 분포가 상당히 많은 차이를 보이고 있음을 알 수 있다. 우선, 철학 관련 기사의 게재 횟수가 많은 순서대로 살펴보면 최다 기사 수록 잡지는 『조선지광(朝鮮之光)』으로, 총 34회에 걸쳐 철학 관련 기사를 소개하고 있음을 알 수 있다.[20] 두 번째로 많은 기사를 수록하고 있는 잡지는 『신흥(新興)』으로, 여기에는 총 26회에 걸쳐 철학 관련 기사가 수록

---

20 『조선지광(朝鮮之光)』에는 朴衡秉의 「社會進化의 必然性을 論함」(1)~(4)와 「맑스主義의 解說」, 李鳳稙의 「現代의 社會思想 硏究」(1)~(3), 韓稚振의 「唯物論이냐, 唯心論이냐」, 安孝駒의 「헤에겔 辯證法과 實在」, 安光泉의 「無産者 階級의 哲學과 近代哲學」, 安光泉의 「無産者 階級의 哲學과 近代哲學」 등 총 34건의 철학 관련 기사가 수록되어 있다. 여기에 수록된 철학 관련 글들은 대부분 근대식 학술적 글쓰기 방식인 논문형 글쓰기 방식을 취하고 있다. 또한 이 잡지에 변증법, 유물론, 사회진화론, 헤겔, 마르크스주의 등을 주제로 한 글들이 많이 실려 있음을 볼 때, 『조선지광』은 식민지 현실을 극복하고 민족과 계급해방을 추구하는 진보적 학술잡지의 성격을 갖춘 것으로 볼 수 있다. 그 외 잡지들도 나름대로 고유한 성격을 가지고 있겠지만, 각각의 잡지가 지닌 특성에 대한 연구는 본 논문의 연구 범위를 넘어서는 것이기에 여기서는 일단 논외로 한다. 일제강점기에 발행된 잡지 개개의 구체적인 성격이나 관련 정보는 『한국잡지백년 1~3권』(최덕교 편저, 현암사, 2004)과 『한국잡지 개관 및 호별 목차집』(김근수, 영신아카데미 한국학연구소, 1973)을 참조.

되어 있다. 그 다음 차례대로 살펴보면, 『연희(延禧)』22회, 『일월시보(日月時報)』20회, 『신동아(新東亞)』19회, 『불교(佛敎)』17회, 『서북학회월보(西北學會月報)』16회, 『철학(哲學)』[21] 15회, 『신생(新生)』14회, 『조광(朝光)』10회 등의 순서로 철학 관련 기사를 수록하고 있음을 알 수 있다.

2.2 일제강점기 시기별 유럽철학 관련 기사 분포

아래의 〈표 4〉는 시기별로 유럽철학 관련 기사를 5년 단위로 나누어서 그 분포 상황을 나타낸 것이다. 〈표 4〉에서는 유럽철학 관련 기사의 건수가 1921년부터 1935년 사이에 집중적으로 분포되어 있어서 그 시기에 유럽철학에 관한 연구와 관심이 상대적으로 활발했음을 살펴볼 수 있다.

연도	잡지 게재 기사 건수	%
1901~1905	0	0

---

[21] 1933년 '철학연구회'에서 창간한 『철학』은 우리나라 최초의 순수 철학 전문 잡지이다. 그러나 『철학』은 창간 3년 만에 일제의 탄압으로 인해 1935년 『철학』 3호를 끝으로 폐간되고 말았다. 『철학』 창간호(1933)에는 권세원의 「철학이란 무엇이냐. 철학의 영원성에 대하여」, 이재훈의 「구체적 존재의 구조」, 이종우의 「외계실재의 근거」, 안호상의 「객관적 논리학과 주관적 논리학」, 김두헌의 「윤리적 평가의 이념」, 신남철의 「헤라클레이토스의 斷片語」 등 총 7편의 논문이 실려 있다. 『철학』 2호(1934)에는 박치우의 「위기의 철학」, 박종홍의 「'철학하는 것'의 실천적 지반」, 이재훈의 「존재-인식」, 신남철의 「현대철학의 Existenz에의 전향과 그것에서 生하는 당면의 과제」, 이종우의 「生의 구조에 대하여」, 이인기의 「개성 유형과 그 교육적 의의」, 안호상의 「이론철학은 무엇인가」, 김두헌의 「故 이관용 박사 의욕론」 등 총 8편의 논문이 실려 있다. 『철학』 3호에는 이인기의 「교육원리로서의 개성과 사회와 문화」, 전원배의 「사회학의 이론적 구조」, 이재훈의 「철학의 문제 및 입장」, 안호상의 「이론철학과 실천철학에 대하여-知와 行에 대한 一考察」, 갈홍기의 「회의주의의 이론적 방법」 등 총 5편의 논문이 실려 있다.

1906~1910	10	4.17
1911~1915	8	3.33
1916~1920	12	5
1921~1925	41	17.08
1926~1930	70	29.16
1931~1935	84	35
1936~1940	13	5.4
1941~1945	2	0.83
총 계	240건	100%

〈표 4〉 일제강점기 시기별 유럽철학 관련 기사 건수(단위: 건)

유럽철학 관련 기사의 대체적인 시기별 내용을 규정하자면, 1920
년에서 1920년대 후반까지는 일제강점기 유럽철학의 다양한 사조와
주제들을 탐색·수용해나가는 시기라고 한다면, 1920년대 후반에서
1940년 전후까지의 시기는 이른바 '마르크스주의'와 '사회주의 사상',
'변증법적 유물론' 등을 중심으로 한 소개와 연구가 활발히 이루어
진 시기라고 할 수 있다. 이러한 내용에 관한 설명은 다음 절에서 좀
더 구체적으로 설명하고자 한다.

2.3 유럽철학자별 잡지 기사 현황(숫자는 기사 건수)

일제강점기 잡지에 나타난 유럽철학자에 대한 철학 관련 기사를
통계화해서 살펴본 결과, 고대에서 근현대에 이르기까지 철학사에
언급되는 주요 유럽철학자 27명에 대해 모두 111건의 기사가 검색
되었다. 아래에 제시한 자료는 이들에 대한 검색 결과를 수치화해서
통계 자료로 나타낸 것이다.

구분	철학자명	검색기사 건수	비율(%)
고대유럽철학자	헤라클레이토스	1	0.9
	소크라테스	7	6.3
	플라톤	3	2.7
	아리스토텔레스	1	0.9
중세유럽철학자	아우구스티누스	0	0
	토마스 아퀴나스	0	0
근세유럽철학자	데카르트	2	1.8
	쇼펜하우어	1	0.9
	스피노자	3	2.7
	칸트	19	17.1
	헤겔	11	9.9
	생시몽-푸리에	2	1.8
	루소	5	4.5
	파스칼	1	0.9
근현대철학자	포이어바흐	2	1.8
	니체	4	3.6
	하이데거	2	1.8
	베르그송	1	0.9
	후설	1	0.9
	마르크스	31	28
	엥겔스	1	0.9
	레닌	3	2.7
	스펜서	3	2.7
	오이켄	4	3.6
	마하	1	0.9
	리케르트	1	0.9
	마틴 루터	1	0.9
총합	27명	111건	100%

〈표 5〉 일제강점기 유럽철학자 관련 잡지기사 건수 및 분포

잡지에 대한 조사 결과 유럽고대철학자를 다룬 기사는 소크라테스 7건, 플라톤 3건, 아리스토텔레스 1건, 헤라클레이토스 1건으로 각각 나타났다. 유럽중세철학자인 아우구스티누스, 토마스 아퀴나스에 대한 검색 결과는 1건도 검색되지 않았다. 소크라테스의 경우, 유럽 고중세철학자 중에서 가장 많은 기사가 수록되었는데, 이는 동양의 성자(聖者)인 공자와 비교될 수 있는 서양의 인물로서 소크라테스에 대한 관심이 높았기 때문일 것으로 생각된다.

유럽근세철학자에 대한 검색 결과 칸트가 19건으로 가장 많이 다루어졌고, 다음으로 헤겔이 11건, 루소 5건, 스피노자 3건, 데카르트 2건, 생시몽-푸리에 2건, 쇼펜하우어와 파스칼이 각각 1건으로 나타났다. 이것으로 볼 때, 잡지 역시 신문과 마찬가지로 유럽근세철학이 유럽고중세철학에 비해 월등하게 높은 비중으로 다루어졌음을 알 수 있다.[22]

유럽근현대철학자들에 대한 잡지기사를 보면 마르크스에 관한 기사가 31건으로 전체 111건 중 28%로 가장 많이 다루어졌고, 다음으로 니체와 오이켄이 각각 4건씩 다루어졌으며, 레닌과 스펜서가 각각 3건, 하이데거와 포이어바흐가 각각 2건, 그 밖에 후설과 베르그송, 리케르트 등과 관련한 기사가 각 1건씩 나타났다.[23]

---

22 일제강점기 '신문'에 나타난 유럽근세철학자에 대한 검색 결과는 헤겔이 53건으로 가장 많이 다루어졌고, 다음으로 칸트가 45건, 스피노자 16건, 루소 15건, 파스칼 7건, 데카르트 2건 순으로 나타났다(이태우, 「일제강점기 신문을 통해 본 유럽철학의 수용 현황: 철학 관련 기사 검색 자료에 대한 통계적 분석을 중심으로」, 『동북아문화연구』 제13집, 동북아시아문화학회, 2007, pp. 198-200 참조). 이에 비해 '잡지'에서는 칸트 (19건)가 헤겔(11건)보다 오히려 더 많이 다루어졌음을 알 수 있다. 이것으로 볼 때, 일제강점기 신문과 잡지에는 칸트와 헤겔(독일관념론 철학)에 대한 소개와 연구가 집중되었음을 구체적인 통계수치를 통해 확인할 수 있다.

위의 통계 수치에서 보듯이 일제강점기 신문에 나타난 유럽철학자 관련 기사는 근세철학자로는 헤겔과 칸트가 가장 많았고, 근현대철학자로는 마르크스가 압도적으로 많았음을 알 수 있다.[24]

2.4 사조 및 주제를 중심으로 본 유럽철학 관련 기사 분포

우리는 위에서 일제강점기 유럽철학에 대한 개괄적인 사항을 살펴보았다. 이제 여기에서 한 걸음 더 나아가 그 당시 잡지에서는 유럽철학과 관련한 기사에서 '어떠한 주제들을 다루었는지'를 구체적으로 살펴보고자 한다. 아래의 〈표 6〉은 일제강점기 잡지의 유럽철학 관련 기사를 주제별로 나눈 것이다.

관련 주제		유럽철학 관련 기사 건수	분포(%)
분류	하위주제		
사조 및 주제 중심	유럽철학 사조 및 철학일반	희랍철학	2	1.55
		중세철학	4	3.1
		실존철학	1	0.78

---

23 반면에 신문에 나타난 유럽근현대철학자들에 대한 기사를 보면 마르크스가 역시 75건으로 가장 많이 다루어졌지만, 하이데거(20건)와 니체(18건)가 잡지에 비해 상대적으로 많았고, 양코아넬(12건), 딜타이(6건), 부루노 바우흐(5건), 리케르트(4건) 등의 순으로 나타났다. 신문에 나타난 유럽철학자들에 대한 검색 결과 고중세철학자는 거의 기사에서 비중 있게 다루어지지 않았고, 근세철학자가 141건, 근현대철학자가 160건으로 비슷한 비중으로 다루어졌다(이태우, 같은 글, pp. 198-200 참조).

24 위의 통계 자료를 통해 볼 때, 당시의 한국철학자들은 크게 두 가지 입장을 보여주고 있다. 첫 번째 입장의 철학자들은 식민지 지식인들의 입장에서 암울한 시대상황에 절망한 나머지 칸트와 헤겔 등의 독일 관념론 철학에 몰입함으로써 결과적으로 식민지 현실의 모순을 회피하게 되는 경우이다. 두 번째 입장의 철학자들은 일제강점기에도 식민지 모순을 학문적 내용으로 삼은 이들로서 신남철, 박치우 등으로 대표되는 마르크스주의적인 경향을 가진 일군의 철학자들이었다.

		서양철학사	1	0.78
	유럽철학 사조 및 철학일반	사회진화론	4	3.1
		사회주의	3	2.33
		사회사상	2	1.55
		철학일반	25	19.4
사조 및 주제 중심	유럽철학 관련 주제 및 기타	형이상학	7	5.42
		논리학	2	1.55
		진리론	3	2.33
		인식론	1	0.78
		유물-유심론	11	8.5
		국가론	6	4.65
		역사철학	4	3.1
		인생관	6	4.65
		과학론	5	3.88
		종교론	8	6.2
		윤리학	7	5.42
		변증법	4	3.1
		예술론	2	1.55
		인식론	1	0.78
		기타	21	16.28
총 계			129건	100%

〈표 6〉 일제강점기 유럽철학 관련 잡지 기사의 사조 및 주제별 분포

〈표 6〉에서는 일제강점기 잡지에 나타난 유럽철학의 경향들을 '사조 및 주제 중심'으로 분류하였다. 당시 잡지기사에 나타난 유럽철학의 사조 및 주제의 분포를 파악할 수 있는 총 129건의 기사를 대상으로 분포도를 조사하였다. 각 항목에서 철학일반(19.4%)과 기타(16.28%)를 제외한 기사의 백분율을 기준으로 보면, '유물-유심론'

관련 항목의 기사가 8.5%, '종교' 관련 항목의 기사가 6.2%, '형이상학'과 '윤리학' 관련 항목의 기사가 각각 5.42%를 차지하고 있다. 또한 '인생관'과 '국가론'이 각각 6건 기사가 실려 4.65%를 차지하고 있다. 그 외에도 희랍철학, 중세철학, 사회주의, 사회사상, 변증법, 진리론, 인식론 등의 사조 및 주제 중심의 기사들이 골고루 분포되어 있음을 알 수 있다.

'유물-유심론'과 관련한 항목이 11건(8.5%)으로 조금 더 비중 있게 다루어졌을 뿐 기타 항목들은 전체적으로 골고루 분포되어 있음을 알 수 있다. 이는 특정 사조나 주제에 지나치게 치우치지 않았음을 의미하기도 하지만, 각 주제 항목과 관련한 기사 건수가 그리 많지 않았기에 깊이 있는 연구에까지 이르지 않고, 다양한 주제나 사조들을 소개하는 정도에 그친 것으로 파악된다.

그러나 〈표 5〉의 유럽철학자 관련 잡지기사 건수와 분포도에서도 보았듯이 마르크스 관련 기사가 31건(28%)으로 가장 많이 다루어졌고, 〈표 6〉에서도 유물론 관련 기사가 11건(8.5%)으로 가장 많이 다루어졌음을 볼 때, 당시 철학자들의 주된 관심이 마르크스주의에 쏠려 있었음을 알 수 있다. 이는 당시 철학자들에게 식민지적 현실에 대한 철학적 인식과 그 모순의 극복이라는 지상 과제가 맞물려 있었음을 명백히 보여주는 것이다.

2.5 주요 철학자별 기사에 나타난 관심 주제 및 연구 경향

앞의 〈표 5〉에서 보았듯이, 일제강점기 잡지에 나타난 유럽철학자에 대한 철학 관련 기사 검색 결과 모두 27명에 대해 111건의 기사가 검색되었다. 그러나 이들 모두를 살펴보기에는 지면상 한계가 있고, 향후 또 다른 독립된 연구의 주제로 다루어져야 할 것이다. 따라서 본 논문에서는 일단 당시 발행된 잡지에서 가장 많이 다루어진 유럽철학자 3명의 기사에 대한 관심 주제 및 연구 경향을 간략히 제시하고자 한다.

2.5.1 칸트

- 「'칸트'의 영구평화론을 독함」(『개벽』 총4호, 제1권 4호, 1920.09.25, 새봄)
- 「칸트철학과 뿌르조아사상」(『개벽』 총67호, 제7권 3호, 1926.03.01, 최화운)
- 「칸트와 흄, 인과문제에 대한」(『동광』 총11호, 제2권 3호, 1927.03.05, 이경열)
- 「'칸트'로부터 '휴-ㅁ'까지 인과문제의 발전」(『불교』 총61호, 제6권 7호, 1929.07.01~총70호, 제7권 4호, 1930.04.01, 9회, 박동일)
- 「임마누엘·칸트−이 달의 철인」(『신생』 총19호, 제3권 4호, 1930.04.10, 류형기)
- 「칸트의 사생활에 대하여」(『신생』 총24호, 제3권 10호, 1930.10.10, 채필근)
- 「임마누엘, 칸트」(『연희』 총3호, 제1권 1호, 1924.05.20, 이관용)
- 「칸트의 도덕론」(『연희』 총3호, 제1권 1호, 1924.05.20, 일우)
- 「칸트의 직관형식에 대하여」(『연희』 총3호, 제1권 1호, 1924.05.20, 김정설)
- 「철학자 칸트」(『청춘』 총14호, 제4권 3호, 1918.06.16, 최두선)
- 「근대철학의 개조 칸트의 탄생 2백년을 기념하여」(『학생계』 총22호, 제5권 1호, 1924.06.05, KS생)
  (총 19건)

칸트를 주제로 한 항목은 '유럽철학자' 관련 전체 기사 111건 중 19건을 차지하여 전체의 17.1%에 해당한다. 관련 기사의 건수가 19건이므로 모두 다 나열할 수 없어 특징적인 기사만을 나열하였다. 여기에는 철학자 칸트의 인물을 소개한 기사가 5건이며, 나머지는 '영구평화론', '흄과 인과문제', '도덕론', '인식론' 등 각각 칸트 철학에서 많이 다루어지는 일반적인 주제들이다. 이 중에서 주목할 만한 기사는 박동일의 「칸트로부터 흄까지 인과문제의 발전」이다. 이 기사는 잡지 『불교』에 총 9회에 걸쳐 게재한 것으로, '인과문제'를 깊이 있게 천착한 학술적 가치를 지닌 논문으로 평가할 수 있다. 이 논문의 저자 박동일을 비롯하여 이관용, 채필근, 김정설, 최두선 등은 모두 당시 한국철학계를 선도하던 대표적인 철학자들이었다.

잡지에 수록된 위의 칸트 관련 기사들은 현재 우리가 볼 때는 칸트 철학 연구를 위해 필요한 가장 기초적이며 기본적인 주제들을 다룬 것으로 보이지만, 서구철학 도입·수용의 초기 단계에 있었던 당시 수준에서는 상당히 전문적으로 소개·연구한 것으로 볼 수 있다.

2.5.2 헤겔

- 「헤겔철학과 데이켄」(『개벽』 총68호, 제7권 제4호, 1926.04.01, 최화운)
- 「사유재산권의 기초-헤겔 '법리학'에 나타난」(『신흥』 총3호, 제2권 1호, 1930. 07.10, 진오)
- 「헤겔현상학 중의 개체, 의식과 사회주의의 범형」(『신흥』 총4호, 제3권 1호, 1931.01.05, 안용백)
- 「헤겔 백년제와 헤겔 부흥」(『신흥』 총5호, 제3권 2호, 1931.07.05, 신남철)
- 「헤겔사상의 전사-'헤-겔' 백년제를 당하야」(『신흥』 총5호, 제3권 2호, 1931. 07.05, 김계숙)
- 「헤에겔 연맹 제2회 대회」(『신흥』 총6호, 제3권 3호, 1931.12.20, 저자 미상(편집국))
- 「신헤겔주의와 기 비판」(『신흥』 총6호, 제3권 3호, 1931.12.20, 신남철)
- 「헤에겔이냐? 맑스냐」(『신흥』 총6호, 제3권 3호, 1931.12.20, 저자 미상(편집국))
- 「헤겔의 철학」(『여시』 총1호, 제1권 1호, 1928.06.01, 신원(초))
- 「헤에겔 변증법과 "실재"」(『조선지광』 총67호, 제7권 5호, 1927.05.01, 안효구)
- 「헤겔 비판의 일절」(『현대평론』 총1호, 제2권 1호, 1928.01.01, 봉직생) (총 11건)

헤겔을 주제로 한 철학 관련 기사는 '유럽철학자' 관련 전체 기사 111건 중 11건을 차지하여 전체 기사의 9.9%에 해당한다. 이 기사들 중 신남철의 「헤겔 백년제와 헤겔 부흥」, 김계숙의 「헤겔사상의 전사-'헤-겔' 백년제를 당하야」, 편집국에서 쓴 「헤에겔 연맹 제2회 대회」 등은 잡지 『신흥』의 1931년 7월호(총5호, 제3권 2호)와 1931년 12월호(총6호, 제3권 3호)에 연속적으로 게재된 기사들로서 철학자 헤겔의 인물과 철학사상을 소개하는 글들이다. 이렇게 1931년에 집중적으로 헤겔을 다루고 있는 것은 당시 경성제대 출신 철학도들이 헤겔에 대해 많은 관심을 가졌을 뿐만 아니라, 헤겔 사망 100주기(1831년 사망)를 기념한 논문들이 많이 수록되었기 때문인 것으로 보인다.

위의 잡지 기사 목록에서 보듯이 신남철과 김계숙 등이 주요 필자로 참여하고 있으며, 특히 잡지 『신흥』에 헤겔 관련 기사들이 주로 많이 실려 있음을 볼 수 있다. 〈표 3〉에서도 보았듯이 『신흥』은 당시 발행된 잡지 중 철학 관련 기사가 두 번째로 많이 실린(26건) 잡지이기도 하다.[25] 잡지에 수록된 헤겔 관련 철학 기사들을 살펴보면, 헤겔을 마르크스와 비교하거나 변증법, 신헤겔주의, 사회주의, 헤겔 비판 등 헤겔 철학 그 자체에 대한 이해를 넘어 현실 해석과 변혁을 위해 비판적으로 수용·검토하고 있음을 알 수 있다.

25　『신흥(新興)』은 1929년 7월 15일 경성제국대학 법문학부 출신들에 의하여 창간된 학술잡지이다. 철학과 1회 졸업생인 배상하(裵相河)를 발행인으로 한 창간호에는 사회과학 논문 3편, 철학 논문 2편(권국석, 김계숙), 조선학 논문 3편, 기타 '차라투스트라'(배상하 역) 외 시, 소설, 해외 문화의 동향, 단상 등의 분야에서 8편의 글이 수록되어 있다. 창간호에는 출간 때의 정황과 동인들의 야심과 기개가 잘 드러나 있다. 즉 "조선의 모든 정세는 『신흥』을 탄생시켰다. 과거 우리 모든 운동에 있어서 누구나 통절히 느끼는 것은 우리에게 단호한 이론-, 과학적 근거로부터 우러나오는 행동지표의 결여함이었다. 『신흥』은 모든 곤란을 극복해가며 조선의 운동에 기여함이 있으려 한다." 라고 하면서 조선의 독립과 해방운동을 위한 확고한 이론적이고 과학적인 근거를 모색하려고 시도하였다. 다소 좌파적 성격을 띠었던 『신흥』은 『진단학보(震檀學報)』와 더불어 손꼽힐 만한 '한국 연구'에 중점을 둔 학술잡지였다(최덕교 편저, 『한국잡지백년』 3권, 현암사, 2004, pp. 322-324 참조).

2.5.3 마르크스

- 「막쓰와 유물사관의 일성」(『개벽』 총3호, 제1권 제3호, 1920.08.25, 우영생)
- 「맑쓰의 가치설에 대한 일견해」(『보성』 총3호, 제1권 3호, 1925.07.15, 경암)
- 「맑스 학설 특집」(『비판』 제8호, 제1권 8호, 1931.12.01, 일기자)
- 「맑스의 잉여가치설」(『비판』 제8호, 제1권 8호, 1931.12.01, 권일문)
- 「맑스의 종교 비판론」(『비판』 제8호, 제1권 8호, 1931.12.01, 현인)
- 「맑스주의 공황론」(『비판』 제8호, 제1권 8호, 1931.12.01, 금아)
- 「맑스주의 국가론」(『비판』 제19호, 제2권 11호, 1932.12.01, 홍효민)
- 「맑스주의와 민족문제」(『비판』 제19호, 제2권 11호, 1932.12.01, 박만춘)
- 「맑쓰 경제학설의 역사적 발전」(『비판』 제19호, 제2권 11호, 1932.12.01, 김광)
- 「칼 맑스의 약전」(『비판』 제19호, 제2권 11호, 1932.12.01, 조희운)
- 「맑스의 이상」(『사상운동』 총6호, 제2권 1호, 1925.08.01, 하상조)
- 「막쓰사상의 연구-계급투쟁설」(『신생활』 통권6호, 제1권 6호, 1922.06.06, 신일용)
- 「변증법과 맑시즘」(『조선지광』 총61호, 제6권 10호, 1926.11.01 가치융·이영성 역)
- 「'맑스' 주의의 해설」(『조선지광』 총69호, 제7권 7호, 1927.07.01, 박형병 역)
- 「맑쓰의 문헌」(『현대평론』 총4호, 제1권 4호, 1927.05.01 민병선)
  (그 외 16건, 총 31건)

일제강점기 잡지에 나타난 철학자 관련 기사에서 압도적으로 많은 숫자를 차지하고 있는 인물은 마르크스(맑스)이다. 1930년대 발행된 대부분의 학술잡지가 마르크스나 사회주의 관련 기사를 한두 번씩 게재하는 것이 일반적 현상이었다.

마르크스를 주제로 한 철학 관련 기사는 '유럽철학자' 관련 전체 기사 111건 중 31건을 차지하여 전체 기사의 28%에 해당한다. 당시의 잡지를 통해 발표된 마르크스 관련 기사와 논문은 마르크스와 관련한 다양한 주제와 관심을 보여주고 있다. 대표적으로 마르크스의 '유물사관', '(잉여)가치설', '종교비판론', '공황론', '국가론', '변증법', '계급투쟁설', '경제학설', '민족문제' 등과 관련한 다양한 주제들이 등장하고 있음을 볼 수 있다.

많은 잡지들이 마르크스 관련 기사를 싣고 있었지만, 특히 『비판』은 마르크스의 학설을 두 차례에 걸쳐 '특집'호로 다루었다. 1931년 12월호(제8호)에 '맑쓰학설 제1회 특집'을, 1932년 12월호(제19호)에 다시 '맑스학설 제2회 특집'을 싣기도 했다.[26]

이렇게 당시의 지식인들이 마르크스의 사상에 관심이 많았던 이유는 억압된 식민지 조선의 모순을 극복할 수 있는 가능성을 마르크스의 사회주의 사상에서 찾으려고 했기 때문일 것이다.

2.6 일제강점기 유럽철학 연구의 주제와 연구 경향

일제강점기 유럽(서양)철학의 수용 현황을 설명하기 위해서는 지금까지 논의한 유럽철학자들과 유럽철학 사조 및 주제들이 '어떤 학자들에 의해서 연구되었는가?'를 고찰해보는 것이 중요하다. 즉 당시 잡지를 통해 유럽철학을 소개·연구한 연구 주제와 연구 경향을 파악하는 것이 필요하다.

아래에서는 일제강점기 유럽철학 연구의 주제와 연구 경향에 관해 간단히 설명하고자 한다. 〈표 7〉은 그 당시 유럽철학 연구자들을

---

26 『비판(批判)』은 1931년 5월 9일 자로 창간된 평론잡지로서, 주로 사회주의적인 시각에서 정치·경제를 비롯한 사회문제를 많이 다루었다. 여타의 평론잡지들이 단명했던 데 비해, 1940년 1월호까지 통권 114호를 낼 정도로 장수한 잡지로 꼽힌다. '맑스학설 제1회 특집'을 싣고 있는 『비판』 제8호(1981년 12월)는 총 140여 쪽 중 50쪽을 '맑스'가 차지하고 있다. 그 '특집의 변'에서 "맑스는 프롤레타리아에게는 존귀한 존재이었지마는, 저편에 있어서는 가증스러운 존재이었다. 그의 학설은 근로대중에게는 절대한 무기이지마는 저편에게는 공포스러운 위대한 세력으로 되어 있다. 좌(左)커나 우(右)커나는 논(論)치 아니한다 할지라도 맑스 학설은 현대의 사상을 지배하고 있다."고 함으로써 마르크스 철학사상의 절대적인 영향을 부인하지 않는다(최덕교 편저, 『한국잡지백년』 2권, 현암사, 2004, pp. 358-363 참조).

나타내기 위한 것이다. 유럽철학 관련 기사를 게재한 한국의 대표적인 '유럽(서양)철학자'와 '유럽(서양)철학 관련 인물'의 이름과 대표적인 기사 제목을 〈표 7〉에서 정리해보았다.

〈표 7〉에 언급된 학자들의 범위는 크게 유럽(서양)철학자와 유럽(서양)철학 관련 인물로 나누어본 것으로, 전자는 주로 해외 유학을 통해서 유럽철학을 배웠거나 경성제대 철학과 졸업생 출신으로서 유럽철학에 대한 비교적 전문적인 교육을 받은 학자들이다. 후자는 국내외 철학과 출신은 아니지만 문학, 역사, 경제 등 인접 학문을 배운 인문학자들로서 철학에 많은 관심을 가지고 문필 활동을 한 이들이다. 선정 기준은 당시 잡지에 최소 2건 이상의 철학 관련 기사를 게재한 인물을 대상으로 삼았다. 그러나 이들 중 소철인(蘇哲仁), 이강열(李康烈), 묘향산인(妙香山人), 이봉직(李鳳稙) 등 몇 명은 현재까지 정확한 연구분야가 확인되지 않아 기사 제목을 기준으로 임의로 분류한 이도 있다.

분류	성명	기사 건수	게재된 학술기사의 주제
유럽 (서양) 철학자	권세원 (權世元) (권국석 (權菊石)	3	진리와 정확의 구별에 대한 첨언(신흥, 1929.07.15) 현상학의 진리설에 대하여-Husserl의 논리학연구를 중심으로-(신흥, 1929.12.07) 부정판단의 논리적 위치에 대하여(신흥, 1930.07.10)
	김계숙 (金桂淑)	4	헤겔사상의 전사-'헤-겔' 백년제를 당하야(신흥, 1931.07.05) 사색방법에 대한 서론(신흥, 1929.12.01) 외 2건
	김기석 (金基錫)	3	철학시상(조광, 1936.02.01) 철학의 이념과 그 현실행정(조광, 1936.10.01) 외 1건

유럽 (서양) 철학자	김두헌 (金斗憲)	4	윤리적 평가의 이념(철학, 1933.07.17) 고 이관용박사 의욕론-의식의 근본사실로서(철학, 1934. 04.01) 외 2건
	박동일 (朴東一)	9	칸트로부터 흄까지 인과문제의 발전(불교, 1929. 07.01~1930. 04.01까지 9회 연재)
	박종홍 (朴鍾鴻)	2	'철학하는 것'의 출발점에 대한 일 의문(철학, 1933. 07.17) '철학하는 것'의 실천적 지반(철학, 1934.04.01)
	배상하 (裵相河)	3	"철학과 인생"을 읽고 한치진씨께(조선지광, 1928. 07.01) 차라투스트라(신흥, 1929.07.15) 상극성원리(대중공론, 1930.07.01)
	소철일 (蘇哲仁)	4	포이엘바하 철학(신흥, 1931.12.20) 변증법적 유물론(비판, 1932.12.01) 유물론적 견해와 관념론적 견해의 대립(신흥, 1932. 12.13) 외 1건
	신남철 (申南澈)	8	혁명시인 하이네-이성과 낭만의 이중고와 철학(1) (동광, 1931.11.10) 헤겔 백년제와 헤겔 부흥(신흥, 1931.07.05) 신헤겔주의와 기 비판(신흥, 1931.12.20) 이데오르기론(비판, 1932.12.01) '헤라클레이토스'의 단편어(철학, 1933.07.17)-번역물 현대철학의 Existenz에의 전향과 그것에서 생하는 당면과제(철학, 1934.04.01) 나치스의 철학자 하이덱커(신동아, 1934.11.01) 인식 신체 급 역사(신흥, 1937.01.18)
	안호상 (安浩相)	4	스피노자의 우주관(신동아, 1932.11.01) 객관적 논리학과 주관적 논리학(철학, 1933.07.17) 이론철학은 무엇인가?(철학, 1934.04.01) 철인이 보는 이상(춘추, 1942.07.01)

유럽 (서양) 철학자	이관용 (李灌鎔)	6	원학인 철학(신생명,1923.07.06) 동양학계의 명성=김중세(개벽, 1924.04.01) 임마누엘, 칸트(연희, 1924.05.20) 스피노자의 생활(신동아, 1932.11.01) 외 2건
	이종우 (李鍾雨)	3	스피노자 철학의 특징(스피노자 탄생 2백년 기념) (신동아, 1932.11.01) 외계 실재성의 근거(철학, 1933.07.17) 생의 구조에 대하여(철학, 1934.04.01)
유럽 (서양) 철학 관련 인물	김윤경 (金允經)	6	인생의 목적(연희, 1923.11.06 나의 종교관(연희, 1925.06.10) 중세철학과 기독교(청년, 1930.11.01~1931.02.01) 4회 연재
	묘향산인 (妙香山人)	3	근대주의의 제1인 루쏘선생(개벽, 1920.11.01) 외 2건
	이재훈 (李載薰)	5	구체적 존재의 구조(철학, 1933. 07. 17) 존재인식(철학, 1934.04.01) 철학개론(학등, 1934.04.01) 외 2건
	박형범 (朴衡秉)	5	사회진화의 필연성을 논함(조선지광, 1927.03.01 ~927. 06.01) 4회 "맑스" 주의의 해설(조선지광, 1927.07.01)-번역물
	류형기 (柳瀅基)	4	임마누엘·간트(이 달의 철인)(신생, 1930.04.10) 쏘크라테쓰의 변명(플라토 대화 편)(1931.03.01 ~1931.05.07) 3회, 번역물
	이강열 (李康烈)	5	과학과 철학(연희, 1924.05.20) 인식의 성립(연희, 1925.06.10) 칸트와 흄, 인과문제 대한(동광, 1927. 03. 05) 플라톤과 아리스토텔레스(신생, 1930.01.06) 외 1건
	이봉식 (李鳳植)	4	현대의 사회사상 연구(조선지광, 1927.06.01~ 1927.08.01) 3회 철학에 관한 문제의 이삼(조선지광, 1928.09.01)
	기타인물	155	(생략)
총 계		240건	

〈표 7〉 일제강점기 잡지에 유럽철학 관련 기사를 게재한 주요 인물들과 주제

'유럽(서양)철학자'로 분류할 수 있는 인물로는 해외 유학파인 김기석(金基錫, 1905~1974), 김두헌(金斗憲, 1903~1981), 안호상(安浩相, 1902~1999),[27] 이관용(李灌鎔, 1891~1933),[28] 이종우(李鍾雨) 등과 경성제대 철학과 출신인 배상하(裵相河, 1904~?), 박동일(朴東一), 김계숙(金桂淑, 1905~1989), 권세원(權世元- 필명 權菊石), 박종홍(朴鍾鴻, 1903~1976), 신남철(申南澈, 1907~1957?),[29] 소철인 등이 있다. 그 밖에도 김정설(金鼎卨, 호는 凡父, 1897~1966)[30]과 같은 철학자는 서양철학과 동양철학을 두루 섭렵하고 이미 동서양비교철학을 연구·강의하고 있었다.

---

27 안호상은 '잡지'를 통해 「스피노자의 宇宙觀」(『신동아』), 「理論哲學은 무엇인가」(『철학』), 「哲人이 보는 理想」(『춘추』), 「客觀的 論理學과 主觀的 論理學」(『조선지광』) 등 모두 4편의 철학 관련 논문·기사를 발표하였다. 이 밖에도 그는 『동아일보』 등 신문을 통해 총 52건의 철학 관련 논문·기사를 발표하였다(이태우, 「일제강점기 신문을 통해 본 유럽철학의 수용 현황: 철학 관련 기사 검색 자료에 대한 통계적 분석을 중심으로」, 『동북아문화연구』 제13집, 동북아시아문화학회, 2007, pp. 206-207 참조).

28 이관용은 당시 '잡지'에 「原學인 哲學」(『신생명』), 「임마누엘 칸트」(『연희』) 등 총 6편의 철학 관련 논문·기사를 싣고 있다. 그러나 불의의 사고로 사망하기 직전까지 그는 언론계에 종사하고 있었기에 언론을 통한 철학 활동을 왕성하게 펼쳤다. 계몽적 지식인으로서 유럽의 철학사상을 국내에 소개하고 수용한 선구자인 이관용이 신문을 통해 남긴 철학 관련 글들은 「社會의 病的 現想」, 「임마누엘 칸트의 인격」(이상 『동아일보』), 「헤겔과 그의 철학」, 「唯物論 批評의 根據. 裵相河의 「非唯物論的 哲學觀」을 읽고」, 「버나드 쇼의 생애와 사상」(이상 『조선일보』), 「스피노자와 그의 사상」(『중앙일보』) 등 총 56건으로 파악되고 있다(이태우, 같은 글, pp. 207-209 참조).

29 신남철이 당시 '잡지'에 게재한 철학 논문과 기사는 「나치스의 哲學者 하이덱커」(『신동아』), 「이데오르기論」(『비판』), 「헤겔 百年祭와 헤겔 復興」, 「新헤에겔主義와 其 批判」, 「認識 身體 及 歷史」(이상 『신흥』) 등 총 8편으로 조사되었다. 이 밖에도 신남철은 『동아일보』에 60건, 『조선일보』에 16건 등 총 82건의 철학 관련 논문·기사를 신문에 발표하면서 면서 왕성한 철학 활동을 벌였다(이태우, 같은 글, pp. 204-205 참조).

30 이태우·최재목·정다운, 「범부 김정설 연구를 위한 예비적 고찰」, 『일본문화연구』 24권, 동아시아일본학회, 2007 참조.

‘유럽(서양)철학 관련 인물’로 분류할 수 있는 인물은 이재훈(李載薰), 김윤경(金允經, 1894.06.09~1969.02.03), 묘향산인, 박형병(朴衡秉, 1897~?), 류형기(柳瀅基, 1897~1989), 이강열, 이봉직 등이 있다. 이러한 인물들은 대체로 유럽(서양)철학 이외의 인물들로 평가되지만, ‘유럽(서양)철학자’로 분류되는 학자들에 비해 크게 뒤지지 않는 글을 잡지를 통해 게재하고 있다. 위의 〈표 7〉에서는 ‘유럽(서양)철학자’와 ‘유럽(서양)철학 관련 인물’로 나누었으나, 그 당시는 문·사·철의 구별이 명확하지 않았던 시대라는 것을 고려한다면 〈표 7〉의 ‘유럽철학 관련 인물’ 역시 유럽철학자의 범주에 포함시킬 수도 있을 것이다.

철학 관련 기사의 잡지 게재 건수 순으로 보면, 박동일, 신남철, 이관용, 김윤경, 박형병, 이강렬, 이재훈, 김계숙, 김두헌, 소철인, 안호상, 류형기, 이봉직, 권세원, 배상하, 김기석, 박종홍, 묘향산인 등이지만, 박동일의 경우 1편의 논문을 9회에 걸쳐 싣고 있기에 횟수가 많은 것으로 나타나고 있다. 철학자들에 따라 기사 게재 숫자가 다소간의 차이가 있지만, 대부분은 당시 서양현대철학의 흐름을 잘 파악하고 있는 것으로 볼 수 있다. 이들이 주로 다루었던 주제들은 〈표 7〉에서 보듯이 칸트, 헤겔, 흄, 니체, 스피노자, 마르크스, 포이어바흐, 후설, 하이데거 등의 주요 근현대철학자들과 현상학, 실존철학, 생철학, 유물론, 사회주의 등의 철학사조, 존재론, 인식론, 진리론, 윤리학, 논리학, 인생론, 과학론 등 다양한 주제를 다루고 있음을 확인할 수 있다.

3. 맺는말

일제강점기 유럽철학의 수용과정은 식민지 조선의 현실에 좌절한 지식인들이 기존의 전통사상으로는 모순적 현실을 극복하기 어렵다고 판단하고, 모순 해결의 가능성을 서구적 모델의 학습과 수용을 통해 추구하려는 사상적인 모색의 과정이었다.

지금까지 고찰한 바와 같이 잡지에 게재된 철학 관련 논문 기사는 1920년대와 1930년대에 걸쳐 집중적으로 나타나고 있다. 당시에 논의되던 철학은 대체로 신칸트주의, 신헤겔주의, 마르크스주의 등이 주종을 이루었지만 삶과 실존을 중시하는 철학도 그에 못지않게 논의되고 있었다. 일제강점기에 활동했던 한국철학자들은 서양의 특정 철학자들을 연구하기도 했지만, 그들의 관심은 대체로 당시 유럽에서 유행하던 현대철학에 집중되어 있었다. 그 가운데서도 생철학과 실존철학, 특히 마르크스주의가 사람들의 관심을 끌고 있었다.

이 세 가지 조류의 철학사상은 형이상학적이고 사변적이며 현실 초월적인 전통철학에 비해 현실 지향적이고 인간 중심적이며, 구체성을 띠고 있었다. 그러므로 비록 사회적, 역사적 배경이 다르더라도 이 세 철학사조는 암울한 시대적 상황에서 당시의 젊은 철학자들의 기대와 열망에 부응하기 충분했다. 주어진 현실을 파악하고 그것을 변혁하려는 염원과 열정이 식민지 철학자들에게 그 어느 때보다 강하게 작용하는 것은 당연한 일이었다. 철학은 그들에게 단순한 지적 호기심의 대상이 아니라 현실 파악과 현실 변혁을 위한 지적, 사상적 수단이 되기도 했다. 따라서 현실 파악과 현실 변혁에 대한 관심은 마르크스주의적 시각을 가졌던 철학자들에게만 적용되는 것이 아니라, 대부분의 일제강점기 한국철학자들에게 주어진 당면한 과제

였다.[31]

　유럽(서양)철학의 수용과정에서 마르크스와 사회주의에 관한 잡지 기사들이 많은 비중을 차지하고 있었다는 사실은 이러한 당시의 사정을 잘 보여주는 객관적 자료이기도하다. 그러나 앞서 보았듯이, 유럽철학의 수용은 특정 인물, 사조, 주제에만 국한되지 않고 다양한 관심 분야에서, 철학 전공자들만이 아닌 인문사회학 전반에 걸쳐 연구되고 있었음을 확인할 수 있다.

31　강영안, 『우리에게 철학은 무엇인가』, 궁리, 2002, pp. 35-36; 이태우, 「일제강점기 신문을 통해 본 유럽철학의 수용 현황」, 앞의 글, pp. 210-211 참조.

제2부

일제강점기
서양철학의 수용과
한국적 변용

제1장_ 범부 김정설의 칸트·헤겔 철학 이해
제2장_ 안호상의 독일관념론 철학의 수용과 한국적 변용
제3장_ 신남철의 마르크스주의 철학의 수용과 한국적 변용

제1장

범부 김정설의 칸트·헤겔 철학 이해

　범부 김정설(凡父 金鼎卨, 1897~1966)은 한국철학사상의 '전승과 재창조'라는 측면에서 주목을 끄는 인물이다. 그는 한국적인 모티브에서, 즉 한국의 전통불교, 유교철학 외에 한국 토속적인, 원시적인, 기층적인 사유 방식이나 태도에서 한국철학의 가능성을 모색한 것으로 평가받고 있는 인물이다.[1]

　최근 '범부연구회'를 중심으로 몇 년간 지속해온 연구 활동의 결과 범부 선생의 철학과 사상에 대한 윤곽이 점차 뚜렷해지고 있으며, 연구의 폭과 깊이도 더욱 확대·심화되고 있다. 그러나 그동안 범부의 삶과 사상에 관한 연구는 동양학의 범주에서 주로 논의되어 왔고, 범부사상에 미친 서양철학의 영향이나 서양철학에 대한 범부의 비판적 논급은 아직 제대로 조명되지 못했다.[2] 이러한 문제의식

1　「세계철학과 한국철학」, 『한민족과 2000년대의 철학』 제3회 한민족철학자대회보 제1권, 한국철학회, 1999, p. 112.

하에 이를 통해 동·서양 철학에 두루 통달한 범부사상과 서양철학의 관련성을 부각시켜 조명해보는 것은 의미 있는 일이라 할 수 있다. 이는 범부사상에 대한 기존의 동양학 중심의 연구와 균형을 맞춰나간다는 의미에서도 그 필요성을 인정할 수 있을 것이다. 또한 범부의 많지 않은 저술 중에서 산발적으로 언급되고 있는 서양철학에 관한 그의 견해들을 소략하게나마 정리해보는 의미도 가질 수 있을 것이다.

필자는 우선 범부가 남긴 몇 권의 저술들 속에서 서양철학 관련 언급들을 찾아보고, 서양철학에 대한 그의 지식 범위와 이해의 폭을 조명해보았다. 다음으로 범부가 언급한 서양철학 관련 단편적 논의들을 토대로 그의 서양철학에 대한 지식과 이해가 동방학자 또는 동서양비교철학자로서 그의 사상체계 전체에 어떤 영향을 미쳤는가를 검토해보았다. 하지만 현재 범부사상에 대한 연구 성과가 계속 축적되고 있는 중이기에, 범부사상의 윤곽이 보다 분명히 드러났을 때 서양철학과의 비교 고찰이 어느 정도 가능할 수 있을 것이란 것을 알게 되었다. 따라서 이 글은 서양철학과 관련한 범부의 논의들을 정리해본 것이며, 이를 중심으로 서양철학에 대한 그의 지식 범위와 이해도를 조명하는 데 국한한 것임을 밝힌다.

---

2 2009년 발족한 '범부연구회'를 중심으로 현재까지 이루어진 '범부사상'에 대한 연구물들이 최근 『범부연구총서』 전3권(선인, 2010)으로 출판되었다.

1. 지인들의 증언을 통해 본 범부와 서양철학

잘 알려져 있듯이 일제강점기 조선 사상계의 선각자로서 범부는 일찍이 일본 유학(1915년, 19세)을 통해 서양의 철학과 문물을 접했다.[3] 특히 그의 비범한 통찰력을 미루어 짐작컨대, 범부는 서양의 고대철학에서부터 당시에 이르기까지 주요 철학자와 철학사상, 철학사조, 철학적 경향들을 두루 섭렵하고 이를 꿰뚫고 있었던 것으로 보인다. 이는 그에게 가르침을 받았던 후학이나 지인들의 일치된 증언을 통해 잘 확인되고 있다. 즉 범부의 서양철학에 대한 식견은 집중적으로 언급되고 있지는 않지만, 범부 주변 인물들의 증언을 통해 산발적으로 찾아볼 수 있다.

예컨대 범부의 문하생인 봉래산인(蓬萊山人) 이종익(李鍾益, 1912~1991, 전 동국대 교수)은 "선생님은 동방학의 개척과 조예에 있어서 실은 한·당(漢·唐) 이래 근 이천 년 사상 제일인이라고 하여도 망언이 아니라고 할 정도의 위대한 동방학자로서, 그 후천적인 각고정려(刻苦精勵)의 노력도 그러하겠지만, 또한 선천적인 무사자오적 예지(舞師自惡的 叡智)의 소유자이셨으며, 서양철학과 현대사조의 비판에도 남보다 뛰어난 안목이 계셨던 것이다."[4]라고 술회한 바 있다.

또한 김용구는 범부의 막내 동생인 소설가 김동리의 회고를 인용

---

3   범부의 외손인 김정근(부산대 명예교수)은 범부의 생애와 수학 과정, 철학 강의 및 저술 활동, 범부에 관한 최근의 연구 상황 등의 정보를 집대성해서 범부 연보를 재구성하여 범부 연구자에게 많은 도움을 주고 있다. 김정근, 『김범부의 삶을 찾아서』, 선인, 2010 참조.

4   이종익, 「발간사」, 『동방사상논총』, 보련각, 1975.

하면서 범부의 서양철학에 대한 폭넓은 식견에 대해 언급하고 있다. "그 가운데는 만형도 소화해내느라 곤욕을 치렀다는 칸트의 『순수이성비판』과 헤겔의 철학서도 있었다. … 경찰에서는 '동양'철학이라는 것을 잘 모르기 때문에 만형을 그냥 '민족주의 사상가'로 간주했다는 것이다. 이 얘기는 젊은 김정설이 그 무렵 벌써 '서양' 철학에서 '동양'철학까지 폭넓게 섭렵하고 있었음을 말하는 것이다."[5]

진교훈(전 서울대 교수, 범부의 막내사위)은 「범부 김정설의 생애와 사상」에서 범부가 동서 철학의 비교연구에 몰두하였음[6]을 술회하면서, 그가 '서양문화는 몰락한다'고 예견하였고, 서양철학의 한계와 맹점을 꿰뚫어 보았음을 지적하고 있다. "그분은 특히 이분법적인 이원론을 질타하셨고, 그 이원론적 사고는 급기야 관념론 아니면 유물론을 낳고, 회의론 아니면 염세주의, 비인간화, 자연파괴를 초래할 것이고 종국에는 서양문화는 몰락하고 만다고 간파하셨습니다. 그러나 그분은 서양철학자로는 아리스토텔레스, 칸트, 베르그송, 셸러 등의 종합적인 사고방식을 높이 평가하셨습니다."[7]

이처럼 범부와 사제관계를 맺거나 강의를 청강한 지인들로부터 동서양철학사상에 정통한 그의 사상적 깊이와 시대를 앞선 예지력과 통찰력에 대한 증언을 공통적으로 들을 수 있다.

5   김용구, 「범부 김정설과 동방 르네상스」, 『한국사상과 시사』, 불교춘추사, 2002, p. 262.
6   진교훈, 「범부 김정설의 생애와 사상」, 『범부 김정설 연구』, 대구프린팅, 2009, p. 32.
7   진교훈, 같은 글, p. 41.

2. '범부문고'와 서양철학

범부의 사상적 연원은 그가 탐독했던 텍스트와 분리해서 생각할 수 없을 것이다. 그의 지적인 관심이 제도권 내의 지식 전수 과정에서 표출된 것은, 그가 초대학장을 지낸 '계림학숙(鷄林學塾)'에서 가르쳤던 '역사철학', '문화사', '윤리학사', '정치학' 같은 교과목들에도 단적으로 드러나 있다. 이러한 범부의 지식 습득의 계보를 추적해보면 그가 어떤 책을 읽고 생각했던가를 묻지 않을 수 없다. 여기에 그가 소장하며 읽었던 책에 우리가 주목해야 할 당위성이 있다. 다행히 범부가 소장했던 주요 서적의 일부가 영남대 도서관에 기증되어 범부문고실에서 현재 관리되고 있다. 범부를 연구하는 데 매우 중요한 자료인 '범부문고'는 범부의 지식의 범위와 그의 지적인 관심 영역을 가늠케 하는 하나의 근거가 될 수 있다.[8]

당연히 우리의 관심사인 '범부의 서양철학에 대한 지식과 이해'도 범부문고에 보관된 그의 소장도서를 통해 파악할 수 있을 것으로 추정한다. 범부문고의 소장도서를 조사해본 결과 범부문고에 소장된 도서 수는 총 637종 3,586권에 이르며, 이 중에는 중국 역대의 도서를 총집성한 『사부총간』 360종, 2,451권이 범부문고의 많은 부분을 차지하고 있다.[9] 그러나 아쉽게도 동양학 관련 문헌들만 보존되어 있고 서양학 관련 문헌은 찾아보기 어려웠다. 따라서 현재 영남대 도서관에 보관된 범부문고를 통해서는 '범부의 서양철학에 대한 지식과 이해'를 파악하는 데 한계가 있었다.

---

8   최재목·이태우·정다운, 「'범부문고'를 통해서 본 범부 김정설의 동양학 지식의 범주」, 『유학연구』 제18집, 충남대학교 유학연구소, 2008, pp. 305-306.

9   최재목·이태우·정다운, 같은 글, pp. 308-311 참조.

앞에서 범부의 후학들 증언에서 보았듯이 '동서양비교철학자'로도 불리는 범부의 서양철학에 대한 식견은 탁월한 것이었다고 볼 수 있다. 그러나 서양철학에 대한 그의 혜안을 들여다 볼 수 있는 자료들이 현재로서는 턱없이 부족한 것이 사실이다. 따라서 자료적 접근의 한계로 인해, 그가 남긴 몇 권의 저술들과 단편들 중에서 서양의 철학과 사상에 대해 언급한 부분을 중심으로 '범부와 서양철학'에 대한 연구가 이루어질 수밖에 없다. 단편적이나마 이 글에서 인용하거나 참고한 범부의 저술들을 소개하면 다음과 같다.

김범부, 『화랑외사』, 이문출판사, 1981.
_____, 『정치철학특강(범부유고)』, 이문출판사, 1986.
_____, 『풍류정신』, 정음사, 1987.
_____, 『범부 김정설 단편선』, 선인출판사, 2009.
_____(김정설), 「칸트의 직관형식에 대하여」, 『연희』 제3호, 한성도서, 1924. 5.20.
_____(김정설), 「열자를 읽음(一)」, 『신민공론』 총4호, 제3권 1호, 신민공론사, 1922. 01.30.
_____, 「주역강의」, 『동방사상논총』, 보련각, 1976.
_____, 「동방사상강좌」, 『동방사상논총』, 보련각, 1976.
_____, 「오행설과 동방의학의 원리」, 『도교와 과학』, 비봉출판사, 1990.

3. 범부의 칸트 이해

칸트 탄생 240주년 기념제(1964년)에서 찍은 사진[10]을 보면 범부는 서양철학자 칸트에 대해 각별한 존경심을 가지고 있었던 것으로

---

10 김범부, 『풍류정신』(정음사, 1986), 권두에 수록된 사진 참조.

보인다. 범부는 이미 그의 나이 스물여덟 살 때인 1924년 칸트 탄생 200주년을 맞이하여 서울YMCA 강당에서 기념강연을 하였으며,[11] 같은 해 4월 22일 연희전문학교 문과 주최로 열린 '칸트 탄생 200년 기념강연회'에서도 칸트 철학에 대한 강연을 한 바 있다.[12]

범부는 서양의 기계기술문명이 그 한계에 도달했고, 전 세계가 세기말의 위기에 처했다고 진단하면서 '동방 르네상스' 운동을 주창하였다. 그러나 그렇다고 해서 지금까지 서양의 과학과 철학이 남긴 유산을 무의미하다거나 일방적으로 평가절하하지는 않는다. 특히 그는 근세철학의 큰 봉우리인 데카르트의 회의적 방법론과 칸트의 비판적 방법론이 이전의 인도철학과 중국철학에서 찾아볼 수 없는 '인식비판'적 작업을 수행하였다는 점을 정당하게 평가하고 있으며, 나아가 범부 당시까지도 동양철학이 서양철학에 비해 엄밀한 인식론적 비판을 결여하고 있음을 지적하고 있다.[13] 이러한 범부의 생각은 『신

---

11 진교훈, 「범부 김정설의 생애와 사상」, 『범부 김정설 연구』, 대구프린팅, 2009, p. 41.

12 최덕교 편저, 『한국잡지백년 3』, 현암사, 2005, p. 295 참조. 이 강연회에서 강연한 이는 범부 김정설과 노정일, 이관용 등 3인이었다. 특히 이관용은 해외 유학한 한국인 중 최초로 서양철학 박사학위를 받고 귀국한 인물로, 귀국 이듬해인 1924년 연희전문학교 교수로 임명되어 활발한 철학·언론 활동을 펼치다가 1933년 불의의 사고로 세상을 떠났다(이태우, 「일제강점기 한국철학자 연구(Ⅱ)-일성 이관용 연구를 위한 예비적 고찰」, 『동북아문화연구』 제25집, 동북아시아문화학회, 2010, pp. 231~256 참조). 한국에서 서양철학이 본격적으로 수용되던 이 시기에 일본 유학을 통해 서양철학을 접한 범부와 유럽 유학을 통해 서양철학을 접한 이관용이 한 자리에서 만나 칸트 철학에 대한 강연을 한 것은 한국 근현대 철학사에서 중요한 의미를 갖는 사건이었다고 할 수 있다.

13 그러나 이러한 칸트에 대한 김범부의 긍정적 평가는 일단 서양철학 수용 초기인 1920~1930년대에만 국한해서 생각할 수 있으며, 해방 후에서 그의 사망(1966)에 이르는 시기 동안에는, 문헌상으로는 직접 확인이 되지 않지만, "칸트에 대한 비판적 견해를 많이 피력했다."(범부의 사위인 진교훈 전 서울대 교수의 구술 증언에 의한 것임. '제3회 범부연구회 학술세미나', 영남대학교, 2012.04.14)고 한다.

민공론(新民公論)』(1922)에 쓴 「열자(列子)를 읽음(一)」에 잘 나타나고 있다.

> 서양에도 데카르트 칸트 이전의 형이상학은 대개다 독단적이엿다. 혹은 사상적 관념 혹은 종교적 신조 엄밀한 인식론적 비판이니 결한 시적 신념을 기초로 하고 성립된 것이다. 그중에 논리적 설명의 기도가 전연 없엇든 것은 아나나 역시 기도는 기도에 불과하고 그 본질적 근거는 항상 물비판적 무엇이엿다. 그래서 데카르트의 회의적 방법론과 칸트의 비판적 방법론을 현출케 한 것이다. 전자는 의(疑)의 극을 추하야 존재의 근거를 발견하고 후자는 지성의 한계를 밝혀서 형이상학의 불가능을 규창(叫唱)하엿다. 그런데 서양철학이야 오직 진리를 도파(道破)한 것이라고 단언하는 것은 아니다. 그 발달 단계를 고찰하면 동양철학의 현상은 금일도 오히려 데카르트 칸트가 출현하지 안헛다. 그것은 또 각기 특징이 있었고 동시에 그 특징을 따라 발달의 경로도 다소 다르겟지만 그런고로 발달의 경로를 비교해서 동서 철학의 우열을 평단(評斷)하랴는것도 물론 아[니]지[만] 좌우간 서양철학상 의미의 엄밀한 인식론적 비판이 금일까지 없엇는 것은 사실이다.[14]

범부는 서양철학사에서 가장 철저히 인식비판을 수행한 철학자로 칸트를 들고 있다. 특히 칸트가 『순수이성비판』의 「선험적 감성론」에서 분석한 '직관형식'의 문제에 대해 당시의 학계와 일반에서 오해하고 있는 문제점들을 제시하고, 또 이에 대한 명쾌한 해석을 제시

---

14   김정설, 「列子를 읽음(一)」, 『新民公論』 총4호, 제3권 1호, 신민공론사, 1922, pp. 33-34. 원문은 그대로 수록했으나 가독성을 높이기 위하여 띄어쓰기와 [ ]만 일부 수정·가필하였음. 강조는 필자에 의한 것임.

하고 있다. 일찍이 일본 유학을 통해 서양철학을 수용한 선구자로서 범부는 1924년 잡지 『연희』에 게재한 「칸트의 직관형식에 대하여」[15]라는 소논문에서 칸트 인식론에서 '직관형식', 즉 시간공간의 의의를 다음과 같이 천명하고 있다.

> 칸트는 시간과 공간으로서 직관형식이라 하얏다. 직관형식인 의미를 밝혀서 그 선험성(A. priori)을 입증하얏나니-물(物)을 직관하는 대는 반드시 세 개의 요건으로서 성립된다. 하나는 직관의 능력이니 씨(氏)는 이것을 감성(Sinnligkeit)이라 하고 둘은 직관의 내용이니 이것을 감각(Empfindung)이라 하고 셋은 직관의 형식이니 씨는 이것을 시간과 공간으로서 하얏다. 그중에 감각은 외래의 것이니 즉 경험적(A. posteriori)이며 시간공간은 자구(自具)의 것이니 즉 선험적이다. 시간공간의 선험성을 천명한 것은 실로 그 의미가 용이한 점에 잇지 안헛다. 제1은 산학급수학의 선험성에 대한 입증 제2는 직관내용 즉 감각의 수납에 대한 선험적 규정 제3은 직관과 사고(Denke)의 매개형식(시간만)으로서의 선험성에 대한 입증-이 세 가지 원리의 선험적 확립을 위하야 시간공간의 직관적 선험성을 천명하지 안흘 수 업섯다.[16]

이어서 범부는 칸트의 직관형식에 대한 세간의 몇 가지 오해를 언급한다. 즉 칸트는 직관형식으로서 시간과 공간의 의미와 범위를 오직 인식론적 측면에서 문제 삼았을 뿐인데, 사람들은 이것을 심리학적으로 혼동하고 있다는 것이다. 즉 사람들이 시간공간을 감각적 활

---

15 김정설, 「칸트의 直觀形式에 對하여」, 『연희』 제3호, 한성도서, 1924, pp. 13-18 참조.
16 김정설, 같은 글, pp. 13-14.

동과 사고의 숙련으로부터 점차 발달된 감각 또는 개념으로 혼동하여 칸트의 선험론을 비난하고 있다는 것이다. 그러나 범부는 직관의 형식으로서 시간공간은 심리적 시공 개념과 그 의미와 성질이 다르다는 점을 강조한다.

> 칸트의 본의로서는 시공의 감각 혹 개념은 직관의 형식이 아니라 직관의 내용인식의 형식의 일종으로서의 시간이 아니라 그 재료로서의 일종—이다. 직관의 형식으로서의 시공은 절대로 그 내용으로서의 시공이 아니다. 시간공간은 실로 감각 혹 개념으로서 직관의 내용이기도 한 동시에 선험적 제약으로서 직관의 형식이기도 한 것이다. 전자를 심리적 시간공간이라 할지니 이것은 마땅히 심리학적 발생 문제에 속할 것이오 후자를 논리적 시간공간이라 할지니 이것은 마땅히 지식론적 선험성이 문제에 속할 것이다. (…) 직관형식으로서의 시공은 심리상 생득적의 것인 점에 선험성이 있는 것이 아니라 비내용적 의미의 시공으로서 필연히 감각수납의 제약이 되는 점에 그 선험성이 잇다. (…) 그럼으로 직관형식의 선험성은 오직 논리적 선험성을 유한 것이오 심리적 선천성을 유한 것은 아니다. 논리적 선험성이 잇슴으로써 비로소 지식성립의 보편필연적 법칙이 되는 것이다.[17]

범부는 이처럼 칸트의 직관형식으로서 시간공간을 인식론적 시공 개념과 심리학적 시공개념으로 구분하여 설명함으로써 혼동을 피할 수 있다고 하였다. 즉 직관형식으로서 시공간 개념은 심리적 선천성을 의미하는 것이 아니라 논리적 선험성을 의미하는 개념으로서, 보

---

17 김정설, 같은 글, pp. 14-15.

편타당한 인식이 가능하기 위한 선험적 조건이라는 것이다. 이러한 논의를 통해 범부는 현대한국철학의 선구자로서 서양철학, 특히 칸트의 선험철학에 대한 이해가 부족했던 당시 학계와 일반인들에게 칸트의 선험철학에 대한 올바른 이해를 제시하려던 것으로 보인다.

이 밖에도 범부는 칸트의 직관형식에 대해 이의를 제기하고 있는 다른 이설(異說)들에 대해서도 선험논리적 관점에서 그 문제점을 지적하고 올바른 이해를 촉구하고 있다. 이러한 이설들은 주로 물리학적 관점에서 제기되는 아인슈타인의 상대성원리에 입각한 이설이나, 형이상학적 관점에서 순수형식으로서가 아닌 일종의 실재로서 시간공간을 주장하는 이설, 직관형식을 통해 수용된 인식이 현상계에만 국한된다는 칸트의 인식론을 인간이성 자체의 함방(檻房)으로 간주하는 이설, 칸트의 직관형식설은 과학적 연구가 아닌 사변적 연구이기에 과학적 연구의 견지에서 보면 일종의 우론(迂論)에 불과하기에 칸트의 철학적 시공의 절대성에 대한 가정은 무의미하게 되었다는 이설들이다.[18]

범부는 위의 몇 가지 이설들에서 제기된 오해가 모두 그 본뜻과 범위를 위월(違越)하여 해석한 데서 생긴 것으로 보고 칸트의 직관형식으로서 시공은 오로지 논리적 인식의 대상으로만 파악되어야 한다는 점을 강조한다. "시간공간은 여러 가지 견지에서 관찰할 수 잇는 문제다ー산수학상으로 산수학적 시공을 요할지며, 심리학상으론 심리적 시공이 잇슬지며, 물리학 혹 형이상학상으로 물리적 혹 형이상학적 시공이 성립될지며, 지식학상으론 논리적 시공을 요할지니 칸트의 취급한 부분은 오직 최후의 그것이다."[19]

---

18   김정설, 같은 글, pp. 15-16.

비록 소론이기는 하지만, 이처럼 범부는 칸트 인식론의 직관형식에 대한 세간의 오해를 불식시키면서 동시에 올바른 이해를 돕기 위해 정치한 논의를 전개하고 있음을 알 수 있다. 사실 범부의 저술들 중에는 서양철학 관련 논의가 산발적으로 나타나기는 하지만 하나의 주제를 설정해 집중적으로 다룬 글들은 찾기 어렵다. 그런데 범부가 특별히 '직관'의 문제에 관심을 가진 이유는 무엇일까? 물론 칸트적 의미에서 시공간이란 형식으로서 '직관'과는 다른 차원이지만, 우리는 아마도 범부가 전통적인 동양철학의 인식 방법으로서 '직관'과 대비해보려는 의도를 가진 것이 아닌가 추측할 수 있다. 범부는 「동방사상강좌」에서 '음양론'적 추리방법으로서 '직관'을 서양의 Intuition으로서 '직관'과 대비해서 설명하고 있다. 물론 동서양에 공통적으로 사용되고 있는 '직관'이란 개념이 동일한 의미가 아님을 강조하고 있다. 이에 대한 범부의 견해를 들어보자.

그러면 '음양'이란 논증이냐? 실증이냐? 그런데 음양론은 논증도 실증도 아니요 '상징적'이라고 하겠다. 논증은 논리적 사고, 실증은 물론 실험적인 것이요, 합증(合證)은 그것을 합증하는 것이다. 그런데 음양론은 그것이 다 아니고 이것이 상징으로 캐치된 것이다. 그런데 논증 실증보다 더 직접적 원칙에서 출발했기 때문에 신빙할 수 있다. Intuition과 같이 생각 말라. 구주(歐洲)에서 말하는 직관이란 직감적인 것 또는 영감적인 것 또는 무엇을 터득했다는 등의 뜻으로 사용되는데 매우 애매하다. (…) 논리라는 것은 추리를 떠나서 성립되지 않으니 매우 간접적이다. 추리 이상의 사고는 논증에 들어가지 않는다. 그런데 추리로서 가능

---

19 김정설, 같은 글, p. 17.

한 것만이 진리가 아니다. 얼마든지 다른 방법이 있는 것이다. 실증 합증도 그러하다. 그런데 음양론은 추리냐? 명·암·상하·주야 등의 현상이 무슨 추리냐? 그것은 직접 현상에서 그 성격을 포착하는데 무슨 추리며 실험이냐? 이런 것을 직관이라고 한다. 그러므로 서인(西人)이 말하는 Intuition과 다르다. 추리와 실험도 의심할 수 있지만 직관만은 의심할 수 없다.[20]

동일한 '직관'이지만 동양과 서양의 '직관' 개념은 이처럼 상이함을 범부는 강조하고 있는 것이다. 즉 논증 또는 실증적 사고방법으로서 서양적 '직관'이 논리와 추리를 매개로 한 간접적인 인식 방법이라면, '음양론'에 나타나는 상징적 사고방법으로서 동양적 '직관'은 사물의 성격을 직접 포착할 수 있는 의심의 여지가 없는 직접적 인식 방법이라고 본다. 물론 서양의 실증적·실험적 사고의 유의미성을 부정하지는 않지만, 결국 범부는 서양적 직관보다 동양적 직관이 현상과 본질을 인식하는 데 더 우위에 있음을 주장하고 있는 것이다. 바로 이 지점에서 우리는 범부가 '동방사상가'로 불리는 이유를 확인할 수 있다.

그러면 앞에서 칸트에 대한 논의에서 보듯이, 범부가 이렇게 동양철학에서 결여하고 있음을 강조하는 서양철학의 인식비판적 성과를 주목하고 있는 이유는 무엇일까? 현재로서는 자료적 한계로 인해 범부사상을 심층적으로 분석하는 데 한계가 있지만, 범부는 일단 동서양철학의 차이점을 부각시킨 후, 서양철학의 장·단점과 동양철학

---

20 김정설, 「동방사상강좌」, 『동방사상논총』(이종익박사학위논문총서), 보련각, 1976, p. 51.

의 장·단점을 변증법적으로 지양·극복하려는 의도를 가진 것으로 생각된다. 나아가 범부는 본인이 지적한 바대로 동양철학에서 결여하고 있는 엄밀한 인식론적 비판 작업을 직접 수행코자 하였으며, 이러한 그의 인식비판 작업은 구체적으로 주역사상[21]과 음양론,[22] 오행설[23] 등에 대한 창조적 재해석을 통해 모색되고 있다.

4. 범부의 헤겔 이해

범부가 언급하고 있는 서양철학자 중 가장 많이 등장하는 인물은 헤겔일 것이다. 알다시피 헤겔은 변증법적 철학을 전개한 인물로, 해방 이후 범부가 『정치철학』에서 집중적으로 비판을 가했던 마르크스에게 변증법적 유산을 물려준 철학자이기도 하다. 헤겔과 관련한 범부의 논의는 주로 '변증법적 논리'와 '변증법적 역사관'에 대한 비판에 집중되어 있다. 헤겔 철학에 대한 범부의 비판은 마르크스의 공산주의 이데올로기를 비판하기 위해서 필연적으로 제기될 수밖에 없는 것이었다. 왜냐하면 헤겔의 변증법과 역사관에 대한 비판은 곧 헤겔의 논리를 차용하고 있는 마르크스에 대한 비판과 맥을 같이하기 때문이다.

헤겔의 변증법과 역사관은 이미 잘 알려져 있는 철학사상이지만, 헤겔 철학에 대한 범부의 비판적 견해가 무엇인지를 알기 위해, 우

---

21 김정설, 「주역강의」, 『동방사상논총』, pp. 77-110 참조.
22 김정설, 「동방사상강좌」, 『동방사상논총』, pp. 11-74 참조.
23 김정설, 「오행설에 대하여」, 『정치철학특강(범부유고)』, 이문출판사, 1986, pp. 376-393; 「오행설과 동방의학의 원리」, 『도교와 과학』, 비봉출판사, 1990, 참조.

리는 『정치철학 특강』에서 언급되고 있는 헤겔 철학에 대한 범부의 논의를 따라 가보기로 한다.

범부에 견해에 따르면 변증법적 역사관이란 것은 헤겔이 변증법이란 공식을 표출(標出)해서 제반사물을 '정·반·합(正·反·合)'의 논리로 설명하려고 시도한 것이다. 즉 이 변증법을 학리적(學理的)으로 정당히 평가한다면, 모든 사물의 변화하는 양태, 그 양태의 진행이란 것이 단선적으로 '쏘아둔 화살'처럼 가고 있는 것이 아니라, 일체 사물은 그 시작의 단계인 정(正)에서 언제나 그 반대적인 요소를 내포하고 있음으로써 이 '정'과 '반'이란 것이 상지(相持)해서 반발적으로 진행을 하게 된다. 결국 '정·반'이 한 가지 전양(前樣)을 해소하고 신양(新樣)으로 발전하게 되는 것을 '합'이라 하는데 그 정·반이 한 가지 해소가 되면서 '합'으로 넘어가는 그 계기적 적용이란 것을 지양(止揚: Aufheben)이라 한다는 것이다.[24]

그런데 이미 '변화'라는 것을 두고 '발전적 형태'로 해석하는 데는 그 '합'이란 것이 고정된 '합'일 수는 없는 것이다. 그러나 이 '합'이란 것이 이미 '정'의 지위로서 다시 '반'의 작용을 자치(自致)하게 되는 것인즉, 역시 지양(止揚)이란 계기적 작용을 통과해서 다시 또 '합'으로 진전되는 것이다. 그래서 이 '정·반·합'의 형식이 발전적 변전(變轉)으로서 무궁하게 계속하고 있는 것이 곧 자연이나 역사의 진상(眞相)으로서, 이 공식은 '모순의 논리'에서 포착되는 것이라 한다.[25]

---

24 김범부, 『정치철학특강(범부유고)』, 이문출판사, 1986, p. 137: 범부는 여기서 인문사회과학계의 학술용어로 많이 사용하고 있는 Aufheben을 지양(止揚)이란 어휘로 번역하기보다 소식(消息)이란 어휘로 번역하는 것이 가장 유사할 것 같다고 제안하고 있다.

범부는 이러한 헤겔의 변증법적 논리가 지닌 모순을 반박한다. 즉 이 변화의 공식을 그대로 승인하게 되면 변화의 공식 그 자체는 불변의 사실로 공식의 적용을 받지 않게 될 것이고, 또 그 '정·반·합'의 공식을 승인하더라도 이 '정·반·합'의 공식으로 설명되지 않는 사실은 또 이 공식으로도 알 수 없게 되고, 또는 변화란 것이 부단한 발전을 계속하고 있다는 공식을 승인하더라도 그 발전이란 것이 무궁하게 계속되지 않는다는 사실은 또 이 공식으로 설명할 길이 없다는 것이다. 또한 우리는 일체의 사물, 자연과 역사에서 변화란 개념으로 규정할 수 없는 사실과, '정·반·합'의 공식으로 설명되지 않는 사실과, 무궁한 발전이 계속하지 않는 사실을 얼마든지 목격하는 바이고, 명확히 알고 있는 바이며, 진정한 학적 실증을 가지고 있기도 하다는 것이다.[26]

물론 이 우주의 삼라만상과 인간의 천만사(千萬事), 자연과 역사의 실상을 관찰하고 설명하는 데 그 '정·반·합'의 공식이 꼭 적용되는 현상이 있기도 하다. 그러나 그러한 공식쯤으로는 그 일체의 일면 중에도 또 일면을 설명하는 데 불과하다는 것을 알아야 하는 것이다. 그러므로 이것도 사물의 변화하는 일면을 설명하는 데 불과하다는 것을 알아야 한다는 것이 범부의 설명이다. 범부는 이를 요동시(遼東豕)에 비유하여 헤겔 변증법을 비판하고 있다. 즉 "이런 것〔변증법〕을 가지고 무슨 신기한 지식인 줄 알고 야단스럽게 떠들어대는 것은 고언(古諺)에 이른 바 요동시와 같은 것이다. 옛날 어떤 사람이 흰 돼지(白豕)를 보고 저 혼자 본 양으로 신기한 견문인 양

---

25 같은 책, p. 137.
26 같은 책, pp. 137-138.

의기양양하다가 요동이란 지방을 가서 흰 돼지가 너무도 많은 것을 보고는 그만 상연자실(爽然自失)을 했더란 것이다. 글쎄 만일 헤겔의 변증법이 대단히 신통하게 생각이 들고 또 정말 '변화의 묘리'에 대해서 특수한 흥미를 가진 궁리가에게는 내 꼭 추천할 문헌이 있는 것인데, 그것은 한 삼천 년 전의 고전으로서 역경(易經)이란 것이다."[27]

범부는 「국민윤리특강」에서 무엇보다 헤겔이 변증법적 논리로 모든 것을 완벽히 설명해줄 수 있을 것으로 생각했지만, 중요한 완료의 원리를 모르고 있었다고 비판한다.

> 헤겔의 논리라는 것이 발전은 무궁하다, 끝이 없다는 것입니다. 그러니 이 논리를 죽이지 않으려고 하면 무궁하게 발전이 된다고 주장해야 할 것입니다. 그러니 이 논리를 죽이지 않으려고 하면 무궁하게 발전이 된다고 주장해야 할 것입니다. 그러나 이 논리는 현실과 상관이 없습니다. 나도 발전의 원칙을 부인하지 않습니다. 또 아무도 발전의 원칙을 역사에 있어서 부인하지 못할 것입니다. 그러나 여기에 헤겔이 모르는 것이 있었습니다. 소위 완료의 원칙을 헤겔은 몰랐습니다. 헤겔이 자기의 변증법적 논리를 설명하는 데 계란의 예를 들었습니다. 여기 계란이 있다. 이 계란을 가만히 두어두면 그것은 영구히 계란밖에 안 된다. 이것이 테제(These)입니다. 이 계란은 자기부정을 통하여 병아리가 됩니다. 이것이 안티테제(Antithese)입니다. 그리하여 병아리는 또 자기부정을 통하여 큰 닭이 된다. 이것이 소위 합(Synthese)입니다. 그런데 그 닭은 영구히 살지 못하니까 죽을 것입니다. 그러면 죽은 것도 발전이냐 하면

---

27 같은 책, p. 138.

84 | 일제강점기 한국철학

그렇지는 않으므로 계란은 큰 닭이 된 데까지로 완료했습니다. 이것이 완료의 원칙입니다. 헤겔은 정반합의 원칙이 역사에만 적용될 뿐만 아니라 우주전체에까지 적용되는 것처럼 생각했습니다. 배꽃이 피어서 배가 되고 능금꽃이 피어서 능금이 되고 거기까지 정반합이 맞는다 하더라도 그 다음에는 어떻게 됩니까? 배꽃이 자기 스스로를 부정합니다. 부정하는 작용이 움직여서 나중에 배가 된다. 배가 되는 것으로서 생성은 완료합니다. 배는 배 이상의 것으론 안 되는 것입니다. 그러므로 발전하는 단계에는 발전의 원칙을 적용시키되, 여기에 완료의 원칙이 있는 것을 알아야 합니다. 이것을 몰라 가지고는 자연계는 더 말할 것도 없고 역사도 인식이 되지 않습니다.[28]

또한 범부는 헤겔 변증법이 세계와 우주의 실재를 인식하는 데에 많은 한계를 가지고 있음을 비판한다. "그런데 도대체 이만한 한 개의 공식으로써 우주만상을 관측한다는 것은 문자 그대로 대꼬챙이(竹管) 구멍으로 본 우주만상일 뿐이지 우주만상 그 자체는 아닌 것이다. 그러니 그 정확한 한계를 명변(明辯)하는 지자(知者)에게는 조금도 걱정될 일이 아니지마는 만일 관외(管外)의 실재까지 그 관중으로 들어온 양으로 착인(錯認)을 하고 그러한 착오된 관념을 고집하는 때는 역시 변태심리학의 대상으로서 사학(斯學)을 연구하는 학자에게는 요긴한 표본을 제공하게 될 것이다."[29] 서양의 대철학자 헤겔의 논리가 동양철학자 범부의 조롱 섞인 비판을 받고 있는 것이다.

나아가 범부는 "마르크스란 사람은 헤겔의 변증법을, 그 논리의

28 김범부, 「국민윤리특강」, 『화랑외사』 3판, 이문출판사, 1981, p. 195. 강조는 필자에 의한 것임.
29 김범부, 『정치철학특강(범부 유고)』, 이문출판사, 1986.

형식만은 그대로 습용(襲用)을 하되, 다만 그 변증법적 논리의 내용인 그 본체를 헤겔은 '절대정신'이라는 관념적 실재로서 파악했는데 반하여 마르크스는 이것만은 포이에르바하에게 계발을 받았다는 '물질'로써 그 절대정신의 지위를 대체한 것이다. 그래서 헤겔이 관념변증법으로써 관념론적인 세계관·역사관을 성립시켰던 반면으로 마르크스는 유물론적인 세계관·역사관에 착상하게 된 것이다."[30] 라고 하여 마르크스의 변증법적 유물론까지 동일한 논리의 연장선상에서 비판하고 있다.

5. 맺는말

범부가 남긴 몇 권의 저술들과 논문 속에서 서양철학 관련 언급들을 찾아서 동·서양 철학에 박학과 통찰을 두루 갖춘 범부의 사상을 서양철학과 관련해 비교·조명해보기 위해 우리는 서양철학에 대한 그의 지식범위와 이해의 폭을 조명해보았다. 범부의 서양철학에 대한 관심은 칸트와 헤겔에 집중되었음을 알 수 있었다. 특히 범부는 칸트가 인식비판적 작업을 수행하였음을 높이 평가하고 있으며, 이러한 인식비판정신이 결여된 동양철학에서 꼭 필요한 사고로 보았다. 또한 칸트가 직관형식으로서 시공간의 문제를 다룬 것에 대한 세간의 몇 가지 오해 역시도 충분히 타당한 논증을 통해 정당한 설명과 평가를 내리고 있음을 알 수 있다.

이에 비해 헤겔 철학에 대한 범부의 평가는 상당히 비판적임을

---

30 같은 책, p. 139.

알 수 있었다. 헤겔의 변증법과 역사관에 집중된 범부의 비판적 분석은 헤겔 철학사상이 동양의 주역이나 음양론에 비해 오히려 열등한 이론임을 부각시키고 있다. 범부는 헤겔 철학에 대한 비판을 통해 한편으로는 동양의 주역이나 음양론이 서양의 변증법을 능가함을 주장하고, 다른 한편으로는 변증법 철학자인 헤겔과 마르크스를 동시에 비판하고 있음을 알 수 있다. 이는 철저한 반(反)공산주의 정치철학자로서 범부의 생전 활동을 생각한다면 당연한 비판이라 여겨진다.

이 연구는 범부사상에 대한 기존의 동양학 일변도의 연구에서 벗어나 범부 연구의 외연을 넓힌다는 측면에서도 그 의미를 찾을 수 있을 것이다. 또한 많지 않은 범부의 저술들이지만, 그중에서도 산발적으로 흩어져 있는 서양철학에 관한 그의 견해들을 성글게나마 정리해봄으로써, 향후 동서양비교철학적 연구를 위한 선행연구로서도 이 연구가 의미를 가질 것으로 생각된다.

향후 연구에서는 범부가 언급한 서양철학 관련 단편적 논의들을 토대로 그의 서양철학에 대한 지식과 이해가 동방학자 또는 동서양비교철학자로서 그의 사상체계에 어떤 영향을 미쳤는가를 검토해보는 것이 중요한 과제가 될 것이며 범부사상에 대한 연구 성과가 계속 축적되고 있는 중이기에, 범부사상의 윤곽이 보다 분명히 드러났을 때 범부의 철학사상과 서양철학과의 비교 고찰이 어느 정도 가능할 수 있으리라 생각한다.

제2장

안호상의 독일관념론 철학의
수용과 한국적 변용

    20세기 초는 서양철학의 수용과 함께 한국근현대철학사가 시작된 시기였다. 그러나 우리는 이 시기가 일제의 강제합병으로 인해 국권이 상실됨으로써 주체적인 우리 철학사상의 계승·발전도 좌절된 시기로 인식하고 있다. 따라서 타 학문과 마찬가지로 이 시기의 철학에 대해서도 친일 또는 어용 학문이라는 관점에서 애써 평가절하하거나 외면해온 것이 사실이다. 그렇게 됨으로써 결국 이 시기의 철학연구는 거의 공백 상태로 방치되어버렸으며, 일제강점기 한국철학은 제대로 된 평가를 받지 못한 채 최근까지 역사 속에 파묻혀 있었다. 결국 한국현대철학의 성립 근거, 우리 철학의 주체성과 정체성을 이어줄 가교를 방치해둔 것이었다.

    일제의 강점하에서 서구식 근대화를 수용할 수밖에 없었던 한계상황에 놓인 초기 한국현대철학자들은 출발점에서부터 외래 사상을 수용할 수밖에 없었던 근본적인 한계를 안고 있었다. 따라서 서구사상을 처음 수용한 이들에게 처음부터 주체적이고 자생적인 한국철학을 기대하는 것은 지나친 요구일 수 있다. 때문에 식민지 지식인으로서 절망감에 젖어 있던 이들에게 찾을 수 있는 주체적 한국철학이란 한국적 현실과 모순을 극복할 수 있는 '서양철학의 변용'이라고 할 수 있다. 즉 안호상을 비롯한 이들 1세대 철학자들이 서양철학을 수용하되 민족의식을 갖고 주체적으로 철학함으로써, 한국현대철학의 역사가 단순히 서구철학사의 '수동적' 수용을 넘어, 한국현대철학의 '기반'을 제공하였다는 더욱 적극적인 의미를 부여할 수 있다.[31]

사실 외래 사상의 수용이 순조롭게 진행되면서 주체적 변용이 이루어지기 위해서는 문화 전반이나 정치체제가 안정되어야 하는데, 격변기 한국 현대는 전혀 그런 상황이 되지 못했다. 이런 시대에 철학을 논한다는 것은 한가로운 일처럼 여겨지기도 했다. 외래 문화와 사상을 수용하고 이해하기도 바쁘고, 이 과정에서 제기되는 현실적인 문제에 답하고 가치 정향을 하기도 힘든 상황에서 서구철학의 주체적 수용, 창조적 변용을 요구한다는 것이 무리였을 것이라고 보는 견해가 일반적이었다.[32]

---

31 한자경, 『한국철학의 맥』, 이화여자대학교출판부, 2010, pp. 392-395 참조; 엄정식은 이들을 민족주의적 철학자들로 규정하면서 그 추구의 성격과 표현방식에 따라 두 가지 유형으로 구분하고 있다. 첫째는 마르크스의 변증법적 유물론에 심취한 '사회주의적 민족주의' 계열로서 신남철과 박치우가 대표적 인물로서, 이들은 특히 철학과 민족현실을 밀착된 관계로 이해하는 급진적 실천가 혹은 행동가의 면모를 보인다. 둘째는 독일 관념론적 철학에 매료되어 있는 '자유주의적 민족주의' 계열로서, 철학과 현실의 긴밀한 관계를 유지하지만 그 이념의 실현에 있어서 대체로 보수주의적인 경향을 보이며, 실천에 있어서도 점진적 개혁을 주장하고 비교적 국수주의적 성향을 나타내는데, 그 대표적인 인물로 안호상과 박종홍을 들고 있다(엄정식, 「식민지 시대의 한국철학과 민족주의」, 『동아연구』 제37집, 서강대학교 동아연구소, 1999, pp. 42-43 참조).

32 남경희, 「한국현대철학의 문제의식과 서양철학의 수용」, 『동아연구』 제37집, 서강대학교동아연구소, 1999, p. 31 참조.

초기 한국현대철학에 대한 이러한 부정적 평가에도 불구하고, 안호상과 당시 한국철학자들이 '주체적'으로 서구사상을 수용하고, 이를 '변용'함으로써 서구사상을 우리의 현실 속에 '착근'시키려는 노력을 시도하였음을 알 수 있다.

필자는 일제강점기와 해방, 한국전쟁과 근대화 추진이라는 시대적 상황에서 전개된 안호상의 철학사상을 '안호상의 독일관념론 철학의 수용과 한국적 변용'이라는 관점에서 고찰한 후, 한국철학계에서 그의 철학사상이 지닌 현재적 의미와 지양·계승해야 할 점 등을 제시해보고자 한다. 다만 안호상을 논함에 있어 독일관념론 철학과 철학자 전체를 다루기에는 범위가 너무 포괄적이기에 안호상이 독일관념론 철학자 중에서 가장 많이 그리고 비중 있게 언급하고 있는 헤겔을 중심으로 논의를 진행시키고자 한다.

1. 안호상에 대한 평가와 연구 방향

독일관념론 철학자 중 가장 많이 그리고 비중 있게 언급되고 있는 안호상(1902~1999, 호는 한뫼)은 1929년 독일의 예나대학에서 철학박사학위를 받았고 1948년 초대 문교부 장관을 지낸 인물이다. 건국 초의 대표적 이데올로그인 안호상은 전체, 즉 국가와 민족이 개인에 우선한다는 일민주의(一民主義) 국가철학을 기초한 인물로 평가받고 있다.[33] 지금까지 안호상에 관한 연구는 주로 교육과 이데올로기 분야에 집중되어 있었다.

이들 연구에서 일민주의는 극우반공주의가 본격적으로 등장하기 이전에 그것과 중복되면서 제기된 과도기적 이데올로기였고, 북한과 남한의 공산주의자들과 대결하고, 남한의 국민들을 하나로 단결시켜 '대한민국 국민'의식을 갖도록 하는 목표 아래 만들어진 것이라고 규정되었다. 안호상의 일민주의는 파시즘적인 성향을 내포하고 있는 극우 세력의 통치이데올로기로 기능하였다고 파악하는 것이 일반적이며, 20세기 한국 국가주의 흐름 속에 위치하는 한국판 국가주의로 규정되기도 한다.[34]

이러한 기존의 연구 방향과는 달리 이 글은 안호상이 자신의 일민주의 사상을 바탕으로 국가주의 철학자로서 활동하기 이전 시기인 일제강점기의 철학사상을 검토하는 데 더 큰 비중을 두었다. 즉 그가 독일유학을 마치고 귀국한 1929년에서 1945년 해방 전까지 발표한 철학 논고들에서 나타나고 있듯이, 동서 철학의 비교를 통해 서양철학의 한국적 '변용' 가능성을 모색하였음을 제시하고자 한다. 나아가 해방 이전에 이루어진 동서 철학의 비교를 통해 수용한 독일 관념론, 특히 헤겔 철학사상의 특질들이 변용되어 해방 이후의 일민주의 철학사상으로 발전되었음을 제시해보고자 한다.

이러한 것을 밝히기 위해서는 안호상이 일제강점기에 신문·잡지에 발표한 철학 관련 저서와 논문은 우선적인 연구 대상이 될 것이다. 안호상은 이미 해방 이전인 1942년에 철학개론서인 『철학강론』을 우리말로 출판했으며, 신문·잡지에 발표한 철학 논문들 중 10

---

33 안호상은 적지 않은 저술을 남겼는데 『배달의 종교와 철학과 역사』, 『배달·동이는 동아문화의 발상지』, 『민족의 주체성과 화랑얼』, 『민족사상과 정통종교의 연구』, 『민족독립의 철학적 원리』, 『단군과 화랑의 역사와 철학』, 『나라역사 6천 년』, 『일민주의의 본바탕: 일민주의의 본질』, 『한백성주의의 본바탕과 가치』, 『한웅과 단군과 화랑』 등 주로 민족주의에 기반한 저술들이 대부분이다.

34 하유석, 「안호상의 일민주의 연구」, 『한국민족운동사연구』 34호, 한국민족운동사학회, 2003, pp. 309-310.

여 편을 엮어서 해방 직후인 1948년 『철학논총』이란 단행본으로 출판하기도 했다.[35] 그 외에도 당시의 학술잡지에 발표한 수 편의 철학 논문들이 있으나 미처 책으로 출판되지는 못했다.

일제강점 시기에 안호상이 신문에 게재한 철학 관련 글은 총 50회(14건)로 파악되고 있다. 신문별로는 『동아일보』에 30회(11건), 『매일신보』에 13회(2건), 『조선중앙일보』에 7회(1건)가 실렸다. 또한 『신동아』, 『철학』, 『조광』, 『춘추』, 『보전학회논문집』 등 당시에 발행된 잡지에도 여러 편의 철학 논문을 발표하였음을 확인할 수 있다.[36] 이 철학논문들을 통해 볼 때 그가 유럽철학자 중에서 관심을 가진 인물은 독일철학자인 헤겔과 칸트, 스피노자, 부루노 바우흐 등이다. 이들의 철학을 수용하면서 식민지 상황하에서 그가 관심을 가진 주제는 '시대와 철학의 관계', '민족철학', '철학의 본질문제' 등이다. 그는 고대로부터 이어져온 한국의 전통사상, 다산과 율곡사상 연구에도 관심을 기울였는데, 이는 곧 '민족의 얼'을 되찾아 '우리 문화의 창조성'을 제시하려는 철학적 시도로 보인다.

---

35 안호상이 식민지 시기인 1942년 저술한 『철학강론』은 서양철학 수용에서 한국적 변용을 모색하는 첫 번째 저서로 볼 수 있다. 이 책은 "꽉 짜인 체제에 빈틈없는 논리와 엄밀한 용어를 구사하여 학문적인 신뢰를 갖게 하는 책이면서도 그 문장이 음악적인 리듬과 대비법을 갖춰 예술적인 창작품과도 같은 향기 높은 작품"이라고 평가를 받고 있다(조희영, 「현대 한국의 전기 철학사상 연구-일제하의 철학사상을 중심으로」, 『용봉논총』 제4집, 전남대학교 인문과학연구소, 1975, p. 10). 또한 김여수는 이 책이 "신칸트 학파에 기반을 둔 빈델반트 류의 체계적인 철학입문서"로서 "서술방식에 있어서도 치밀할 뿐 아니라 철학 용어를 근대한국어로 옮기려는 체계적인 노력을 보여주고 있다는 점에서 매우 뛰어난 책"이라고 평가하고 있다(김여수, 『언어와 문화』, 철학과 현실사, 1997, p. 145).

36 이태우, 「일제강점기 신문을 통해 본 서양철학의 수용 현황: 철학 관련 기사 검색 자료에 대한 통계적 분석을 중심으로」, 『동북아문화연구』 제13집, 동북아시아문화학회, 2007, pp. 206-207 참조.

2. 동서 철학의 비교와 변용 가능성의 모색

2.1 외래 사상의 변용을 위한 비교철학적 방법의 필요성

일반적으로 특정한 사상이 창조되기 위해서는 항상 전통사상과 외래 사상의 만남과 교섭작용이 있어왔다. 즉 특정한 사상이 성립하기 위해서는 먼저 전통사상과 외래 사상의 내용과 논리체계, 동일성과 차이성 등을 비교·검토하는 작업, 즉 비교철학적 방법이 필요하다. 이때 전통사상과 외래 사상의 한계를 구분하면서 어떤 새로운 사상의 형성 및 발전 단계를 크게 세 단계로 나누어 설명할 수 있을 것이다.

첫째는 어떤 사상을 단순히 수용 계승하는 단계이고, 둘째는 우리 스스로가 어떤 사상을 산출하지만 그 논리체계나 방법 및 내용이 우리의 고유한 것들이 아닌 다른 기존의 어떤 것들을 모방하는 단계이며, 셋째는 외래 사상을 단순히 계승, 수용, 모방하는 데 그치지 않고 그 형식과 논리체계를 완전히 변경하고 새로운 방법을 적용하여 사상 내용의 질적 변화는 물론 새로운 요소를 추가하는 창조의 단계이다. 어떤 외래 사상을 우리가 전수할 때 첫째와 둘째 단계에만 머무른다면 그것은 언제나 외래 사상이거나 외래 사상의 모방일 수밖에 없는 반면, 셋째 단계에 이르면 이미 모방이 아니라 창조이며 그 결과가 고유사상이다.[37]

외래 사상의 변용은 두 번째 단계에서 세 번째 단계로 나아가는 과정이라고 할 수 있다. 인간의 창조는 언제나 소재가 있어야 한다. 그런데 우리의 고유한 철학 창조의 소재는 전통사상과 외래 사상이

---

37 신귀현, 「독일근세철학의 수용과 그 문제점」, 『철학』 39, 1993, p. 136.

다. 그런데 전통사상만으로의 창조는 새로운 요소의 추가가 쉽지 않은 반면 외래 사상만으로의 창조는 이질감을 극복하기 어려운 한계에 부딪칠 수밖에 없을 것이다. 이 과정에서 필요한 작업이 변용이다. 그러므로 이 한계를 극복하고 양자를 창의적으로 종합하고 변용하기 위해서는 양자의 공통점과 차이점을 분명히 파악해야 할 것이다. 여기에 동서 철학 비교연구의 필요성이 제기된다.[38]

이러한 맥락에서 동서양 철학사상을 비교·검토하고 있는 안호상의 몇몇 연구는 변용 가능성의 모색, 즉 고유한 철학 창조를 위한 창조적 종합의 전단계로 간주할 수 있다. 안호상은 1938~1939년 사이에 『동아일보』 지상에 잇달아 두 건의 비교철학적 논문을 싣고 있다. 본격적인 비교철학적 연구라고 하기에는 심층적 분석이 부족하고 시도 자체에 의미를 둘 수 있지만, 그러나 서양철학이 수용되던 시점에 이루어진 점을 감안하면 그의 동서양철학사상에 대한 비교는 나름의 의의를 인정할 수 있을 것이다. 이와 관련해서 발표한 글로는 「다산선생과 현대와의 관계」, 「조선고래사상과 현대사조와의 관련성-특히 율곡사상과 현대사상」이 있다.[39]

2.2 동서양 융합사상으로서 다산의 실학사상

독일유학에서 철학 박사학위를 받은 안호상은 서구사상, 특히 독일관념론 철학에 많은 영향을 받았다. 국권 상실과 식민지화로 인해 좌절감을 가지고 유학을 떠난 안호상에게 서구문명으로부터 받은

---

38 신귀현, 같은 글. p. 136 참조.

39 안호상, 「茶山先生과 現代와의 關係」, 『동아일보』, 1938.12.09; 「朝鮮古來思想과 現代思潮와의 關聯性-特히 栗谷思想과 現代思想」, 『동아일보』, 1939.01.03~1939.01.08, 4회.

충격은 상당했을 것이다. 이미 중국 유학 시절 좌·우로 대립한 민족운동가들의 사상적 분열을 목격했던 안호상은 민족의 정체성을 확립하기 위한 하나된 민족사상의 필요성을 절감하고 있었다.[40] 따라서 안호상은 동도서기나 중체서용과 같은 맥락에서 한국의 전통사상의 기반 위에 서구사상의 수용과 변용을 모색하였다.

다산 정약용에 대한 논의도 이러한 연관성 속에서 파악할 수 있다. 안호상은 다산이 전통사상의 토대 위에서 서학을 수용한 실학자로 평가한다. 특히 실학이 실천만 중시하고 이론을 배척한 학문이라는 인식에 대한 오해나 편견을 지적한다. "물론 선생이 정치경제, 법률, 농업, 의학 등 즉 이용후생의 학문에도 심혈을 기울여 연구한 결과, 각 영역에 있어서 독특한 창견을 가진 이로서 실학파의 중심인물이나, 선생이 결코 이론을 절대 배척하거나 혹은 이론이 전연 부족하였던 것은 아니다. (…) 선생은 결코 이론을 거부하며 또 이론이 없는 실학파가 아니라 전적으로 엄밀한 이론에 입각한 실학파이다."[41]

이처럼 안호상은 다산의 위대성을 '동서학의 통일의 정신'에서 찾고 있다. 그는 다산이 그 당시 나라의 동태와 세계의 조류를 올바르게 인식하였으며, 백년 후의 일을 정확하게 추측하였다고 말한다. "선생의 혜안은 벌써 그때 그 당시가 정히 동양과 또 그로 인하여

---

40 안호상이 철학에 입문한 동기는 바로 여기에 있었다. 1923년 상해 임시정부가 개최한 국민대표자 회의에 참관하고 "'우리 민족에겐 분명 문제가 많다'는 것이 그때 나의 결론이었고 비행기 공부에서 철학 공부로 진로를 바꾼 것도 이때다. '민족사상이 박약하고 통일돼 있지 않다'는 것이 내 나름대로의 판단이었다. 그것은 신채호 선생의 한탄이기도 했다. 그렇지 않다면 같은 민족주의자들끼리 그토록 의견일치를 보지 못했을 리 없는 일이 아닌가. '철학을 하자'고 나는 결심했다."며 철학 입문 동기를 술회하고 있다(안호상,『한뫼 안호상 20세기 회고록』, 민족문화출판사, 1996, p. 70.).
41 안호상,「다산선생과 현대와의 관계」,『동아일보』, 1938.12.09/4면/3단.

조선의 역사에 일대 전환기가 시작되리라는 것을 선각하였던 것이다. 지난 역사는 단순히 죽은 과거만 되지 말고 장차 올 역사의 새 지반이 되며, 또 미래의 역사는 고립한 한 조각의 단편이 아니라 과거사의 새 형태라. 새 발전이 되어 역사의 전폭을 완성하려면 묵은 것에 대한 맹목적 복종과 또 새 것에 대한 무비판적 흡수는 절대금물인 것이다."[42]

안호상은 다산이 남보다 뛰어나게 내외의 동태를 긴밀하게 파악하고, 이미 전승되어온 전통정신과 새로 밀려오는 서구사조를 모순대립된 것으로만 방임하지 않았다고 본다. "선생은 그 당시의 국학 격이었던 유교 외에 다시 그때의 '사학(邪學)'으로 지적된 천주교의 이치까지 심독완미(深讀翫味)하였다. 그리하여 선생은 동양학으로서 인간내 생활의 진실을 꾀하였으며, 또 서양학으로서 인간외 생활의 풍부를 꾀하였다. 동양학으로 체를 삼고 서양학으로 용을 삼아, 이 체용(體用)이 겸비하여야만 조선의 민중 아니 세계인류의 이상적 생활이 실현될 것을 예기하였었다. 불행히 후인은 선생의 이 장지(壯志)와 위업을 계승·발전하지 못하였다."[43]

동서학의 통일을 기획했던 선각자로서 다산을 높이 평가하고 있는 안호상은 쓰러진 국가와 민족을 다시 일으켜 세우기 위해서도 다산의 정신을 계승해야 한다고 주장한다. "선생이 우리 현대인에게 끼쳐준 과제와 업적은 결코 과거의 것이 아니라 도리어 현대와 또 미래에 영원히 생동하고 있을 것이다. 만일 우리가 넘어진 집과 무너진 탑을 다시 지으며 쌓으려면, 반드시 다산 선생의 동서학의 통일의

---

42 같은 글.
43 같은 글.

정신과 업적을 부활·발전하는 데 있을 것이다."[44] 다산의 실학사상에 대한 이러한 안호상의 평가는 다산의 동서학 통일의 정신을 본받아 전통사상의 기반 위에 서구사상의 수용과 변용이 필요함을 역설하고 있는 것으로 볼 수 있다.

2.3 율곡사상과 서양사상의 비교

한국전통사상의 기반 위에 외래 사상의 수용과 변용의 필요성을 절감하였던 안호상은 「조선 고래(古來)사상과 현대사조와의 관련성-특히 율곡사상과 현대사상」이란 논문에서 자신의 생각을 피력하고 있다.

안호상에 따르면 조선 고래사상 중에서 특히 철학적으로 체계화한 것을 든다면 불교사상과 유교사상인데, 그중 이조 오백 년의 지배적인 사상으로서 유교사상을 들 수 있다. 특히 조선의 대표적 학자로 퇴계 이황과 율곡 이이를 들고 있는데 안호상은 퇴계와 율곡의 '이기설' 중 특히 율곡의 이기설에 비중을 두고 논의하고 있다. 그 이유는 "퇴계는 주자의 양원론적 경향을 극복하지 못하고 도리어 '이기호발설'을 반복하였으나 율곡은 그와 반대로 '기발이승'을 주장하여 이기의 통일론을 천명하였으며 또 이 이기통일설이 현대 서양철학사상과 또 그로 인하여 현대사조와 다대한 관련성이 있다고 생각하는 까닭"[45]이라고 밝히고 있다.

사실 당시의 지식인들은 대부분 조선 왕조가 열강들의 침략을 받고 결국은 일본의 식민지로 전락하게 된 원인 중에 하나로 고담준론

---

44 같은 글.
45 안호상, 「朝鮮古來思想과 現代思潮와의 關聯性-特히 栗谷思想과 現代思想(1)」, 『동아일보』, 1939.01.03/13면.

만 내세우며 추상화되고 형식화, 형해화된 유학을 들고 있었다. 따라서 국권회복을 암중모색하던 지식인들은 유학으로 대표되는 전통사상을 망국의 주범으로 인식하면서 국운을 회복할 동력을 서양의 근대사상과 문물에서 찾고자 해외 유학을 떠났던 것이다. 그러나 안호상은 전통사상으로서 유학을 결코 부정적으로만 폄하하지 않는다. '이기설'로 대표되는 유학사상이 추상적이며 이론적이라고 해서 그것이 현실 사회에 배치되거나 나라를 망하게 하지 않는다고 주장한다.

> 소위 식자층이 퇴율의 이기론에 대한 무식한 비판과 천박한 태도를 시정해야 된다는 것이다. 비록 그들의 말과 같이 퇴율의 이기설이 형식적이며 추상적이며 이론적이라 하더라도 그것이 현실 사회에 배치되거나 또는 그것을 망치는 것이 아니다. 고대희랍의 플라톤의 이념론과 아리스트텔레스의 엔텔레케이론과 또 근대독일에 있어서 칸트의 물자체론과 헤겔의 개념론이 퇴율의 이기론보다 조금도 덜 형식적이며 덜 추상적이며 덜 이론적이 아니었으나 전(前) 양자의 철학이 희랍문화에와 또 후(後) 양자의 철학이 현대 독일의 과학과 사상에 위대한 기초가 된 것은 사실이 증명하고 있는 바가 아닌가?[46]

안호상은 독일관념론 철학에서 사용하는 개념을 차용해서 율곡의 이기론을 재구성하고 설명하고 있다. 즉 "이와 기의 관계는 주와 객, 자와 타, 이유와 결과의 관계다. 다시 말하면 이와 기의 관계는 사실적이거나 혹은 메타피직한 원인과 결과(작용, Wirkung)의 인과관계

---

46 같은 글.

가 아니라 논리적 제약관계"[47]로 설명하고 있다. 또한 제약자로서 이와 피제약자로서 기는 각자 분리할 수 있는 두 부분들이 아니라 영원한 전체와 통일의 무궁한 두 계기들로서 무궁한 우주의 근본제약이며 생성만물의 필연적 본성이다. 따라서 율곡에 있어서 이와 기가 이물(二物)이 아니기에 그의 철학은 이원론이 아니며 또 이와 기가 단일이 아니기에 그의 철학은 단원론도 일원론도 아니라는 것이다. 그러나 율곡은 이와 기는 영원한 전체와 통일의 무궁한 계기라고 주장하기 때문에 그의 철학은 전체론이며 통일론이다. 그리하여 안호상은 재래의 모든 철학체계들이 율곡의 철학체계에서 변증법적 지양을 보게 되는 동시에 다시 자기들의 최고 발전을 달성하게 되었다고 설명한다.[48]

독일관념론 철학의 개념을 차용해 율곡의 이기론을 설명하는 안호상의 논리는 마치 헤겔이 과거 모든 철학이 변증법적으로 지양되어 최고의 단계에 이른 것이 현재의 철학이며 이것이 철학사의 발전 과정이라고 주장하는 것과 같은 맥락이다. 여기서도 우리는 안호상이 한국의 전통사상에 입각해 서양의 철학사상을 수용하고 이를 변용하고자 하는 의도를 확인할 수 있다.

비판정신 또한 안호상이 서양의 철학사상에서 비중 있게 수용하고 있는 정신이다. 칸트의 비판철학을 시작으로 독일관념론 철학에서 중시해온 비판적 철학정신과 철학방법은 주체적이며 이성적인 인간이 스스로 인식의 가능성과 한계를 검토하며 합리적으로 세계에 대처해나가기 위한 정신이자 도구였다. 안호상은 율곡사상과 서양철

---

47 안호상, 「朝鮮古來思想과 現代思潮와의 關聯性-特히 栗谷思想과 現代思想(3)」, 『동아일보』, 1939.01.05/9면.
48 같은 글.

학사상의 근저에 흐르고 있는 공통점을 비판정신으로 규정한다.

> 그(율곡)는 고대 지나철학의 극치를 자랑하는 노장의 무의 태일설(太
> 一說)의 불완전성을 적발하였으며 또 동양의 성학으로 일컬어진 유교철
> 학의 "역유태극시생양의(易有太極是生兩儀)"란 생각의 비논리성을 폭
> 로시켜버렸다. 이와 같이 율곡에서와 또 현대인에 있어선 재래의 전통을
> 반성하며 비판하는 것은 결단코 전통 일반을 파괴하려는 의도가 아니
> 라, 도리어 불합리적인 옛 전통을 지양해서, 더 합리적인 새 전통을 건
> 설하려는 목적이다.[49]

이처럼 안호상은 율곡이 노장철학과 유교철학을 비판하면서 자신
의 이기론을 주장하였지만, 이는 결코 전통사상을 부정한 것이 아니
라 더 발전된 전통사상을 수립하기 위한 목적에 의한 것으로 보고
있다.

3. 독일관념론 철학의 수용과 변용

3.1 독일관념론 철학의 수용

우리가 수용한 근세 독일의 관념론철학이 우리의 고유한 철학의
창조에 기여할 수 있는 것은 무엇인가? 그것은 서양의 어느 철학보
다 더 많은 것으로 생각된다. 이 사실을 확인하기 위해서 우리는 먼

---

49 안호상, 「朝鮮古來思想과 現代思潮와의 關聯性-特히 栗谷思想과 現代思想(4)」, 『동
아일보』, 1939.01.08/4면.

저 독일근세철학의 근본특징을 고찰할 필요가 있다. 그것은 첫째 철학사가들이 일반적으로 지칭하는 바와 같이 관념론이다. 이것은 바로 이성, 정신, 자아, 주체성 등을 강조하는 철학임을 의미한다. 둘째 윤리도덕의 강조이다. 칸트는 선의지와 의무의 개념에 바탕을 둔 윤리학을 확립하였으며 헤겔은 국가를 인륜적 실체로 간주하였다. 셋째 민족주의 정신의 고취이다. 피히테는 나폴레옹 군대의 점령하에 있던 베를린에서 교육 개혁을 통해 국가를 재건할 것을 주장하는 「독일국민에게 고함」이라는 공개강연을 통해 애국심과 민족주의 정신을 고취했고 헤겔은 『역사철학강의』를 통해 게르만민족이 세계사의 발전에서 절정을 이룬다고 역설하였다.[50] 관념론, 윤리도덕의 강조, 민족주의 정신의 고취, 독일관념론 철학에서 나타나는 이 세 가지 근본특징들은 안호상이 동서비교철학을 시도하던 전기사상이나 일민주의의 민족철학, 국가철학을 주장하던 후기사상에도 일관되게 찾아 볼 수 있다. 이렇게 독일관념론 철학의 특징과 정신을 수용한 안호상이 이를 변용하여 한국의 전통사상에 적용하고 체계화한 철학사상이 일민주의 철학사상이다.

　일제강점기 신문, 잡지에 발표한 안호상의 철학 논문이나 단편에는 독일관념론, 특히 헤겔 철학의 영향이 두드러지게 나타나고 있다. 안호상이 독일에서 박사학위를 취득하고 귀국해서 처음 발표한 글이 「헤겔이 본 철학과 시대의 관계」[51]였다. 이 논문에서 그는 철학과 시대의 관계를 헤겔을 통해서 설명하고 있다. 즉 "철학은 시대의 정신으로서 그 시대의 사상"이며, "개체는 그 시대의 아들로서 그 시대

50　신귀현, 「독일근세철학의 수용과 그 문제점」, 『철학』 39, 1993, p. 135.
51　안호상, 「헤겔이 본 철학과 시대의 관계」, 『동아일보』, 1932.07.14~1932.07.17, 3회.

를 참으로 뛰어나지 못함이 자기 가죽을 벗어버리지 못함과 같다."[52]
는 것이다. 이것은 안호상이 헤겔을 통해서 철학과 개인이 시대나 역
사에 의해 크게 규정되는 존재임을 강조한 것이다.

그는 "철학 없는 시대는 정신(이) 없고 사상(이) 없어서 속 몸 없
는 겉가죽과 같은 것"이라고 하면서 "철학은 시대의 위에도 옆에도
뒤에도 있지 않고 다만 시대의 속에서 살아간다."고 말한다. 그리하
여 "철학은 시대의 정신이요 또 시대의 본체의 인식임으로서 시대를
도저히 떠나지 못한다."고 강조하면서 철학과 시대의 관계를 철저히
헤겔의 입장에서 파악하고 있다.[53]

철학은 철저히 그 시대와 현실 관계 속에서 파악되어야만 그 정
당성과 진리성을 인정받을 수 있다는 헤겔의 주장은 안호상에게 별
여과 없이 수용되어 후에 일민주의 철학의 기반을 제공한다. 오히려
더 나아가 안호상에게 철학은 시대와 현실, 특히 국가와 민족을 하
나 되게 하는 데 기여할 수 있는 역할을 수행해야 한다.[54]

> 철학과 시대는 인과성의 두 계기들을 만들어내는지라. 시대를 이해코
> 저 하는 자 철학을 떠나서 안 될 것이며, 또 철학을 탐구하는 자 시대
> 를 슬쩍 보며 지내보지 못할 것이다. 철학은 꿈 세계에서 떠도는 것이
> 아니라 현시대에서 뿌리박은 것이며 철학의 참된 이해는 공상적 생각으
> 로서가 아니라 다만 활동적 이성으로서 될 것이다.[55]

---

52 안호상, 「헤겔이 본 철학과 시대의 관계(1)」, 『동아일보』, 1932.07.14/5면/2단.
53 안호상, 「헤겔이 본 철학과 시대의 관계(2)」, 『동아일보』, 1932.07.16/5면/2단.
54 안호상, 『일민주의의 본바탕 : 일민주의의 본질』, 일민주의연구원, 1950 참조.
55 안호상, 「헤겔이 본 철학과 시대의 관계(3)」, 『동아일보』, 1932.07.17/5면/3단.

이처럼 안호상은 우리의 의식이 시대의 영향을 받을 수밖에 없기에 시대의 산물이라고 할 수 있으며, 헤겔의 말과 같이 "개체는 그 시대의 아들"이라고까지 할 수 있다고 본다. 결국 해방 이후 나타나는 안호상의 일민주의 철학, 또는 국가주의 철학은 이러한 헤겔 철학사상에서 찾아볼 수 있는 개체보다 전체를 우선시하는 전체주의적 요소들이 변용된 것이라 볼 수 있다. 전체와 하나를 절대화하는 논리를 헤겔로부터 수용하고 이를 변용하여 한국적 상황에 적용시키려는 안호상의 의도는 앞에서 거론한 율곡사상과 서양사상의 비교에서도 잘 나타난다.

> 율곡의 이(理)와 기(氣)의 논(論)과 헤겔의 개념과 존재의 학, 이성과 현실의 논과의 사이에 일맥상통한 점이 있는 것을 확실히 인식할 줄 믿는다. (…) 율곡이 이와 기의 상호 불리(不離) 관계를 표현하기 위하여 항상 "유시리즉(有是理則) 유시기(有是氣) 유시기즉(有是氣則) 유시리(有是理)"라 한 것과 마찬가지로, 헤겔은 이성과 현실의 상호 불리 관계를 표현하기 위하여, 자기의 법률학(법철학) 서문에서 "이성적인 것은 현실적이며 또 현실적인 것은 이성적이다."라고 하였다. (…) 우리는 부분이 전체요 또 전체가 부분이란 이 사상을 다시 헤겔에서 발견할 수 있는 것이다. (…) 이와 같이 헤겔에 있어서는 전체가 부분이요 또 부분이 전체인 것이다.[56]

생전에 국가철학자로서 추앙받았던 헤겔은 『법철학』 서문에서 '이

---

56 안호상, 「朝鮮古來思想과 現代思潮와의 關聯性-特히 栗谷思想과 現代思想(4)」, 『동아일보』, 1939.01.08/4면.

성적인 것'과 '현실적인 것'을 동일시함으로써 프러시아의 군주체제를 정당화했다는 비판을 받았다.[57] 또한 국가는 곧 인륜적 이념의 실현태라고 한 견해를 빌미로, 시민사회로서는 해소 불가능한 감당할 수 없는 난제가 국가에 의해 치유되고 실현되어야만 한다는 입장도 논란의 여지가 많았다. 안호상은 해석상 논란이 많은 헤겔의 국가철학을 전체와 국가를 우선시하는 일민주의 국가철학으로 변용하였다.

3.2 일민주의 국가철학으로의 변용과 한계

그러면 건국 초기 국가철학의 이념적 토대를 제공한 안호상의 일민주의[58] 철학이란 무엇인가? 먼저 안호상은 자신이 이론화한 일민주의 또는 한겨레주의에 대해 이렇게 설명한다.

일민(一民)은 한 백성, 한 겨레라는 뜻인 까닭에, 우리는 일민으로서 곧 단일민족이다. 우리가 일민인 것은 과거와 현재도 그리하였거니와 미래에도 또한 그러할 것이다. 우리는 쪼개여지고 갈라진 두 개의 백성들이 아니라, 오직 한 줄기로 된 한 백성이요 한 겨레로서 일민이며, 또 이 일민의 정신은 "한겨레주의"요 "한백성주의"로서 곧 일민주의이다. 일민주의가 철저한 사람들은 분열된 두 겨레들과 백성들을 원하지 않고, 오

---

57 G. W. F. 헤겔, 임석진 옮김, 『법철학』, 한길사, 2008, p. 48 참조.
58 '일민주의'라는 용어의 등장과 관련해서는 몇 가지 설이 있다. '이승만이 편의상 일시 차용했다는 설', '본래 안호상이 제창했다는 설', '이승만이 안출한 이데올로기가 아니라 안호상의 이론이라는 설', '본래부터 안호상의 이론이 아니라는 설' 등이 있다. 그러나 중요한 것은 해방 직후부터 사망 전까지 그가 일관되게 주장해왔고, 실질적으로 이 사상을 철학적으로 개념화·논리화·체계화하고 보급해왔다는 점에서 일민주의를 안호상의 사상으로 간주하는 것이 타당하다고 본다.

직 한 백성인 일민만을 원하며 바랄 뿐이다.[59]

　여기서 안호상이 말하는 일민이란 용어의 구체적 의미는 무엇
인가? 일민의 '일(一)'은 한 일(一) 자로서 '하나'라는 뜻이며, 또
'민(民)'은 백성 민(民) 자로서 백 가지 성씨들이란 말인데, 그것은
곧 여러 사람들 혹은 뭇사람들이 모여 뭉쳤다는 의미다. 뭇사람들의
무리로서의 백성은 아무런 서로관계(相互關係)가 없는 사람들의 떼
와 무리가 아니라, 도리어 그것은 벌써 일정한 땅 위에서 혹은 지역
안에서 모여 살며 뭉쳐 사는 사람들의 떼요 무리인 것이다. 또 이 일
민의 '민'은 일가와 친척과 같이 한 겨레요, 한 민족이라는 뜻까지
갖고 있다고 안호상은 설명한다.[60] 안호상은 이러한 일민주의가 과거
에는 조국 독립의 투쟁이론도 되었으며, 현재에는 조국 통일이론도
되며, 미래에는 조국 발전의 유지이론까지 되는 것이라고 하면서 일
민주의의 위대성과 영원성을 천명하고 있다.[61]

　한민족, 한겨레주의로서 일민주의는 무엇보다 동일혈통과 동일운
명을 강조한다. 나치 정권이 독일민족의 순혈주의를 강조한 것을 연
상시키듯 일민은 반드시 한 핏줄이며, 운명공동체여야만 한다. 이것
은 자연적 필연성이다. "한 겨레인 일민은 반드시 한 핏줄(동일혈통)
이다. 이 한 핏줄이라는 것이 일민에는 절대적 요소다. (…) 핏줄이 같
으면 한 백성으로서 일민이요, 핏줄이 서로 다르면 비록 말과 풍속이

59　안호상, 『일민주의의 본바탕: 일민주의의 본질』, 일민주의연구원, 1950, p. 24; 안호상
　　은 일민주의를 한겨레주의, 한백성주의, 한민주의(韓民主義), 환민주의(桓民主義)로
　　도 부르고 있다(안호상, 『한백성주의의 본바탕과 가치』, 대한교과서주식회사, 1994, p.
　　16).
60　안호상, 『세계신사조론』 상, 일민주의보급회총본부, 1952, p. 99.
61　안호상, 『일민주의의 본바탕: 일민주의의 본질』, 일민주의연구원, 1950, p. 26.

제2부 일제강점기 서양철학의 수용과 한국적 변용 | 105

같을지나, 한 겨레 한 백성이라 할 수 없다."[62] 이미 다양한 민족과 인종을 수용하여 다문화사회로 접어든 우리 사회에서 도저히 받아들여질 수 없는 주장이다. "뭉치면 살고 흩어지면 죽는다."던 당시로서는 국가의 존립이 위태로웠던 시기여서 전 국민의 단결을 도모하기 위해 필요했을지도 모르나, 다문화주의가 이미 보편적 가치로 여겨지는 지구촌시대에 공감하기 힘든 주장이다.

안호상은 일민주의의 목적을 다음과 같이 말한다.[63] "한 백성인 일민(一民)에는 한 핏줄과 한 운명을 끝끝내 유지 보호를 주장함이 곧 일민주의이다. 일민에는 동일성과 통일성이 생명인 까닭에 동일성과 통일성은 일민주의 주장이며 목적이다." "핏줄과 운명이 하나인 일민은 일민주의에로 지향하며 또 일민주의는 일민에 지향한다." "일민주의는 한민족을 일민화하여 일민의 나라를 만들게 하며 또 모든 민족을 일민화하여 일민의 세계를 만들게 한다." 동일성과 통일성을 주장하면서 이성적인 것과 현실적인 것을 동일시하려는 헤겔의 변증법적 논리를 상기하게 되는 이 대목에 이르면 안호상의 일민주의는 국가주의 이상을 넘어 제국주의와 전체주의 국가체제를 지향하고 있는 것으로까지 보인다.

안호상은 일민주의 사상체계의 위대성과 보편성, 완전성과 중용성(中庸性)이 자본주의와 공산주의의 모순과 한계를 극복한 결과라고 주장한다. 식민지 시기 민족운동가들의 이념적 분열, 해방 후 좌우익의 대립과 민족의 분단, 이어진 한국전쟁의 참상을 겪으면서 안호상은 하나 된 사상과 이념이 절실히 필요함을 체득하게 되었다. 그

---

62   안호상, 앞의 책, pp. 26-27.
63   안호상, 앞의 책, pp. 30-32.

는 자본주의나 공산주의가 모두 '돈 숭배주의'(金錢崇拜主義)라는 점에서 동일한 '유물주의'라고 비판한다. "공산주의는 떠드는 혹은 드러난 유물주의지만, 자본주의는 잠잠한 혹은 숨은 유물주의며, 또 자본주의는 드러난 '돈 주의자'(금전주의자)이지만, 공산주의는 숨은 돈 주의자다."[64] 따라서 일민주의는 전 세계에 걸친 사상 대립을 지양·극복한 사상, 즉 "모든 사상체계를 제 속에 없애 가진(지양) 통일체계"[65]라고 주장한다.

우리는 안호상의 글에서 '민족철학자'라는 말을 종종 발견하게 된다.[66] "일민에는 일국가, 한민족에는 한국, 곧 한 백성에는 한 나라를 있게 함이 일민주의의 민족철학이요 국가철학이다."[67]라고 주장하는 안호상에게서 '민족철학자'를 떠올리는 것은 어렵지 않은 일이다. 특히 그는 헤겔을 거론하면서 이 말을 자주 사용하고 있다.

안호상은 그의 회고록에서 헤겔 철학에 대한 자신의 견해를 표명하고 있다. "그(헤겔)의 철학은 어디까지나 과학을 근거로 하고 있다. 그는 한마디로 세계정신에 바탕을 둔 민족철학자다. 그의 철학에는 자유가 그 바탕을 이룬다. 그가 국가철학자이면서도 세계성을 띨 수 있는 것은 그 국가의식이 옹졸한 수준에 머무르지 않고 세계를 상대로 하고 있기 때문이다. 역사와 현실은 그때그때 사회가 지니고 있는 정신에 의해 이끌려가게 마련인데 이럴 경우 인간 자신의 정신적인 높은 사상과 이에 따른 지도력이 원시를 개조하고 자유를 확

---

64 안호상, 앞의 책, p. 37.
65 안호상, 앞의 책, p. 37.
66 안호상, 「'부루노 바우흐' 現代世界唯一 民族哲學者」, 『동아일보』, 1933.01.11~1933. 01.16, 5회.
67 안호상, 『일민주의의 본바탕: 일민주의의 본질』, 일민주의연구원, 1950, p. 33.

보케 한다는 내용도 그의 철학에는 포함돼 있다. 당시 우리나라 형편에서도 그리고 오늘의 우리에게도 한 번쯤 되새겨봄직한 가치를 지닌 철학이 아닐 수 없다."[68] 국가주의 민족철학자로서 안호상의 입장이 분명히 드러나고 있는 회고라고 할 수 있다.

그러나 아쉽게도 안호상은 독일관념론과 헤겔 철학에서 사용된 주요 철학 개념들을 국가철학 내지는 정치 이데올로기로서 변용하는 데는 성공했을지라도, 이것을 한국철학사상의 전통 속에 용해하여 변용하는 단계에까지는 밀고 올라가지 못했다는 점에서 아쉬움을 주고 있다. 즉 앞에서 고찰한 바와 같이 안호상은 해방 전 식민지 시기에 발표한 적지 않은 철학적 저술을 통해 동서양의 철학사상을 비교·연구하는 데 많은 학문적 노력을 기울였다. 그러나 해방 후 수립된 이승만 정부에서 초대 문교부 장관을 지내며 현실정치에 관여하고, 그 후에는 민족종교의 지도자로서 활동을 이어가면서 더 이상 존재론이나 인식론 등의 깊이 있는 순수 철학적 이론화·체계화의 단계까지 나가지 못했다. 물론 해방공간과 근대화 추진 시기에 현실 참여로 인해 철학 연구 그 자체에만 매진하기에는 물리적·시간적으로 한계가 있었을 것이다.

그런 점에서 안호상은 아카데미 안에서 순수 철학 연구에 더 많은 시간을 할애할 수 있었던 박종홍과 좋은 대조를 보여준다. 격동의 시기에 순수 철학 연구자로서 연구에만 몰두한다는 것은 어쩌면 그에게 사치로 여겨질 수도 있었을 것이다. 따라서 헤겔을 중심으로 독일관념론 철학의 주요 철학 개념을 한국의 전통사상의 맥락 속에 이론적으로 착근·변용시키기보다는 민족철학(자)로서 독일관념론

---

68   안호상, 『한뫼 안호상 20세기 회고록』, 민족문화출판사, 1996, p. 168.

의 철학적 이상을 수용하고 한국적 현실에 실천적으로 적용하는 데 더 많은 관심을 집중한 것으로 보인다. 즉 순수 철학의 영역에서 이루어지는 이론적 변용보다는 시대와 현실의 모순을 극복하고 이상적 민족국가를 실현하기 위한 실천적 변용에 더 많은 관심을 가진 것이다. 이러한 맥락에서 안호상은 헤겔과 바우흐 등을 '민족철학자'로서 거명하면서 '민족철학'과 '국가철학'의 이념을 정립하고 이를 정치·종교적 영역에서 실천하는 데 전념하였다고 볼 수 있다. 해방 후 정치인과 종교지도자로서 보여준 행보와 많은 저술들은 이러한 관점에서 이해할 수 있다.

4. 맺는말

이상에서 '안호상의 독일관념론 철학의 수용과 한국적 변용'이라는 주제로 안호상의 민족철학, 국가철학, 일민주의 철학에 대해 고찰해보았다.

20세기 초 서양철학 수용기에 초기 한국현대철학자들은 서양의 철학사상을 수용하면서 한국의 전통사상적 토양에 어떻게 착근시킬 것인가를 고민하였다. 대표적인 철학자들로 우리는 박종홍,[69] 안호상, 김범부,[70] 신남철 등을 거론할 수 있다. 이들은 직간접적으로 독일관념론 철학을 접하면서 주체적으로 수용할 방안을 모색하였다.

특히 독일관념론 철학이 가지고 있는 사변적 관념주의와 민족주의 정신은 사칠논쟁으로 대표되는 우리의 성리학적 전통에서 찾아볼 수 있는 사변적 관념주의와 배달민족사상과 접목될 수 있는 공통점을 찾을 수 있었다. 그리고 이러한 공통점은 안호상의 일민주의 철학으로 변용될 수 있는 토양을 제공해주었다. 그러나 안호상의 일민주의 철학에서도 볼 수 있었듯이 나치즘과 같은 독일민족주의의 배타적 성격이나 독일관념론의 사변적 경향으로 빠질 우려를 경계하지 않을 수 없다. 외래 사상에 대한 충분한 검토와 논의 없는 무비판적 수용과 변용은 국가나 민족을 원치 않는 방향으로 이끌어갈 수 있음을 우리는 안호상의 경우를 통해 잘 볼 수 있었다.

또한 안호상은 순수한 철학자로서보다는 민족의 정기를 되찾으려는 민족주의자로서 혹은 계몽운동가로서의 역할이 더 컸다는 평가도 많이 받고 있다. 즉 그가 심혈을 기울여서 연구한 독일의 관념론자들, 가령 헤겔과 칸트, 로체의 사상도 그의 민족주의를 이론적인 맥락에서 한 차원 높은 형태로 승화시키는 데 별로 큰 역할을 하지 못했다는 지적도 받고 있다. 따라서 그가 민족의 존재론적 위상이나

---

69 박종홍(1903~1976)은 이론의 여지없이 현대한국철학을 대표하는 철학자로 평가받고 있는 인물이다. '창조의 철학'을 주창한 그는 현대한국철학을 대표할 만한 핵심적 철학자이며 특히 안호상과 함께 '민족철학자'로서 독보적 위치를 점유하고 있다. 박종홍이 오늘날 우리 철학계에서 중요한 인물로 부각되고 있는 것은 철학의 추상성을 극복하기 위한 '현실과의 대면', 철학의 식민성을 극복하기 위한 '주체성의 확립'이라는 화두를 제시하고 있기 때문이다. 그는 철학이 현실을 떠나서는 결코 철학일 수 없다고 보았으며, 우리 전통사상에 근거하지 않은 철학은 생명력 없는 철학이라고 간주했다(열암기념사업회 엮음, 『현실과 창조』, 천지, 1998; 엄정식, 「식민지 시대의 한국철학과 민족주의」, 『동아연구』 제37집, 서강대학교 동아연구소, 1999, p. 69; 김석수, 『현실 속의 철학, 철학 속의 현실』, 책세상, 2001, p. 29 참조).

70 범부 김정설은 한국철학사상의 '전승과 재창조'라는 측면에서 주목을 끄는 인물이다. 『풍류정신』, 『화랑외사』 등을 저술한 그는 한국적인 모티브에서, 즉 한국의 전통불교, 유교철학 외에 한국의 토속적인, 원시적인, 기층적인 사유 방식이나 태도에서 한국철학의 가능성을 모색한 것으로 평가받고 있다(박순영, 「세계철학과 한국철학」, 『한민족과 2000년대의 철학』 제3회 한민족철학자대회보 제1권, 한국철학회, 1999, p. 112; 이태우, 「범부 김정설과 서양철학」, 『인문과학연구』 제17집, 대구가톨릭대학교 인문과학연구소, 2012 참조).

그 주체성의 형이상학적 탐구에 관심을 쏟았다면, 철학자로서 더 큰 족적을 남겼을 것이라는 아쉬움을 갖게 한다.[71]

그렇지만 안호상의 공과도 충분히 검토되어야 한다. 안호상은 일민주의, 국수주의에 대한 논란이 있지만, 한국 고유의 전통사상을 기반으로 서구사상을 변용하여 주체적 한국철학 수립을 시도했다는 점을 간과할 수 없다. 그에 대한 역사적·정치적 평가는 이미 시대적 한계를 보여준 '국가 이데올로그'로 규정되어 있다. 그렇지만 철학사상적인 측면에서 평가해보았을 때, 그가 서구사상의 수용과 변용을 통해 한국의 주체적이며 고유한 철학사상을 정립하려고 시도했다는 점에서 분명 미래의 한국철학을 정립해나가는 데 중요한 의미가 있을 것이다.

안호상에 대한 연구는 최근 10여 년에 걸쳐 조금씩 그 논의가 진행되고 있다. 주로 정치학과 역사학, 교육학 쪽에서 그의 일민주의 사상이 지닌 의미와 문제점을 분석하고 재평가하는 작업이 이루어져왔다. 철학계에서도 최근 안호상의 일민주의를 국가철학이나 문화적 민족주의의 맥락에서 재조명하는 몇 편의 비판적 연구가 이루어졌다.[72] 충분히 타당하고, 당연히 지적되어야 할 문제이다. 반면에 주체적 한국철학을 정립하기 위해 그의 철학사상이 일조할 수 있는

---

71 엄정식, 「안호상의 종교적 민족주의」, 『철학과 현실』 36호, 철학문화연구소, 1998, pp. 139-145; 이와 관련해 조희영은 안호상을 독일관념론을 도입하고 전개시킨 인물로 평가하고 있다. 조희영, '안호상에 있어서의 독일관념론의 도입과 전개', 「서구사조의 도입과 전개: 철학사조를 중심으로」, 『한국사상사대계』 6, 한국정신문화연구원, 1993 참조.

72 오상무, 「현대 한국의 국가철학: 안호상을 중심으로」, 『범한철학』 제36집, 범한철학회, 2005. 봄호, pp. 71-96; 엄정식, 「식민지 시대의 한국철학과 민족주의」, 『동아연구』 제37집, 서강대학교 동아연구소, 1999.

부분이 있다면, 이제는 더 이상 터부시하거나 방치하지 말고, 비판적으로 재조명하는 작업이 필요하리라 본다.

제3장

신남철의 마르크스주의 철학의 수용과 한국적 변용

한국현대철학은 일제강점기인 1930년을 전후로 해외 유학파 출신 철학자들과 경성제대 철학과 출신 철학자들에 의해 시작된다. 이들에게 철학이란 학문은 서양문명의 근거인 근대성과 합리성의 정신을 가장 잘 보여주는 대표적인 학문이었다. 개항과 함께 밀려들어온 서양 문물에 압도당한 지식인과 선각자들은 서양에 대한 동양의 콤플렉스를 극복하기 위해 서양정신, 곧 서양철학을 배우고 수용하는 데 많은 관심과 노력을 기울였다. 유학으로 대표되는 동양철학은 국권 상실에 일조한 봉건적·전근대적 사상으로 점차 인식되어갔다. 당연히 이 시기는 서양철학을 수입 또는 수용한 시기였기 때문에 전통적 한국철학의 자리를 대신할 새로운 한국철학의 성립을 기대하는 것은 아직 시기상조였다고 할 수 있다. 물론 일제강점기라는 시대적인 상황이 주체적 한국철학을 모색하기에는 더욱 힘들고 암울한 시기였다는 것은 주지의 사실이다.

일제의 강점하에서 서구식 근대화를 수용할 수밖에 없었던 한계상황에 놓인 초기 한국현대철학자들은 출발점에서부터 외래 사상을 수용할 수밖에 없었던 근본적인 한계를 안고 있었다.[73] 따라서 서구 사상을 처음 수용한 이들에게 처음부터 주체적이고 자생적인 한국철학을 기대하는 것은 지나친 요구일 수 있다. 때문에 식민지 지식인으로서 절망감에 젖어 있던 이들에게 찾을 수 있는 주체적 한국철학은 한국적 현실과 모순을 극복할 수 있는 '서양철학의 변용'이라고 할 수 있다. 즉 신남철을 비롯한 1세대 철학자들은 서양철학을 수용하되 민족의식을 갖고 주체적으로 철학함으로써, 한국현대철학의 역사에서 단순히 서구철학사의 '수동적' 수용을 넘어, 한국현대철학의 '기반'을 제공하였다는 보다 적극적인 의미를 부여할 수 있다.[74]

이러한 맥락에서 서양철학을 수용하고 한국적 현실에 맞게 '변용'을 시도한 철학자로서 신남철을 주목하고자 한다. 신남철(申南澈, 1907~1958?)은 박치우와 더불어 해방 전후 마르크스주의 철학을 수용하고 전개한 대표적 철학자이다. 해방 후 월북하여 김일성대학교 철학과 교수로 있으면서 남한의 박종홍과 쌍벽을 이루었던 그는 마르크시즘에 기반한 유물론적 역사철학을 통해 민족해방운동을 적극적으로 추구했던 인물이다. 그러나 신남철은 1948년 월북 이후 분단현실로 인한 자료적 한계와 냉전 상황, 사회적 분위기 등으로 인

---

73 이기상, 『서양철학의 수용과 한국철학의 모색』, 지식산업사, 2002; 권용혁, 「서구 철학의 수용과 '현실' 개념-신남철·박치우·박종홍을 중심으로」, 『한국철학의 쟁점과 과제』, 철학과현실사, 2000, pp. 327-367; 김재현, 『한국사회철학의 수용과 전개』, 동녘, 2002; 남경희, 「한국현대철학의 문제의식과 서양철학의 수용」, 『동아연구』 제37집, 서강대학교 동아연구소, 1999, pp. 3-37 참조.
74 이태우, 「안호상의 독일관념론 철학의 수용과 한국적 변용」, 『인문과학연구』 제22집, 대구가톨릭대학교 인문과학연구소, 2014, p. 122.

해 오랫동안 학계의 연구 대상에서 제외되어왔다. 그렇지만 그가 발표한 많은 철학적 저술들은 식민지 시대 마르크스주의 철학의 수용에서 핵심적인 위치를 차지하고 있다. 나아가 "신남철은 마르크스주의 철학을 있는 그대로 수용한 것이 아니라 당시의 한국 현실에 비추어 나름대로 주체적 해석을 하였다."[75]는 평가를 받기도 한다.

이 시기 한국철학자들은 우리의 현실과 관련한 철학적 담론들을 활발하게 펼쳤으며, 주로 신문·잡지 등의 대중매체를 통해 대중들과 소통하였다. 『조선일보』, 『동아일보』, 『조선중앙일보』 등의 신문과 『신흥』, 『철학』 등의 전문학술잡지가 대표적인 대중매체들이다. 신남철 역시 일제강점기에 신문·잡지를 통해 주로 철학 관련 논문·기사들을 발표하고 있다. 당시의 대중매체에는 모순으로 파악된 식민지 현실을 극복하기 위한 신남철의 철학적 입장을 철저히 반영한 글들이 많이 나타난다. 그러나 신남철은 단순히 철학적 주제에만 국한되지 않고 철학·종교·문학·역사·문화·예술 등 인문학의 전 분야를 아우르는, 즉 장르에 구애됨이 없이 경계를 넘나드는 글쓰기를 하였다. 한정된 지면의 특성상 당시의 대중매체에 실린 그의 글들은 주로 연재물 형태로 실렸음을 알 수 있다.[76]

신남철의 철학사상에 대한 연구는 최근 들어 점차 증가하고 있다. 철학계에서는 김재현·권용혁에 이어 봉기, 이규성 등이 신남철의 철학사상에 대한 해석과 재조명 작업을 수행해오고 있다.[77] 문학계에

---

75 김재현, 『한국사회철학의 수용과 전개』, 동녘, 2002, p. 107.
76 신남철은 『동아일보』에 32회(7건), 『조선일보』에 16회(2건) 등 총 50회(9건)의 철학 관련 글들을 발표한 것으로 파악된다. 또 『신흥』이나 『철학』 등의 잡지에는 8편의 철학 논문을 발표한 것으로 파악되고 있다. 신남철은 1948년 월북 전 두 권의 저술을 남겼는데 『歷史哲學』(서울출판사, 1948)과 『轉換期의 理論』(白楊堂, 1948)에는 그가 신문이나 잡지에 발표했던 논문들이 재수록되었다.

서는 주로 문예비평과 관련하여 김윤식·손정수 등이 최근 신남철 연구에 관심을 보이고 있다.[78]

신남철 철학사상의 특징으로는 첫째, 철학의 현실성과 실천성을 강조하고 있다. 둘째, 사상사적 맥락에서 철학사를 파악해야 한다고 주장한다. 셋째, 서구현대철학 및 일본 철학을 비판하면서 이를 주체적으로 수용·파악하려고 노력하였다. 넷째, '신체적 인식론'을 통한 역사철학의 인식론적 기초를 정립하려고 시도하였다. 다섯째, 민족문제와 조선학 연구의 방법론을 제시하였다.[79] 이러한 특징에서 나타나듯이 신남철은 서양의 철학사상을 적극적으로 수용하면서 이를 한국적 현실에 기반하여 주체적으로 해석하려고 시도한 것으로 평가받고 있다.

이 글에서는 '서양철학의 주체적 해석'이라는 기존 연구의 연장선에서 한 걸음 더 나아가 신남철이 서양철학사상, 특히 마르크스주의를 수용하여 이를 한국적 현실에 '변용'하려 시도했음을 제시해보고 제3장의 '비판적 조선학의 수립'과 '신명(身命)의 철학=신체적 인식론'을 다루는 절에서 마르크스주의를 한국적 현실 속에 '변용'하려고 한 신남철의 시도를 살펴볼 것이다.

---

77 권용혁, 위의 글; 김재현, 위의 책; 봉기, 「신남철의 철학사상 연구」, 전남대학교 철학과 박사학위 논문, 2009; 이규성, 「한국 현대 급진철학에서의 '생의 감정'과 '전환' - 신남철의 경우」, 『시대와 철학』 제21권 3호, 한국철학사상연구회, 2010, pp. 33-91; 홍영두, 「일제하 역사철학자 신남철의 동서양 사상 인식과 도덕·윤리 담론」, 『한국 근현대 윤리사상』, 현실과 과학, 2008.
78 김윤식, 『임화와 신남철』, 역락, 2011; 손정수, 「신남철·박치우의 사상과 그 해석에 작용하는 경성제국대학이라는 장」, 『한국학연구』 14집, 인하대학교 한국학연구소, 2005, pp. 187-211.
79 김재현, 앞의 책, pp. 103-118 참조.

1. 신남철의 마르크스주의 철학의 수용

1.1 마르크스주의 철학의 수용

신남철이 철학적 저술 활동을 활발히 전개해가던 1930년대는 일제에 의한 사상통제와 탄압이 갈수록 고조되어가던 시점이었다. 일제의 강점하에 있었던 조선의 지식인들은 자신의 논저 제목에 마르크스주의란 말을 붙여서 글을 쓰기가 매우 어려운 시기였다. 당시 지식인들이 그들의 글을 발표했던 언론매체들을 살펴보면 대부분의 글에서 '마르크스'나 '혁명'이란 용어가 모두 삭제되어 있음을 알 수 있다. 그만큼 일제는 철저한 언론 검열을 실시함으로써 마르크스주의 철학사상으로 무장한 조선인들의 사회주의 혁명이나 독립운동을 통제하고 있었다. 이런 가운데에서도 신남철은 마르크스주의 입장에 서서 마르크스주의란 말이 빠진 제목으로 몇 편의 논문을 발표했다.

신남철은 1931년에 「헤겔 백년제와 '헤겔 부흥'-독일철학에 있어서의 헤겔 정신의 부흥과 그 행방에 대한 한 개의 시론」(『신흥』제5호)과 「신헤겔주의와 기(其) 비판」(『신흥』제6호)이라는 논문을 연이어 발표하였다.

첫 번째 논문인 「헤겔 백년제와 '헤겔 부흥'」은 헤겔 사망 백 주기에 즈음하여 딜타이를 중심으로 한 생의 철학에서 헤겔 르네상스가 창도된 까닭이 무엇이었으며, 그 사회적 배경이 어떠하였는가를 검토하고 있다. 헤겔 좌파를 통하여 고전철학을 인계한 변증법적 유물론에 있어서 헤겔의 문제와 관념론적인 모든 체계에 있어서 헤겔의 문제 사이의 상이한 점을 지적하고 있다. 즉 다 같이 헤겔을 말하면서도 프롤레타리아의 세계관으로서의 변증법적 유물론과 부르주아 철학에 있어서 헤겔의 문제가 서로 그 입장를 달리하는 까닭을 밝히고 있다. 이리하여 그는 '헤겔 부흥'이 전혀 헤겔의 진정한 정신을 위한 '헤겔 부흥'이 아니라 사회적으로는 마르크스주의에 대항하기 위하여 파시스트적 반동이론을 꺼낸 것이었고, 철학적인 견지에서 볼 때에는 부르주아적 인간이 멸망에 직면한 자기의 역사적 위상을 연장시키기 위하여 헤겔에 귀의한 것이었다고 결론짓고 있다.

두 번째 논문 「신헤겔주의와 기 비판」에서는 신헤겔주의가 대두한 사회적 근거와 파시즘의 문제를 다루고 있다. 그는 앞 논문에서 역사적 고찰을 통한 생의 철학에서의 헤겔 부흥의 성격을 밝혔으며, 그 연장선에서 이 논문에서도 신헤겔주의를 다루되 철학계에 있어서 파쇼화로 결론을 맺고 있다. 이처럼 신남철은 마르크스주의자의 입장에서 생의 철학에 있어서 헤겔 부흥과 신헤겔주의를 비판하였으며, 그가 번역한 「'헤라클레이토스'의 단편어」 등 모든 연구가 마르크스주의 입장에서 일관되고 있음을 알 수 있다.[80]

신남철은 1937년에 「인식 · 신체 급(及) 역사, 문화의 논리학의 기초론 기일(其一)」이라는 논문을 『신흥』(제9호)에 발표하였는데, 여기에서 마르크스주의에 입각한 그의 '신체적 인식론'이 전개된다. 또한 「역사의 발전과 개인의 실천」이라는 논문에서는 헤겔 역사철학의 비판과 함께 무산계급의 사회질서 건설을 위한 역할을 논하면서 헤겔의 세계사에 있어서 개인의 희생과 연관시켜, 사회변혁의 주체적 시발자로서 개인의 희생의 의의를 밝히고 있다.[81]

그러면 과연 신남철의 독창적 사상이라고 할 수 있는 '신체적 인

---

80 조희영, 「서구사조의 도입과 전개」, 『한국사상사대계』 6, 한국정신문화연구원, 1993, pp. 189 –190.
81 같은 글, p. 190.

식론'은 어떠한 것인가? 그리고 그의 신체적 인식론은 과연 마르크스주의 철학의 한국적 변용으로 볼 수 있을 것인가? 이에 대한 논의에 앞서 '신체적 인식론'에 이르기까지 신남철이 제기하고 있는 문제의식에 대해 먼저 고찰해보자.

1.2 1930년대 서양철학 비판

신남철은 자신의 '신체적 인식론'(1937)을 제시하기 전 1934년에 발표한 「현대철학의 실존(Existenz)에의 전향과 그것에서 생(生)하는 당면의 과제」[82]에서 1930년대 서양의 주류철학이었던 실존철학을 비판하고 있다.[83] 실존철학에 대한 그의 비판은 후설과 하이데거, 야스퍼스에 집중되고 있다.

그는 실존철학을 위기에 처한 인간의 입장을 밝힌 철학으로서, 독일사회를 반영한 것으로 본다. 특히 하이데거와 야스퍼스를 중심으로 한 실존철학의 존재론은 인간 존재를 평면적인 의미 관련에서만 해석함으로써 역사적·사회적 시간의 추이 속에서 나타나는 인간존재의 투쟁 변전의 양상을 문학화시켰다고 비판한다.[84] 특히 하이데거의 철학은 사회적 제 관계로부터 고립된 불안한 개인만을 분석하는데 이는 그 당시 위기에 처한 부르주아적 인간상을 표현한 것으로 보았다. 따라서 신남철은 현대의 사회적 위기에서 본 인간의 위기는 곧 부르주아적 인간의 위기이며, 나아가 부르주아적 인간의 위기

---

82 신남철(1934), 「현대철학의 Existenz에의 전향과 그것에서 生하는 당면의 과제」, 『철학』 제2호, pp. 63-80. 『역사철학』(1948) 제7장에 「실존철학의 역사적 의의」로 제목 수정하여 재수록함.

83 신남철(2010), 『역사 철학』(김재현 해제), 이제이북스, 2010, pp. 209-227 참조.

84 같은 책, p. 214.

는 인간 일반의 위기가 아니라 부르주아 사회의 위기가 중심문제라고 지적한다.[85]

그는 인간의 문제를 개인의 문제로 국한시키는 근저에는 의식적으로 현실의 문제를 '판단중지'하고 또 괄호 안에 넣어버림으로써 현실의 문제보다 가능성의 문제를 더 강조하려는 의도가 개입되어 있다고 본다.

> 현실의 문제가 사회적 관계의 분화된 것으로 명백하게 물질적 근거를 가지고 있음에도 불구하고 기능의 문제로써 대치하고 또 대치한 장면을 절대화시키는 곳에 관념적 철학의 당파성이 있는 것이다. 소위 '실존'으로의 전향이라는 실존 즉 자각적 존재라는 것은 즉 그 가능의 문제가 절대화된 장면에 지나지 않는다. 즉 현실의 구체적 관계 즉 모순, 불안, 계급분열, 투쟁 등을 가능의 문제에 의하여 의식적으로 보지 못하도록 요구하는 철학설인 것이다.[86]

따라서 실존철학은 모순, 불안, 계급 분열, 투쟁 등의 현실의 구체적 제 관계 및 사회적·물질적 토대에 대한 과학적 분석과 비판을 포기하도록 하는 철학이다.

---

85 같은 책, pp. 216-217; 이 시기 한국철학자들은 공통적으로 '위기' 문제를 주제화해서 논의하고 있다. 신남철뿐만 아니라 김두헌, 전원배, 박종홍, 박치우, 김기석 등 당시 한국철학계를 대표하던 철학자들이 '위기'를 주제로 자신들의 철학적 담론들을 펼치고 있었다. 비록 "위기 인식과 그 대응 방식에 있어서 상이한 입장을 보여주고 있지만, 모순된 현실의 위기를 철학적으로 포착하고, 진지한 철학적 성찰을 통해 해결방안을 모색하고자 한 점은 이들 철학자들의 공통된 모습이었다고 할 수 있다." 이태우, 「일제강점기 한국철학자들의 '위기담론' 연구」, 『동북아문화연구』 제34집, 동북아시아문화학회, 2013.
86 신남철, 같은 책, p. 219.

그에 따르면, 실존철학은 실존의 문제만을 강조한다는 점에서 소시민의 계급 절충적 태도를 대변하고 있으며 이 점에서 소시민층의 실존철학의 위기적 성격을 발견할 수가 있다. 하이데거의 철학은 바로 이처럼 현존재의 유한성만을 강조함으로써 인간 이외의 사회적·역사적 존재를 파악하지 못하는 우를 범하고 있는 것으로 파악한다. 이는 현실을 대하는 그의 태도를 직접적으로 보여주는 주장이다.

> 실존의 철학은 언제나 현존재 = 인간존재(Dasein)의 해석으로부터 출발하고 있다. … 그것은 인간의 존재론적 구조에 대하여 … 그 진실한 자기를 은폐하고 있는 껍데기인 '베일'을 벗기어 진실한(eigentlich) 인간의 자태를 해석 혹은 해명하는 것이라고 한다. … 그러나 그러한 해석 혹은 해명이라는 것은 현존재의 세계-내-존재(In-der-Welt-Sein)가 유한성 속에 퇴폐(Verfallen)되어 있다는 존재(Sein)라든가 정황(Situation)이라는 것을 기분적으로 초월하는 관념적 상념에 침윤하여, 유동하는 구체적(사회적·역사적) 존재를 판단중지의 영역 안에 방기해 버리는 반동성을 합리화시키려는 의식적인 의도를 가지고 있음을 잊어서는 아니 될 것이다.[87]

그러한 현실을 반영한 이데올로기의 문제는 실존철학처럼 주관적으로 유형화하여 탐구되고 해석될 것이 아니라, 객관적으로 기초적인 부분과의 관련에서 인식되고 비판되어야만 구체적-본질적으로 파악될 수 있다고 한다. 이처럼 신남철은 실존철학이 부르주아적 지

---

87 같은 책, p. 222.

식인이 자기의 무기력을 자각하고 현실 존재의 평탄한 흐름 속에서 기분적으로 입신양명을 구하려는 형이상학이라고 규정한다. 따라서 실존철학은 사회변혁의 주체적 실천투쟁을 방관 해석만 하는 반인민적인 당파적 이데올로기일 뿐이라고 비판한다.[88]

신남철의 실존철학 비판은 하이데거 개인의 이력과 사상전력에 대한 비판에까지 이르고 있다. 그는 1934년 잡지 『신동아』에 발표한 「나치스의 철학자 하이데거」[89]에서 하이데거의 철학사상과 나치즘과의 연관성을 분석하고 있다. 알려진 바와 같이 하이데거는 나치 체제하인 1933년 프라이부르크대학의 총장직에 올랐으며, 나치의 대학 개조 정책에 협력한 전력을 가지고 있다. 이 점에서 신남철은 하이데거의 철학이 히틀러의 지배를 위한 이데올로기적 역할을 수행했다고 비판한다. 즉 하이데거의 실존철학은 광기에 사로잡힌 히틀러의 파시즘이 초래한 사회적 모순을 은폐하는 데 일조한 철학이라는 것이다. "현실의 심각한 생활고와 그것으로부터 해방되려고 몸소 내달어 싸우는 자유를 위한 사회의 진행을 극히 기분적으로 이해하고 있는 하이데거의 철학이 '모순'을 비과학적으로 이해하며 따라서 그것을 초극하려는 것이 아니라 도리어 은폐하려고 하는 나치스의 정론과 부합한 데 대하여서는 하등의 부자연이 없다."[90] 신남철은 히틀러의 나치즘이 독일정신에 새로운 신화를 구성하고 있으며, 하이데거는 철학자로서 그러한 나치의 정책에 조력한 집행자의 한 사람이라고 비판하고 있다.

---

88 같은 책, p. 227.
89 신남철, 「나치스의 철학자 하이데거-그의 간단한 소개를 위하여」, 『신남철 문장선집 I -식민지 시기편』, 성균관대학교출판부, 2013, pp. 285-298.
90 같은 책, p. 296.

신남철은 1930년대에 이미 실존철학과 하이데거 철학이 안고 있는 근본적인 문제점을 비판하고 있다. 위에서 신남철이 주장한 내용에서도 보았듯이 이러한 그의 비판은 기본적으로 마르크스주의 철학의 입장에 기반한 것이었다. 실존철학과 하이데거 철학에서 나타나고 있는 개인주의, 기분, 비합리성, 주관주의 등은 마르크스주의가 추구하는 사회개혁, 과학주의, 합리성, 객관주의 등과는 동거할 수 없는 사상이었다. 따라서 마르크시스트 신남철에게 실존철학은 '기분적으로 입신양명을 추구하는 부르주아 지식인의 형이상학'이며 '반인민적 이데올로기'일 수밖에 없었다.

2. 마르크스주의 철학의 한국적 변용

2.1 일본형 오리엔탈리즘 비판

신남철이 마르크시즘을 수용하고 변용하는 가운데에는 오리엔탈리즘에 대한 선구적인 안목과 비판이 중요한 부분을 차지하고 있다. 1934년 '조선학 수립'과 관련한 논문을 발표하면서 같은 맥락에서 동서양의 공통점과 차이점을 분석한 논문 「동양사상과 서양사상-양자는 과연 구별되는 것인가?」[91]를 발표한다. 이 논문에서 신남철은 동양과 서양의 공통점과 차이점을 자연관, 경제관, 문화관 세 가지 측면에서 비교 고찰하고 있다. 그는 동·서양에 대한 비교 고찰

---

91 신남철, 「동양사상과 서양사상-양자는 과연 구별되는 것인가?」, 『동아일보』, 1934.3.15~1934.3.23(8회). 이 논문은 『신남철 문장선집 I-식민지 시기편』, pp. 234-250에 수록되어 있다. 이하 인용은 『신남철 문장선집 I-식민지 시기편』(2013)의 쪽수를 인용함.

을 통해서 최근의 학술담론인 오리엔탈리즘과 유사한 담론을 펼치고 있다.

잘 알려진 바와 같이 에드워드 사이드에 의해 제기된 오리엔탈리즘은 '동양에 대한 서양의 사고방식이자 지배방식'이다. 오리엔탈리즘은 오리엔트, 곧 동양에 관계하는 방식으로서, 서양인의 경험 속에 동양이 차지하는 특별한 지위에 근거하는 것이다. 오리엔탈리즘은 동양을 문화적으로 또는 이데올로기적으로 하나의 모습을 갖는 언설(담론, discourse)로 표현하고 표상한다. 그러한 언설은 제도, 낱말, 학문, 이미지, 주의주장, 나아가 식민지의 관료제도나 식민지적 스타일로 구성된다.[92] 이러한 특징을 지닌 오리엔탈리즘은 서양의 지리적 확장과 식민지주의, 인종차별주의, 자민족중심주의와 결부되어 지배의 양식으로 대두한다.

제국주의 국가 근대 일본은 유럽중심적 오리엔탈리즘을 일본중심적 오리엔탈리즘으로 전화시켰다. 근대 일본은 아시아를 이질적 이중성의 공간으로 표상해왔는데, 아시아를 우리와 그들로 구분하는 근대 일본의 담론이 곧 일본형 오리엔탈리즘이며, 그것은 제국주의적 침략 전쟁과 식민화를 정당화하는 수단이 되었다.[93] 오늘날 학계에서는 동양과 서양, 동양사상과 서양사상, 동양문화와 서양문화를 구별한 1930년대 제국주의 국가 일본의 담론을 일본형 오리엔탈리즘으로 부르고 있다. 신남철에 따르면 이 같은 담론 때문에 동서양의 학문사상에 대한 구별이 생겼고, 결국 서양 학문·사상·문화에 대한 경멸·배척의 의도가 생겨나고 있다는 것이다. 이것은 신남철이

---

92   에드워드 사이드, 박홍규 역, 『오리엔탈리즘』, 교보문고, 2005, p. 15.
93   홍영두, 「1930년대 서양철학 수용과 일본형 오리엔탈리즘 문제」, 『사회와 철학』 제27
      호, 사회와철학연구회, 2014, pp. 334-335.

이미 그 당시 일본형 오리엔탈리즘의 문제점을 충분히 인식하고 있었음을 보여주는 것이다.[94]

그럼에도 불구하고 신남철은 당시의 상황, 즉 제국주의 일본이 동아시아를 지배하고 영토 확장의 야욕을 확대시켜나가던 그 시점에서 '동양적과 서양적'은 정치적 견지에서 명백한 구별을 시도하고 있고, 서양에 대한 동양의 학문적 우월을 천명하고 있음을 지적한다. 동양과 서양은 어느 한쪽이 다른 한쪽에 대해 우월을 입증할 수 없지만, 1934년 당시 상황에서는(제국주의 일본에 의해) 어쩔 수 없이 정치적으로 그것이 요청되고 있다는 우려를 우회적으로 표명하고 있다.[95]

동서양에 대한 근본적 구명 없이 그냥 피상적으로 일방의 타방에 대한 우월을 입증할 수는 없는 일인데도 동양 학문의 우월을 강조하고 정치적 견지에서 동서양의 명백한 구별을 행하는 것은, 더욱이 동질의 자연관, 경제관, 문화관을 가지고 있는 동서양의 구별을 요구하는 것은 현대의 정치적 요청이라는 것이다.

결론적으로 신남철은 동양과 서양이 보편적으로 구별 가능할까라는 물음을 던지고 그에 대한 대답을 하고 있다. 즉 동양과 서양은 필연적 귀결로서 구별되면서도 필경에는 구별되지 않는다고 한다. 왜냐하면 현대의 모든 문화적 시설과 사상의 교류는 동서양의 구별을 더 이상 가능하지 않게 하며, 특히 세계의 경제적 연계는 그 구

---

94 홍영두, 「일제하 역사철학자 신남철의 동서양 사상 인식과 도덕·윤리 담론」, 『한국 근현대 윤리사상』, 현실과 과학, 2008, p. 70; 신남철과 일본형 오리엔탈리즘 문제는 홍영두의 논문에서 좀 더 포괄적이고 심도 있게 다루어지고 있다. 홍영두, 위의 글, pp. 333-364 참조.

95 신남철, 「동양사상과 서양사상─양자는 과연 구별되는 것인가」, 『신남철 문장선집I』, 성균관대학교출판부, 2013, p. 235.

별을 더욱 불가능하게 하기 때문이라는 것이다. 지리적·인종적 차이도 결코 문화에 있어서 구별의 결정적 요인을 이루지는 못하며, 현대의 자본가적 생산관계에 있어서의 극도로 발달된 문물은 동서양을 막론하고 다 같은 편익과 고통을 감수하게 한다. 문명의 편익과 그 생산관계의 질곡도 동서양의 누구에게나 보편적인 것이다. 따라서 오늘날 동양과 서양의 구별이 근본적으로 생활태도를 규정할 수가 없기 때문에 동서양의 구별은 더 이상 가능하지 않으며, 구별할 필요도 없다는 것이다.[96]

그럼에도 불구하고 신남철은 동서양이 구별되어왔고 또 구별되어 있는 시대상황에서 "의식적으로 그 구별을 강조하고 있는 점"이 중요하다고 말한다.[97] 동서양의 구별을 의식적으로 요구하고 있는 시대상황이란 일본이 만주 침략 이후 동양을 현실정치적 과제로 등장시킨 상황을 가리키는 것이며, 일본은 동서양의 의식적인 구별담론을 통해 만주 침략을 정당화하려고 한 저의를 갖고 있음을 나타내려 한 것으로 보인다. 그런 점에서 이 논문은 중일 전쟁 이후 일본의 대동아공영권을 예감한 것이며 비판을 선취한 성격을 갖고 있다. 이는 신남철이 일본형 오리엔탈리즘의 형성 및 그 정치적 의도를 간파하고 있었음을 보여주는 요점이라고 할 수 있다.[98] 어쨌든 신남철이 일본형 오리엔탈리즘에 말려들지 않은 것은 조선 근대사에 대한 그 나름의 주체적 인식을 가지고 있었기 때문이라고 볼 수 있다. 또 하나는 '동양적'인 것과 '서양적'인 것의 구별을 인정하지 않고 마르크스주의의 보편성에 입각해서 인류 역사의 발전을 확신했기 때문

---

96 같은 글, p. 248.
97 같은 글, p. 236.
98 홍영두(2008), 앞의 글, p. 71.

일 것이다. 따라서 신남철은 보편성과 특수성을 함께 담지할 수 있
는, 한국적 현실에 적용될 수 있는 주체적 마르크스주의 철학의 수
립 가능성을 모색한다.

2.2 '비판적 조선학'의 수립

우리는 신남철의 주체적 철학함의 면모가 함축되어 있는 '신체적
인식론'을 고찰하기에 앞서 우리의 주체적 학문을 세우기 위한 그의
연구 방법론에 대한 견해를 우선적으로 검토해보고자 한다. 왜냐하
면 신남철의 '조선학의 수립'과 '연구 방법론'에 관한 논의는 마르크
스주의 철학의 한국적 변용을 읽어낼 수 있는 중요한 관건이기 때문
이다.

신남철은 1934년에 발표한 「최근 조선연구의 업적과 그 재출발-조
선학은 어떻게 수립할 것인가?」[99]와 「조선연구의 방법론(1)」[100]이라는
두 논문에서 '조선학'에 대한 의미 내용 및 그 본질적 개념 규정, 그
리고 연구 방법론에 대해 자신의 견해를 피력하고 있다. 여기서 신남
철은 '조선학'을 수립하고 연구하기 위해서 마르크스주의적 연구 방
법론을 적용할 것을 제안한다. 그는 역사과학적 방법에 의한 조선학
수립을 주장하고 있는데, 여기서 역사과학적 방법이란 마르크스주의
의 유물변증법적 역사인식 방법론을 조선 역사 연구에 적용하는 것
이다.

---

99 신남철, 「최근 조선연구의 업적과 그 재출발-조선학은 어떻게 수립할 것인가?(4회),
『동아일보』, 1934.1.1.~1934.1.7. 이 논문은 『신남철 문장선집1-식민지 시기편』(2013),
pp. 222-233에 수록되어 있다. 이하 인용은 같은 책의 쪽수를 인용함.
100 신남철, 「조선연구의 방법론(1)」, 『청년조선』 제1권 제1호, 청년조선사, 1934.10.1. pp.
8-16. 이 논문은 『신남철 문장선집1-식민지 시기편』(2013), pp. 271-284에 수록되어
있다. 이하 인용은 같은 책의 쪽수를 인용함.

신남철에 따르면 조선학은 조선의 역사적 연구로부터 시작된다. 그런데 종래의 조선의 학자들은 '역사적'이라는 말을 매우 '비역사적인' 잡박하고 표면적인 고증과 연대기로서 이해했다. 진정한 역사적 연구의 의미는 과학적 필연성의 법칙을 객관적 발전에서 발견하여 제 형태의 교호관계를 조직하고 이해하는 데 있다고 한다.[101] 종래의 고루하고 관념적인 방법, 즉 역사를 연구함에 있어 신화로부터 출발하는 반역사적 역사학인 '정신주의적 역사학'[102]에 의한 조선의 역사적 문화에 대한 연구는 이제 새로운 과학적 지식에 의거한 연구로 바뀌어야 한다는 것이다. 신남철은 조선 역사 연구를 위한 세 가지 과제를 천명하고 있다. (1) 역사의 내면적 원동력으로서의 사회적 생산관계를 과학법칙에 입각하여 파악할 것. (2) 역사 서술에 있어서의 기초적 조건인 사료문헌의 선택이 필요함. (3) 역사적, 문화적 연구가 성취되려면 일정한 '전체'가 전경(前景)에 조망되어야 함.[103]

이러한 조선학 연구를 위한 방법론적 시각에서 신남철은 조선학 연구가 지향해야 할 방향을 다음과 같이 제시한다.

'조선학'이라는 것은 관념적으로 조선의 독자성을 신비화하는 국수주의적 견해와는 무관해야 한다. '조선학'은 결코 조선의 과거만을 연구 대상으로 하는 것도 아니고 초월적 존재를 신앙대상으로 하는 종교도 아니다. 그렇다고 문학 내지 조선어학의 이론적 내지 역사적 파악을 목

---

101 신남철, 「최근 조선연구의 업적과 그 재출발-조선학은 어떻게 수립할 것인가」, 『신남철 문장선집 I-식민지 시기편』, 성균관대학교출판부, 2013, p. 223.

102 신남철, 「조선연구의 방법론(1)」, 『신남철 문장선집 I-식민지 시기편』, 성균관대학교출판부, 2013, pp. 276-284 참조.

103 같은 책, p. 224; pp. 271-272 참조.

적으로 하는 것도 아니요, 또는 민속학적 연구만도 아니다. 이것은 이것들을 모두 포용한다. 그렇다고 이것들을 한 개의 보조과학으로 하여 성립되는 것도 아니다. 그것은 이것들의 전문적, 과학적 연구의 제 성과가 전체적 연관하에서 현대적 의식을 통하여 비판 조성된 때 비로소 나타나는 일개의 고차적 관념이다. 그것은 반드시 기초적 조건인 제 연구가 조선의 제 역사적 형태를 전문적으로 구명한 성과를 토대로 하여 있는 것이 아니면 안 된다. 따라서 조선학은 각 부문적 연구 없이는 불가능한 것이다.[104]

각 개별 학문의 전문적 연구성과를 토대로 전체적 연관하에서 '조선학' 연구가 이루어져야 한다. 이처럼 조선학 연구의 방법론과 방향성을 제시한 신남철은 '조선학'을 문제 삼고, '조선학' 수립의 가능성을 타진하면서 '조선학' 연구를 위한 방법론적 태도를 다음과 같이 제시하고 있다.[105]

(1) '조선학 수립'의 문제는 오직 한 개의 문제로서 제출하는 것이 아니다. 문제는 그 문제 자신으로서는 존립할 수가 없다. 문제도 사회적 연관에서만 그 문제의 가능성이 발견된다.

(2) 조선학은 또한 학적 연구 그것에만 국한되어서는 아니된다. 그것은 무엇이든지 한 개의 '프로스펙트'(조망)을 제공하는 것이 되어야 할 것이다.

(3) 조선학의 수립에 있어서는 종래의 설화적 사관으로부터 탈각하지 않으면 아니된다. 문헌적, 훈화적(訓話的) 연구도 고증적, 교감

---

104 같은 책, p. 226.
105 같은 책, pp. 232-233; pp. 272-273 참조.

학적(校勘學的)[106] 연구도 필요하다. 그러나 무엇보다 필요한 것은 조선의 '문제사적 연구'이다.

요컨대 '조선학 수립'을 위해서는 사회적 연관에서 문제를 파악해야하며, 학적 연구에만 국한되지 않는 전체적인 전망을 제공해야 하며, 종래의 설화적 사관으로부터 벗어나 조선에 대한 '문제사적 연구'가 필요하다는 지적을 하고 있다. 이러한 신남철의 주장은 총체성의 유물변증법적 연구 방법론만이 진정한 과학적 방법이며, '조선학' 수립이 가능하기 위한 방법론과 방향성, 연구의 의의도 여기에 의존해야만 한다는 것을 강조하고 있는 것이다. "'조선학'이 조선의 사회구성태의 사회적-경제적-정치적-관념적-제 형태를 그 물질적 기초구조로부터 분석하고 또 그 발달의 역사를 역사적 법칙으로 정제하여 조선사회의 세계사적 지위를 확정하는 그러한 '조선연구'이어야만 할 것은 당연한 일이다."[107]

'조선학' 수립과 연구를 위한 신남철의 제안은 신남철 자신이 차별화하고 있듯이 정신주의적 역사학이나 전통적 역사연구 방법론을 따르는 당시의 학자들의 태도를 비판하면서 자신의 입장을 제시하고 있다. 즉 신남철은 '조선학' 운동의 관념론적 과학관이나 방법론에 대해서는 반대하면서 '조선학'의 중요성을 인정하고 과학적 입장에서 '비판적 조선학'의 진흥을 주장하는 입장이었다. 이와 같은 맥락에서 신남철은 이러한 방법론적 기초를 가지고 서양에서의 동양학 연구가 종교·철학·예술·문학 등의 이데올로기적 현상만을 취급하고 경제적 토대나 생산관계 등은 전혀 문제 삼지 않았음을 비

---

106 같은 종류의 여러 책들을 비교하여 잘못 기록되거나 전해진 문장이나 문자를 바로잡는 학문. 고증학의 한 분야.
107 같은 책, p. 275.

판하면서 마르크스주의적 방법에 의한 동양학 연구의 필요성을 주장한다.[108]

'조선학 수립'에 대한 신남철의 입장은 당시로서는 진보적, 선진적인 연구 방법론을 제시한 것으로 마르크스주의 철학을 수용하여 한국적 현실에 이를 충실히 적용하고자 한 점은 두드러진다. 하지만 신남철은 적어도 1930년대 중반까지는 마르크스주의 철학을 수용·적용하는 단계를 지나 주체적으로 변용하는 단계에까지는 나아가지 못한 것으로 보인다. 신남철이 시도한 마르크스주의 철학의 한국적 변용은 '신명의 철학'으로서 '신체적 인식론'(1937)에서 나타나게 된다.

2.3 신명(身命)의 철학 = 신체적 인식론

신남철은 마르크스주의 철학의 보편적 진리성을 받아들이면서도 이를 교조적이 아니라 식민지 현실의 시대적 과제를 해결하려는 문제의식 아래 주체적으로 수용·변용하려고 했다. 신남철의 '신체적 인식론'은 이를 잘 보여준다. 그에 따르면 이론과 실천의 통일은 바로 인간 존재의 신체성에 기반하고 있다. 이론과 실천의 통일은 역사적 현실의 모순을 뼈저리게 자각하고 현실의 모순을 극복하기 위해 자신의 몸을 내던지는 신체적 행위에서 성립한다. 인간의 역사적 실천은 '체인(體認)', '몸소 아는 것', '신체와 피부에 침투해 통절하다는 것의 자각'을 통한 '몸'을 던지는 '파토스적 행위'이다. 마르크스주의의 인식론을 수용하면서도 이를 변용하여 뼈와 살을 가진 생동하는 인간의 삶을 더욱 부각시키려 한 것이 바로 신남철의 신체적

---

108 김재현, 「일제하부터 1950년대까지 맑스주의 수용사」, 『철학사상』 제5호, 서울대학교 철학사상연구소. 1995, pp. 152-154. 김재현은 '비판적 조선학'의 입장을 취한 당시의 대표적인 논자들로 신남철을 비롯해 백남운, 김태준, 홍기문 등을 들고 있다.

인식론이었다. 이처럼 신남철은 마르크스주의 철학을 있는 그대로 수용한 것이 아니라 당시의 한국 현실에 비추어 나름대로 이를 변용하여 주체적 해석을 가하고 있음을 알 수 있다.[109]

신남철의 철학은 모순을 극복하고 미래로 나아가기 위한 분투와 노력이다. 그의 철학은 현재의 모순과 싸워서 밝은 미래를 쟁취하기 위한 것이기 때문에 비관적이지 않다. 지금·이곳의 현실은 불안·위기로 해석되지만 투쟁을 통해서 빛나는 미래가 쟁취될 것이기 때문에 신남철은 항상 새로운 세대에 대한 명확한 확신을 가지고 있다. 그래서 신남철에게 지금·이곳은 비관적일 수가 없고 도리어 빛나는 미래에 대한 전망을 가지고 있다.[110]

신남철은 그의 논문 「인식·신체 급(及) 역사」[111]에서 마르크스주의 철학을 한국적 상황에 적용·변용한 '신명(身命)의 철학'으로서 신체적 인식론을 이론화하고 있다.

신남철은 우선 '육체(Leib)'와 '신체(Körper)'를 구별하고 있다. 그에 의하면 육체는 마음(心, Seele)에 대응하는 개념이며 신체, 즉 인간적 신체(menschlicher Körper)는 의식(Cogito)에 대응하는 개념이다. 신남철은 신체라는 말로 물리적 내지 생리적 신체(physischer Körper)를 생각하지 않고 인간적 신체의 사유성을 생각하고 있다. 이러한 그의 구분을 도표로 정리하면 다음과 같이 나타낼 수 있다.

---

109 김재현, 앞의 책, p. 107.

110 신남철, 「불안의 사상의 유형화-三木淸氏 소론을 읽고」, 『신남철 문장선집I-식민지 시기편』, 성균관대학교출판부, 2013, p. 178.

111 신남철, 「인식·신체 及 역사」, 『신흥』, 1937.1; 이 논문은 그의 저서 『역사철학』 제1장에 「역사철학의 기초론 - 인식과 신체」로 재수록되었다. 이하에서는 『역사철학』(김재현 해제, 이제이북스, 2010)에 수록된 논문의 쪽수를 인용함.

구분	대응 개념	의미 내용	비고
육체(Leib)	마음(Seele)	물리적, 생리적 신체	육체적 자기
신체(Körper)	의식(Cogito)	인간적 신체의 사유성	신체적 자기

〈표 1〉 육체와 신체의 구별

신남철의 신체적 인식론에서는 인간의 육체적인 면과 신체적인 면은 그 단계를 달리한다. 그리고 그에 의하면 인식의 주체는 낮은 단계의 육체적 자기 내지 높은 단계의 신체적 자기이며, 인식의 대상은 현실의 잡다한 현상의 모든 관계이다. 신남철의 인식론에서는 육체로서의 자기가 신체로서의 자기에 이르는 자각과정이 변증법적으로 전개되어 있다. 그러므로 "육체와 신체는 동일하면서도 구별되는 것"[112]이라고 주장한다.

신남철 철학의 출발점은 육체의 모사에서 시작한 신체의 변증법이다. 개인의 인식은 표현 단계에서 실천에 이르고 실천은 역사의 단계까지 변증법적으로 발전한다. 이제 개인은 역사를 추동하는 주체로서 자각한 개인이다. 이 자각한 개인은 지금·이곳의 모순을 극복하기 위해서 투쟁에 돌입한다. 이러한 신남철의 사상은 많은 부분에서 막스 라파엘의 인식론에 힘입고 있다.[113]

신남철은 라파엘의 『구체적 변증법의 인식론』을 수용한 후, 자신의 신체적 인식론에서 이를 3단계로 변용하여 적용하고 있다. 즉 인식의

---

112 신남철, 김재현 해제, 『역사철학』, 이제이북스, 2010, p. 33.

113 신남철 철학사상의 핵심인 신체의 변증법은 스스로 인정하고 있듯이 막스 라파엘의 『구체적 변증법의 인식론(Zur Erkenntnistheorie der konkreten Dialektik)』(Paris, 1934)에 많이 빚지고 있다. 신남철의 저술들이나 당시의 상황, 그리고 학문적 기반 등을 고려해볼 때, 실제로 신남철이 '신체적 인식론'에서 사용하는 용어들과 사상적 지반이 라파엘에 있음을 확인할 수 있다. 봉기, 앞의 글, p. 61. 각주 174) 참조.

과정을 수용(Aufnehmen), 가공(Verarbeiten), 표현(Entäußern)의 3단계로 나누고 있다.[114]

보다 구체적으로 살펴보면 첫째는 수용(Aufnehmen)의 단계이다. 수용이란 육체적 수용, 즉 감각적 수용을 의미한다. 인식은 육체에 의한 대상의 감수(感受)로부터 시작된다. 그러나 인식의 대상인 외계는 인식주체의 감각과는 따로 독립하고 있다. 인식은 '감각으로부터 외계에의 방향'이 아니라 '외계로부터 감각에의 방향'에서 성립한다(실재론). 그리고 감각은 뇌수, 신경 및 망막 등 특수한 방식으로 조직된 물질에 의존한다(유물론). 인간의 육체에는 생리 심리적으로 '모사 가능성'이 부여되어 있다. 이 모사 가능성에 외계의 저항이나 압박이 가해져서 인식주관에 모사작용이 생기는 것이다(모사설). 육체에 있는 모사 가능성이 대상을 수용한다는 것은 바꿔 말하면 감관적 감성이 대상에 촉발되어서 직접적 수용을 한다는 것이며, 이 점에서 보면 신남철이 말한 수용은 칸트가 말한 감성의 수용성과 비슷하다고 할 수 있다. 그러나 칸트와 신남철 사이에는 입장의 차이가 있다. 칸트는 어디까지나 구성설이라는 관념론의 입장이며, 신남철은 외계의 실재를 인정하는 실재론의 입장이다.

둘째는 가공(Verarbeiten)의 단계이다. 가공작용이란 인식주관이

---

114 『역사철학』, pp. 31-32; 신남철은 구체적으로 라파엘이 의식의 모든 능력과 작용을 1. 대상적=신체적 행동 2. 감성적 체험 3. 오성적 사유 4. 사변적 이성의 4가지로 나누고 있으며, 각각에 수용, 가공, 표현 등의 3단계 과정이 있음을 보여주고 있다고 말한다. 같은 책, p. 31, 각주 28) 29) 참조; 또한 신남철의 신체와 인식의 관계에 대한 논의가 니시다, 미끼, 타나베 등 당시 일본 철학자들의 사상과 관련이 많을 것이라는 주장도 참고할 수 있다(김재현, 앞의 글, pp. 155-156 참조). 그러나 '독창성'이 아니라 마르크스주의의 '변용'이라는 관점에서 본다면 신남철의 '신체적 인식론'은 충분히 유의미성을 가질 것이다.

수용된 것에 대하여 내용성을 주어서 해석하는 것이다. 가공작용의 단계에서는 단순한 감성적 지각의 단계를 넘어서 오성능력이 갖는 자유성이 증대한다. 이것은 칸트가 오성을 자발성(Spontaneität)을 가진 사고능력으로 본 것과 비슷하다. 그리고 칸트에 있어서 오성이 직관의 잡다를 범주에 의하여 종합하여 판단을 성립시키는 사고능력인 것처럼, 신남철에 있어서도 가공에서의 판단작용이 인정되고 있다. 그러나 신남철은 이런 판단작용에 자기의 과거의 경험을 살린 판단작용, 또 마르크스주의자답게 자기의 출신성분, 즉 신분, 계급관계 등에 의한 판단작용, 또 몸의 상태, 체질, 성격 등에 의한 판단작용을 첨가하고 있는 점이 칸트와 다르다. 신남철에 의하면 수용된 내용은 판단에 의하여 정리되지만, 가공작용은 수용된 내용의 단순한 구성작용이 아니다. 거기에는 벌써 변증법적 발전이 있다. 그리고 이 단계에서 의식 내용에 대한 명확한 규정이 내려진다.

셋째는 표현(Entäußern)의 단계이다. 우리들의 현실적 인식에서 인식작용은 '수용'과 '가공'에 의한 일정한 판단만으로 끝나는 것이 아니라 판단한 것을 외부에 표현하지 않을 수 없다. 인식은 실천에 의하여 완성된다. 인식에 의하여 사고된 것은 물질적으로 신체화(Verkörpern)되어야 한다. 이 신체화가 사상적 소신의 외부화, 구체화이며, 인식의 표현적 단계이다. 이 단계에서 사고와 존재, 이론과 실천이 통일된다. 그리하여 이론은 구체성을 획득하고 구체적인 물질의 세계는 법칙적 자유가 지배하게 된다.

신남철에 따르면 인식능력 발전의 이와 같은 세 단계의 활동은 지금까지의 인식론으로서는 시도하지 못하던 인식의 통체성(통일적 구체성)과 자기운동의 변증법적인 발전을 파악하게 한다. 인식은 변증법적 모사에 의한 통체적인 자기운동이며 그러한 인식이 육체를 제외하고는 무의미하다는 것은 상식적이다. 즉 감각적인 수용은 육체적인 활동을 유발시켜 통일적 구체적 인식의 논리적인 단초를 만든다. 그는 이것을 감성적 체험(Sinnliches Erlebnis)이라고 한다. 그러므로 인식의 변증법적 통일은 감성적 육체 활동과 발전의 변증법적 통일과 같다. 육체의 변증법적 활동은 동시에 인식의 변증법적 활동과 분리될 수 없다. 이 양자는 변증법적으로 통일되어 신체의 변증법적 통일을 이룬다. 신체는 감성적 육체가 인식론적 활동을 완성함으로써 생기는 진정한 주체로서 간주된다.[115]

이 점에서 육체와 신체는 동일하면서도 구별된다. 즉 변증법적 단계를 달리한다. 신체는 감성적 육체가 오성의 작용을 매개로 하여 인식활동을 완성(Ausarbeitung)함으로써 생기는 진정한 주체다. 신체는 이런 의미에서 육체보다 고차적인 단계이다.

이리하여 신체적 인식론은 실천적 인식론이 된다. 육체에 대해서는 감성적 모사가 중요한 문제이지만 신체에 대해서는 실천적 인식이 중요한 과제이다. 신남철에 의하면 인간의 본질적 규정은 호머 파버(homo faber)이다. 그는 호머 파버를 노동적 인간이라고 번역한다. 인간의 실천적 행위는 노동이다. 그리고 노동은 생산이며, 창조이다. 노동에서는 손, 도구, 기계 등이 중요한 역할을 한다. 그리고 개인은 노동을 매개로 하여 사회적 관계에 들어가는 것이다.

인간은 사회적 존재로서 역사를 만든다. 사회적 인간은 역사적 실천을 통하여 자기의 노동과 창조를 완성한다. 따라서 신체적 인식은 실천적 인식이며, 실천적 인식은 역사적 인식이다. 이리하여 신남철의 인식론은 역사철학과 관계를 맺는다. 그가 역사철학의 기초이론

---

115 『역사철학』, pp. 34-35.

으로서 신체적 인식론을 먼저 문제 삼은 것도 이 때문이다.

그러면 실천적 인식으로서의 역사적 인식은 대체 어떤 것인가? 신남철에 의하면 인간의 실천적 인식은 그것이 역사적 상황 속에서 살고 있는 인간의 인식인 한 역사적 상황 속에서의 인간존재를 근저로부터 파악하지 않으면 안 된다. 그리고 인간존재를 근저로부터 파악한다는 것은 인간존재의 적나라한 모습을 근원적으로 인식하는 것이다.

> 근원적인 행위로서의 실천이 항상 가능한 것이 아니다. 근원적인 실천은 역사적 계열에서의 모든 과정이 신체와 피부에 침투하여 절실하다는 것을 자각하고 자기의 몸을 그 과정의 운행에 내던지는 파토스적 행위만이 참 의미의 실천으로 이해될 것이다. (…) 그것은 보통 대화에서 흔히 듣는 '몸소 안다(以身知之)'는 말이 보여주는 바로 그것이다. 이 '몸소 안다'는 것에서 '인식과 신체'의 통일은 성취된다.[116]

이처럼 인간의 실천적 인식은 역사적 인식이 되고, 역사적 인식은 근원적 인식으로 되어야 한다. 그리고 근원적 인식은 '사실을 그 근저에서 파악하는 것'이다. 이리하여 근원적 인식은 모순에 찬 현실의 역사적 위상을 신부(身膚)에 통감(痛感)하는 것이며, 드디어는 이 자각으로부터 역사에서의 개인의 역할을 위하여 자기의 신명(身命), 즉 목숨을 내던지는 파토스적 행위에 이르는 것이다.[117] 이러한 견지에서 우리는 신남철의 신체적 인식론을 '신명의 철학'으로 부를

---

116 『역사철학』, p. 41.
117 조희영, 앞의 글, p. 193.

수 있을 것이다.

이상으로 신남철의 신체적 인식론을 살펴보았는데, 이것은 결국 마르크스주의적 혁명이론을 한국적 현실에 적용·변용하려는 시도로 볼 수 있다. 신남철은 그의 신체적 인식론을 3단계로 나누어 변증법적으로 설명하고 있는데, 최후의 단계에서 실천적인 혁명에의 길을 제시하고 있다. 이러한 신남철의 이론은 마르크스주의 철학을 주체적으로 해석하여 한국적 현실에 변용한 것이라 할 수 있겠다.

특히 우리가 주목할 것은 토대와 상부구조의 관계를 단순하게 파악하지 않고 자신의 사회적 체험과 사유를 통해 관념 형태들이 인간의 실천에 반작용한다는 것을 강조한 점이다. 그에 따르면 "원칙적으로 같은 생활 조건하에서는 같은 세계관이 유지되지만, 또한 소질·지벌(地閥)·전통·교우관계 등에 의해 형형색색의 관념 형태가 생기고 그 관념형태의 잡다성은 그 인간의 실천에 반작용한다."[118] 여기서 특히 개인의 소질이나 지벌, 전통, 교우관계 등의 요소를 강조하는 것은 마르크스의 이론과는 상당히 다른 측면으로 1930년대 당시 한국 지식인 사회의 특징을 잘 반영하는 것으로 볼 수 있다. 교우관계에 의해 다양한 관념 형태가 생겨난다는 것은 자신의 직접적인 교우관계의 경험을 통해, 특히 '조선사회사정연구회'에서 교우관계의 영향이 컸으므로 이를 반영한 것으로 볼 수 있고, 지벌과 전통의 경우는 당시 아직도 봉건적 요소가 강했던 한국 사회 지식인들의 사상이 어떤 식으로 형성되고, 또 이 사상이 어떻게 실천에 반영되었는가를 잘 나타내고 있다.[119] 이처럼 신남철은 마르크스주의

---

118 『역사철학』, p. 81-82.
119 김재현, 앞의 책, p. 107.

철학을 수용했을 뿐만 아니라 당시의 한국 현실, 또는 한국적 특수성에 비추어 나름대로 주체적 해석을 하였으며, 나아가 '신체적 인식론'으로 이를 변용하고 있음을 알 수 있다.

3. 맺는말

이상에서 '비판적 조선학'과 '신체적 인식론'을 중심으로 마르크스주의 철학을 한국적 현실에 변용하려는 신남철의 시도를 살펴보았다. 신남철은 서양철학을 전공한 1세대 철학자로서 서양철학의 소개와 연구에도 열정적이었지만, 조선사회라는 특수한 공동체를 보편적 세계와의 관련 속에서 이해하고자 노력을 기울였다. 이러한 노력은 조선학 연구 방법론과 같이 지속적인 역사연구 방법에 대한 관심으로 나타났다. 또한 그는 동양의 지적 전통에 대해서도 무지하지 않았으며 특히 당대 동아시아 사상계의 동향에도 민감했다. 니시다 기타로 등의 일본 교토학파는 말할 것도 없고 호적, 진독수 등 중국 신문화운동과 마르크스주의적 사회사 연구에 주목하며 조선학을 중국 '국학'처럼 진보적 학문으로 구성하고자 했다.[120]

그의 철학적 사유의 근저에는 보편성과 특수성, 서양사상과 동양사상을 어떻게 화해시킬 것인가에 대한 고민과 갈등이 내재하고 있다. 이러한 그의 철학적 고뇌는 서양철학사 비판, 실존철학과 현상학에 대한 비판, 일본형 오리엔탈리즘 비판, 조선연구의 방법론과 비판적 조선학의 확립, 그리고 신체적 인식론으로 이어지고 있다. 결국

---

120 정종현(2013), 「책머리에」, 『신남철 문장선집 I』, 성균관대학교출판부, pp. 6-8.

이러한 신남철의 일련의 시도는 마르크스주의의 한국적 변용을 시도한 과정이었으며, 여기에 마르크스주의에 입각한 주체적 한국철학을 수립하고자 한 그의 의도가 잘 드러나고 있음을 알 수 있다. 즉 서양의 보편성을 한국적 특수성 속에 수용함으로써 마르크스주의 철학을 한국적 현실에 토착화하려는 시도로 볼 수 있다. 그러나 해방정국과 분단, 월북과 전쟁 등 격변의 시기를 맞으며 '신체적 인식론' 이후 신남철의 철학사상이 더 이상 독창적 사상으로까지 발전하지 못한 점은 아쉬움으로 남는다.

필자는 「안호상의 독일관념론 철학의 수용과 한국적 변용」에 대한 선행 연구에서도 동일한 문제의식을 가지고 이러한 연구를 수행한 바 있다. 일제강점기 초기 한국현대철학자들이 단순히 서양철학을 수용한 역할을 넘어서 주체적이고 적극적으로 이를 해석하고 변용하려고 시도했다는 관점을 통해 이들 철학자들을 새롭게 조명하는 작업이 필요하다. 이제 세계시장에 내놓을 수 있는 '독자적·창조적 한국철학'이라는 상품이 필요한 때가 왔다. 최치원, 원효와 퇴계, 정약용, 최제우와 같은 한국의 대표적 사상가들은 중국, 인도, 서양의 사상을 수용하여 한국적 현실에 맞게 변용함으로써, 우리의 독자적인 사상으로 재정립하지 않았던가?

원래부터 순수한 우리 것이란 없다. 무속신앙, 불교사상, 유교사상, 그리고 서구사상이 융합되어 우리의 의식구조를 형성해왔다. 그러나 우리의 조상들은 모든 종파주장을 귀합하고 회통하는 원리를 찾아 나갔다. 중요한 것은 우리의 철학적 전통에서 보듯이, 여러 사상이 회통하는 원리를 우리가 찾아 인류의 사상으로 창조해내야 한다. 남의 여러 철학들을 우리의 사유세계에 넣어 우리의 것으로 소화하여 우리의 철학언어로 만들어 내놓아야 한다.[121]

이러한 측면에서 돌이켜볼 때, 비록 민족혼의 정체성이 말살당할 위기에 처했던 일제강점기였지만, 당시 철학자들은 오히려 그에 대한 절치부심의 고민과 주체적 한국철학사상의 필요성을 더욱더 철저히 자각할 수 있었다. 신남철을 비롯한 박종홍, 안호상, 김범부 등은 주체적 한국철학사상의 가능성을 탐색한 대표적 철학자였다.

---

121 조요한, 「서양철학의 도입과 그 연구의 정착」, 『종교·인간·사회: 휴머니티의 회복을 위하여』, 서의필선생회갑기념논문집간행위원회, 1988, pp. 456-457.

제3부

일제강점기
한국철학자들의
현실인식

제1장_ 일제강점기 한국철학자들의 철학관
제2장_ 일제강점기 한국철학자들의 위기담론
제3장_ 일제강점기 한국철학자들의 유물-유심 논쟁

제1장

일제강점기 한국철학자들의 철학관

　이 땅에 본격적으로 서양철학이 수용되었던 일제강점기 한국철학자들은 철학을 어떻게 이해하고 있었을까? 1920년대 일본과 유럽, 미국 등에 유학한 당시의 철학자들은 귀국 후에 학계와 언론계 등에서 시대적 제약에도 불구하고 활발한 철학 활동을 펼쳤다. 1930년대 초 경성제대 철학과 출신들이 철학계에 합류하면서 신문·잡지를 통한 철학적 담론들이 상당한 지면을 차지하고 있었다. 그러나 그들 앞에 주어진 식민지 조국의 현실 앞에서 이들은 철학을 순수 학문적 연구 대상의 차원에서만 관조할 수 없었다.

　이들에게 던져진 현실이라는 과제 앞에서, 이들은 철학의 정체성과 역할에 대한 진지한 실천적 성찰을 고민하지 않을 수 없었다. 이들 앞에 놓인 현실은 이들에게 실존적 고뇌와 결단, 그리고 실천적 변혁의 과제를 동시에 던져주고 있었다. 비록 시대가 바뀌었지만, 이들이 대면했던 현실 속의 철학적 주제들은 또 다른 형태로 여전히 우리에게 철학적 과제로 남아 있다고 할 수 있다.

이 글은 신문·잡지에 나타난 일제강점기 한국철학자들의 '철학에 대한 이해'를 고찰하여 철학과 현실과의 상관관계 속에서 한국철학의 정체성을 탐색하려는 서양철학 수용기의 한국철학자들이 철학을 어떻게 이해하고 있었는지를 밝혀보고자 한다. 이를 위해 당시한국의 철학자들이 '철학'을 어떻게 이해했는지를 주제로 설정하고, 더불어 '철학정신', '철학의 의의', '철학의 이념', '철학의 본질', '철학과 현실의 관계', '철학의 역할과 임무' 등에 대한 이들의 다양한 주장을 살펴본 것이다. 이들이 주장하고 있는 '철학관'을 검토해봄으로써, 우리는 당시 철학자들의 철학관과 현실인식이 이 시점의 한국철학에 어떤 의미를 함의하고 있는지를 메타철학적 입장에서 고찰해볼 수 있을 것이다.

'일제강점기 한국철학자들의 철학관'을 살펴보면서 신문과 잡지를 사용하는 것은 대중매체로서 신문과 잡지가 일제강점기 한국철학의 동향을 엿볼 수 있는 중요한 정보의 집적체이기 때문이다. 요즘처럼 철학자들이 자신의 견해를 발표할 수 있는 통로로서 개인 저서나 논문을 단행본이나 전문학술잡지에 실을 수가 없었던 시절, 신문과 잡지는 당시 철학자들이 대중과 소통하고 그들의 사상을 표현할수 있었던 유일한 수단이었기 때문이다. 그나마 철학 관련 전문학술잡지인 『철학』마저 '철학연구회'의 강제 해산과 함께 1935년 제3호를 끝으로 폐간되었기에 신문과 잡지는 철학자들이 지면을 통해 대중과 만날 수 있는 유일한 통로였다.[1]

이 글에서는 일차적으로 일제강점기 발행된 주요 신문(『조선일

---

1   이태우, 「일제강점기 신문 조사를 통한 한국철학자들의 재발견-김중세, 이관용, 배상하를 중심으로」, 『인문과학연구』 제8집(대구가톨릭대학교 인문과학연구소, 2007.12, pp. 300-301.

보』, 『동아일보』, 『조선중앙일보』 등)에 한정하였고, 여기에 게재된 「일제강점기 한국철학자들의 '철학관'」과 관련한 논문 및 기사를 수집·정리·분석한 후 활용하였다. 또한 당시 발행된 『조광』, 『철학』, 『조선지광』 등의 잡지에 수록된 철학 관련 논문 및 기사도 신문과 동일한 비중으로 활용하였다.

그리고 시기적으로는 일제강점기인 1910~1945년에 한정하였다. 그러나 이 글에 등장하는 철학자들이 일제시기에만 생존·활동한 것이 아니기 때문에 이 시기에만 국한해서 연구하기에는 어려움이 없지 않다. 또한 특정 철학자의 철학사상이 일관되게 지속되는 것이 아니라, 시대적 변화에 따라 그 내용이나 입장이 변화 발전하기 때문에 일제시기에만 한정해서 다루는 것도 쉬운 일이 아니었다. 하지만 강점기라는 시대적 상황 속에 당시 철학자들의 다양한 철학관을 고찰하는 것에 목적을 두었기에 이 시기에 국한하였다.

이 글을 위해 활용한 일제강점기 신문 및 잡지에 수록된 주요 철학 관련 논문 및 기사는 다음 〈표 1〉과 같다.[2]

당시 한국철학계에서 두드러지게 활동한 대표적인 철학자 네 명을 선별하였다. 이들은 유럽에서 학위를 받은 이관용과 미국에서 학위를 받은 한치진, 그리고 국내의 경성제대 철학과를 졸업한 박종홍과 박치우이다. 이들은 모두 서양철학을 전공한 철학자이다.

이들을 선별한 것은 당시 지성인들에게 서양철학은 시대적 요청

2　일제강점기에 대중매체를 통해 직·간접적으로 철학 활동을 한 철학자들은 우리에게 잘 알려지지 않은 인물을 포함해 수십 명에 달한다. 그러나 이 연구를 수행하기 위해 선별한 네 명의 철학자들은 당시의 신문과 잡지에 상대적으로 많은 글들을 게재한 철학자들이면서 동시에 본 연구 주제와 관련한 글들을 많이 기고한 철학자들이라고 할 수 있다. 현재까지 잘 알려진 인물인 박종홍을 제외한 나머지 철학자들에 대한 연구는 상대적으로 미미한 수준이다.

에 의해 새롭게 수용된 사상이었고, 동양철학은 구시대의 전통사상으로 반성되고 개혁되어야 할 사상으로 인식되어 있었다. 따라서 더 이상 기존의 전통사상과 가치관이 삶을 이끌어나갈 수 없음을 확인하면서, 사상적으로 새로운 대안과 가치관으로서 수용된 것이 서양철학이었다.[3] 그러므로 당시 철학자들에게 철학은 곧 서양철학을 의미하였으며, 동양철학은 전통적인 경학 중심의 학문에서 객관적인 논증 중심의 학문으로 점차 변모해가는 출발점에 있었기 때문이다. 또 하나는 당시 신문·잡지에 게재된 동양철학 관련 글들이 적지 않았지만, 대부분 특정 인물이나 사조에 대한 조명에 그치고 있으며, '철학관'을 주제로 한 글들은 발견하기 어렵기 때문이다.

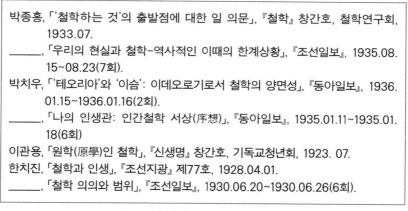

박종홍, 「'철학하는 것'의 출발점에 대한 일 의문」, 『철학』 창간호, 철학연구회, 1933.07.
_____, 「우리의 현실과 철학-역사적인 이때의 한계상황」, 『조선일보』, 1935.08.15~08.23(7회).
박치우, 「'테오리아'와 '이슴': 이데오로기로서 철학의 양면성」, 『동아일보』, 1936.01.15~1936.01.16(2회).
_____, 「나의 인생관: 인간철학 서상(序想)」, 『동아일보』, 1935.01.11~1935.01.18(6회)
이관용, 「원학(原學)인 철학」, 『신생명』 창간호, 기독교청년회, 1923. 07.
한치진, 「철학과 인생」, 『조선지광』 제77호, 1928.04.01.
_____, 「철학 의의와 범위」, 『조선일보』, 1930.06.20~1930.06.26(6회).

〈표 1〉 연구 주제 관련 철학자별 논문 및 기사 목록

---

3   이기상, 『서양철학의 수용과 한국철학의 모색』, 지식산업사, 2002, pp. 27-28 참조.

1. 일제강점기 철학자들의 철학관

소크라테스 이래로 '지혜에 대한 사랑'을 철학에 대한 정의나 근본정신으로 불러왔다. 그렇지만 학자에 따라 시대의 흐름에 따라 철학의 정의는 결코 일의적이지 않았다. 빈델반트(W. Windelband, 1848~1915)가 그의 『일반철학사』에서 말한 바와 같이 철학의 개념이 오랜 옛날부터 끊임없이 변천되어온 관계로 그 정의에서도 학자들의 시대적, 사회적 차이에 따라 대단히 많은 차이가 있다는 것을 알 수 있다. 그럼에도 불구하고 사전적으로 철학을 정의한다면, 오늘날 우리는 철학을 "자연과 인간 그리고 사회와 문화 등 여러 영역의 최고 원리와 여러 영역의 통일 원리를 반성적으로 탐구하는 지적 활동 또는 그 결실"[4]이라고 부를 수 있을 것이다.

그렇다면 약 100년 전, 서양철학이 처음으로 이 땅에 수용되었던 당시인 일제강점기의 초기 한국철학자들은 철학을 어떻게 받아들이고 이해했을까? 그리고 그들은 철학에 무엇을 기대했었고, 철학이 무엇이어야 한다고 생각했을까? 인쇄물의 발행이 지금처럼 다양하지 못하고, 식민지적 상황에서 사상통제를 받았던 당시의 철학자들은 문학이나 예술 등과 마찬가지로 대중매체인 신문이나 잡지를 통해 그들의 사상을 대중들과 소통할 수 있었다.[5]

이하에서 필자는 일제강점기 신문·잡지에 철학 관련 논문이나 기사를 발표하면서 활발한 철학 활동을 펼친 철학자들을 중심으로 그들의 철학관을 파악해볼 것이다. 해외파로서 유럽 유학에서 박사학위를 받은 이관용, 미국 유학에서 박사학위를 받은 한치진, 국내

---

4   백종현, 「철학」, 우리사상연구소 엮음, 『우리말 철학사전』 5, 지식산업사, 2007, p. 299.

파로서 경성제대 철학과 졸업생인 박종홍과 박치우를 중심으로 이들의 철학관을 각각 살펴보았다. 이들은 당시의 철학계와 언론계에서 활발한 저술 활동을 펼친 대표적 철학자들로 평가받을 수 있는 인물들이기 때문이다. 당시 철학자들의 철학관은 크게 네 가지 입장, 즉 원학으로서 철학, 합리적 세계관과 인생관으로서 철학, 현실비판과 실천학으로서 철학, 이데올로기로서 철학 등으로 나누어볼 수 있다.

1.1 원학(原學)으로서의 철학: 이관용

이관용(李灌鎔, 1891~1933)[6]은 1921년 스위스 취리히대학에서 박사학위를 받아 국내 철학계와 언론계에서 왕성한 활동을 펼치다 불의의 사고로 42세의 짧은 삶을 살다간 일제강점기 철학자이다. 그의 이름은 주로 한국에서 서양철학의 수용과정과 관련해서 해외에서 유학한 '최초의 철학박사', '서양철학 수용의 선구자' 정도로만 알려져 있다. 그는 1921년 스위스 취리히대학에서 「의식의 근본사실로서 의욕론」[7]이라는 논문으로 박사학위를 받고 귀국하여 연희전문학교에서 논리학, 심리학, 철학을 가르치다가 언론계에 투신하여 『동아일보』와

---

5 신문과 잡지에 나타난 일제강점기 한국철학 관련 연구는 필자의 다음 논문들을 참고할 것. 이태우, 「일제강점기 신문을 통해 본 서양철학의 수용 현황: 철학 관련 기사 검색 자료에 대한 통계적 분석을 중심으로」, 『동북아문화연구』 제13집, 동북아시아문화학회, 2007, pp. 193-214; 이태우, 「일제강점기 신문 조사를 통한 한국철학자들의 재발견: 김중세, 이관용, 배상하를 중심으로」, 『인문과학연구』 제8집, 대구가톨릭대학교 인문과학연구소, 2007, pp. 297-323; 이태우, 「일제강점기 잡지를 통해 본 유럽철학의 수용 현황」, 『동북아문화연구』 제16집, 동북아시아문화학회, 2008, pp. 153-177; 이태우, 「일제강점기 한국철학계의 '유물-유심 논쟁' 연구: 논쟁의 전개과정과 성격, 의미를 중심으로」, 『철학연구』 제110집, 대한철학회, 2009, pp. 93-122.

『조선일보』기자, 해외 특파원과 편집고문 등을 역임하였다.

　이관용은 유학에서 돌아온 직후인 1923년 잡지『신생명』을 통하여 철학에 대한 정의를 내리면서 그의 철학관을 피력하고 있다. 그는 "철학이 과학적 성격을 가졌으며, 한정된 사실을 종합하여 우주의 원성(原性)과 원칙(原則)을 총괄적으로 연구함으로써 원유(原由)와 법칙과 목적을 발견하는 것이므로 원학(原學)이라고 부르는 것이 옳다."[8]고 하였다. 특히 그는 학문으로서 철학, Philosophy를 번역할 때 철학이 아닌 원학으로 번역해야 한다고 주장한다. 그러면 그가 철학을 군이 원학으로 불러야 한다고 주장한 이유는 무엇인가? 그

6　일성(一星) 이관용은 해외에서는 파리위원부에서 외교 활동을 통한 독립운동을 펼쳤고, 유학을 마치고 귀국 후에는 국내에서 민중계몽운동과 신간회운동을 통한 독립운동에 일생을 바친 인물이다. 국내외에 걸친 활발한 활동으로 언론계와 사상계, 학술계에서도 상당한 명망과 신망을 얻었던 인물이다. 이관용은 1933년 한국 최초의 철학회인 '철학연구회'를 신남철, 박치우, 김두헌, 박종홍, 안호상 등의 창립 멤버와 함께 조직하였다. 한국 최초의 순수 철학 전문 학회지인『철학』을 발간하면서 의욕적인 철학 연구 활동을 펼치려 했지만 아쉽게도 같은 해 8월 돌연한 사망으로 인해『철학』지에서는 그가 직접 기고한 글을 찾아볼 수가 없다. 다만『철학』2호(1934)에 김두헌이「고(故) 이권용 박사 의욕론」이란 제목으로 별도의 논평 없이 그의 박사논문을 요약해서 소개하고 있다. 계몽적 지식인으로서, 유럽의 철학사상을 국내에 소개하고 수용한 선구자로서 철학계와 언론계에서 두루 활동을 한 그는 유럽의 철학자들, 특히 칸트와 헤겔, 스피노자 등을 신문·잡지를 통해 소개하였다. 이관용의 철학적 단편들과 신문기사들에 대한 보다 상세한 소개는 이태우,「일제강점기 신문 조사를 통한 한국철학자들의 재발견: 김중세, 이관용, 배상하를 중심으로」,『인문과학연구』제8집, 대구가톨릭대학교 인문과학연구소, 2007, pp. 306-312; 윤선자,「이관용의 생애와 민족운동」,『한국근현대사연구』Vol. 30, 한울, 2004, pp. 7-34 참조.

7　철학을 '과학적 성격을 지닌 원학'이라고 주장하는 이관용의 견해는 그의 박사학위 논문에서 이미 잘 드러나 있다. 즉 그는 근대심리학의 주류이던 지정의(知情意)의 능력설을 타파하고 아리스토텔레스의 심신병행설에 입각하여 의식의 근본사실을 의욕에서 찾으려 하였으며, 이를 논증하기 위해 실험적 연구 방법을 사용하였다. 김두헌,「고(故) 이관용 박사 의욕론」,『철학』2, 철학연구회, 1934, pp. 130-144 참조.

8　이관용,「원학인 철학」,『신생명』창간호, 기독교청년회, 1923, p. 39.

것은 무엇보다 철학이란 용어의 주체적 번역과 관련된다.

근대기 일본의 철학자 니시 아마네(西周, 1829~1897)가 Philo-sophy를 철학으로 번역하여 사용한 후,[9] 이 땅에 철학이라는 용어가 처음 등장한 것은 1895년 출판된 유길준의 『서유견문』이다. 이어서 유학자인 석정(石亭) 이정직(李定稷, 1841~1910)이 서양철학 연구의 선구자로서 「겸씨(칸트) 철학대략」이라는 논문을 남겼으며[10], 그 후 성와(省窩) 이인재(李寅宰, 1870~1929)의 『고대희랍철학고변』(1912)에서 본격적으로 철학 용어가 등장하기 시작한다. 이 책에서 이인재는 철학을 다음과 같이 정의하고 있다. "철학은 세 부분이 있는데, 그 하나는 논리학이라 하고 그 둘은 형이상학이라 하고 그 셋은 윤리학이라 한다. 비룡소비아(飛龍小飛阿, 필로소피아)라고 한 것은 원래 희랍말로는 예지에 대한 사랑, 예지를 사랑하는 사람을 말하는 것이다. 오늘날에는 이것을 번역하여 철학이라고 하는데 모든 사물의 이법을 연구하고 사물의 원리와 존재를 풀이하는 것이다. 과학이란 사물 가운데 하나의 이치만을 연구하는 것이며 그 실용을 찾는 것이라면 백과의 학이 어찌 철학에 기초하지 않겠는가."[11] 이렇게 수용된 철학이란 용어와 철학에 대한 정의는 1920년대 이후 해외 유학파 출신 철학자들과 경성제대 철학과 출신 졸업생들에 의해

---

9   일본에서 철학 용어의 성립 과정에 대해서는 김동기, 「일본의 근대와 번역」, 『시대와 철학』 제14권 2호, 한국철학사상연구회, 2003, pp. 280~284: 김동기, 「일본근대철학의 형성과 번역」, 『시대와 철학』 16권 1호, 한국철학사상연구회, 2005, pp. 252~254 참조.
10 진교훈, 「서양철학의 수용과 전개」, 『한국철학사』 하권, 동명사, 1987, p. 391 참조.
11 이인재, 『고대희랍철학고변』, 한국학문헌연구소 편, 『성와집(省窩集)(附哲學巧辯)』, 아세아문화사, 1980, pp. 385~386. 강영안, 『우리에게 철학은 무엇인가』, 궁리, 2002, pp. 210~211에서 재인용.

일반적으로 사용되었다. 약 100년이 지난 현재 우리가 사용하고 이해하고 있는 철학 개념과 크게 다를 바 없다고 하겠다.

앞서 언급했듯이 이관용이 일인 학자에 의해서 조어된 철학이란 용어를 사용하지 않고 굳이 원학으로 사용해야 한다고 한 이유는 무엇일까? 이관용은 "원학(原學)이라 함은 한 신어(新語)이다. 그러나 기탄없시 함부로 창조한 것이 아니다. 우리난 상당한 이유가 잇어 차어(比語)를 아과학계(我科學界)에 소개코자 한다. 우리난 철학을 원학이라 하니 철학이란 어(語)를 불호함인 고(故)이다."[12]라고 하여 철학이란 용어의 사용에 상당한 거부감을 보여주고 있다. 이관용은 해외 유학 선구자로서 한국인으로는 최초로 철학박사 학위를 받은 인물이다. 특히 민족주의자로서 평생을 독립운동에 투신한 이관용이었기에 일인 학자가 조어한 철학 용어를 무비판적으로 수용하기를 거부하고, Philosophy의 원래적 의미에 더욱 충실한 독자적 번역어를 제시하려했던 것으로 볼 수 있다.

이관용은 철학의 '철' 자가 명철(明哲)하다는 의미를 가지고 있지만, 연구 대상이나 연구 방식에서 볼 때 철학의 과학적 성질을 표현하기에 적합하지 않으며, 오히려 '본원적'인 의미뿐만 아니라 "사학상(辭學上), 대상성질상(對象性質上), 연구 방식상(研究方式上) 이유" 등으로 '원(原)' 자가 더 적합하다고 한다.[13]

이처럼 이관용은 단순히 철학이란 용어의 명칭만 원학이란 번역용어로 개칭하여 사용해야 한다고 주장한 것이 아니다. 이관용은 『신생명』 창간호 논문에서 상당한 분량을 할애하여 철학이 원학이

---

12   이관용, 앞의 논문, p. 30.
13   이관용, 위의 논문, p. 33.

되어야 하는 이유를 제시하고 있다.

> 소위 '원도(原道)', '원인(原人)'의 원 자(原字)는 도와 인의 종국적 원
> 성을 지시함이요 노자의 도를 논할 제에 '원지우원중묘문(元之又元衆
> 妙門)' 구의 원 자도 신비적 의의를 포함하얏다는 것보다 우주의 종국적
> 원성을 운(云)함이다. 현대구미철학의 대상도 우주의 종국적 원성임으
> 로 원 자가 그 대상적 내용을 대표함에 적합하고 인식론인 철학은 각개
> 과학의 전제원칙을 연구함으로 원 자가 형식학상 내용도 대표함에 적당
> 하다 하겠다.[14]

그에 따르면 역사적으로 개별 과학과 철학은 동시에 출생하였다.
개별 과학은 철학이란 형체로 출생되었고 철학이 발전되어 개별 과
학을 분립시키게 되었다. 따라서 철학은 모든 과학의 기본적·종국
적 원형(元型)이며, 인류의 고유한 지적(智的) 본능을 만족시키는 본
원적 과학이기에 이러한 의의 내에서 철학을 감히 원학이라 정의할
수 있다고 주장한다.[15] 물론 이관용이 여기서 말하는 과학이란 말은
좁은 의미의 자연과학을 의미하는 것이 아니라 넓은 의미로 학문일
반을 가리킨다고 볼 수 있다. 그러므로 현대적 의미에서 철학은 모
든 학문의 원형이며, 근본학이기에 용어상이나 의미상으로도 원학
으로 정의되어야 한다는 것이다.

---

14 이관용, 같은 곳.
15 이관용, 같은 곳.

1.2 합리적 세계관과 인생관으로서의 철학: 한치진

한치진은 1930년 미국에서 박사학위를 받고 귀국해 『조선일보』(26건), 『동아일보』(89건), 『조선중앙일보』(13건) 등 당시의 주요 언론지를 통해 가장 왕성한 철학 활동을 한 인물이다.[16] 그는 미국의 실용주의 철학과 과학사상을 국내에 소개하고 수용하는 데 많은 기여를 하였다. 당시 철학자들과 마찬가지로 한치진 역시 식민지 지식인으로서 조국의 현실을 외면하지는 않았지만 주로 개인의 삶을 주제로 한 철학적 단상을 많이 발표하였다.

그는 1928년 정치 시사 월간지 『조선지광』 제77호에 발표한 「철학과 인생」이라는 글을 통해 유심론적인 철학을 주장한 바 있다. 그는 "철학에 대한 냉대를 철학 자체의 이상이 고원하고 포괄적인 데도 있지만 종래 철학자들의 난적(亂的) 궤변의 경향 탓"이라고 전제한 뒤 "철학이란 생활물태(生活物態)에 대한 의식적 비판인 이상 정신적 과학이어야 하며 소위 유물론까지도 정신활동의 산물이므로 철학, 즉 생활비판은 그 성질에 있어 유심론, 즉 정신론"이라고 정

---

16 한치진이 신문·잡지에 기고한 철학 논문이나 단편들을 살펴보면 다음과 같다. 「單子의 個我論」(『동아일보』, 1926.09.28~1926.10.02, 3회), 「進化上 個我의 地位: 單子의 個我主義」(『동아일보』, 1929.12.25~1929.12.31, 6회), 「푸래마티즘의 생활관」(『조선일보』, 1925.10.30~10.31, 2회), 「우리의 다시 살 길」(『조선일보』, 1926.08.02~1926.08.05, 3회), 「현대자 살再論」(『조선일보』, 1927.02.09~1927.02.28, 10회), 「혼자 살 방침」(『조선일보』, 1927.03.15~1927.03.21, 5회), 「死에 대한 연구」(『조선일보』, 1928.12.13~1928.12.20, 7회), 「선악: 윤리학적 연구」(『조선일보』, 1929.11.07~1929.11.22, 10회), 「개인주의와 사회주의의 이상」(『조선일보』, 1930.01.18~1930.01.22, 4회), 「미국민의 기초사상: 철학의 실생활화」(『조선일보』, 1931.03.25~1931.03.29, 5회), 「哲學意義와 範圍」(『조선일보』, 1930.06.20~1930.06.26, 6회), 「哲學上을 본 生存의 意義: 哲學의 定義와 實在探究의 形式」(『조선일보』, 1930.07.29~1930.08.02, 5회). 한치진, 「철학과 인생」(『조선지광』 77, 1928.04.01), 「철학상으로 본 생존의 의의」(『조선일보』 1930.07.29~1930.08.02. 5회).

의한다.[17]

한치진은 철학이 생활에 대한 비판이며, 비판 자체부터 생명활동에 근거한 것이기에 철학적 사조에 의하여 인류 역사의 과정이 결정되었다고 한다. 따라서 철학은 먼지와 같이 무미건조한 공부는 아니라고 단언하고 있다. 또한 철학의 목적은 매일의 문제와 영구(永久)의 문제이며, 살아 있는 동안의 생활비판이 곧 철학이라고 말한다.[18]

그러나 현실적으로 철학은 당시에도 대중들로부터 소외되어 있었다. 철학이 대중들로부터 어렵고 추상적이며 동떨어진 학문이라는 인식을 받게 된 것은 이미 100년 전 서양철학이 수용될 때부터였다. 한치진은 시인과 철학자를 비교하면서 시인은 대중들에게 사랑받지만 철인은 그렇지 않은 이유를 각자가 사용하는 언어가 다르기 때문이라고 하였다.

시인은 보통인의 말을 사용하나 철인은 남이 들어 쉽게 알지 못할 너무 추상적 언사를 쓴다. 함으로 이제부터라도 철학이 인류사상계에 부흥한 공헌이 얼마나 풍부하엿는지를 널리 알게 하려 하면 해득키 어려운 학적 술어만 사용치 말고 단순명쾌한 통속적 문자로 역표(譯表)되어야 할 것이다. 이러케 함이 철학의 민중화요 인간화일 것이다.[19]

이처럼 철학이 대중들로부터 사랑을 받으려면 알기 어려운 추상적 언사나 학술 언어만 사용치 말고 단순명쾌한 통속적 문자로 바꾸어 표현되어야 한다는 것이다. 그때나 지금이나 철학자들에 대한

---

17   한치진, 「철학과 인생」, 『조선지광』 77, 1928.04.01, pp. 40, 44.
18   한치진, 위의 논문, p. 48.
19   한치진, 위의 논문, p. 46.

시민대중들의 요구는 큰 차이가 없는 듯하다.

한치진에 있어서 철학은 다분히 인생관적이고 세계관적이다. 그에게 철학은 생활의 일상적 경험과 과학적 연구로 얻은 일체 사실을 종합하여 일치하는 합리적 세계관과 인생관을 작성하려는 지적 분투이다. 이 세계관과 인생관은 다시 사람 마음의 요구와 이성의 요구에 적당한 것이 되어야 한다. 일체 철학적 사고의 유일한 목적은 맨 처음부터 이 세계와 인생생활을 합리적으로 설명하려는 데 있다.[20]

합리적 세계관과 인생관으로서 철학을 지향하는 한치진은 누구보다도 철학과 과학의 연관성을 강조한다. 철학은 과학의 연구성과를 완전히 인정해야 하고 그 방법을 응용할 수 있어야 한다. 따라서 철학은 과학적 토대를 근거로 삼아 앞뒤 모순 없는 합리적 인생관과 세계관을 제시할 수 있다고 한다.

> 철학을 제 과학의 왕으로 간주하든 때는 벌써 지나간 지 오래다. 어떠한 종류의 철학이든지 과학적 연구의 결과를 무시하거나 그 방법을 시비하거나 혹은 그 결과와 모순되는 태도를 취하는 경우에는 그 철학은 조금이라도 인기를 끌 자격이 업다. 이럼으로 철학은 과학과 밀접한 관계를 맺어야 할 뿐이 아니다. 그 연구의 결과를 완전히 인정하여야 한다. 이 과학적 토대에 근거하야서만 철학은 과학의 단편적 사실을 종합하야 전후모순이 없는 합리적 사상계통을 작성할 수 잇다. 이러한 철학의 직분은 과학이 인정한 사고의 방법과 수단을 사용하지 안코는 불능하다.[21]

---

20 한치진, 「철학 의의와 범위」, 『조선일보』, 1930.06.20/4면/1단.
21 한치진, 위의 논문, 같은 곳.

한치진은 자신의 말대로 과학에서 출발해서 철학적 판단을 내리는 경우도 있지만 몇몇 경우에는 과학이론을 단지 소개할 뿐 철학적 반성을 하지 않는다. 그렇지만 한치진만큼 기초적 과학을 철학과 관련시킨 경우를 찾기는 쉽지 않다. "인간과 세계를 합리적으로 이해해 보자."는 것이 그의 철학의 목적이었음을 생각해보면 과학적 사고를 강조한 그의 의도를 이해할 수도 있다.[22] 철학에 대한 한치진의 '과학주의적' 경향은 그가 철학을 공부했던 미국 철학의 추세가 반영된 것이라 볼 수 있다.

1.3 '현실비판'과 '실천학'으로서의 철학: 박종홍

철학이 현실에 대한 비판과 모순에 대한 실천을 통해서 그 본래적 기능을 수행할 수 있음을 주장한 철학자들 중 대표적 인물로 우리는 박종홍, 안호상, 신남철, 박치우를 들 수 있다. 이관용과 한치진이 해외 유학파로서 서양의 과학적 연구 성과를 토대로 철학을 '합리성'과 '객관성' 위에서 접근하고 이해하고자 했다면, 이들은 민족해방과 계급 모순이라는 현실을 타파하기 위한 주체적 의지 형성과 실천 수단으로서 철학을 이해하고 실천하고자 하였다.

이들은 넓은 의미의 '실천철학자'들로, 한국현대철학의 여명기에 민족의 '주체성'과 민족해방을 성취하기 위한 철학 활동을 수행하였다. 즉 이들은 식민지 지성인으로서 자각과 절박한 상황이라는 현실적 요구로부터 "실천하는 데 철학의 참뜻이 있다."고 외치면서 철학 활동을 펼친 인물들이라고 할 수 있다.[23] 위에 언급한 네 명 이외에도 일제강점기에 활동한 많은 실천철학자들이 있었다. 대표적 실천

---

22 강영안, 앞의 책, p. 48 참조.

철학자로 박종홍과 박치우의 실천적 철학관을 논급해보고자 한다.

박종홍(1903~1976)은 현대한국철학을 대표하는 철학자로서 최근에 많은 관심과 조명을 받으며 새롭게 해석되고 있는 인물이다.[24] 그는 정다산에 비견할 만하고 듀이와 견줄 수도 있으며 하이데거를 능가할 만한 철학자일지도 모른다. 그에 대한 객관적 평가가 시기상조일 수도 있지만, 그는 현대한국철학을 대표할 만한 핵심적 철학자이며 특히 '민족철학자'로서 독보적 위치를 점유하고 있다.[25]

---

23 엄정식, 「식민지 시대의 한국철학과 민족주의」, 『동아연구』 제37집, 서강대학교 동아연구소, 1999, p. 40 참조; 엄정식은 이들을 민족주의적 철학자들로 규정하면서 그 추구의 성격과 표현방식에 따라 다음과 같이 유형화하고 있다. 첫째는 마르크스의 변증법적 유물론에 심취한 '사회주의적 민족주의' 계열로서 신남철과 박치우가 대표적 인물이며, 이들은 특히 철학과 민족현실을 밀착된 관계로 이해하는 급진적 실천가 혹은 행동가의 면모를 보인다. 둘째는 독일 관념론적 철학에 매료되어 있는 '자유주의적 민족주의' 계열로서, 철학과 현실의 긴밀한 관계를 유지하지만 그 이념의 실현에 있어서 대체로 보수주의적인 경향을 보이고 실천에 있어서도 점진적 개혁을 주장하는 특징이 있다. 따라서 이들은 비교적 국수주의적 성향을 나타내는데, 그 대표적인 인물로는 안호상과 박종홍을 들 수 있다(엄정식, 같은 논문, pp. 42-43 참조). 반면에 강영안은 현실 이해와 근대성 추구의 방식에 따라 이들을 분류하고 있는데, 안호상과 한치진이 현실 이해와 현실 파악을 비교적 객관적이고 이성적인 방식으로 해보고자 했다면, 신남철, 박치우, 박종홍은 주체적이고 다분히 감성적인 방식으로 현실을 파악하고자 시도했다고 말한다(강영안, 『우리에게 철학은 무엇인가』, 궁리, 2002, p. 44 참조.

24 박종홍에 대한 관심은 최근 점증하는 그에 대한 연구와 출판물을 통해서 확인할 수 있다; 김석수, 『한국현대실천철학-박종홍부터 아우토노미즘까지』, 돌베개, 2008; 이병수, 『열암 박종홍의 철학사상』, 한국학술정보, 2005; 열암기념사업회 엮음, 『현실과 창조』 2, 천지, 2001; 김석수, 『현실 속의 철학, 철학 속의 현실』, 책세상, 2001; 열암기념사업회 엮음, 『현실과 창조』, 천지, 1998; 열암기념사업회 엮음, 『박종홍전집』 1~7, 민음사, 1998; 최정호 엮음, 『스승의 길-박종홍 박사를 회상한다』, 일지사, 1977; 이남영, 「열암철학-향내적 철학과 향외적 철학의 집합으로서의 한국철학」, 『해방 50년의 한국철학』, 철학과 현실사, 1996 참조.

25 엄정식, 앞의 논문, p. 69.

박종홍이 오늘날 우리 철학계에서 중요한 인물로 부각되고 있는 것은 철학의 추상성을 극복하기 위한 '현실과의 대면', 철학의 식민성을 극복하기 위한 '주체성의 확립'이라는 화두를 제시하고 있기 때문이다. 그는 철학이 현실을 떠나서는 결코 철학일 수 없다고 보았으며, 우리 전통사상에 근거하지 않은 철학은 생명력 없는 철학이라고 간주했다.[26]

박종홍은 그의 논문 「'철학하는 것'의 출발점에 관한 일 의문」[27]에서 자신의 철학관을 잘 드러내 보여주고 있다. 그는 '철학'이란 무엇이며, 또 무엇이어야만 하는가에 대한 답변을 구하기 위해서는 우선 '철학함'의 출발점에 대한 의문을 제기함에서부터 시작해야 한다고 본다. 이에 대해 그는 우선 "'철학하는 것'이 마땅히 지상으로부터 올라가되 철저하게 그 출발점을 우리에게 있어서 가장 직접적이며 구체적인 것으로부터 시작하여야 될 것"[28]이라고 말한다. 따라서 '철학함의 출발점'은 과학적인 방식으로 규정된 개념적 사실에서 찾을 수 없으며, '로고스' 이전의 생생한 사실 자체에로 올라가야 할 것이라고 주장한다.

---

26 김석수, 『현실 속의 철학, 철학 속의 현실』, 책세상, 2001, p. 29.

27 박종홍, 「'철학하는 것'의 출발점에 대한 일 의문」, 『철학』 창간호, 철학연구회, 1933, pp. 1-16; 열암기념사업회 엮음, 『박종홍 전집』 1, 민음사, 1998, pp. 301-315 참조; 해방 전 박종홍의 철학적 단편들은 신문에는 『조선일보』에 「우리와 우리 철학 건설의 길」(1935.7.9), 「우리의 현실과 철학」(1935.8.7), 「현대철학의 제문제」(1938.4.15), 「四·七論의 현대적 전개에 관한 각서」 등이 게재되었고, 『동아일보』에 「모순과 실천」(1933.10)이 『매일신보』에 「현대철학의 동향」(1934.1.1)이 게재되었다. 잡지에는 『철학』지에 위의 논문 외에도 「'철학하는 것'의 실천적 지반」(1934.1), 『文藝』지에 「이해와 사유」(1942.9), 『理想』지에 「하이데거에 있어서의 지평(Horizont)의 문제」(1935.2) 등을 게재하였다. 신문과 잡지에 게재된 그의 철학적 단편들은 모두 『박종홍 전집』에 수록되었다.

28 박종홍, 위의 논문, p. 306.

박종홍의 이러한 주장은 철학이 이성과 논리에 의한 추상적 개념화 단계 이전의 현실, 현실적 실천으로부터 출발해야 함을 강조하는 것이다.

> 현실적 지반을 망각할 때에 철학은 진부한 우상 앞에서 배회하게 되는 것이나 아닌가. '로고스' 이전으로 소급함은 대단히 모호 불확실한 기초 위에 철학을 건립하려는 우거(愚擧)에 불과한 것일까, (⋯) 마치 철학은 이 속계를 떠나 이것을 소위 초월하여 비현실적인 것으로부터 시작하여야 되는 것처럼 생각하는 일도 있다. 과연 사람의 현실적 욕구 그로 인하여 나타나는 현실적 행동 내지 실천으로부터 멀리 떠나서 고찰을 하여야 될 것인가.[29]

박종홍에게 현실을 떠난 철학은 무력한 철학일 수밖에 없다. 그에게서 철학은 아리스토텔레스적 '경이'로부터 시작되는 것이 아니라 '너무나 억울한 현실적 고뇌'로부터 시작된다. 현실적 존재의 사실 가운데에 깊이 뿌리내리지 못하는 철학은 결국 약자의 자기 도피의 궤책(詭策)일 수밖에 없다고 본다.[30]

그는 이 논문의 결론에서 "우리의 '철학하는 것'의 출발점은 이 시대의, 이 사회의, 이 땅의, 이 현실적 존재 자체"라고 천명하고, "이 현실적 지반을 떠나 그의 출발점을 찾는 철학은 결국 그 시대 사회에 대하여 하등의 현실적 의미를 가질 수 없을 뿐만 아니라 철학 자체에 있어서도 새로운 경지를 개척하기가 곤란할 것"이라고 강조한

---

29 박종홍, 위의 논문, pp. 311-312.
30 박종홍 위의 논문, pp. 313-314 참조.

다.[31] 현실적 지반을 떠나서 출발점을 택하는 철학은 결국 그 시대와 사회에 대하여 어떠한 현실적 의미도 가질 수 없을 뿐만 아니라 철학 자체에서도 새로운 경지를 개척하기 어려울 것이라고 그 역시 생각하기 때문이다.

이 같은 맥락에서 박종홍은 철학의 본질도 철두철미하게 현실의 지반 위에서 성립되어야 한다고 생각한다. "현실적 문제를 추궁하되 가장 철저히 하며 현실적 문제를 비판하되 가장 철저히 하는 것이 곧 철학의 본질"[32]이라는 것이다. 그는 철학과 현실의 긴장 관계는 현실에 대한 철학의 비판적 기능의 수행을 통해 이루어져야 한다고 말한다.

> 우리의 철학은 현실의 위기를 비판하는 기능을 발휘할 수 있는 것이요. 현실적 비판적이어야 할 것을 잊어버리는 날, 우리의 철학은 본래의 방향을 전환하여야 함을 잃고 드디어 그의 존재는 유해무익한 학문이 되고 말 것이올시다. 실로 현실의 위기는 그를 비판하는 철학을 요구하고 우리의 철학은 그 현실의 비판을 떠나 있을 수 없습니다. 여기에서 우리의 현실과 철학은 또 한 번 가장 긴밀한 관계에 있어서 문제가 되는 것이올시다.[33]

---

31 박종홍, 위의 논문, p. 16 참조; 이 같은 박종홍의 철학함의 태도에 대해 백종현은 " 민족과 국가, 사회에 대한 철학의 기여를 역설했던 식민지 조선의 청년 철학도 박종홍은 순진하다 할 정도의 '민족주의자', '국가주의자'였다. 그의 식민지 체험은 그로 하여금 부국강병책에 기울게 했을 것이며, 이를 통해 우리는 당시 그의 철학함의 태도와 현실에 대한 인식 방식을 이해할 수 있다." 고 평가한다. 백종현, 『독일철학과 20세기 한국의 철학』(철학과현실사, 2000), p. 63 참조.

32 박종홍, 「우리의 현실과 철학-역사적인 이 때의 한계상황」, 『조선일보』, 1935.08.15~ 08.23, 7회; 열암기념사업회 엮음; 『박종홍 전집』1, 민음사, 1998, p. 367.

33 박종홍, 위의 논문, p. 367.

이러한 견지에서 볼 때 기존의 철학자들의 철학함의 태도는 박종홍에게 비판의 대상이 될 수밖에 없었다. "오늘날까지 우리가 흔히 보는 철학은 우리의 현실과 관련을 가지긴커녕 한가한 학자생원님들의 소용없는 탁상공론이 아니었던가. 음과 양을 가르고 이와 기로써 서로 당파를 지어 갑론을박 결국 그 무엇이 남았던가.[34] 따라서 박종홍은 현실을 떠나 오직 관념적 유희만을 일삼는 철학이 있다면 그는 학교교단에서나 볼 수 있는 소위 강단철학으로 될 수 있을지언정 우리가 요구하는 우리의 철학은 아니라고 비판한다.

1.4 이데올로기로서의 철학: 박치우

박치우(1909~1949)[35]는 신남철과 더불어 일제시기 마르크스주의 입장에서 사회주의 운동을 통해 민족의 해방을 추구한 대표적인 철학자이다.[36] 앞서 보았듯이 박종홍은 철학함의 출발점을 현실비판과

---

34   박종홍, 위의 논문, p. 368; 물론 '현실비판'과 '실천학'으로서 철학을 주장하는 박종홍의 철학에 대해 많은 비판이 존재한다. 특히 김석수는 박종홍의 철학을 전·후기로 나누어 '힘의 철학'으로 분석하면서, 박종홍이 현실 속에서 현실과 함께 철학을 하고자 했지만, 사실은 철학 속에서 현실을 파악하고 있었다고 비판한다. 김석수, 『현실 속의 철학, 철학 속의 현실』, 책세상, 2001, pp. 72-73 참조.

35   박치우는 함북 성진 출생으로 1928년 경성제대 철학과를 졸업했으며 숭의전문학교 교수를 거쳐 『조선일보』기자를 지냈다. 그는 철학계와 문화계에서 왕성한 문필활동을 벌이다가 해방후 『현대일보』를 창간하여 주필을 역임하였고 1946년 월북하여 박헌영의 측근으로 활동하였다. 1949년 9월 인민유격대 정치위원으로 남한에 내려와 빨치산 활동을 벌이다 전사한 것으로 알려진다. 신문·잡지를 통해 그가 발표한 철학 관련 단편들은 「테오리아'와 '이슴': 이데오로기로서 철학의 양면성」, 『동아일보』 1936.01.15~1936.01.16, 2회; 「나의 인생관: 인간철학 序想」, 『동아일보』 1935.01.11~1935.01.18, 6회; 「불안의 철학자 '하이데겔' 그 현대적 의의와 한계」, 『조선일보』 1935.11.03; 「현대철학과 '인간' 문제 특히 '르네상스'와의 관련에서」, 『조선일보』 1935.09.06~1935.09.11, 6회; 「危機의 哲學」, 『哲學』 2, 1934.04.01 등이 대표적이다. 그의 단편들은 해방 직후에 『思想과 現實』(백양당, 1947)이란 단행본으로 출판되었다.

실천에서 찾았지만, 그에게 있어 현실비판과 실천은 어디까지나 철학이라는 학문 속에서 선언적 탐색으로 머물 수밖에 없었다. 그러나 박치우의 철학에서 현실비판과 실천은 결코 이 지점에만 머물지 않고 한 걸음 더 나아가 구체적인 정치적 실천으로 이어지게 된다.

우선 박치우는 철학의 학(學)적인 의미에 대한 의문을 제기하면서 그의 철학관을 피력하고 있다. 즉 그는 후설 현상학이 19세기 말 서양 학문의 위기를 극복하고자 '엄밀한 학으로서 철학'을 주창하였지만, 결과적으로 철학을 학문이라는 순수 이론적 탐구 영역에만 국한시키게 되는 오류를 범했다고 비판한다. 따라서 이제 철학은 '철학을 위한 철학'이 되었으며, 철학자는 '철학학자'가 되어버렸다는 것이다.

> 나는 묻고 싶다. 대체 철학이 학이어야만 될 본질적인 이유가 어디 있는가? 철학은 본래 '학'으로서보담도 철학하는 것(Philosophieren)이어야만 될 것이 아니었는가? (…) 진실로 고대희랍에 있어서는 철학은 언제나 생활적인 필요로부터 내면적으로 요구된 세계관 인생관 그것이었든 것이다. (…) 기성철학의 무능에 대한 책임은 실로 이같은 악성적(惡性的)인-너무나 '학적'인 과거의 철학자들이 전적으로 짊어져야 될 것이다. 그들의 철학은 철학을 위한 철학이었으며 그들은 철학을 위하여서만 철학하엿든 것이다. (…) 우리는 이와 같은 애학적인 철학자를 위하야 새로운 존호(尊號)를 진정(進呈)한다. 왈 '철학학자'라고."[37]

---

36 김재현, 「일제하부터 1950년대까지 맑스주의의 수용」, 『철학사상』 제5호, 서울대학교 철학사상연구소, 1995, pp. 135-173 참조.

박치우는 이렇게 우리가 철학을 (엄밀한) 학문으로서만 국한해서 받아들이게 된 이유가 Philosophy란 용어의 의미를 일본인 학자가 조어해서 만든, 애초에 축소·왜곡된 의미의 번역어를 무비판적으로 수용해서 사용했기 때문이라고 말한다. "원래 조금도 학이라는 의미를 가질 필요가 없는 Philosophia를 일부러 철학이라고 번역한 명치시대의 철학자 서주(西周)씨의 장난"[38]이란 것이다. 즉 철학의 정의나 어원상의 본질과 관련해서 박치우는 철학이 학문적 차원에만 국한된 이유가 앞서 논의한 이관용의 '원학으로서 철학'과 같이 잘못된 번역어의 수용 때문이라고 보고 있다.[39]

그렇지만 박치우는 학으로서 철학을 전적으로 부정하는 것은 아니다. 다른 개별 학문들처럼 철학이 반드시 학이어야만 할 이유가 없다는 것이다. 여타 학문들과 달리 "철학은 다만 인간의 내면적 요구 호소를 전체로서 표현할 수 있을 세계관, 인생관이며 '이즘'"[40]이 되어야 함을 강조하는 것이다.

> 우리는 지금이야말로 새로운 철학을 가지지 않으면 안 된다. 관조적인 철학에 대하야 요구적인 철학(Fordernde philosophie)을, 비판적인 철학에 대하야 호소적인 철학(Appellierende Philosophie)의 확립을 요구한다. 예민성 대신에 성실성을 가지고 인간존재의 근원적인 고뇌를

---

37 박치우, 「나의 人生觀-人間哲學 序想(2)」, 『동아일보』, 1935.01.12/3면/1단(강조는 필자에 의한 것임).

38 박치우, 위의 논문. 같은 면.

39 이 점에서 서양철학 수용기의 초기철학자들로서 이관용과 박치우는 '철학'이란 용어의 무비판적 수용에 대해 주체적 반성을 시도하고 있음을 알 수 있다.

40 박치우, 위의 논문. 같은 면.

호소할 수 있는 새로운 인간적인 철학을 수요(需要)하야 마지안는다.[41]

　'이즘'으로서 철학을 강조하는 박치우에게 "철학은 우선 하나의 '이데올로기'다. 철학은 자기 자신만을 먹고사는 그렇게 청백한 그렇게 초연한 학문이 아니라, 결국은 현실에 관한 하나의 사회적인 의지, 즉 '이데올로기'의 하나다. 과거에 있어서 특정의 철학이 언제나 특정의 사회적 지반을 떠나서는 존재할 수 없었을 뿐만 아니라, 이와 동시에 그가 지지되고 있는 그 사회적 지반의 존속과 강화를 위하여 없지 못할 현실적 봉사를 담당하여왔다는 역사적 사실은 실로 철학이 '이데올로기'인 이상 당연한 일이라고 할 수밖에 없는 것이다."[42]

　그는 서양철학을 대표하는 인물들을 거론하면서, 고대의 플라톤, 아리스토텔레스의 철학, 중세의 토마스로 대표되는 스콜라철학, 근세의 칸트 철학 등이 사실상 당시의 신분, 계급적 질서를 옹호하거나 표현하는 역할을 수행하였음을 지적한다. 이러한 입장에서 그는 철학이 '이데올로기'냐 아니냐 하는 문제는 결국 자기 자신만을 소모할 '스콜라틱'한 문제일 뿐이며, 한 마디로 철학은 '이데올로기'라고 단언한다.[43]

　그렇다면 박치우에게 철학은 어떠한 성질의 '이데올로기'인가? 그

41　박치우, 위의 논문. 같은 면.
42　박치우, 「'테오리아'와 '이슴': 이데오로기로서 철학의 양면성」(상), 『동아일보』, 1936.01.15/3면/1단; 박치우의 이 철학적 단편은 애초에 『동아일보』에 노고수(魯古秀)라는 필명으로 게재되었던 것이다. 후에 이 글은 해방 전후 그가 신문 잡지 등에 기고한 단편들을 모아서 출판한 『思想과 現實』(白楊堂, 1947), pp. 11-18에 「철학의 당파성 - 테오리아와 이즘」이란 제목으로 재수록되었다.
43　박치우, 같은 글, 같은 면.

것은 학인가, 사상인가? 테오리아인가, 이즘인가? 박치우에 의하면 테오리아는 학설이나 이론으로서 정태적 개념이라면, 이즘은 '주의(主義)'나 사상으로서 동태적 개념이다. 테오리아의 내용은 학설·이론임에 반하여 이즘의 내용은 주의·사상이다. 테오리아의 주체는 학자·이론가임에 반하여 이즘의 주체는 이스트(主義者) 또는 사상가이다. 이스트에 있어서는 정열이 요구되나 학자에 있어서는 냉정이 요구된다. 테오리아에 있어서는 엄밀성·정확성이 요구되나, 이즘에 있어서는 오히려 엄숙성·성실성이 중요한 계기로서 요청된다. 테오리아의 진리는 객관성임에 반하여 이즘의 진리는 주체성이다.[44]

박치우는 그러나 이즘과 테오리아가 이렇게 구별되지만, 또한 상호 '교차관계'나 '이행관계'를 가진다고 한다.[45] 이 말은 철학이 테오리아와 이즘의 변증법적 통일이어야 함을 강조한 것으로 볼 수 있다. 물론 이것이 파시즘처럼 부당한 힘의 논리로 변질될 위험성도 배제할 수 없지만, 이것은 비합리적인 이즘의 테오리아화로 인한 문제였기 때문이다. 따라서 본래 테오리아였던 철학은 이즘화를 지향함으로써 현실비판과 실천학으로서 역할을 수행할 수 있다는 것이다. "모든 철학은 한 번은 '테오리아'였다'. 그러나 철학은 그가 취급하는 대상의 특질상 보다 더 '이즘'적인 성격을 갖지 않을 수 없게 되는 것이니 … 철학은 단순한 '테오리아'라기보다는 실로 '이즘'적인 '테오리아'이기 때문이다."[46]

박치우에게 철학은 언제나 현실과 무관한 테오리아인 것처럼 보이

---

44 박치우, 같은 글. 같은 면.
45 박치우, 「'테오리아'와 '이즘': 이데오로기로서 철학의 양면성」(하), 『동아일보』, 1936.
    01.16/3면/1단.
46 박치우, 같은 글. 같은 면.

지만, 철학이 항상 일정한 사회적 이해를 반영함과 동시에 이를 위해 현실적 역할을 부단히 수행해왔다는 점에서, 그가 '이즘적 테오리아' 즉 이데올로기로서 철학을 지향하고 있음을 알 수 있다. 물론 이러한 박치우의 철학관에 마르크스주의적 관점[47]과 변증법적 사유가 깊이 자리하고 있음은 주지의 사실이다.

2. 일제강점기 철학자들의 철학관의 특징

앞에서 일제강점기의 대표적 철학자들 네 명의 철학관을 각각 고찰해보았다. 해외 유학파로서 유럽철학의 영향을 받은 이관용은 철학이란 용어의 번역상의 문제점을 지적하면서, 철학이 모든 학문의 원형이며 근본학이란 의미에서 '원학(原學)'으로 정의하고 있다. 미국철학의 영향을 받은 한치진은 과학적 토대 위에서 철학을 '합리적 세계관과 인생관'으로 이해하고 있음을 알 수 있다. 반면에 국내파로서 한국현대철학의 대표적 인물인 박종홍은 철학이 '현실비판과 실천학'이 되어야 함을 주장하였으며, 사회주의 철학자인 박치우는 철학이 이즘으로서 테오리아, 즉 현실을 변혁시킬 수 있는 '이데올로기'가 되어야 함을 강조하였다.

그렇다면 이들 네 명의 철학자들의 철학관이 가지고 있는 공통적

---

47 권용혁은 당시의 대표적인 철학자들인 신남철, 박치우, 박종홍의 철학사상을 다루면서 당시의 지식인들이 마르크시즘을 학문의 대상으로서가 아니라 일제강점기라는 암울한 현실을 타파하기 위한 비판의 도구로서(민족해방, 계급해방의 실천적 지침으로서) 도입하고 있다고 말한다. 권용혁, 「철학자와 '사회적 현실': 서양철학수용사를 중심으로」, 『사회와 철학』 제4호, 사회와철학연구회, 2002, p. 264 참조

특징은 무엇일까?

첫째로, 외견상 당시의 철학자들은 서로 상이한 철학관을 보여주고 있지만, 실제적으로는 철학과 현실의 긴밀한 상호연관성과 실천성을 강조하는 것이 이들의 철학관의 공통적인 특징이라고 할 수 있다. 경성제대 출신인 박종홍과 박치우는 이러한 문제들을 전면적으로 부각시켜 직접적인 철학적 대상으로 다루고 있다. 해외 유학파 철학자들인 이관용과 한치진의 경우에도 순수 학문적이거나 객관적인 관점에서 철학정신이나 본질에 대한 견해를 표명하고 있지만, 이들 역시도 구체적 현실 속에서는 철학과 현실이 결코 분리될 수 없음을 직간접적으로 표명하고 있으며, 이는 그들의 주체적 철학함의 태도를 통해 잘 나타나고 있다.

둘째로, 철학은 '합리성'과 '객관성'에 기반해야 한다는 것이다. 해외 유학파인 이관용은 원학으로서 철학이 우주의 원성(原性)과 원칙(原則)을 합리적이며 객관적으로 발견하는 학문임을 강조하고 있으며, 미국 유학파인 한치진 역시 세계관과 인생관으로서 철학이 무엇보다 이성의 요구에 부응하는 합리적·객관적 성격을 지닌 것이어야 한다고 보고 있다. 박종홍과 박치우는 철학의 역할에 보다 더 강조점을 두면서 철학의 '현실비판'과 '실천성'을 강조하고 있으며, 실천성을 담보하기 위해 로고스보다 파토스를 더 강조하고 있다. 그러나 이들의 주장 역시 합리적·객관적 논증을 통해 이루어질 수밖에 없었으며, 철학이 '이즘으로서 테오리아'가 되어야 함을 주장하고 있는 박치우마저도 로고스를 가진 실천, 이론을 동반한 실천을 주장함으로써 철학의 테오리아적 측면인 합리성과 객관성을 토대로 자신의 주장을 펼치고 있음을 알 수 있다.

물론 이들 네 명의 철학자들의 철학관을 통해서 당시의 철학을 획일적으로 규정할 수는 없다. 그렇지만 이들에 한정해서 당시의 철학적 경향을 파악해본다면, 이들의 철학관에서 찾을 수 있는 공통된 특징은 철학이 결코 현실을 외면해서는 안 되고, 오히려 현실의 모순을 비판하고, 그것을 극복하기 위한 실천학이 되어야 한다는 것이다. 더불어 비록 일제식민지라는 극한 상황이었지만, 이들은 서양 학문을 수용하고 철학 활동을 하면서 스스로 철학이 합리적·객관적 성격의 학문임을 그들의 철학관을 통해 잘 보여주고 있다.

3. 맺는말

이상에서 일제강점기에 철학 활동을 한 네 명의 대표적인 한국철학자를 통해 초기 한국현대철학자들이 철학을 어떻게 이해하고 있었는지를 살펴보았다. 해외 유학이나 국내대학에서 처음으로 서양철학을 접하고 배웠던 이들은 당시의 대중매체인 신문·잡지를 통해 철학 관련 논문이나 단편들을 발표하였다. 당시의 철학자들이 주로 대중매체를 활용하여 자신들의 철학적 견해들을 발표한 것은 대중매체를 통해 철학이 쉽게 대중과 만날 수 있고 소통할 수 있었기 때문이다. 또한 식민지의 암울한 상황에서 민중들을 계몽하기 위한 중요한 수단이기도 했기 때문이다.

그러나 다른 한편으로 학술 논저들의 출판이 여의치 못했던 당시의 상황에서 그나마 대중들과 접할 수 있는 유일한 수단이 대중매체였다는 불가피성도 간과할 수 없다. 또한 그럼에도 불구하고 오늘날과 달리 대중매체를 접하고 구독한 독자층은 문맹률이 높은 당시 상황에서 일부 지식인들 층에 국한되었으리라고 짐작할 수 있다. 이 같은 사정들을 감안하면 서양철학 수용기의 철학이 학술적 저변을 확대하고 대중들과 소통한다는 것이 결코 간단치만은 않았음을 알 수 있다.

이처럼 대중매체를 통해 철학적 글쓰기를 시도하였지만, 식민지 상황하에 철학 하기는 결코 쉽지 않았다. 하지만 서양철학 수용기의 당시 철학자들이 보여준 철학의 현실 참여의 강조, 문제 중심적 탐구, 우리 철학의 가능성에 대한 주체적 모색 등은 이들 철학이 지닌 중요한 강점이라 할 수 있다. 그러나 현실비판과 실천학으로서 당시의 철학은 서구 철학, 특히 일본 철학의 영향 속에서 이루어졌고, 우리식의 철학, 우리의 철학을 통한 주체적 철학함에까지는 이르지 못했다는 지적을 받기도 한다. 그럼에도 불구하고 이 당시의 철학이 현실 속에서 살아 움직이려고 몸부림친 점은 우리가 어떻게 철학에 임해야 할 것인가에 대한 반성적 계기를 제공해준다는 점에서 작지 않은 의의를 가진다고 할 수 있을 것이다.[48]

일제강점기 한국철학자들의 철학관에 대한 이 글은 철학과 현실의 긴장관계를 재고하면서, 현재 우리 철학이 처해 있는 위상을 재검토해보고, 향후 우리 철학이 나아갈 방향을 성찰하는 계기가 될 수 있을 것이다. 또한 신문·잡지와 같은 대중매체를 통해 현실과의 긴장관계를 유지하면서 철학 활동을 했던 당시 철학자들의 철학함의 태도는 오늘날의 우리 철학이 대중과의 소통을 위해 지향해나가야 할 바가 과연 무엇인가라는 물음을 우리에게 던져주고 있다.

---

48 김석수, 『한국현대실천철학-박종홍부터 아우토노미즘까지』, 돌베개, 2008, pp. 88-89.

제2장

일제강점기 한국철학자들의 위기담론

위기라는 외침이 오늘날과 같이 절실하게 들리는 시대가 또 있었을까? 위기가 모순으로서 나타나는 특정의 시기라면, 진실로 현대야말로 가장 사실로서 위기일 것이다. 왜냐하면 인류의 역사에 있어서 현대와 같이 격화된 모순으로 포화(飽和)된 시대를 우리는 찾을 수 없기 때문이다. 위기에 있다는 것, 위기에 산다는 것, 위기와 싸워야 한다는 것, 이것은 현대에 살고 있는 우리에게 부과된 불가피한 운명이다.[49]

철학과 인문학의 위기를 수없이 듣고 있으면서 또 위기 이야기를 되풀이 하는 것인가라고 식상해할 수 있겠지만, 이 말은 이미 1930년대에 활동한 한국철학자의 시대와 철학과 현실에 대한 진단이다. "언제 철학이 위기에 처하지 않은 때가 있었나?" "철학은 위기를 먹

---

49 박치우, 「위기의 철학」, 『철학』 제2호, 1934.04.01, p. 1. 인용문은 독자의 가독성을 높이기 위해 박치우가 쓴 논문의 원문을 현대 한글맞춤법 표기 방식에 맞게 표기한 것이다.

고 살아가는 학문이다." 등의 이야기를 늘 접하고 살아가고 있지만, 사실 '아테네 시민의 등에' 역할을 자임했던 소크라테스 때부터도 철학은 늘 위기와 함께했다고 할 수 있다. 물론 그 '어느 시대보다 우리가 처한 21세기 한국 사회의 철학과 인문학이 더 위기'라고 그 심각성을 강조할 수도 있을 것이다. 그러나 어느 누구도 자신이 살아온 시대가 위기의 시대가 아니었다고 말할 사람은 그리 많지 않을 것 같다.

일제강점기, 민족말살정책이 노골화되고 전시동원체제로 전환되던 1930년대 한국철학자들 역시 위기를 온몸으로 체감하고 있었다. 이 시기는 경제적으로 미국발 공황이 전세계적으로 영향을 미치던 시기였으며, 정치적으로는 독일의 나치즘과 이탈리아의 파시즘으로 불리는 전체주의 독재가 시작되고 있었다. 일본은 군국주의적 경향을 노골화하면서 1931년에 만주사변을 일으켰다. 말하자면 1930년대는 세계적으로 전체주의적 독재와 전쟁의 전조가 나타나기 시작한 연대로서 위기의식이 고조되던 시기였다.

유럽에서는 1931년에 야스퍼스가 『현대의 정신적 상황(Die geistige Situation der Zeit)』을 출판하고 현대의 생존체제의 위기를 논하였다. 종교에 있어서 위기 신학 또는 변증법적 신학도 이 시대의 소산이며, 키르케고르·니체 등의 계통을 이어받은 야스퍼스·하이데거 등의 철학에서도 역시 이 사실이 엿보인다. 일본에서는 쿠와키 겐요쿠(桑木嚴翼)가 『철학잡지』에 「철학의 위기」(1928)를 발표하였으며, 미키 기요시(三木清)도 이러한 시대의 추세를 재빠르게 간파하여 「위기에 있어서의 이론적 인식」(1929)과 「위기의식의 철학적 해명」(1932)이란 논문을 발표하였으며, 이어서 『위기에 있어서의 인간의 입장』(1933)을 출판했다.[50]

1930년대 식민지 조선의 철학자들 역시 세계적 위기론의 보편적 영향 아래 '위기' 문제를 중요한 철학적 테마로 받아들여 논의하고 있었다. 유럽이나 일본 철학자들과 마찬가지로 서양철학 1세대인 일제강점기 한국철학자들도 이미 당시의 시대상황을 '위기' 상황으로 인식하고 있었다. 그러나 동일한 위기라 하더라도 일제강점기 한국철학자들에게 주어진 '위기'는 일제강점이라는 한국적 특수성에 기반한 현실(사회, 역사)의 위기, 철학의 위기, 인간의 위기 등 상이한 방식으로 나타나고 있다. 식민지라는 특수한 상황에서 한국철학자들은 과연 '위기' 문제를 어떻게 파악하고 있으며, 또 어떻게 극복하고자 했을까?

필자는 이에 일제강점기 신문·잡지 등 저널리즘을 통해 논의되었던 위기론 유형과 특징을 당시의 대표적 철학자들의 글을 통해 살펴보고자 한다. 즉 일제강점기 한국철학자들이 당시에 그들이 처한 현실 속에서 '위기'를 어떻게 인식하고 있었으며, '위기'에 대해 어떤 방식으로 대응하려 했는지 고찰해보고자 한다. 아울러 당시의 한국철학자들이 고민했던 '철학과 현실', '철학과 위기' 문제를 검토해보면서, 이들이 제시하고 있는 위기론이 어떤 철학적 배경에서 나온 것인지를 살펴보고, 이를 통해 당시 철학자들이 논의하고 있는 '위기담론'의 의미를 종합정리·평가한 후, 최종적으로 당시 철학자들의 '위기담론'이 지닌 의의를 제시해보고자 한다.

일제강점기 '위기담론'을 다루기 위해 이 장에서 논의하고 있는 철학자는 김두헌, 전원배, 박종홍, 박치우, 김기석 등 5명이다. 이들

---

50 조희영, 「현대 한국의 전기철학사상 연구-일제하의 철학사상을 중심으로」, 전남대학교 대학원 박사학위 논문, 1974, pp. 19-20 참조.

을 일제강점기 위기담론을 연구하기 위한 대표적 철학자로 선정한 이유는 연구 자료적 측면에서, 이들이 1930년을 전후하여 신문·잡지를 통해 가장 활발히 철학 활동을 펼치면서 철학적 저술들을 남긴 인물에 속하기 때문이다. 또한 사상적 측면에서, 이들 개개인의 다양한 이념적 성향에 따라 '위기'에 대한 상이한 입장을 확인할 수 있기 때문이다. 동시에 이들이 학술적 논의의 가치를 지닌 위기론을 제시한 인물들이란 점도 고려의 대상으로 삼았다.

1. 김두헌의 위기론

일제강점기 한국철학자들에게 가장 중요한 철학적 화두는 현실이다. 1929년 도쿄제국대학 윤리학과를 졸업한 김두헌(金斗憲, 1903~1981)[51]에게도 현실은 예외가 아니다. 그에 따르면 "철학은 결코 현실을 몰각한 천상의 일이 아니요, 실제를 떠난 관념의 유희도 아니다. 하물며 그것은 한거(閑居)의 산물도 아니요, 향락의 수단도 아니다. 오직 현실의 요구 위에 입각하여 근본적으로 우주관, 인생관을 발견하려 한다. 이런 의미에 있어서 철학자는 현실에 대하야 가장 힘센 관심과 통찰안을 가지고 있는 동시에 그것을 그대로 두지 않고 그 이론적 근거를 천착하여 마지않는 성의를 가지고 있다."[52]

그의 눈에 비친 1930년대 조선의 현실은 혼돈, 궁핍, 침체 등 가

---

51   호는 예동(洌東). 1921년 대구고등보통학교 졸업. 1929년 도쿄제대 문학부 윤리학과 졸업. 1946년 서울대학교 철학과 주임교수. 1950년 이후 문교부 고등교육국장, 전북대 총장, 학술원 종신회원, 윤리학회 회장 역임.
52   김두헌, 「조선의 현실과 철학」, 『동아일보』, 1933.07.16/4면/1단.

장 비관적 어구로 표현할 수밖에 없는 절박한 사실이었다. 이와 같은 절박한 현실, 위기 상황을 타개하기 위해서 그가 제시하고 있는 것은 진리다. 즉 위기를 타개하기 위한 신랄한 사색과 근본적 원리는 당연히 진리에 의거해야 하며, 진리를 몰각한 일체 이론은 필요하지 않다. 억센 민족 내지 국민은 무엇보다 가장 진리를 애호하며, 진리를 위해서는 일체의 권세와 명예에 굴해서는 안 된다. 또한 일체의 편견을 버리고 허심탄회하게 임하고, 어떤 사상적 유파에 고집해서도 안 되며, 맹종적, 배타적이어서도 안 된다. 어디까지나 비판적 정신으로써 학구와 창조의 길을 나아가지 않으면 안 된다는 것이다.[53]

위기의 현실을 타개하기 위해 김두헌이 제시한 해법은 '진리에 대한 호소'다. 비판적 정신과 학구적 태도로 진리를 향해 매진함으로써 주어진 현실의 위기를 극복할 수 있다고 보는 것이다. "[위기에 처한] 궁박(窮迫)한 현실을 타개하려 함에는 더욱 신랄한 사색과 근본적 원리를 요구함은 바야흐로 이(理)의 당연한 귀결일 것이다. … 억센 민족 내지 국민은 무엇보다 가장 진리를 애호한다. 진리를 위하여서는 일체의 권세와 명예에 굴복하야서는 안 될 것이다. … 따라서 어떤 사상적 유파에 고집하여서는 안 될 것이며 또한 맹종적일 것이 아니요 배타적일 것도 아니다. 어디까지든지 비판적 정신으로써 학구와 창조의 길을 나아가지 않으면 안 될 것이다."[54]

원칙적으로 보았을 때, 김두헌의 이러한 위기론은 올바른 방향을 제시하고 있을지 모른다. 그러나 그 자신이 언급했듯이 혼돈과 궁핍,

---

53 김두헌, 같은 글.
54 김두헌, 같은 글. [ ]는 필자에 의한 것임.

침체된 현실 앞에 그의 진단과 처방은 철저한 이론적 기반에 토대하지 않은 일반적, 소박한 호소에 근거해 있기에 위기에 처한 현실 극복에 어떤 실효성이 있을지 의문을 가지게 한다.

2. 전원배의 위기론

일본 교토대학을 졸업한 전원배(田元培, 1903~1984)는 당시 일본에서 지배적인 독일철학의 영향을 받아 유럽철학을 국내에 소개하고 수용한 인물이다.[55] 1930년대 초에 이미 딜타이와 슐라이어마허와 같은 독일철학자들을 『동아일보』를 통해 소개하고 있으며, 헤겔과 러시아 철학 등 변증법적 사상에도 많은 관심을 가지고 이를 수용하고 있음을 알 수 있다.[56]

전원배는 일본 유학 당시 마르크스 유물론 철학에 심취하여 「마르크스의 역사관」, 「사회과학의 논리적 구조」 등을 썼으며, 레닌의 『유물론과 경험비판론』, 『마르크스주의 철학방법론』 등의 번역서를 내기도 했다. 그러나 이후 유물론에 대한 한계를 느껴 헤겔과 칸트의 관념론 철학에 관심을 가지고 연구에 몰두한다. 이때 그는 칸트의 『순수이성비판』을 번역하기도 했다. 이처럼 관념철학과 유물철학을 두루 섭렵한 그는 이 두 이론의 형태가 다양한 인간과 역사의 본

---

55 조희영(1993), '전원배에 있어서의 독일실재론의 도입과 전개', 「서구사조의 도입과 전개: 철학사조를 중심으로」, 『한국사상사대계』 6, 한국정신문화연구원, pp. 181-184 참조.

56 전원배의 초기 철학사상에서 나타나는 마르크스주의와 변증법적 성격에 관한 논구는 조희영의 위의 논문과 위상복, 『불화 그리고 불온한 시대의 철학』, 도서출판 길, 2012, pp. 293-299 참조.

질을 제대로 설명하는 데 한계가 있으며, 이들 철학이 일원론의 오류를 범하고 있다고 주장하였다. 결국 '인간은 물질적 존재이며 정신적 존재이다'라는 공리를 정립하고 인간과 역사에서도 이 두 가지 측면이 똑같이 중요하다는 다원주의 철학을 주창한 인물이다.

전원배는 1934년 『조선중앙일보』에 연재한 「철학의 위기에서 위기의 철학으로-현대철학의 주조를 논함」[57]이라는 논문에서 현대의 위기와 철학의 위기에 대해 논하고 있다. 우선 그는 어떤 문화현상이든 시대적 성격을 반영치 않는 문화현상은 없으며, 철학도 철학하는 사람의 성격과 철학하는 사람이 생존하는 그 시대의 성격을 반영하는 것은 의심할 수 없는 사실이라고 규정한다. 왜냐하면 (헤겔이 말했듯이) 철학의 성격은 사상의 형태에 의해 반영하는 것에 지나지 않기 때문이란 것이다.[58]

전원배에 따르면 인류 역사는 어느 시대를 막론하고 위기를 겪지 않거나, 위기에서 출발하지 않은 시대가 없었으며, 위기를 가지지 아니한 시대는 죽은 시대요 위기를 가지지 아니한 인간은 죽은 인간이라고 할 수 있다.[59] 이 점은 현대라는 시대도 마찬가지고, 그 속에 살고 있는 인간에게도 마찬가지다. 천사도 아니고 악마도 아닌 중간적 존재로서 인간은 항상 불안과 위기를 느낄 수밖에 없는 존재라는 것이다. 무엇보다 현대인이 느끼는 불안과 위기는 자본주의의 위기에서 발생한다. 따라서 현대의 위기를 이해하려면 먼저 사회의 역사적 발전의 일정한 단계 위에 서 있는 자본주의적 사회구조의 위기

---

57 전원배, 「철학의 위기에서 위기의 철학으로-현대철학의 주조를 논함」, 『조선중앙일보』, 1934.12.02-1934.12.16(10회).

58 전원배, 같은 글, 1934.12.02/3면/1단.

59 전원배, 같은 글, 1934.12.03/4면/1단.

의 본질을 이해해야 한다는 것이다.

결국 "현대의 위기는 결코 국부적·일민족적 위기가 아니라 세계의 방방곡곡을 통하여 침윤(沈潤)되어 있는 세계사적 위기인 동시에 또한 비단 경제체제에 있어서만의 위기뿐만 아니라 도덕, 종교, 과학, 예술, 철학 등 온갖 인간 문화에까지 파급되어 있는 전면적인 위기"[60]라는 것이다. 이러한 전원배의 위기론은 당시의 위기 현상이 식민지 조선의 특수한 현실에만 국한된 것이 아니라, 미국발 대공황으로 인한 자본주의 체제의 전면적 위기로부터 발생한 세계사적 위기라고 보고 있는 데 그 특징이 있다.

전원배는 자본주의 체제의 위기는 곧 현대생활의 위기라고 본다. 따라서 "우리가 어떠한 생활을 하고 있는가에 의하여 우리가 가지는 세계관도 규정되는 것이라면, 현대의 세계관 또는 현대의 철학은 현대생활의 위기의 이데올로기적 반영이라 할 수 있을 것이다."[61] 이러한 관점에서 전원배는 당시 신칸트학파 철학자로서 도쿄제대 교수인 쿠와키 겐요쿠가 1928년 『철학잡지』에 「철학의 위기」라는 논문에 발표한 현대의 철학이 변증법적 유물론의 공격에 의하여 사면초가 상태에 빠져 있다는 주장에 대해 비판한다. 즉 하나의 사상이 다른 하나의 사상에 의하여 위기에 빠진다고는 생각할 수 없으며, 또한 겐요쿠 박사가 현대철학의 위기의 근원이 현대생활체제의 위기에 있다는 것을 이해하지 못했다는 것이다.[62]

다음으로, 베를린대학 신학 교수인 프랑크가 현대의 정신적 위기가 결국 과도한 합리주의사상으로 인한 위기라고 지적한 것에 대해

---

60   전원배, 같은 글, 1934.12.06/3면/2단.
61   전원배, 같은 글, 1934.12.08/3면/2단.
62   전원배, 같은 글.

서도 그는 반박하고 있다. 즉 프랑크가 현대의 이 정신적 위기에 대한 대책으로 초합리주의적 입장, 즉 인간에게 자기개시하는 최고실재를 기초로 한 부정신학의 입장을 주장하였으나 이것도 결국 현대의 위기를 생활실천에 의하여 정당하게 극복하려는 것이 아니라는 것이다. 말하자면 종교적 통념에 의하여 구제하려는 데 지나지 않는다는 것이다. 또한 프랑스의 철학자 세바류 교수도 현대의 위기가 진정한 절대자를 상대화하고 따라서 인간 자체를 절대화한 결과라고 말하였다.[63]

전원배는 이들이 정신과학상의 위기의 원인을 정당히 파악하지 못하고 있으며, 따라서 이 위기를 진정하게 극복할 대책을 갖지 못하였다고 비판한 것이다. 즉 현대의 정신과학이 가지고 있는 이 위기적 성격은 결국 분열과 모순과 대립과 갈등을 내포한 현대생활의 이데올로기적 표현에 불과한 것이요. 또 다른 측면에서 본다면 현대의 정신적 위기 또는 문화적 위기라는 것은 생활의 차안화(此岸化), 역사화, 상대화의 소산이라고 볼 수 있다는 것이다.[64] 전원배는 이러한 상대화 경향의 현대철학의 주요 조류들로서 포이어바흐의 인간학, 니체의 가치전도, 딜타이의 생철학, 하르트만의 가치상대주의 등을 들고 있다.[65]

결론적으로 전원배는 현대철학이 위기에 처한 이유가 현대생활이 모든 방면으로 분열과 대립과 모순에 빠졌기 때문이며, 현대의 정신적·문화적 위기라는 것도 결국은 현대사회의 내적 모순이 관념으로 표현된 것에 지나지 않는 것이라고 보고 있다.[66] 이는 결국 상부구조

---

63 전원배, 같은 글.

63   전원배, 같은 글.
64   전원배, 같은 글.
65   전원배, 같은 글, 1934.12.09(6회)~1934.12.14(9회)

인 이데올로기의 위기가 하부구조의 생산력과 생산관계의 모순으로 인해 필연적으로 초래된 위기라고 보는 것이다. 따라서 분열은 필연적으로 통일을 요구할 수밖에 없으며, 이러한 위기를 극복하고 통일에의 요구를 충족시키기 위한 영웅적·실천적 세계관이 요구된다. 전원배는 이러한 세계관으로서 민족주의와 국제주의(사회주의)의 두 가지 유형을 제시하고 있다.

3. 박종홍의 위기론

일제강점기 한국철학자들의 위기론과 관련한 논의들은 주로 1930년대 초중반에 집중되어 있는데, 박종홍(朴鍾鴻, 1903~1976)의 위기론 역시 이 시기에 발표한 철학 논문에서 집중적으로 언급되고 있다. 위기론과 관련해 신문과 잡지에 발표한 그의 논문들을 보면 「'철학하는 것'의 출발점에 대한 일 의문」(1933.7), 「모순과 실천」 (1933.10) 「'철학하는 것'의 실천적 지반」(1934), 「우리의 현실과 철학-역사적인 이때의 한계상황」(1935) 등이 있다.[67] 이 논문들의 제목에서 보듯이 그의 위기론은 '현실' 문제와 밀접히 관련을 맺고 있음을 알 수 있다.

철학의 추상성을 극복하기 위해 현실과 대면하면서 박종홍은 철

---

66 전원배, 같은 글, 1934.12.16/4면/1단.

67 박종홍, 「'철학하는 것'의 출발점에 대한 일 의문」, 『철학』 창간호, 1933.07.17. pp. 1-16; 박종홍, 「모순과 실천」, 『동아일보』 1933.10.26-1933.11.01; 박종홍, 「'철학하는 것'의 실천적 지반」, 『철학』 제2호, 1934.04.01. pp. 18-37; 박종홍, 「우리의 현실과 철학-역사적인 이때의 한계상황」, 『조선일보』 1935.08.18-1935.08.23.

학이 현실을 떠나서는 결코 철학일 수 없다고 보았다. 박종홍은 「'철학하는 것'의 출발점에 관한 일 의문」[68]에서 "우리의 '철학하는 것'의 출발점은 이 시대의, 이 사회의, 이 땅의, 이 현실적 존재 자체"라고 천명하고, "이 현실적 지반을 떠나 그의 출발점을 찾는 철학은 결국 그 시대 사회에 대하여 하등의 현실적 의미를 가질 수 없을 뿐만 아니라 철학 자체에 있어서도 새로운 경지를 개척하기가 곤란할 것"이라고 강조한다.[69] 현실적 지반을 떠나서 출발점을 택하는 철학은 결국 그 시대와 사회에 대하여 어떠한 현실적 의미도 가질 수 없을 뿐만 아니라 철학 자체에서도 새로운 경지를 개척하기 어려울 것이라고 그 역시 생각하기 때문이다.

이 같은 맥락에서 박종홍은 철학의 본질도 철두철미하게 현실의 지반 위에서 성립되어야 한다고 생각한다. "현실적 문제를 추궁하되 가장 철저히 하며 현실적 문제를 비판하되 가장 철저히 하는 것이 곧 철학의 본질"[70]이라는 것이다. 그는 철학과 현실의 긴장 관계는 현실에 대한 철학의 비판적 기능의 수행을 통해 이루어져야 한다고 말한다.

우리의 철학은 현실의 위기를 비판하는 기능을 발휘할 수 있는 것이요. 현실적 비판적이어야 할 것을 잊어버리는 날, 우리의 철학은 본래의 방향을 전환하여야 함을 잃고 드디어 그의 존재는 유해무익한 학문

---

68 박종홍, 「철학하는 것의 출발점에 대한 일 의문」, 같은 글; 이 논문은 열암기념사업회 엮음, 『박종홍 전집』 1, 민음사, 1998, pp. 301-315에 재수록되어 있다.

69 박종홍, 같은 글, p. 16.

70 박종홍, 「우리의 현실과 철학-역사적인 이때의 한계상황」, 『조선일보』 1935.08.15-08.23, 7회; 열암기념사업회 엮음, 『박종홍 전집』 1, 민음사, 1998, p. 367.

이 되고 말 것이올시다. 실로 현실의 위기는 그를 비판하는 철학을 요구하고 우리의 철학은 그 현실의 비판을 떠나 있을 수 없습니다. 여기에서 우리의 현실과 철학은 또 한 번 가장 긴밀한 관계에 있어서 문제가 되는 것이올시다.[71]

'위기'와 위기 극복의 문제에 대한 박종홍의 생각은 『동아일보』 (1933)에 연재한 「모순과 실천」에서 잘 나타나 있다. 박종홍은 모순에 대한 설명을 다음과 같이 시작한다. 구별적인 면에서 사물의 관계는 차이관계, 대립관계, 모순관계의 3종인 바 첫째, 차이관계는 한 사물이 가지고 있는 성질을 다른 사물이 갖지 못하는 관계로서 1과 100과의 수적 관계와 같다. 둘째, 대립관계는 차이의 극한적인 것을 뜻한다. 이 경우에 대립하고 있는 사물은 대척(對蹠)관계에 있다. 셋째, 모순관계는 대립이 첨단화한 것으로서 일단 이 모순관계에 들어서면 일자와 타자는 끝내 양립할 수 없게 되는 운명을 가지고 죽느냐 사느냐의 결판을 내려고 싸우는 관계이다.[72]

이리하여 현실적 모순이 그 양에 있어서 극도에 달하여 장차 다른 질을 가진 존재로 비약하려는 계기에 이르렀을 때 이것을 위기라고 칭하는 것이다. "위기라 함은 우리가 존재하여 있는 이 현대가 모순의 절정에 도달한 시기다."[73] 마치 물이 장차 얼음이 되려는 순간과 같이 질적 비약이 포만상태에서 준비되고 있는 시기이다. 이 시기 박종홍의 위기에 대한 규정은 '양적인 것에서 질적인 것에로 전화', 즉 사물의 변화·발전을 설명하는 변증법의 기본 법칙을 충실히 따

71   박종홍, 같은 글, p. 367.
72   박종홍, 「모순과 실천」, 『동아일보』 1933.10.27/3면/4단.
73   박종홍, 같은 글, 1933.11.1/3면/7단.

르고 있는 것으로 볼 수 있다.

「우리의 현실과 철학」에서도 박종홍은 같은 맥락에서 위기를 정의하고 있다. "어떤 사회의 성장이 일정한 한도에 도달하여 그의 균형을 잃고 그의 내면적 모순으로 말미암아 일자로부터 타자로 전화되어 가는 시기를 우리는 역사의 전환기라 하며 그 모순이 격화하여 역사의 전변(轉變)이 마치 그 절정에 도달한 때를 일러서 우리는 위기라고 하는 것이올시다."[74]

그러면 이 위기, 이 한계상황이란 누구의 것을 말하는 것인가? 당연히 우리의 위기이며 한계상황이다. 실로 우리에게 닥친 위기, 우리에게 직면된 한계상황이고 보니까 비로소 참된 의미에 있어서 위기이며 한계상황이다. 여기서 그가 말하는 '우리'는 당연히 초근목피로도 생명을 유지할 방도가 끊어져 남부여대(男負女戴)로 만주의 광야를 헤매고, 러시아의 황야를 유랑하는 조선 사람을 말하는 것이다.[75]

그렇다면 박종홍은 이 위기를 어떻게 극복해야 한다고 생각할까?

박종홍의 해답은 역시 실천이다. 모순이 절정에 도달한 시기, 즉 위기를 파악하는 것도 실천으로써만 가능하고, 그 모순을 지양하는 것도 실천으로써 가능하다. "사람의 능동적·실천적 활동이야말로 가장 지중(至重)한 그의 본성이 아니고 무엇이랴. … 실천은 단지 이론의 응용이 아니다. 우리의 실천이 다방면으로 그의 모순에 있어서 인식되며 다시 기운찬 실천으로써만 가장 구체적으로 지양, 극복되는 것이다. 그리하여 역사는 분투의 역사, 실천으로써만 현실

---

74 박종홍, 「우리의 현실과 철학-역사적인 이때의 한계상황」, 앞의 글, p. 375.
75 박종홍, 같은 글, p. 376.

적 존재는 그의 구체성에 있어서 파악할 수 있는 것이다. 모순과 실천, 과연 모순은 실천으로 인하여 파악되고 다시 실천으로 인하여 지양된다."[76]

「우리의 현실과 철학」에서도 반복해서 위기 극복의 절박성을 강조하고 있다. "우리가 본질상 또한 필연적으로 사회적인 존재인 이상 우리는 극복이라는 실천을 위하여 이 역사적인 사회의 법칙을 파악하는 것이 초미의 긴급한 일이 되는 것이올시다. … 우리의 학문은 현실적으로 위기를 실천적으로 극복할 방법과 수단을 획득하기 위하여 먼저 우리 사회의 객관적인 조건과 아울러 법칙을 자연과 같이 충실하게 실증적으로 연구함에 있다고 할 수 있습니다. 우리는 위기, 위기 하며 공연히 소리를 높여 위기만을 절규할 것이 아니오, 또 그렇다고 이 위기 앞에서 초조한 불안을 느끼며 허둥지둥 요새 흔히 보는 바 인텔리들의 개인적인 내면적 불안을 그대로 흉내낼 것도 아니올시다. … 위기면 위기일수록 그 역사적인 사회의 객관적 법칙에 의지하야 그를 극복할 실천적 정열만 더욱 높아질 것이올시다."[77]

박종홍은 여기서 역사적 사회의 법칙이나 사회의 객관적 조건, 자연법칙과 같은 실증적 연구 같은 용어를 사용하고 있다. 이는 당시의 지식인들에게 적극적으로 수용되었던 마르크스주의에서 주로 사

---

76 박종홍, 「모순과 실천」, 『동아일보』 1933.11.1/3면/7단; 조희영은 이러한 "박종홍의 모순론은 동시에 위기론이며, 시대의 개혁을 바라는 혁명론이다. 조국의 현실을 모순에 찬 위기로 보고 자주독립을 대망하는 마음에서 쓰여진 젊은 철학자의 열정적 이론"이라고 평가하고 있다. 조희영, 「현대 한국의 중기철학사상 연구1-박종홍과 전원배의 철학사상을 중심으로」, 『철학연구』 제44집, 대한철학회, 1988, p. 4.
77 박종홍, 「우리의 현실과 철학-역사적인 이때의 한계상황」, 앞의 글, pp. 377-378. 강조 필자.

용되던 용어들, 즉 과학적 사회주의, 사회·역사의 객관적 발전법칙으로서 유물론적 역사관 등을 사용하고 있다는 점에서 직접적은 아니라 할지라도 간접적으로 위기 극복의 방법을 마르크스주의에서 찾으려는 시도로 볼 수 있다. 물론 박종홍 사상 중에서 초기에 해당하는 일제강점기 시기에 주로 국한되어 나타나고 있기는 하지만.

이처럼 박종홍은 사회적 모순이 절정에 도달했을 때를 위기로 파악하고 있으며, 이 위기의 극복은 오로지 실천으로써만 가능하다고 역설하고 있다. 박종홍의 위기론은 앞의 김두헌, 전원배보다 진일보한 논의라고 볼 수 있다. 즉 김두헌의 추상적 위기담론, 전원배의 경제적 모순으로서 객관적 위기담론보다 진일보한 '우리'를 중심으로 한 주체적 실천으로서 위기담론을 표방하고 있는 것이다. 헤겔의 변증법을 주체적으로 수용하여 우리의 모순된 현실인 위기를 극복하기 위한 방법으로 적극적 실천을 제시하고 있다는 점에서 중요한 의미를 가진다고 볼 수 있다.

그러나 위기 극복의 해법으로 박종홍이 적극적으로 제시하고 있는 '실천'은 현실비판과 극복가능성의 모색에도 불구하고, 개념적·수사적 '실천'에만 머물고 만 것은 아닌지 하는 의문을 던져준다. 즉 '어떻게 위기를 극복할 것인가' 하는 문제가 남아 있다. 이는 역사적인 사회의 법칙을 파악하는 것이 절실하다고 강조하면서 실천의 가능성을 타진하고, 실천의 필요성을 제기하는 데까지는 나아갔으나, 현실변혁을 통한 위기 극복의 구체적 '실천'에까지는 이르지 못한 것은 그의 위기론의 한계로 보여진다.

물론 철학자로서, 그것도 일제강점기 초기 한국현대철학자로서, 아카데미즘의 영역 내에서 현실의 모순을 분석하고, '위기'에 대한 원인을 진단하고, '위기'의 해법으로서 실천을 강조하고 제시하였다는 점에서는 박종홍의 위기론에 충분히 의미를 부여할 수 있다. 그러나 '위기'에 대한 그의 분석과 극복책이 아카데미즘을 넘어 구체적 현실의 영역에서 모순을 지양 극복하고, 변혁을 이끌어내는 실천에까지 이르지 못했다는 점은 아쉬움으로 남는다.[78]

여기서 우리는 박종홍을 통해 현실의 위기에 대응하는 철학의 역할과 사명이 과연 무엇이어야 하는가를 되새겨볼 수 있을 것 같다. "실로 우리의 철학은 이때의 우리들의 역사적이며 사회적인 이 현실 속에 뿌리박고 있는 것이며 … 우리의 현실이 철학을 낳지 못하는 동안 우리의 위기는 철저하게 극복될 수 없는 것이오, 우리의 철학이 우리의 현실을 잊어버리는 순간 그 본래의 의미에 있어서 참된 우리의 철학이 될 수 없습니다."[79]

4. 박치우의 위기론

박치우(朴致祐, 1909~1949)[80]의 위기론은 「위기의 철학」(1934)과 「나의 인생관: 인간철학 서상」(1935)에서 집중적으로 논의되고 있다. 박치우는 위기론을 제기하면서 당시 서양 현대철학에서 논의하

---

78 그러나 이러한 문제점은 그의 중기사상의 총결산인 『철학개설』의 결론 '우리의 길'에서, "우리의 활로, 우리 자신의 힘으로 우리 스스로가 개척하여 걸어가야 할 길, 그것은 향내적인 자각을 통하여 무(無)에 부딪쳐 다시 향외적으로 돌아오는 창조의 길일 수밖에 없다."고 말하면서 구체적인 방향을 제시하고 있음을 본다. 박종홍, 『철학개설』, 백영사, 1954, p. 276 참조.

79 박종홍, 같은 글, p. 378; 박종홍, 「'철학하는 것'의 출발점에 대한 일 의문」, 『철학』 창간호, 1933.07.17, pp. 1-16; 박종홍, 「'철학하는 것'의 실천적 지반」, 『철학』 제2호, 1934.04.01, pp. 18-37 참조.

고 있는 쟁점들을 거론하고 있다. 「나의 인생관」 1장 '위기와 인간'에서 그는 '위기의 철학자' 하이네만(Heinemann)이 현대의 위기가 곧 '인간의 위기'라고 절규했다고 말한다. 말하자면 현대의 위기는 문화, 정신, 과학 등 부분적인 위기가 아니라 실로 '인간의 위기', 즉 인간 자체가 내포한 '이성의 위기' 그것이라는 것이다.[81]

그러나 박치우는 현대의 위기가 이성의 위기라는 하이네만의 '위기관'에 동의하지 않는다. "우리는 이상과 같은 그의 위기관에서 간과하여서는 안 될 중대한 오류를 지적 않을 수 없다. 그것은 즉 그가 의미하고 또한 문제 삼은 위기는 단순히 '철학의 위기' 다시 말하면 '사상의 위기'에 지나지 못한 것이고, 말하자면 결코 이러한 위기

---

80 박치우는 한국현대사상사에서 묻혀 있던 해방공간 진보 지식인의 전형이다. 그는 박종홍, 안호상의 철학과 대립되는 유물론적 관점에서 자신의 사상을 당시 역사적 현실에 접목하려 노력한 인물로 평가받고 있다. 최근 박치우의 생애와 사상을 발굴·재조명한 연구 성과물이 전남대 위상복 교수에 의해 출판되었다. 이 책에서 저자는 박치우 이해를 위해 「경성제국대학」, 『신흥』과 철학사상, 「철학연구회와 『철학』」, 「박치우의 삶과 철학사상」 등 전체 856쪽에 달하는 방대한 분량을 할애하고 있다. 위상복, 『불화 그리고 불온한 시대의 철학』, 도서출판 길, 2012 참조.

81 박치우(1935), 「나의 인생관: 인간철학 서상」, 『동아일보』 1935.01.11/3면/1단; 박치우와 같은 시기 활동했던 일본철학자 미키 기요시(三木淸)의 위기론은 박치우, 박종홍 등 당시 한국철학자들의 위기론에 적지 않은 영향을 미쳤을 것으로 생각된다. 「위기에 있어서의 이론적 인식」(1929)을 시작으로 연속해서 발표한 그의 위기론에 의하면 위기의 극복은 기본적으로 실천적 사회변혁에서 구해져야 하며, 철학적 문제로서는 실천에 의한 로고스와 파토스의 변증법적 통일에 의해서만 창조가능한 '새로운 인간형'에서 구해져야 한다는 것이었다. 미키 기요시는 위기의 극복을 철학적 견지에서 '새로운 인간형'에서 찾고 있으며, 그런데 박치우 역시 1935년 1월 『동아일보』에 「나의 인생관: 인간철학 서상」이란 논문을 발표하며 위기 극복을 위한 새로운 인간형의 필요성을 주장하고 있다. 이러한 점에서 볼 때 박치우와 미키 기요시의 사상적 동질성은 크다고 할 수 있다. 특히 두 사람에게는 저널리즘을 통해 철학 활동을 한 점, 위기나 인간의 문제들을 중요시한 점, 반파쇼 투쟁을 한 점, 그리고 마르크시즘으로 인한 그들의 비극적 종말 등에서 그들의 문제의식이나 생활의 공통점이 많이 찾아볼 수 있다. 조희영(1974), 앞의 글, pp. 19-21 참조.

가 그리로부터 파생되는 근원적이고, 저초적(底礎的)인 위기 즉 사회의 위기·경제적 제 기구의 위기를 말함이 아니었다는 점이다. 다시 말하면 그에 있어서는 위기는 단적으로 사상의 위기로서만 문제되었을 뿐만 아니라, 동시에 그것은 위기일반의 근원인 저초적인 위기와의 구체적 관련에서 고려되지 않았다는 점이다."[82]

박치우는 하이네만이 위기를 철학의 위기, 사상의 위기로만 부분적으로 한정했을 뿐, 토대가 되는 사회적·경제적 위기까지 포괄하지 못했다고 비판하고 있는 것이다. 그것은 서양의 보편적 시각에서 바라본 위기가 될지언정 식민지 조선이라는 특수한 상황에서 체험하는 위기는 아니라는 것이다.

그러면 박치우가 말하는 위기는 무엇인가?

이 글의 서두에서도 인용했듯이 박치우는 1934년 발간된 『철학』 제2호에 수록된 「위기의 철학」에서 현대의 위기와 철학의 위기를 거론하고 있다. 여기서 그는 위기의 본질, 위기 발생의 원인, 위기 극복 방법에 대해 상세히 논하고 있다. 박치우는 우선 위기 극복의 방법은 실천에 의해서만 가능하다고 단언하면서 그의 논의를 시작한다.

> 우리들은 이같이 위기에 있으며, 위기에 살며, 위기와 싸워야 할 불가피한 운명에 던져진 존재이다. 그러면 도대체 여하히 하면 이 싸움에 있어서 승리를 얻을 수 있을까? 무엇으로써일까? 위기일반에 대한 기만적인 판단중지(epoche)에 의하여서일까? 또는 종교적인 도피로써일까? 아니다. 우리의 주장은 이러하다.-위기의 극복은 다못[오직] 실천에 의하여서만 가능하다고.[83]

---

82 박치우, 같은 글.

그렇다면 왜 위기 극복은 실천에 의해서만 가능한가? 박치우는 스스로 이 물음을 제기하고 이 문제에 대한 해답은 '위기'와 '실천' 두 개념의 본질적이고 구조적인 분석을 통해서만 가능하다고 한다. 박치우는 위기 극복을 위해서는 실천을 통해 모순을 주체적으로 파악하는 것이 필요하다고 역설한다.

박치우에 있어 위기란 일반적으로 '모순'으로서 나타나는 '특정한 시기'를 말한다. '모순'이 없는 곳에 위기란 처음부터 있을 수 없기에 '모순'은 진실로 '위기'의 근본구조에 속한다. 그러나 모순의 객체적인 존립 그 자체만으로는 위기라고 할 수 없다. 참된 의미의 "위기란 일반적으로 객체적인 모순이 주체적으로 파악되는 특정의 시기"를 말하는 것이다.[84] 말하자면 위기는 객체적 모순이 주체의 의식을 통해 인식됨으로써 진정한 위기라고 할 수 있다.

그러면 주체적 파악이란 어떤 것인가? 박치우는 "주체적 파악이란 사물을 신명을 던져서 정열적으로 파악하는 파악양식"[85]이라고 한다. 조금 달리 표현하면 신명을 던져서 감행하는 정열적인 파악이다. 박치우는 이 주체적 파악양식을 교섭적 파악, 모순적 파악, 행동적·실천적 파악으로 각각 구별하고 있다. 이와 같은 구별은 "파악에 있어서의 정열의 강약",[86] 즉 파악에 있어서의 성실성(Ernstheit)의 강약에 따른 것으로, 로고스적 파악이 진리성(Wahrheit)을 목표로 한다면 파토스적 파악은 성실성을 목표로 한다는 것이다. 박치우가 구별하고 있는 주체적 파악의 세 가지 양식(단계)을 살펴보면 다음

83 박치우(1934), 「위기의 철학」, 『철학』 제2호, 1934.04.01, p. 1.
84 박치우(1934), 같은 글, pp. 2-3.
85 박치우(1934), 같은 글, p. 3.
86 박치우(1934), 같은 글, p. 4.

과 같다.[87]

첫째, 교섭적 파악양식: 교섭적 파악이란 사물을 파토스적으로 파악하는 방식이다. 로고스적 파악은 사물을 학문적, 태도적으로 파악하는 것이요, 따라서 그때 사물은 단순한 대체(對體)로서 인식된다. 이 경우 그 대체는 죽어 있는 것이나 마찬가지다. 이에 반하여 파토스적 파악은 생활적, 교섭적 파악이다. 따라서 이때 사물은 죽은 대체가 아닌 살아 있는 대자(對者)로서 체험되며, 이 경우 그 대자는 살아 있는 것이나 다름없다. 예컨대 쓰러져가는 한 오두막집을 보았을 때, 그에 대한 태도적 관찰은 이것을 경사(傾斜)되어 있는 건물로 인식하지만, 교섭적 파악은 이것을 굶주린 식구들이 깃들어 있는 곳으로 체험한다. 그러나 이러한 교섭적 단계는 아직 사물과의 화협(和協)적 교섭관계에 있으니 미온적이다. 주체적 파악의 본질이 신명을 다하여 정열적으로 감행되는 파악이라면 이 단계에 머물러 있을 수 없다.

둘째, 모순적 파악양식: 모순적 파악양식에서는 사물을 보다 힘있게, 보다 강한 정열로서 파악하는 것이요, 이것은 사물을 친구로서만이 아니라 적으로서도 대하는 것이다. 여기에서 대자로서의 사물은 적, 원수로서 우리와 날카로운 모순관계에 서게 된다. 이리하여 사물을 보다 더 힘차게 주체적으로 파악하려면 사물을 모순적으로 파악하지 않으면 안 되고 사물을 날카로운 모순관계에 서서 체험해야 한다. 이것이 모순적 파악이다. 그러나 모순적 파악에는 사물을 적대시하고 위협적인 적으로서 원망하거나 반목하는 일은 있을지언정 행동으로서의 싸움은 아직 없다. 무의미한 긴장은 있을망정 이

---

87   박치우(1934), 같은 글, pp. 4-6.

긴장을 깨뜨리고 돌입하는 비약은 없다. 따라서 이 단계에서는 사물을 주체적으로, 다시 말하면 가장 격렬한 정열로서 신명을 던지고 파악하였다고는 못할 것이다.

셋째, 행동적, 실천적 파악양식: 신명을 던져 감행하는 정열적 파악으로서 주체적 파악이 되기 위해서는 행동적, 실천적 파악양식이 요구된다. 이 파악양식은 사물과의 긴장된 대립, 즉 사물과의 모순을 깨뜨리고 사물 자체를 향하여 돌입하고 혈투함으로써 그것을 완전히 극복하여 내 것으로 만드는 정열적인 모험을 감행하는 것이다. 이때 사물을 결정적인 싸움에서 파악하는 것은 행동 또는 실천이다. 그러므로 사물을 가장 힘 있게 주체적으로 파악하려면 행동 또는 실천을 통해서만 파악해야 한다.

이상 박치우의 주장에 따라서 객체적인 모순이 어떠한 과정을 거쳐서 파악될 때 위기가 나타나는가를 살펴보았다. 요컨대 위기란 사회적 모순이 격화하여 이것을 우리의 생명을 위협하는 적으로서 뼈에 사무치게 체험할 때만 나타날 수 있는 현상이다. 이것은 우리가 이 사회적 모순을 그와 날카로운 모순에서 파악한다는 것과 다름없다. 이리하여 모순이 격화될 때 우리는 그것을 모순적으로 파악하게 되는 것이다.[88] 따라서 박치우는 사회적인 모순과의 모순을 자각한 사람만이 진정 위기를 감득할 수 있을 것이며, 이 같은 자각을 환기시킬 수 있는 시기만이 위기라고 보는 것이다.

「위기의 철학」 마지막 장에서 박치우는 이제 위기 극복의 방법에 대해서 제시한다.

앞에서 보았듯이 박치우에 의하면 객체적 모순, 즉 사회적 모순을

---

88   박치우(1934), 같은 글, pp. 10-11.

'극복' 하기 위해서는 반드시 행동과 실천을 통해서 이를 파악하지 않으면 안 된다. 따라서 그는 주체적 파악의 세 단계 중에서, 객체적 모순이 모순적 파악의 단계에서 파악될 때, 그것은 위기로 나타나고, 다음의 단계인 행동적, 실천적 파악의 단계에서 파악될 때 이것 (모순)은 '극복' 되는 것이라고 단언한다. "모순을 바라만 보고 고함만 치지 말고, 단도직입으로 이 모순의 과정에 돌입하여, 이것과 피투성이 되도록 싸움으로서 파악하지 않으면 우리는 이 모순을 극복하지 못하는 것이다. (…) 따라서 모순의 극복은 오직 실천에 의하여서만 가능하다."[89]

그러면 위기 파악의 세 번째 단계에서 요구되는 행동과 실천은 어떤 관계인가?

박치우에 따르면 모든 실천은 행동이지만, 모든 행동이 실천은 아니다. 아리스토텔레스가 말한 바와 같이 메타 로곤(meta logon), 즉 로고스에 따른 행동, 이성 또는 이론에 근거한 행동만이 실천이다. 단순한 행동은 파토스적임에 비하여 실천은 로고스적이다. 망동과 폭동은 목적 의지적이면서도 이성적 행동은 아니다. 이리하여 박치우는 이론의 대립 개념은 행동이고, 실천은 이론과 행동의 변증법적 통일이라고 본다. 실천은 대상과의 모순의 극복, 즉 레닌이 말한 '대립의 통일'이다. 그것은 본질상 변증법적 통일일 뿐만 아니라, 이론과 행동의 변증법적 통일이다.[90] 박치우는 실천적 파악의 단계에서는 로고스적인 면을 중요시하여, 주체적 파악은 본래 파토스적이지만 그 극치인 실천에 이르면 한 걸음 로고스적인 것의 영역에 들어간다

---

89 박치우(1934), 같은 글, p. 13.
90 박치우(1934), 같은 글, pp. 14-15.

고 말한다. 파토스는 실천의 동력이고 로고스는 실천의 지침이다. 따라서 실천을 참된 실천으로 인도하는 지침은 로고스적인 요소에 달려 있다고 본다. 결국 박치우가 제시하는 위기 극복의 방법은 오직 이론과 행동의 변증법적 통일로서 '참(진리眞)인 실천'에 의해서만 가능하다는 것이다.

이상으로 「위기의 철학」을 중심으로 박치우의 위기론을 일별해보았다. 여기에서 박치우는 비록 암시적이지만 위기 극복의 방법으로 마르크스주의와 혁명에의 투신을 제시하고 있다고 볼 수 있다. 그에게 위기 극복은 실천적 파악, 즉 사물과의 모순을 깨뜨리고 사물 자체를 향하여 돌입하고 혈투함으로써, 그리고 그것을 완전히 극복하여 내 것으로 만드는 정열적인 모험을 감행함으로써 가능한 것이었다. 말하자면 박치우는 당시의 사회적 모순에서 오는 위기를 실천적 파악, 즉 혁명에 의하여 극복하자는 것이었다.

여기서 박치우 위기론이 지닌 몇 가지 난점을 생각해볼 수 있다. 먼저 박치우 위기론에서 주체적 파악설의 비정합성을 지적할 수 있겠다. 그것은 박치우가 주체적 파악 자체를 파토스적이라고 규정해 놓고 그 최강의 파토스적 단계인 실천적 파악의 '실천'에서 로고스적 요소를 인정하고 있다는 점이다. 이렇게 되면 그가 말한 '실천이란 로고스와 파토스의 변증법적 통일'이라는 주장에 모순이 생긴다고 하는 점이다. 즉 파토스의 최강의 단계에 로고스적 요소가 개입한다는 것, 그것도 지도권을 가지고 개입한다는 설명은 논리적으로 모순된다고 할 수 있다.[91]

또 다른 문제점으로는 앞서 거론한 김두헌이나 다음 장에서 거론

---

91 조희영(1974), 앞의 글, pp. 41-42 참조.

할 김기석의 위기론과는 반대의 경우라고 할 수 있다. 즉 박치우는 위기 발생의 근본원인을 사회적 모순에 기인하는 것이라고 보고 있는데, 이것은 사실상 하부구조로서 사회-경제적 모순에만 국한된 위기 분석이라 하겠다. 물론 하부구조의 모순이 가장 근본적 원인이 될 수 있겠지만, 김두헌, 김기석이 제기한 학문이나 문화의 영역, 즉 상부구조에서 발생하는 위기 문제는 간과 또는 배제됨으로써, 위기 발생의 전모를 밝히기보다 일면적 분석에 그치지 않았는가 하는 의문을 제기할 수 있다.

5. 김기석의 위기론

일본 와세다대학과 도호쿠대학에서 철학을 전공한 김기석(金基錫, 1905~1974)은 「현대의 위기와 철학」(1938)[92]에서 현대를 동란(動亂)의 세기로 규정하고, 혼란한 시대의 불안과 동요를 현대의 징표(徵表)라고 말한다. 그는 현대 위기의 본질을 '문화의 위기'와 '생활의 위기'로 규정한다. 문화와 생활은 불가분리의 관계에 있기에 문화의 위기는 곧 생활의 위기를 전제로 하게 된다. 그는 위기론을 설명하기 위해 '생', '운동', '정신', '실존', '주체', '실천', '이성' 등 당시 독일 철학계의 주요 개념들을 사용하고 있다. 특히 '운동'과 '실천' 개념은 그의 위기론을 이해하는 데 중요한 의미를 가진다.

그는 실천과 단순한 운동을 구별하는 특성으로서 이성을 들고 있

---

92 김기석, 「현대의 위기와 철학: 불안한 생을 영위하는 분께」, 『동아일보』 1938.09.04 ~1938.09.08(4회).

다. 즉 실천은 이성과 헤어질 때 단순한 운동이 되어 사나운 살벌(殺伐)에 떨어지고 만다는 것이다.[93] 나아가 "생을 이성의 측면에서 추상시킬 때 관념론 내지 형이상학이 구성되고 생을 실천의 측면에서 추상시킬 때 유물론 내지 기계주의가 귀결"된다고 한다. 그렇기 때문에 "생을 정신 또는 물질에 있어서 설명할 것이 아니라 오히려 정신이나 물질이 생에 있어서 설명"되어야 한다고 말한다.[94] 그가 보기에 "어제는 '철학'의 사태 속에서 '이론'이 질식당했고, 오늘은 사나운 '살벌'에 눌려 '실천'이 발버둥질 치고 있"기에 이제 정신(관념론)과 물질(유물론)은 '생' 앞에서 상대화되고, 무력화되어야 할 대상이 되어야 한다.

김기석은 사유의 위기, 사상의 위기로서 현대의 위기는 '현실'의 동요와 붕괴에서 온다고 한다. 특히 어떤 사상은 모든 것을 '현실'에 있어서 볼 것을 요구하는데, "현실만이 실재이고 현실만이 근원이매 모두를 이 현실의 유동과 생성에 있어서 설명해야 한다고 가르칩니다. 나는 이것을 다른 데서 '운동의 논리' 또는 '현실의 형이상학'이라고 부른 일이 있습니다."[95]라고 이를 비판하고 있다. 이러한 김기석의 비판은 '운동의 논리'로 '현실'을 변화·발전시키려는 변증법 또는 변증론을 직접적으로 겨냥한 것이다.[96]

---

93 김기석, 같은 글, 1938.09.04/4면/3단.

94 김기석, 같은 글, 『동아일보』 1938.09.06/3면/3단.

95 김기석, 같은 글.

96 운동과 발전의 논리를 기반으로 한 변증법과 유물론 사상에 대해 부정적 입장을 견지하고 있는 김기석은 이미 「哲學時想」, 『朝光』 제4호, 1936.02.01, pp. 269-273; 「哲學時感」, 『朝光』 제8호, 1936.06.01, pp. 179-186, 「哲學의 理念과 그 現實行程」, 『朝光』 제12호, 1936.10.01, pp. 76-183; 「新哲學의 指導 原理」, 『조선일보』 1937.03.31/5면/1단 등에서 이러한 신념에 찬 주장을 지속적으로 표명하고 있다.

실제로 그는 "운동의 논리니 현실주의니라고 부르는 것은 실상 이 변증법을 의미하는 것"[97]이라고 직접 고백하고 있다. 또한 사람들이 이 운동의 논리, 생성의 논리로서의 변증법을 가장 직접적인 진리라고 하지만, 진리란 변증법에 그치는 것이 아니고 도리어 변증법을 그 속에 가지는 훨씬 넓은 것이라고 주장한다. 실재의 세계는 단순히 한 개의 조그만 변증법적 세계에 그치는 것이 아니라 변증법적 세계를 그 속에 가진, 말하자면 초(超) 변증법적 세계, 포(包) 변증법적 세계가 되어야 한다는 것이다.[98] 요컨대 진리와 실재의 세계는 변증법적 세계보다 넓고 깊은 것이 되어야 한다는 것이다.

이러한 논의의 연장선상에서 김기석은 현대의 위기가 변증법적 논리에만 치우친 지나친 '사상성(思想性)'에 의해, 즉 오히려 '실천'의 빈곤보다 '이론'의 빈곤으로 인해 초래된 것으로 보고 있다.

현대는 한 개 변설(辨說)의 세기입니다. 사람들은 흔히 현대에 이르러서 실천의 빈곤을 탄식하거니와 실천의 빈곤보다는 오히려 이론의 빈곤이 심한 것이 아니겠습니까? 이론적 정신의 옹호, 이것은 인간 영원의 과제가 아닐 수 없습니다. 앞에서 현대가 '현실의 형이상학'이라고 부를 수 있는 한 개의 사상을 가졌다는 말을 했거니와 오히려 그것을 가진 까닭으로 해서 사람들은 이론을 대소롭지 않게 보는 일이 있습니다. 현대에 있어서 가장 짓밟히는 것이 다름 아닌 이 이론이라고 나는 봅니다.

---

97 김기석, 「신철학의 지도 원리」, 『조선일보』 1937.03.31/5면/1단; 그러나 독일 유학파인 안호상의 경우 위기철학이 근본적으로 헤겔의 변증법 사상으로부터 출발함을 인정하지만, 현실의 위기가 직접적으로 변증법 사상으로 인해 초래된 것으로 보지는 않는다. 안호상, 「현대독일철학의 동향」, 『조광』 제16호, 제3권 2호, 1937, pp. 160-163 참조.

98 김기석, 같은 글.

흔히들 이론을 집어치우라고 하지마는 이것은 기실 고차의 이론을 세우는 것이 아니겠습니까?[99]

이처럼 김기석은 현대의 위기가 '실천'만을 극단적으로 강요하는 '현실의 형이상학'에 의해, 즉 '변증법' 사상만이 유일한 이론으로 여겨짐으로써 초래되었다고 보고 있다. 그 때문에 여타의 사상과 이론은 존립하기 어려운 현실을 '이론의 빈곤'으로 비유하고 있는 것이다. 앞에서 그는 현대의 위기를 문화의 위기와 생활의 위기로 구분하였다. 결국 이 문화의 위기는 '문화의 철학에로의 귀환'을 통해 극복될 수 있으며, 현실의 위기는 현실의 학으로서의 '철학의 건설'에 의해 극복될 수 있을 것으로 본다. 물론 이 '철학'은 운동의 논리에 기반한 변증법적 철학이 아닌, 자신이 말하는 '한정(限定)의 논리'에 기반한 비변증법적 철학을 말할 것이다. 그러나 그가 말하는 문화의 위기, 생의 위기가 진정 현실의 위기를 대변하는 것인지. 그리고 이러한 위기가 발생한 본질적 이유가 과연 '이론의 빈곤', 즉 '운동의 논리'에 기반한 변증법적 철학만을 절대화함으로써 발생한 것인지는 확신할 수 없다.

6. 맺는말

이상에서 일제강점기 한국철학자들이 당시에 그들이 처한 현실 속에서 '위기'를 어떻게 인식하고 있었으며, '위기'에 대해 어떤 방식

---

99 김기석, 「현대의 위기와 철학」, 『동아일보』 1938.09.07/3면/3단.

으로 대응하려 했는지 위기담론의 유형과 특징을 중심으로 고찰해 보았다. 당시 한국철학자들이 '위기'론을 제기하면서 '현실인식'에 어떻게 적용하였는지, 더불어 이들이 '위기' 개념을 어떤 철학적 배경에서 사용하였는지를 살펴보았다.

김두헌은 위기 문제를 타 철학자들에 비해 상대적으로 간명하게 다루고 있다. 그에게 있어 현실은 식민지 조국의 절박하고 암울한 생생한 삶 그 자체였다. 바로 이러한 현실이 그에게 '위기'의 문제로 주어졌으며, 이러한 위기를 타개하기 위해서 그가 제시한 해법은 '진리에 호소'하는 것이었다. 그는 비판적 정신과 학구적 태도로 진리를 향해 매진해나감으로써 주어진 현실의 위기를 극복할 수 있다고 보았다. 그러나 위기의 원인과 극복에 대한 김두헌의 논의는 너무나 간명하고 소박하다. 어디까지나 소박한 학문적 태도로서만 이 문제에 접근하고 있음을 볼 수 있다.

전원배의 경우 현대의 위기는 특정 민족에만 국한된 위기가 아니라 세계사적 위기인 동시에 인간 문화에 널리 파급되어 있는 전면적인 위기다. 따라서 그는 위기의 보편성을 강조하고 있다. 그는 정신적, 문화적 성격을 띤 현대위기의 원인으로 포이어바흐, 니체, 딜타이, 하르트만 등의 역사주의나 상대주의적 철학의 영향이 크다고 본다. 그러나 현대의 정신적·문화적 위기는 결국 현대 자본주의 사회의 내적 모순이 표출된 위기이며, 따라서 이러한 위기를 극복하기 위해서는 영웅적·실천적 세계관이 요구된다고 말한다. 이러한 세계관으로서 그는 민족주의와 사회주의를 제시하고 있는데, 전원배의 초기 철학사상에서는 마르크스주의적 입장이 강하게 나타난다.

박종홍의 위기론은 특히 철학과 현실의 밀접한 연관성을 강조하는데 그 특징이 있다. 그의 초기 철학사상의 대부분은 현실에 대한 철학의 의미, 역할, 사명을 강조하면서 진정한 철학은 위기 극복의 철학이 되어야 한다고 역설한다. 현실의 위기를 비판하는 기능이 상실된 철학은 유해무익한 학문일 뿐이라는 것이다. 그는 위기를 사회적 모순이 절정에 도달한 시기로 규정하고 있으며, 이 위기를 파악하고 그 모순을 지양하는 것은 오직 실천으로써만 가능하다고 주장한다. 박종홍의 위기론은 김두헌, 전원배보다 진일보한 논의라고 볼 수 있다. 즉 김두헌의 '추상적 위기담론', 전원배의 경제적 모순으로서 '객관적 위기담론'보다 진일보한 '우리'를 중심으로 한 '주체적 실천으로서 위기담론'을 표방하고 있는 것이다.

그의 위기론은 변증법을 주체적으로 수용하여 우리의 모순된 현실인 위기를 극복하기 위한 방법으로 적극적 실천을 제시하고 있다는 점에서 중요한 의미를 가진다. 그러나 그의 철학사상의 전기에 해당하는 일제시기에만 국한했을 때, 그가 위기 극복의 해법으로 제시한 '실천'은 아쉽게도 개념적·수사적 '실천'에만 머물고 만 것이 아닌지 하는 의문을 가지게 된다. 그의 위기론이 실천의 가능성을 타진하고, 실천의 필요성을 제기하는 데까지는 나아갔으나, 현실변혁을 통한 위기 극복의 구체적 '실천'에까지 이르지 못한 것은 그의 위기론의 한계로 보인다.

박치우의 위기론은 박종홍의 위기론과 많은 유사성을 가지고 있다. 특히 당시의 철학자를 '철학학자'일 뿐이라고 혹평하는 박치우는 철학, 현실, 위기, 모순, 실천 등의 함축적 의미를 박종홍과 공유하고 있다. 그러나 박치우 위기론의 특징은 박종홍의 로고스적 실천과 대비되는 파토스적 실천을 강조하고 있다는 점이다. 그는 위기를 객체적 모순이 '주체적으로 파악'되는 특정의 시기로 규정하고 있다. 이때 주체적 파악이란 사물을 '신명을 던져서 정열적으로 파악'하는 파토스적 파악양식이다. 결국 박치우는 위기 극복이 오직 이론과 행동의 변증법적 통일로서 '(참된) 실천'에 의해서만 가능하다고 한다. 여기에서 박치우는 비록 암시적이지만 위기 극복의 방법으로 마르크스주의에의 방향을 제시했으며, 혁명에의 길에 투신할 것을 철학적 용어로 호소했다고 볼 수 있다.

그러나 박치우 위기론이 지닌 문제점은 우선 자신이 주장한 주체적 파악설의 비정합성의 문제인데, 주체적 파악 자체를 파토스적이라고 규정해놓고도 그 최강의 파토스적 단계인 실천적 파악의 "실천"에서는 로고스적 요소를 인정하고 있다는 점이다. 또 다른 문제점으로는 그가 위기 발생의 근본원인을 사회적 모순 또는 하부구조에 기인하는 것이라고 보고 있는데, 이렇게 되면 학문이나 문화의 영역, 즉 상부구조에서 발생하는 위기 문제는 배제되어버리는 문제가 생기게 된다는 것이다.

김기석은 일제 말기 사상검열이 강화되고 마르크스주의가 설 자리를 잃어가던 때인 1930년대 후반에 위기론을 집중적으로 거론하고 있다. 현대의 위기를 '사유의 위기'와 '사상의 위기'로 단정하는 김기석은 현대 위기의 본질을 '문화의 위기'와 '생활의 위기'로 규정한다. 그는 현대의 위기가 '실천'만을 극단적으로 강요하는 '현실의 형이상학'에 의해, 즉 '변증법' 사상만이 유일한 이론으로 여겨짐으로써 초래되었다고 보고 있다. 따라서 그는 당시 지식인들에게 지대한 영향을 끼친 '변증법'과 '유물론', '마르크스주의' 등에 대해 비판적 입장을 견지하고 있다.[100] 그는 현대의 위기가 변증법적 논리에만 치우친 지나친 '사상성(思想性)'에 의해, 즉 오히려 '실천'의 빈곤보다 '이론'의 빈곤으로 인해 초래되었다고 강조한다.

그러나 그가 말하는 문화의 위기, 생활의 위기가 진정 현실의 위기를 대변하는 것인지? 그리고 이러한 위기가 발생한 본질적 이유가 과연 '이론의 빈곤', 즉 '운동의 논리'에 기반한 변증법적 철학만을 절대화함으로써 발생한 위기인 것인지? 박치우와는 정반대의 입장이지만, 박치우 비판에 적용된 동일한 논리가 김기석에게도 적용된다고 할 수 있다.

이상과 같이 일제강점기인 1930년대에 대중매체를 통해 논의된 한국철학자들의 위기담론을 '철학'과 '현실'의 문제를 중심으로 집중적으로 논구해보았다. 이들은 각자의 관점에서 위기 문제의 본질과 해법을 제시하려고 하였다. 이들의 위기담론은 시대의 모순, 즉 식민지라는 절박한 상황 아래 시대의 현실을 철학적으로 파악하고, 그 위기를 헤쳐나가기 위한 해법을 철학적으로 모색하고자 한 것이었다. 또한 이들의 위기담론은 동일한 맥락에서 '일제강점기 한국철학자들의 철학관' 형성에도 많은 영향을 미쳤다.[101]

위기 인식과 그 대응 방식에서 상이한 입장을 보여주고 있지만, 모순된 현실의 위기를 철학적으로 포착하고, 진지한 철학적 성찰을 통해 해결방안을 모색하고자 한 점은 이들 철학자들의 공통된 모습이었다고 할 수 있다. 다만 서양철학이 막 수용되던 시점이었기에, 아직 서구의 여러 철학사상을 통해 우리 현실을 진단하거나 위기 문제 해결에 적용하고자 한 점은 문제로 지적할 수 있다. 물론 박치우나 박종홍과 같이 '우리의 현실'을 '주체적으로' 파악하려는 시도가

---

100 위기담론의 이면에는 세계관 또는 이데올로기 대립의 문제가 깔려 있었으며, 이는 당시 대중매체를 통해 배상하·이관용 등이 전개한 '유물-유심 논쟁'으로 표면화되어 나타났다. 이태우, 「일제강점기 한국철학계의 '유물-유심 논쟁' 연구-논쟁의 전개과정과 성격, 의미를 중심으로」, 『철학연구』 제110집, 대한철학회, 2009, pp. 93-122 참조.

101 이태우, 「일제강점기 한국철학자들의 '철학관'-신문·잡지를 중심으로」, 『인문연구』 제58집, 영남대학교 인문과학연구소, 2010, pp. 389-420 참조.

있었지만, 일제강점기에 국한해서 볼 때, 그러한 시도는 대부분 우리 전통사상의 맥락과는 단절된 채 이루어진 것이었다. 그럼에도 불구하고 이 시기에 활동한 철학자들에게 우리 철학을 주체적으로 수행해나가고자 하는 단초나 맹아가 없었던 것은 아니었다. 우리의 전통사상을 근대화의 걸림돌로 여기고 폄하한 점도 있지만, 앞에서 살펴본 안호상과 신남철의 경우에서처럼 서구의 철학사상을 주체적으로 수용하여 한국적 토양에 변용하려는 시도 또한 찾아볼 수 있다.

제3장

일제강점기 한국철학자들의
유물-유심 논쟁

대중매체로서 신문은 일제강점기 한국철학의 동향을 엿볼 수 있는 중요한 정보의 집적체이다. 요즘처럼 철학자들이 자신의 견해를 발표할 수 있는 통로로서 저서나 논문을 발표할 수 있는 공간이 제한적이었었던 시절, 대표적 저널리즘인 신문은 잡지와 함께 당시 철학자들이 대중과 소통하고 그들의 사상을 표현할 수 있었던 유일한 통로였다.

3·1운동 후 일제의 한반도 지배정책이 문화정치로 바뀌면서 언론에 대한 탄압도 이전보다는 완화되었다. 이러한 변화된 환경 속에서 지식인들은 자신들의 생각을 활발히 개진할 수 있게 되었다. 이들은 식민지화된 조국의 현실을 고뇌하면서 주어진 현실을 극복할 수 있는 가능성을 모색하게 된다. 이러한 시도들은 철학, 문학, 역사, 예술, 문화 등 인문학 전 분야에 걸쳐 나타나며 특히 신문, 잡지 등 저널리즘을 통해 활발히 전개되었다.[102]

이 글에서는 이처럼 다양한 사상들이 분출했던 1929~1930년 사이에 벌어졌던 철학 논쟁에 주목하고자 한다. 특히 이 논쟁은 대중 매체인 신문을 통해 이루어졌는데, 발표 지면이 제한된 시대상황을 감안하고서라도, 철학과 대중의 만남이 오히려 오늘날보다 더 용이할 수 있었다는 점에서 우리는 저널리즘 철학이 지닌 대중과의 소통 가능성에 더 많은 관심을 가질 수 있을 것이다.

이하에서 필자는 일제강점기 신문에 나타난 한국근현대 철학사에서 '유물-유심 논쟁'이라고 부를 수 있는 철학 논쟁의 전모를 살펴보고 이 논쟁의 성격과 논쟁이 지닌 의미를 평가해보고자 한다. 그동안 한국철학사에서 중요한 '철학 논쟁'이 많았지만,[103] 이 논쟁은 한국근현대철학사에서 아직 제대로 소개되지 않은 논쟁으로서, 1929년 10월부터 1930년 10월까지 배상하를 비롯해 이관용, 박명줄, 안병주, 류춘해 등 모두 5명의 필자들이 24회에 걸쳐 『조선일보』의 지상을 빌려 치열하게 펼친 것이다.[104] 따라서 이 글은 일제강점기 한국철학계에서 벌어진 유물-유심 논쟁에 대한 형이상학적 논구나 정치한 이론적 분석을 시도하기보다는 논쟁사적 측면에서 그동안 소개되지 않았던 자료를 발굴·소개하는 데 주안점을

---

102 이태우, 「일제강점기 신문을 통해 본 서양철학의 수용 현황: 철학 관련 기사 검색 자료에 대한 통계적 분석을 중심으로」, 『동북아 문화연구』 제13집, 동북아시아문화학회, 2007, pp. 193-214; 「일제강점기 신문 조사를 통한 한국철학자들의 재발견: 김중세, 이관용, 배상하를 중심으로」, 『인문과학연구』 8집, 대구가톨릭대학교 인문과학연구소, 2007, pp. 297-323; 「일제강점기 잡지를 통해 본 유럽철학의 수용 현황」, 『동북아 문화연구』 제16집, 동북아시아문화학회, 2008, pp. 153-177 참조.

103 논쟁사적 관점에서 한국철학사를 고찰한 연구서로는 『논쟁으로 보는 한국철학』이 있다. 이 책에서는 한국철학사에서 등장하는 주요 철학 논쟁으로 '교선 논쟁', '돈점 논쟁', '유불 논쟁', '태극 논쟁', '주리주기 논쟁', '사칠리기 논쟁', '인심도심 논쟁', '인물성동이 논쟁', '서학 논쟁', '심설 논쟁' 등을 소개하고 있으며, 마지막으로 현대한국철학을 논쟁사적 관점에서 조망한 '현대한국철학 논쟁'을 싣고 있다. 한국철학사상연구회, 『논쟁으로 보는 한국철학』, 예문서원, 1998 참조.

두고자 한다. 이 글의 본 내용은 먼저 유물-유심론에 대한 입장을 둘러싸고 1년여에 걸쳐 벌어진 이 논쟁의 내용을 전개과정의 순서에 따라 살펴본 후, 다음으로 이 논쟁의 성격, 논쟁의 의미, 논쟁에 참여한 철학자 또는 지식인들의 사상적 성향 등을 고찰할 것이다.

1. 유물-유심 논쟁의 발단 및 개요

『조선일보』의 지면을 통해 벌어진 이 논쟁의 발단은 당시 약관 25세의 경성제대 철학과 졸업생 배상하가 게재한 논문에 의해서 시작되었다. 배상하가 7회에 걸쳐 『조선일보』(1929.10.08~10.14)에 「비유물적 철학관」이란 제목으로 논문을 싣게 되면서 약 1년여에 걸쳐 조선 지성계를 뜨겁게 달아오르게 한 유물-유심 논쟁이 벌어진 것이다.[105] 배상하는 이관용과도 치열한 논쟁을 벌임으로써 당시 조선 학계와 언론계, 지성계에 일대 센세이션을 일으켰다. 이 논쟁의 중심

---

104 『조선일보』를 포함한 당시의 신문·잡지는 사회주의 사상의 소개에 많은 관심을 보였다. 특히 1924년부터 1933년까지의 『조선일보』는 사회주의 신문이라는 당시의 세론과 마찬가지로 사회주의 이념(공산주의 이념)에 대해 많은 지면을 할애하여 보도하고 논설과 글을 게재했다. 그러나 사회주의 사상이 당시에 얼마나 체계적이고 깊이 있게 수용되었는가 문제로 남는다. 그것은 식민지라는 특수한 조건 때문에 사회주의 자체의 이론보다는 현실 변혁 사상이자 민족해방의 수단으로 수용되었기 때문이다. 김재현, 『한국 사회철학의 수용과 전개』, 동녘, 2002, pp. 65-68; 유재천, 「일제하 한국 신문의 공산주의 수용에 관한 연구(1)」, 『동아연구』제7집, 서강대학교 동아연구소, 1986; 일제하 한국 신문의 공산주의 수용에 관한 연구(2)」, 『동아연구』제9집, 서강대학교 동아연구소, 1986 참조..

105 유물론과 유심론을 사전적으로 정의하면, 유물론이란 궁극적으로 '물질'이 '정신'(관념)에 비하여 일차적이며, 물질이 정신(관념)을 규정한다고 보는 세계관 또는 철학이다. 반대로 유심론(관념론)은 '정신'(관념)이 '물질'보다 일차적이며, 정신(관념)이 물질을 규정한다고 보는 세계관 또는 철학이다.

인물인 배상하를 중심으로 전개된 당시의 논쟁을 소개하면 다음과 같다.

먼저 배상하가 7회에 걸쳐 『조선일보』(1929.10.08~10.14)에 「비유물적 철학관」이란 제목으로 논문을 싣게 된다. 이 논문에 대한 이관용의 반론이 『조선일보』(1929.10.24~1929.10.26)에 「유물론 비평의 근거」라는 제목으로 3회에 걸쳐 실리고, 이어서 배상하가 다시 이관용에 대한 반박으로 『조선일보』(1929.11.19~1929.11.23)에 5회에 걸쳐 「이관용씨의 유물비평근거의 '전언(前言)' 철회를 요구하는 공개장」이란 제목의 글을 쓰게 된다. 이에 대한 재반박이 다시 박명줄(朴明茁)에 의해서 「배상하씨의 「비유물적 철학관」과 그 변명문을 읽고」란 제목으로 『조선일보』(1929.12.03)에 실리게 되며, 이어서 해를 넘겨 안병주가 「반유심적 철학관: 배상하군의 일고(一考)에 공(供)함」이란 제목으로 『조선일보』(1930.03.16~1930.03.17)에 2회에 걸쳐 이 논쟁에 관한 자신의 견해를 제시한다. 마지막으로 이 논쟁에 가담한 이는 류춘해(柳春海)이며, 그 역시 『조선일보』(1930.10.04~1930.10.11)에 6회에 걸쳐 「과학의 진정한 방법론: 배상하군의 이론을 비판함」이란 제목으로 배상하의 논문에 대한 비판적 입장을 피력하고 있다. 아래의 〈표 1〉은 게재 일자별로 필자명과 논문 또는 기사명을 정리한 것이다.[106]

구분	성명	논문 또는 기사명	신문명	게재 일자	게재 횟수
1	배상하	비유물적 철학관 (非唯物的 哲學觀)	『조선일보』	1929.10.08 ~1929.10.14	7회
2	이관용	유물론 비평의 근거 (唯物論 批評의 根據)	『조선일보』	1929.10.24 ~1929.10.26	3회

3	배상하	이관용씨의 유물비평근거의 '전언(前言)' 철회를 요구하는 공개장	『조선일보』	1929.11.19 ~1929.11.23	5회
4	박명줄	배상하씨의 「비유물적 철학관」과 그 변명문을 읽고	『조선일보』	1929.12.03	1회
5	안병주	반유심적 철학관: 배상하군의 일고(一考)에 공(供)함	『조선일보』	1930.03.16 ~1930.03.17	2회
6	류춘해	과학의 진정한 방법론: 배상하군의 이론을 비판함	『조선일보』	1930.10.04 ~1930.10.11	6회

〈표 1〉

이하에서는 먼저 당시 신문지상을 빌려 1년여에 걸친 첨예한 논쟁의 시발점이 된 배상하의 논문 「비유물적 철학관」(『조선일보』, 1929. 10.08~10.14 / 7회, 원고지 약 100매 분량)에서 제기하고 있는 문제가 무엇인지를 검토해보고 다음으로 논쟁 순서에 따라 이관용-배상하-박명줄-안병주-류춘해의 글을 차례로 검토해보겠다.

---

106 『조선일보』(1929.10.08~1930.10.11)의 지면을 빌려 논쟁에 참여한 5명 필자의 논문 또는 기사는 원문의 보존 상태가 양호한 편이 아니어서 해독에 적지 않은 어려움이 따랐다. 특히 박명줄의 반박 기사는 원문의 절반가량이 해독이 불가능할 정도로 많이 훼손되어 있어 문맥을 파악하기 힘들었다. 그 밖의 필자들의 원문도 부분적으로 확인이 쉽지 않은 구절이 적지 않았으며, 특히 당시 필자들이 사용한 한글이 현대 한글의 문법이나 문체 사용과 맞지 않는 부분도 많이 나타난다. 그렇지만 원문 인용 시이 논쟁에 참여한 필자들의 의도를 있는 그대로 전달하기 위해서 원문 내용을 가감 없이 최대한 살려 인용하였다.

2. 유물-유심 논쟁의 전개

2.1 배상하의 유물-유심 종합설

「비유물적 철학관」이란 제목으로 실린 배상하의 논문 1회의 모두(冒頭)에는 필자 소개와 함께 논문을 싣게 된 배경을 "필자는 금년에 성대(城大)를 나온 청년학도이다. 처녀작이라고 할 이 논문을 「비유물적인 것」으로 한 것은 현하(現下)에 잇서서 자못 대담한 일 이라고 하려니와 여긔에서 청년학도로서의 면목을 볼 수 잇다. (…) 필자가 갈오되 이 소론은 도보의 도중에 잇는 필자 자신의 심히 동요하고 잇는 사상의 첫 암시 첫 단계에 지나지 못한다. 여긔서 다른 변천된 사색이 미래에 생기여 날지 안을지 시간만이 알고 잇다고 하얏다."[107]라고 설명하고 있다.

이 논쟁의 시발점을 제공한 배상하[108]는 1929년 경성제대 철학과를 1회로 졸업한 후 첫 논문으로 야심차게 이 글을 발표하였으며, 청년학도답게 이 글이 아직 정립되지 않은 자기 사상의 첫 암시 단계에 불과하지만 미래에 자신의 사색이 날아오를 것이라고 자신 있게 말하고 있다. 『조선일보』 지면을 빌려 7회에 걸쳐 게재한 이 논문은 (1) 둔사(遁辭), (2) 먹는 것(절대적 물적 요구), (3) 아릿따운 것(문학, 예술), (4) 형이상학, (5) 괴로운 것(종교적 인생관), (6) 결론(종합된 유심유물론)의 순으로 이루어져 있다.

그는 이 논문에서 당시의 지배적인 철학관인 유물론적 철학관을 비판하면서 그 근거로서 인간의 삶과 사상이 유물론적 철학관에 의

---

107 배상하, 「非唯物的 哲學觀」, 1회, 『조선일보』, 1929.10.08/4면/1단(띄어쓰기는 필자에 의한 것임). 이 논문의 원제목은 「非物質的인 것」이었으나 신문에 게재하면서 「非唯物的 哲學觀」으로 바뀌었다.

해 결코 영향 또는 지배를 받지 않는 측
면들이 있다는 것을 제시하고 있다. 나아
가 그는 인간의 삶과 사상을 유물이나 유
심 일원론으로 환원해서 설명할 수 없으
며, 이 양자의 상호관계성을 인정하면서
이 상호관계를 가능케 하는 것은 '상호관
계 자체'라고 단언한다. 즉 유물유심의 변
증법적 종합으로서 이 '상호관계 자체'를
설정하고, 이것을 다른 말로 '힘', '작용', '흐
름', '정력' 등으로 표현하고 있다.

배상하(1904?~?)

　그는 인간의 심적 내용을 분석하면서 그 가운데 '먹는 것', '아릿
따운 것', '보히지 안는 것', '괴로운 것' 등 네가지 '것'에 대한 인간의
피할 수 없는 요구가 있음을 제기한다. 그에 따르면 우리 인간에게는
물질일원론으로만 설명할 수 없는 비물질적인 심리적 요구와 그에

108　배상하(1904?~?)는 경북 성주 출신으로 경성제대 철학과 1회 졸업생 6명 중 한 명
　　이다. 한제영(韓悌泳), 박동일(朴東一), 김계숙(金桂淑), 권세원(權世元), 조용욱(趙容
　　郁)이 그와 함께 졸업한 졸업생들이다. 이화여자전문학교와 경성약학전문학교에서 교
　　편을 잡기도 했다. 아직까지 그의 생애에 대한 자료가 불충분하여 상세한 이력을 소
　　개할 수는 없다. 다만 그가 언론활동을 하며 글을 쓴 신문, 잡지에 실린 그에 관한
　　간략한 필자 소개를 참고할 수 있을 뿐이다. 현재까지 일부 밝혀진 행적을 보면 일
　　제 말에 그가 친일 언론인으로 활동했음을 알 수 있다. 그 때문인지 해방 이후의 그
　　의 행적에 대해서는 별로 나타나는 것이 없다. 민족정경문화연구소 편, 『친일파군상
　　(親日派群像)』에는 그의 친일활동과 관련한 기록들이 나타나 있다. 그는 잡지 『신
　　흥(新興)』의 발행인으로 있으면서 「차라투스투라」, 「片片語」, 「焦點업는 小說」 등
　　을 실었으며, 『대중공론』지에 「相克性原理」을 싣기도 했다. 『조선일보』에도 적지 않
　　은 글들을 게재하였는데 「意識發展의 辯證法的 過程: 헤겔哲學의 한 顚倒的 應用」
　　(1930.08.12~1930.08.19, 7회) 등 다수의 글을 싣고 있다. 이태우, 「일제강점기 신문
　　조사를 통한 한국철학자들의 재발견: 김중세, 이관용, 배상하를 중심으로」, 『인문과학
　　연구』 제8집, 대구가톨릭대학교 인문과학연구소, 2007, pp. 313-319 참조.

상응하는 대상이 있다는 것이다. 그것은 물질적 요구인 '먹는 것'과 비물질적 요구로서 '아름다운 것'(문학, 예술-미에 대한 욕구), '보이지 않는 것'(형이상학적 요구), '괴로운 것'(종교적 인생관-넓은 범주에서 철저한 인생관) 등이다.

우선 그는 인간 삶을 가능케 하는 근본 요소인 물질적 근거를 부인하지는 않는다. 특히 먹는 것은 인간에게 있어 절대적인 물적 요구이기 때문에 "금일에 잇서서는 가장 발발(潑潑)한 세력을 가졌다고 할 수 잇는 ○○주의 ○○사상을 생기게 한 만큼 '먹을 것'의 중대성이 확장되어 잇다."[109]고 말한다. 그렇지만 배상하는 당시의 주류사상인 유물론에 대한 의문점을 숨기지 않는다. "변증법적 유물사관 또는 실증과학은 지금까지의 모-든 비과학적 형이상학과 유심론적 체계를 배격하고 잇지마는 과연 그네들은 그네들만의 근본적이라고 생각하고 잇는 '물(物)'이란 성(城)을 옹호할 따름으로써 더 낫고 더 완전한 생을 발견할수 잇느냐 업느냐가 큰 의문인 채로 남아 잇게 될 것이다."[110] 배상하는 인간 삶의 근본 요소인 물질적 근거를 부인하지는 않지만, 유물일원론으로 환원하는 것은 타당하지 않다고 보는 것이다.

따라서 배상하는 이 의문을 해결하기 위해 '사람'의 심리분석을 통한 접근을 시도하고자 한다. 즉 인간의 삶에 가장 근원적 요소인 '물질적인 것' 외에 '비물질적인 것' 또한 인간 존립의 기반이 되는 중요한 요소임을 강조하면서, '미적 욕구'와 '형이상학적 욕구', '종교적

---

109 배상하, 같은 글, 2회, 『조선일보』, 1929.10.09/4면/1단. ○○주의, ○○사상은 사회주의, 공산주의, 마르크스주의, 유물사상 등을 직접적으로 지칭하는 것을 피하고 간접적으로 표현하기 위해 사용한 듯하다.
110 배상하, 같은 글, 2회, 『조선일보』, 1929.10.09/4면/1단.

욕구'를 심적 근거의 세 가지 요소로서 제시하고 있다.

우선 '아름다운 것'(미적 애)은 문학, 예술이란 형식 가운데에서 발견되는 미에 대한 욕구로서 '비유물적인 것'의 하나라고 할 수 있다. "물론 문학 예술 가운데에는 물적 영향을 밧고 생긴 것도 만키야하지만은 이 영향은 단지 미적 애의 한 표현형식인 문학 예술에 한할 다름이지 미적 애 그 자체는 결코 물적 지배를 밧지 안는 것이다. 즉 미적 애는 우리네 가슴속에 끝업시 잠겨 잇는 '비유물적인 것'의 하나라 할 수 잇슬 것이다."[111]

다음으로 '비유물적인 것'을 찾으려는 인간의 욕구는 '보이지 않는 것'(형이상학적인 것)을 찾으려는 욕구이다. 그에 따르면 만약 우리가 그날 그날의 현상에만 만족하거나 우리의 사상이 표면적으로 나타난 현상만을 진리라고 단정한다면 객관적으로 봐서 이러한 생활은 너무나 평범한 생활이며 이러한 사상은 너무나 소박한 피상적 사상이다. 인간은 이와 같은 평범한 생활, 천박한 사상에만 만족하지 못하고 현재생활의 건너편에 더 낫고 더 훌륭한 생활을 요구하고 있으며, 또한 우리의 사상은 나타나지 않고 보이지 않는 것, 즉 현상의 본체, 진리의 근원을 찾고 있다는 것이다.[112]

특히 일본의 식민지가 된 조선의 지식인으로서 비록 현실의 상황은 암울하지만 현실을 넘어, 보이지 않는 민족의 독립과 해방을 보이도록 하기 위해서는 보이지 않는 것에 대한 절실한 요구가 필요한 것이었다. "만약 더 나흔 생활에게 거절을 당한 민족이 잇다면 이 민족만이야 참으로 불상한 민족인 것과 가티 (우리는 통곡하고 십지 안

111 배상하, 같은 글, 3회, 『조선일보』, 1929.10.10/4면/1단. 떼어쓰기는 필자에 의한 것임.
112 배상하, 같은 글, 3회 참조.

흔가) 현상의 근원 즉(보히지 안는 것)을 찾지 안는 사람이 잇다고 할 것 가트면 나는 그 사람을 사람이라고 불으지 안코 사람의 껍질을 쓴 사람 아닌 동물이라 할 수밧게 업는 것이다."[113] 즉 보이지 않는 것에 대한 욕구, 형이상학적 요구를 갖지 않은 사람은 이성을 갖지 않은 사람이니 이성을 갖지 않은 사람은 사람 아닌 물적 존재라 할 수밖에 없다는 것이다.

마지막으로 '비유물적인 것'을 찾으려는 인간의 욕구는 '괴로운 것'(고통)에서 벗어나려는 욕구, 즉 종교적 인생관을 추구하려는 욕구이다. 그에 따르면 고통은 물적 고통과 심적 고통으로 나누어진다. 물적 고통은 인간이 세상에 태어나 후천적으로 겪는 고통이며 물(物)을 소유한 분량 여하 또는 물적 영향의 다소 여하에 따라서 개개인의 괴로움의 차이도 있는 것이다. 반면에 심적 고통, 즉 숙명적 인생고(人生苦)의 느낌은 어느 누구에게나 공히 존재하는 보편적 특성을 띤 것이다.[114] 따라서 인생고의 느낌이란 어느 누구에게든지 보편적 선천적으로 내재하는 것으로 미적 애(愛)나 형이상학적 요구와 같이 사람의 마음 가운데 자연적으로 뿌리 깊이 박혀 있는 비유물적인 것의 하나라고 주장한다.[115]

배상하는 결론인 '종합된 유심유물론'에서 '먹는 것'이 가장 근본적이며 긴급한 문제이지만 그것은 단지 인간의 생명을 물적으로 연장시키는 원동력이 될 뿐, 물적 요구 그것만으로는 완전에 가까운 생활, 더 나은 생활을 요구할 수 없다고 하면서, 그 밖에 '아름다움'에 대한 끊임없는 동경, '보이지 않는 것'을 찾는 형이상학적 요구, '괴로

---

113 배상하, 같은 글, 3회.
114 배상하, 같은 글, 4회, 『조선일보』, 1929.10.11/4면/1단 참조.
115 배상하, 같은 글, 6회, 『조선일보』, 1929.10.13/4면/1단 참조.

운 것'을 피하려는 종교열 등 어느 사람에게든지 불평등 없이 소유되어 있는 심적 활동이 있음을 부인할 수 없다고 한다.[116]

하지만 문제는 이러한 물적 요구와 심적 요구란 이원적 요구를 일원적으로 환원해버리려는 인간 이성의 요구로 말미암아 유물론에서는 물(物)로, 유심론에는 심(心)으로 각기 서로를 종속화 또는 동일화시켜버리려는 데 있다는 것이다. 이러한 환원은 곡해와 무리가 따를 수밖에 없으며, 근본에 있어서 전혀 혼질적인 물심 양원(兩元)을 그대로 '물'이면 '물'로, '심'이면 '심'으로 귀일해버리려는 기도는 마치 불과 물을 합하려는 것과 같이 결국은 서로 망치는 결과밖에 이루지 못한다고 주장한다.[117]

나아가 그는 '물'과 '심'이 이처럼 상관관계가 있음에도 불구하고 "모든 것을 물적 해석으로 귀원(歸元)함으로써 오인(吾人)의 굿세인 미적 요구의 독립을 부인하는 철저한 유물론의 존재근거를 의심치 않흘 수 업게 된다."[118]고 단언하면서 당시의 사상계를 주도하던 유물론을 정면으로 비판한다.

그러면 배상하가 결론적으로 주장하려는 입장은 무엇인가? 그는 자신의 입장을 '종합된 유심유물'로 제시하면서 우리의 삶과 사상의 지배적 근원을 유심, 유물 어느 쪽도 아닌 '상호관계 자체'라고 주장한다. 나아가 그는 이 문제에 대한 자신의 해법을 제시하면서 유물사관의 변증론을 테제(正)로, 심(心)을 안티테제(反)로, 그리고 자신이 제시한 양자의 관계를 씬테제(合)라 설정하고 양자의 상호관계 자체를 정력, 작용, 흐르는 것, 힘으로 표현한다.

---

116 배상하, 같은 글, 6회 참조.
117 배상하, 같은 글, 6회 참조.
118 배상하, 같은 글, 7회, 『조선일보』, 1929.10.15/4면/1단.

필자는 단연 물심을 지배할 수 잇고 따라서 인간의 전생활을 좌우할
수 잇는 근본동인을 물(物)도 안이고 심(心)도 아닌 것 그러타고 물 아
닌 것도 아니고 심 아닌 것도 아닌 것 다시 말하면 물심 그 자체 가운
대에 일어나는 '상호관계 자체'라고 단언하여둔다. 물심은 개체이로되 상
호관계는 개체가 아니다. 그것은 '정력', '작용', '흐르는 것', '힘'이다. 이
러한 유동적인 '힘'에서 물은 물의 작용을 얻어 물적 기관을 통제할 수
잇스며 심은 심이 작용을 얻어 심적 조직을 경관(經管)할 수 잇는 것이
다. 만약 물심의 상호관계라는 '힘'이 업섯든들 물도 죽은 것이고 심도
죽은 것이 되고 마는 것이다. 이 관계가 잇슴으로써 우리는 우리의 '삶'
을 유지할 수 잇는 것이며 따라서 우주만생의 활동이 계속되는 것이다.
(…) 그럼으로 만약 오인(吳人)이 인생생활의 더 나흔 기대를 성공시키
려면 '물'은 '심'이란 편벽된 견지에만 설 것이 아니라 양자를 통합한 그
관계에서 해결을 얻어야 할 것이란 말이다. 유물사관의 변증론에 경의
를 표해야 물을 테-제로 심을 안티테-제로 그리고 양자의 관계를 씬테-
제라고 하여둘까?[119]

물론 배상하는 자신의 논의가 우주의 본체를 해명하려는 형이상
학적 논의가 아닌 인간 삶에서 일어나는 물적·심적 요구를 분석하
는데 있다고 결론을 맺고 있다. 하지만 대학 졸업과 동시에 약관 25
세의 나이에 쓴 도발적이며 혈기에 찬 그의 논문은 1920년대 말 조
선 지성계를 뜨거운 논쟁의 소용돌이에 몰아넣게 된다.
이렇게 해서 배상하에 의해 시작된 일제강점기 한국철학계의 '유
물-유심 논쟁'은 1929년 10월부터 약 1년여간 논쟁을 야기한 배상

---

119 배상하, 같은 글, 7회(떠어쓰기와 마침표는 필자에 의한 것임).

하를 비롯해 이관용, 박명줄, 안병주, 류춘해 등 모두 5명의 필자들이 총 24회에 걸쳐 『조선일보』의 지상을 빌려 논쟁을 펼치게 된다.

2.2 배상하에 대한 이관용의 비판

이관용(李灌鎔)[120]은 우리나라 최초의 철학박사이다. 영국 옥스퍼드대학을 졸업한 그는 1921년 스위스 취리히대학에서 「의식의 근본 사실로서 의욕론」이라는 논문으로 박사학위를 받고 귀국하여 연희전문학교에서 논리학, 심리학, 철학을 가르치다 언론계에 투신하였다. 『동아일보』와 『조선일보』의 해외 특파원을 지냈으며, 『시대일보』 부사장과 『현대평론』지의

이관용(1891~1933)

주간을 역임하였다. 신간회 등을 통한 애국계몽운동을 펼치다 일제에 의해 투옥당하기도 했으며, 43세의 젊은 나이로 사망한 인물이다.

신문지상을 통한 배상하와의 논쟁은 그가 사망하기 4년 전인

---

120 일성(一星) 이관용(李灌鎔)은 1891년 7월 15일 경성부(京城府) 종로(鐘路) 6정목(丁目) 12번지(番地)에서 부친 이재곤(李載崑)과 모친 서씨(徐氏) 사이에서 태어났다. 1933년(만 42세) 그가 사망했을 당시 『동아일보』에 실린 그의 약력에 따르면 경성에서 태어나 경성고등보통학교와 전수학교를 졸업하고, 경성 청산학원에 취업해 있다가, 영국 옥스퍼드대학을 졸업하고 스위스 취리히대학에서 박사학위를 받았다. 3·1운동 당시에는 유럽에서 유학생 신분으로 있으면서 조선인 대표로 파리 강화회의에서 활동하였고, 귀국 후 연희전문대학 교수, 『동아일보』, 『조선일보』, 『시대일보』 기자를 역임하였다. 신간회의 간부로서 민중운동 대회 사건으로 서대문형무소에서 복역한 후 출옥했으며, 사망 당시엔 『조선일보』 편집 고문으로 언론계에서 활동하고 있었다. 1933년 청진의 해수욕장에서 익사사고로 갑작스러운 죽음을 맞이하게 되면서 43세의 짧은 생을 마감하게 되었다. 이태우, 「일제강점기 신문 조사를 통한 한국철학자들의 재발견: 김중세, 이관용, 배상하를 중심으로」, 『인문과학연구』 제8집, 대구가톨릭대학교 인문과학연구소, 2007, pp. 306-312; 윤선자, 「이관용의 생애와 민족운동」, 『한국근현대사연구』 Vol. 30, 한울, 2004, pp. 7-34 참조.

1929년 10월 24일~1929년 10월 26일에 이루어진 것이다. 「유물론 비평의 근거」라는 제하에 3회에 걸쳐 『조선일보』에 기고한 이 반박 글에서 이관용은 배상하의 논문이 엄격한 학구적 태도가 결여된, 유물론에 대한 근거 없는 비방이라고 지적하면서 시종일관 학문적이고 객관적인 관점에서 유물론에 대한 이론적 해명을 시도하고 있다.

이관용은 「유물론 비평의 근거(一)」의 '전언(前言)'에서 배상하의 논문 「비유물적 철학관(非唯物的 哲學觀)」의 문제점에 대한 자신의 견해를 다음과 같이 밝히고 있다.

> 일전부터 본보에 게재되어오든 배상하군의 「비유물적 철학관」이란 논문을 읽으면 유물론이 얼마쯤 근거 엄는 공격-이란 것보다 비방을 바덧다. '유행사조', '대중적', '공리적 유물론자' 등 문구를 나열하야 그 논문에 뵈이는 것은 엄역한 학구적 태도나 이론투쟁적 정신이 아니요 단순히 피육적(皮肉的) 비방밖에 아모것도 업다. 나는 학자의 태도가 이래서는 조치안타는 것을 생각할 때 유물론이 받는 학구적 공격이 이러케 소개되어서는 유물론에게도 불리하거니와 반유물론 진영에도 공헌이 별로 업슬 것을 생각지 아니치 못하엿다.[121]

이관용이 보기에 배상하의 논문은 엄격한 학구적 태도나 이론투쟁적 정신의 기반 위에서 이루어진 것이라기보다, 유물론을 한갓 대중적 유행사조로 인식하고 이를 폄하하려는 의도에서 이루어진 것

---

121 이관용, 「唯物論 批評의 根據」, 1회, 『조선일보』, 1929.10.24/4면/1단(띄어쓰기는 필자에 의한 것임). 인용문은 1929년 당시 신문에 게재한 원문 그대로 인용하였으며, 원문의 가독성을 높이기 위하여 띄어쓰기만 현재 한글 맞춤법에 맞게 필자가 일부 수정하였다.

이며, 이는 유물론에 대한 근거 없는 공격을 넘어선 피상적 비방만을 나열한 것이라고 비판한다. 따라서 학문적 지반을 벗어난 배상하의 「비유물적 철학관」은 유물론과 반유물론 두 진영 모두에게 득이 되지 못할 것이라고 주장한다.

앞에서도 보았듯이 배상하는 「비유물적 철학관」에서 유물-유심론에 대한 자신의 최종 입장을 '종합된 유심유물'로 제시하면서 우리의 삶과 사상의 지배적 근원을 유심, 유물 어느 쪽도 아닌 '상호관계 자체'라고 주장하였다. 우리의 관심사는 이러한 배상하의 논증에 대해 이관용이 어떠한 논증으로 반론을 펼쳤는가 하는 것이다. 그러나 이관용은 이 점에 대해서 직접적인 이론적 대응을 통한 반론을 제기하지 않고, 간접적으로 서구 학자들의 유물론 관련 이론들을 소개하면서 이를 통해 '유물론의 과학적 근거'를 제시하고 있다.

> 그러나 유물론 비평의 근거를 여긔 게재하는 동기는 결코 배상하군의 논문을 반박함에 잇지 아닌 것은 독자제위가 스스로 다르려니와 나는 그와 동시에 유물론의 과학적 근거까지 소개하고자 한다. 물론 '소개' 뿐이요 내 개인의 견해가 별로 섞이지 안는 것은 여기서 말할 필요도 업스며, 재료 모집에 대하야도 참고서가 한두 가지가 아님으로 여기서 그 명칭을 일일히 나열할 필요가 업슬 줄 밋는다.[122]

이는 '유물론 비평의 과학적 근거'를 학문적 차원에서 전거(典據)를 통해서 제시하는 동시에 유물론적 세계관의 과학성 및 정당성을 지면을 통해 독자들에게 전달하려는 의도로 볼 수 있다. 또한 표

---

122 이관용, 같은 글, 1회.

면적으로 자신의 개인적 견해를 포함시키지 않고 서구 학자들의 이론만을 소개함으로써, 유물론의 역사와 다종다양한 이론에 대한 충분한 검토 없이 피상적으로 자신의 견해를 내세우고 있는 배상하의 주장을 간접적으로 비판하려는 의도로도 볼 수 있다.

이관용은 이어서 당시 독일철학자들의 유물론 관련 서적들에 소개된 유물론의 종류를 분류하여 설명하고 있다. 위의 인용문에서 보듯이 이관용은 「유물론 비평의 근거(一)」의 '전언(前言)'에서 배상하의 논문에 대한 비평을 간략히 제시한 후, 1회분 기사의 후반부부터 2회와 3회분 기사에 이르기까지 배상하 논문과 유물-유심론에 대한 자신의 주관적 견해를 더 이상 피력하지 않고 단지 유물론에 대한 학문적 분류만을 소개하고 있다. 이관용의 이러한 대응방식은 배상하 논문에 대한 이론적·논리적 대응보다는 배상하가 유물론에 대한 기본적인 이해나 '근거' 없이, 즉 '엄격한 학자적·학구적 태도' 없이 유물론에 대한 피상적인 인식만을 가지고 유물론을 비판하고 있다는 점을 부각시키려는 의도로 보인다. 아래의 도식은 「유물론 비평의 근거」에서 이관용이 소개하고 있는 '유물론의 분류'이다.[123]

```
유물론의 분류(唯物論의 分類)
(갑) 실천적 유물론(實踐的 唯物論)
(을) 이론적 유물론(理論的 唯物論)
  (가) 규제적 원리인 유물론(規制的 原理인 唯物論)
  (나) 형이상학적 유물론(形而上學的 唯物論)
    (1) 이원론적 유물론(二元論的 唯物論)
    (2) 단원론적 유물론(單元論的 唯物論)
      1) 상등적 유물론(上等的 唯物論)
      2) 속성적 유물론(屬性的 唯物論)
      3) 인과적 유물론(因果的 唯物論)
```

---

123 이관용, 같은 글, 1회 참조.

2.3 이관용에 대한 배상하의 반론

이관용의 비판에 대한 배상하의 반론은 즉각 이어진다. 이관용의 「유물론 비평의 근거」가 『조선일보』에 게재되고 난 약 3주 후에 배상하는 「이관용씨의 유물비평근거의 '전언' 철회를 요구하는 공개장」(이하 「'전언' 철회 공개장」으로 약함)이란 제하에 5회에 걸친 반박문을 게재하게 된다.[124]

먼저 배상하는 "이러한 서문(書文)의 공개는 될 수 잇는 대로 서로 피하는 것이 좋을 것 같다. '학적 태도 운운'이라는 개인에 대한 인신적 비평에 잇서서는 더구나 조선 사람일사록 비평의 대상이 아닌 다른 모든 사람에게 그 '한 사람'에 대한 비평을 공개하는 것보담 직접 비평의 대상인 그 '한 사람'에게 충고도 하고 설론(說論)도 함이 도리어 더 큰 효과를 낳지 않을까 한다."[125]라고 하면서 자신의 논문에 대한 언론을 통한 공개적 비판보다 직접 개인에 대한 충고나 설론(說論)이 더 효과적일 수 있었을 것이라고 아쉬움을 토로한다.

나아가 이러한 논쟁의 원인은 자신의 논문에 대한 이관용의 철저한 오해에서 비롯되었다고 주장한다. 즉 이관용의 '전언'은 "철두철미 필자의 「비유물적 철학관」의 오해라 하지 않을 수 없다. 그럼으로 오해인 '전언'을 믿으신다면 독자도 또한 필자를 오해치 않을 수 없었을 것이다."[126]고 하여 이관용 개인의 오해를 넘어 신문 독자들의 오해까지 불러일으켰음을 지적한다. 오히려 이관용의 비평은 '반박문 아닌 반박문'으로 실제 내용에 있어서는 전후를 살피지 못한 '맹

---

124 배상하, 「李灌鎔氏의 唯物批評根據의 『前言』撤回를 要求하는 公開狀」 5회, 『조선일보』, 1929.11.19~1929.11.23 참조.
125 배상하, 같은 글, 1회, 『조선일보』, 1929.11.19/4면/1단.
126 배상하, 같은 글, 1회.

목적 독단'이며, 따라서 이관용의 학적 태도에 대한 의아증을 금할 수 없다는 것이다.[127]

배상하는 이관용의 '전언'에 대한 두 가지 문제점을 제기하고 이를 비판한다.

첫째로, 배상하는 이관용이 자신의 논문에 대해 단순히 유물론에 대한 '피륙적 비방(皮肉的 誹謗)'밖에 아무것도 없다고 지적한 점을 거론하며, "필자는 이 점을 천명하기 위하야 나의 논문의 중심이 무엇이든가를 여기서 거듭 해설치 않으면 아니 될 철저한 필요를 느끼는 바이다."[128]라고 말한다. 이는 이관용이 자신의 논문의 중심 내용을 제대로 파악하지 못함으로 인한 것이라고 보고, 자신의 논문의 핵심을 재천명하려는 의도이다.

「'전언' 철회 공개장」 3회에서 배상하는 앞서 발표한 논문 「비유물적 철학관」의 초점이 무엇인가를 재론하며 유물론에 대한 자신의 입장을 분명히 하고 있다.

> 나는 아직은 유물론자도 아니며 유심론자도 아니다. 그럼으로 유물론의 태도를 가질 수도 없었으며 유심론의 입장을 잡지도 않았었다. 따라서 「비유물적 철학관」은 유심론적 입장으로서의 유물론 반박도 아니며 유물론적 근거에 선 유물론 옹호론도 물론 아니다. 다만 모든 심적 현상까지도 물적 근원에 귀일하려는 철저한 유물론의 해석과 모든 물적 사상을 심적 단원에 환원하려는 철저한 유심론적 입설(立說)이 아모리 보아도 그양 그대로는 무리스런 곡해에 빠지지 않을 수 업다는 나의 회

---

127 배상하, 같은 글, 1회 참조.
128 배상하, 같은 글, 2회, 『조선일보』, 1929.11.20/4면 1단.

의적 탐구적 초주의적 태도에서 우러난 것이라 할 수밖에 없다.[129]

　배상하는 「비유물적 철학관」에서 제기한 인간 삶에 있어서 네 가지 근원, 즉 '먹는 것'(절대적 물적 요구), '아름다운 것'(미적 요구), '보이지 않는 것'(형이상학적 요구), '괴로운 것'(해탈 요구) 중에서 '먹는 것'은 유물론에 대한 인정 내지 옹호론을 포함하고 있기에 자신의 논지가 결코 유물론에 대한 '피륙적 비방'이 아니라고 주장한다. 오히려 "철저한 유물론과 아울러 철저한 유심론도 한 오인(吾人)에게 사색적 만족을 주지 못할 것을 입설(立說)한 것"[130]이라고 하면서 유물론과 유심론의 지양으로서 '물심의 상호관계 자체'가 자신의 입장이라고 재천명한다. 즉 "물과 심 어느 것이든지 한 개의 근원적 물 그 자체 되기에는 부당함으로 물도 아니고 심도 아닌 것 그렇타고 물 아닌 것도 아니며 심 아닌 것도 아닌 것 '물심의 상호관계'라는 유동적 일원으로써 오인의 세계관적 근원지배원자를 만들자고 주장한 것이 해론(該論)의 중심"[131]이라고 말한다. 따라서 이관용의 반박이 이 점에 대한 반박이었다면 문제의 중심만은 파악한 반박이라 할 수 있겠지만, 이관용의 '전언'에는 이 점에 대한 논급이 전혀 없기에 배상하는 오히려 이관용이 '피륙적 비방'으로 일관하고 있다고 비판한다.

　둘째로, 배상하는 이관용이 '전언'에서 자신의 논문에 대해 '모순의 나열'이거나 '근거 없는 독단'이라고 비판한 점에 반론을 편다. 그것은 이관용이 '전언'에서 배상하의 논문을 반박하지 않겠다고 말

129　배상하, 같은 글, 3회, 『조선일보』, 1929.11.21/4면/1단.
130　배상하, 같은 글, 3회.
131　배상하, 같은 글, 3회.

하면서도 실제로는 그렇지 않았기 때문이라는 것이다. 설령 반박문이라고 하더라도 반박의 근거나 이유를 제시하지 않고 있는 이관용의 태도가 오히려 '근거 없는 독단'이라는 것이다.

> 무릇 어떠한 비평이든지 그것이 한 개의 비평으로서의 가치를 얻으려면 비평의 중심을 파악하여야 할 것이다. 그런데 한 개의 반박문인 '전언'에는 하등의 반박의 근거도 보이지 안흐며 하등의 비평의 중심도 나타나지 않고 있다. 그럼으로 '전언'이 한 개의 완전한 반박문 한 개의 비평다운 비평문이 되려면은 천천히 반박의 근거와 비평의 중심을 구비하여야 할 것이다.[132]

이상과 같은 반론을 펼친 후, 배상하는 「'전언' 철회 공개장('前言' 撤回 公開狀)」 마지막 5회분 기사에서 자신의 견해를 다시 한 번 정리하며 이관용의 '전언' 철회를 공개적으로 요구하고 있다.[133] 배상하는 필자(배상하) 자신을 위해, 독자를 위해, 그리고 이관용 자신을 위해라는 세 가지 이유를 들어 이관용이 「유물론 비평의 근거」에서 제기한 '전언' 철회를 요구하고 있다.

2.4 배상하에 대한 박명줄의 반론

이관용의 「유물론 비평의 근거」에 대한 배상하의 「'전언' 철회 공개장」이 5회에 걸쳐 『조선일보』에 연재된 지 열흘 후, 이번에는 박명줄(朴明茁)[134]이 배상하 논문에 대한 비판 기사를 게재한다. 「배상하

---

132 배상하, 같은 글, 4회, 『조선일보』, 1929.11.22/4면/1단.
133 배상하, 같은 글, 5회, 『조선일보』, 1929.11.23/4면/1단 참조.

씨의 비유물 철학관과 그 변명문을 읽고」[135]란 제하에서 박명줄은 자신이 비철학자임을 전제하면서 유물론적 입장에서 배상하의 논문을 비판하고 나선다.

박명줄은 유물유심의 인식론상의 쟁투가 오랜 세기 전부터 계속하여온 까닭에 종래의 입론 방법으로서는 닭이 먼저냐 알이 먼저냐의 순환논법에 그칠 수밖에 없었다고 말한다.[136] 이어서 배상하가 주장한 유물유심종합설, 즉 물심상호관계라는 유동적 일원을 만유의 근본법칙이라고 규정하고, 이 유동적 일원이라는 것이 유물론도 유심론도 아니라고 한 주장에 대해 문제를 제기하고 있다.

　　필자의 보는 바에는 배군의 이른바 유동적 일원이란 것은 틀림업는 유물론이다. 왜 그러냐 하면 유동적이란 것은 물질운동의 형태 즉 물질적 현상을 말한 것인 까닭이다. 만약 유동적 운운이 그러한 것이 아니라면 그것은 객관유형적 존재는 물적이고 그 운동 방법 급(及) 현상은

134　박명줄은 이 외에도 「韓稚振氏의 『人性의 本質論』을 읽고」를 『조선일보』(1930.12.20
　　~1930.12.25, 3회)에 게재한 바 있다. 그러나 그의 인물과 사상에 대해서는 현재까지
　　더 이상 알려진 것이 없다. 다만 『중외일보』(1927.08.12/4면)는 '대구청년동맹 합동 기
　　념 강좌'가 열려 강사로 나선 박명줄이 "사회진화의 규범"이란 주제로 강연하였음을
　　보도하고 있다. 또한 『동아일보』(1928.03.02)는 박명줄이 대구청년동맹의 집행위원으
　　로 활동하고 있는 것으로 보도하고 있으며, 1930년 3월에는 대구청년동맹위원장으로
　　그의 이름이 거명되고 있는 것으로 보아 좌익 계열에서 민족해방운동을 전개한 인물
　　로 보인다[국사편찬위원회 한국사데이터베이스(http://db.history.go.kr) 참조].

135　박명줄, 「裵相河氏의 非唯物 哲學觀과 그 辯明文을 읽고」, 『조선일보』, 1929.12.03/ 4
　　면/1단, 1회. 박명줄의 이 비판기사는 원문이 상대적으로 많이 훼손되어 판독이 불가
　　능한 문구가 많다. 따라서 1회분의 짧은 분량임에도 불구하고 부분적으로 해독이 제
　　대로 이루어지지 않아서 오독이 있을 수도 있다. 원문 오독에 따른 책임은 전적으로
　　필자의 몫이다.

136　박명줄, 같은 글.

물질이 아니라고 하야 (…) 유심론자의 타협이라고 할 수밖에 없다.[137]

박명줄이 보기에 배상하가 주장한 유물유심종합으로서 유동적 일원이란 것이 결국 물질운동의 한 형태이거나 물질적 현상에 다름 아니기 때문에 유물론일 수밖에 없으며, 기껏해야 유심론자의 타협일 뿐이라는 것이다. 따라서 박명줄은 배상하가 유물유심종합설을 주장하면서 유물유심론 모두를 부정하고, 비유물적 유동적 일원론을 주장한 것은 궁극적으로 유물론을 부정하기 위한 반유물론적 입론(立論)일 수밖에 없다고 보는 것이다.

2.5 배상하에 대한 안병주의 반론

배상하에 의해 촉발된 유물-유심 논쟁은 해를 넘긴 1930년에도 계속된다. 이번에는 안병주(安炳珠, ?~?)[138]가 「반유심적 철학관: 배상하군의 일고에 공(供)함」[139]이란 제하에 이 논쟁에 대한 자신의 견해를 피력한다. 『조선일보』에 2회에 걸쳐 게재한 이 글에서 안병주는 유물론, 특히 마르크스의 유물변증법적 시각에서 배상하 논문에 대한 자신의 비판적 견해를 덧붙이고 있다.

앞선 이관용이나 박명줄과는 달리 안병주는 이 글의 서두에서 배상하의 '학구적 태도'는 인정해주면서 시작한다. "먼첨 나는 배군의

---

137 박명줄, 같은 글.
138 안병주(安炳珠)의 인물과 사상에 대한 자료는 일제강점기에 발행된 신문과 잡지에는 더 이상 확인되지 않는다. 다만 배상하에 대한 이 반박문을 통해서 볼 때, 그가 본격적으로 철학을 공부한 철학자는 아니지만 마르크스주의와 유물변증법을 신뢰하고 있는 언론인으로 추정할 수 있다.
139 안병주, 「反唯心的 哲學觀: 裵相河君의 一考에 供함」, 『조선일보』, 1930.03.16~1930. 03.17, 2회.

해논문(該論文)의 가치는 별문제로 하고 그 학구자의 태도에만은 수긍한다. 왜 그러냐하면 사람은 흔히 신흥사조-유물론에 대하야 무의식적으로 수긍하는 자-만치만 배군에 잇서서는 올튼지 글튼지 자기의 생각하는 그것을 남에게 말해보는 것이 당돌한 행동이 안이고는 못된다. 따라서 배군은 자력이 '아직 유물론자도 아니고 유심론자도 아니다. (…) 장차 어느 쪽으로 가게 될는지 알 수 업다'는 언명을 보아서도 해논문이 목적의식을 가지고 유물론을 비방하려는 기도가 안인 것은 배군의 애닯흔 고백-공개장-을 기다리지 안코도 잘 알 수 잇슬 것이다.”[140]

그렇지만 안병주는 이관용이 「유물론 비평의 근거」의 본론에서 제시한 지적을 “일고(一考)의 재료로 삼기를” 권하면서, 배상하의 논문이 결국 “인식 착각에 불과”한 것이라고 단언한다. 더불어 “나는 이제 배군에게 약간의 참고재료만을 제공하야 배군의 그 착각된 '이데오로기'의 반사경이 되기를 스스로 바란다.”[141]고 덧붙이면서 배상하가 제기한 유물유심종합설을 일고의 가치가 없는 것으로 단정한다.

안병주는 「반유심적 철학관(反唯心的 哲學觀)」 2회에서 “정당한 인식방법은 유물변증법밧게는 업다. 유물변증법은 객관적 진리이다.”[142]라고 말하면서 레닌과 마르크스의 말을 부분적으로 인용하며 유물변증법의 과학성과 정당성을 주장한다. 이러한 맥락에서 마르크스주의에 입각해 있는 그는 유심론에 대한 유물론의 우위를 주장하는 한편, 결과적으로 유심론과 유물론은 유산계급과 무산계급의 세계관을 표현한 것뿐이라고 말한다. “유심론과 유물론은 두 계급의

---

140 안병주, 같은 글, 1회, 『조선일보』, 1930.03.16/4면/1단.
141 안병주, 같은 글, 1회.
142 안병주, 같은 글, 2회, 『조선일보』, 1930.03.17/4면/1단.

관념형태이다. 즉 유심론은 직접 생산행정과 생산적 실제에서 떠난 계급의 관념이다. 이와 반대로 유물론은 생산계급, 즉 본래 실천적 계급의 세계관의 표현이다. 유심론자에게는 이론적 행위와 사유행위만이 인간의 현실적 행위로 하야 타당하다."[143]

유심론에 대한 유물론의 우위, 즉 마르크스주의와 유물변증법에 대한 절대적 확신을 가지고 있는 안병주는 더 이상 유물론의 내용을 상론(詳論)할 필요성을 가지지 않고 관련 참고서 18종[144]을 소개하면서 글을 맺고 있다. 그가 소개하고 있는 서적들은 모두 일서(日書)로서 사적유물론, 유물변증법, 사회주의, 마르크스주의 등의 제목을 달고 있다.

2.6 배상하에 대한 류춘해의 반론

이 논쟁에 마지막으로 가담한 이는 류춘해(柳春海, ?~?)[145]이며, 그 역시 『조선일보』(1930.10.04~1930.10.11)에 6회에 걸쳐 「과학의

---

143 안병주, 같은 글, 2회.

144 안병주가 독자들에게 소개하고 있는 유물론 관련 참고서는 다음과 같다. 참고로 원문 훼손이 심해 판독이 어려운 글자는 □로 표시했다. ① □動譯, 『史的唯物論』, ② 川內永□譯, 辯證法的唯物論』, ③ 河上□譯, 『レーニンの辯證法』, ④ 恒□恭譯, 『マルクス主義の根本問題』, ⑤ 經濟學批判會口, 『唯物辯證法』, ⑥ □要河野口譯, 『□□ューリング論』, ⑦ 大由一□譯, 『唯物辯證法ご自然科學』, ⑧ 白楊社版, 『社會主義の發展』, ⑨ 同, 『マルクス主義の體系』, ⑩ 同, 『唯物史觀』, ⑪ 同, 『レニン主義研究の入門』, ⑫ 同, 『レニン主義の基礎』, ⑬ 同, 『唯物論ご經驗批判論』, ⑭ 希望閣版, 『レニン主義の理論ご實踐』, ⑮ 同, 『唯物辯證法入門』, ⑯ 上野書店版, 『唯物論哲學 ごレニンのマルクス主義』, ⑰ 同, 『哲學ごマルクス主義』, ⑱ 改造社版, 『唯物史觀』.

145 류춘해(柳春海)의 인물과 사상에 대해서도 안병주와 마찬가지로 일제강점기에 발행된 신문과 잡지에서 더 이상 확인할 수 없다. 배상하의 논문을 비판하고 있는 이 논문을 통해서 볼 때, 그가 전문적으로 철학을 공부했는지는 확인할 수 없지만 철학에 대한 상당한 소양을 갖추고 있고, 적어도 마르크스주의와 유물변증법을 깊이 있게 이해한 지식인으로 보인다.

진정한 방법론: 배상하군의 이론을 비판함」이란 제목으로 배상하의 논문에 대한 비판적 입장을 피력하고 있다.

류춘해는 이 논문 1회의 서론에서 우선 배상하의 학자적 재질을 "사랑하고 기대하고 또 경모한다."면서도 배상하의 주장이 "사유의 결정적 표현의 무가치한 것"이라고 일축하고 있다.[146] 류춘해가 이 논문에서 주장하려는 바는 배상하 논문에서 논의하고 있는 방법론과 그의 사유과정을 비판하고, 사유와 현실과의 관련성을 논하는 것이다. "여하한 이론이든지 실제를 떠나서는 무의미하고 무가치하다. 그런 고로 그런 이론은 의미잇고 가치잇게 존재할 가능성이 전무하다. 그럼으로 나는 군이 운운하는 방법론을 토구(討究)하야 군의 사유과정을 비판하는 동시에 군의 사유와 현실과의 관련에 논급하려 한다."[147]

류춘해는 「과학의 진정한 방법론」 2회에서 배상하의 연구 방법이 회의주의적 방법이라고 지적하면서, 그러한 방법은 연구 대상을 관념론적·형이상학적으로 설명할 뿐으로, 만약 연구자 개개인이 그렇게 한다면 동일한 대상에 대하여 다양한 종류의 정의와 설명이 나올 수밖에 없다고 말한다. 그러면서 그는 올바른 연구가 되기 위한 방법론을 네 가지로 제시하고 있다.

우리는 여하한 것이든지 연구할 때에는 제일로 대상의 제 방면 급 매개를 파악 연구하랴고 노력하여야 한다. 제반현상과 사물의 변천운동은 다방면성인 동시에 상호관련의 관계에 진행되는 것이다. 제이로 대상을

---

146 류춘해, 「科學의 眞正한 方法論: 裵相河君의 理論을 批判함」, 1회, 『조선일보』, 1930. 10.04/4면/8단.
147 류춘해, 같은 글, 1회.

그 자신의 발전에서 즉 자기운동에서 파악하여야 한다. 제삼으로 실천 전체는 진리의 규준이 되어서 대상의 완전한 정의 중에 취입(取入)되어야 한다. 최후로 진리는 추상적이 아니고 항상 구체적이라야만 한다.[148]

류춘해는 이 방법론을 통해 "우리가 오류와 경화(硬化)에 빠지는 것을 충분히 방지할뿐더러 도리어 무한으로 완전에 접근 도달할 수가 있다."[149]고 하면서, 배상하의 관념론과 회의주의적 방법론에 대한 유물변증법의 절대적 비교우위를 주장하고 있다. 따라서 배상하 스스로가 "관념론적인 것을 적나라하게 폭로"시키고 있으며, "군 자신이 주관적이고 정적이고 비구체적이고 일면적인 것을 인지치 못하는 것 갓다. 소박한 경험론과 유물변증법과의 경계선에서 방황하고 잇다."[150]고 배상하를 비판한다. 이어서 "군이여! 전면적으로 구체적으로 객관적으로-변증법적으로 군의 방법론을 진전식히기를 바라노라."[151]며 충고를 덧붙이고 있다.

물론 배상하는 「의식발전의 변증법적 과정: 헤겔 철학의 한 전도적 응용」[152]이란 논문에서 보듯이 충실한 헤겔 학도로서 변증법을 부정하지는 않는다. 그러나 류춘해가 보기로는 배상하가 제시하는 이론적 입장은 항상 헤겔의 관념 변증법의 범주에 머물러 있으며,

---

148 류춘해, 같은 글, 2회, 『조선일보』, 1930.10.05/4면/9단.
149 류춘해, 같은 글, 2회.
150 류춘해, 같은 글, 3회, 『조선일보』, 1930.10.06/3면/6단.
151 류춘해, 같은 글, 3회.
152 배상하, 「意識發展의 辨證法的 過程: 헤겔哲學의 한 顚倒的 應用」, 7회, 『조선일보』, 1930.08.12~1930.08.19 참조; 배상하의 헤겔 연구 논문이 누락되어 있기는 하지만, 이병창의 '헤겔 철학 연구사'에는 해방 이후의 연구 동향에 앞서서 일제강점기 연구 동향을 소개하고 있다. 이병창, 「일제 퇴각 이후 한국에서의 헤겔 철학 연구사」, 이화여대 한국문화연구원 편, 『철학 연구 50년』, 혜안, 2003, pp. 77-87 참조.

이는 현실을 파악하는 연구 방법론으로서는 한계가 있다고 지적한다. "우리는 변증법 그것을 위하야 변증법을 연구하는 것이 아니고 현실의 사물과 현상을 연구하기 위함이다."[153]

이러한 견지에서, 마르크스주의 신봉자로서 류춘해는 세계와 인간, 자연과 사회, 현실과 실재 등을 탐구하기 위한 '과학의 진정한 방법론'은 유물변증법뿐이라는 것을 재천명한다.

> 군아! 우리는 견고한 철학적 근거가 업시는 여하한 과학이든지(자연과학이든지 철학이든지 사회과학이든지) 부르조아 사상의 설명과 부르조아 세계관의 부흥에 대한 투쟁에 견듸지 못할 것을 이해하지 안흐면 안 된다. 이 투쟁에 견듸고 충분한 성공을 하고 최후까지 수행하자면 우리는 맑쓰의 주장한 바 유물론을 의식적으로 신봉하는 즉 변증법적 유물론자가 되지 안흐면 안 된다.[154]

철저한 마르크스주의자인 류춘해는 오직 "변증법적 유물론만이 현실의 실재에 완전히 적응한 모사에 무한대로 접근할 수 있는 것"이며, "이것이 과학의 임무인 동시에 인류의 제일의 임무"[155]라고 하면서 헤겔의 관념변증법적 사고틀에 머물러 있는 배상하의 입론을 논박하고 있다.

---

153 류춘해, 같은 글, 4회, 『조선일보』, 1930.10.07/ 4면/ 6단.
154 류춘해, 같은 글, 4회.
155 류춘해, 같은 글, 5회, 『조선일보』, 1930.10.10/ 4면/ 8단.

3. 유물-유심 논쟁에 대한 평가

이상으로 배상하에 의해 촉발된 1930년 전후 한국철학계의 유물-유심 논쟁의 전모와 전개과정을 소개하면서 논쟁 참여자들이 제기한 주요 내용을 간략히 검토해보았다.

이 글에서는 형이상학적 세계관으로서 유물과 유심의 선후관계나 우위관계에 대해서는 특별히 비중 있게 다루지는 않았다. 이 주제는 철학사적으로 오랫동안 논의되어온 사안이며, 본 글의 주제에서 벗어나 있기 때문이다. 다만 이 논쟁의 주제가 유물-유심 논쟁이기에, 이 논쟁을 둘러싼 당시 철학자들의 견해를 종합적으로 검토해봄으로써 이 논쟁의 성격과 의미를 조명해보려는 것이다.

3.1 논쟁의 성격

이 논쟁은 비록 일제치하이기는 하지만, 서양철학을 본격적으로 수용한 이후 벌어진 근현대 한국철학계 또는 지성계에서 자생적으로 일어난 획기적인 논쟁이라고 할 수 있다. 물론 현재적 관점에서 보면 주제에 대한 이해나 논의의 수준과 깊이가 일천할 수도 있지만, 철학에 대한 학문적 열정이나 소신을 치열하게 펼치고 있다는 점에서 충분히 주목을 받을 수 있다.

먼저, 이 논쟁의 성격을 형식적 측면에서 검토해보면 유물론과 유심론을 둘러싼 형이상학적 세계관의 대립이라는 성격을 지니고 있다. 이 논쟁에 참여한 인물들은 모두 5명이며, 그중 배상하는 최초 논문 「비유물적 철학관」과 두 번째 반박 논문인 「이관용씨의 유물비평근거의 '전언(前言)' 철회를 요구하는 공개장」을 두 차례, 총 12회에 걸쳐 게재하고 있다. 그 외 이관용과 박명줄, 안병주, 류춘해가 각각 한

차례씩 총 12회에 걸쳐 논문 또는 비평기사를 게재하고 있다. 그리고 이 주제를 두고 개인에 따라 견해차가 있을 수 있겠지만, 배상하는 형식상 유물유심종합설을, 이관용을 포함한 4인은 반유심론의 입장에 서 있다.

배상하의 주장을 비판하고 있는 이들 4인 중에서 이관용은 이 주제에 대한 자신의 주관적 견해를 적극적으로 피력하기보다는 학문적 견지에서 유물론 학설을 소개하고 있다. 이는 유물론에 대한 배상하의 인식이 피상적 수준에 머물러 있음을 보여줌으로써 배상하 논문이 안고 있는 문제점을 간접적으로 제시하려는 의도로 보인다. 그러나 박명줄과 안병주, 류춘해는 직접적으로 유물론의 입장에 서서 배상하의 입장을 반유물론(유심론)으로 비판하면서 유물변증법만이 세계와 현실을 파악하는 유일한 과학적 인식의 근거이며 방법론이 된다고 주장하고 있다. 비록 일제에 의한 문화정치가 사상의 적극적 표현을 가능케 한 점도 있었지만, 외형상 유물변증법을 표방·옹호하는 입장이 보다 더 강한 세력을 형성하고 있음을 볼 수 있다.

다음으로, 이 논쟁의 성격을 내용적인 측면에서 검토해보면, 이 논쟁은 일제강점기 한국철학자들의 현실인식을 충실히 반영하고 있다. 비록 이 논쟁이 유물-유심론이란 이론적 차원에서 벌어진 것이지만, 주어진 현실을 어떻게 극복할 것인가에 대한 현실적 고민이 이 논쟁의 밑바탕에 깔려 있다. 그러므로 이 논쟁은 현실 이해와 현실 극복의 방법론에 대한 상이한 관점에서의 대립과 함께 이론투쟁 또는 사상투쟁적 성격을 동시에 지니고 있다. 또한 이를 통해 볼 때, 당시 철학자·지식인들의 철학적 관심의 주류가 헤겔 철학과 마르크스주의에 있었음을 알 수 있다.[156]

3.2 논쟁의 의미

먼저, 이 논쟁은 신문매체를 통해 이루어진 것이다. 비록 시대적 상황이나 학술연구 발표의 장이 지금과는 다를 뿐만 아니라, 신문 보급수에서도 비할 바 못되겠지만, 공개된 지면을 통한 논쟁은 독자·대중들이 직접 철학을 접하면서 철학에 대한 관심을 증폭시켰고, 결과적으로 대중과의 소통을 통한 '철학의 대중화'에 적지 않은 기여를 하였다. 이 점은 현재 우리 철학이 처한 현실 상황을 생각해 볼 때 좋은 참고가 될 것으로 여겨진다.

다음으로, 이 논쟁은 한국철학사에서 언급되는 주요 논쟁사의 연장선상에서 논의될 수 있다. 비록 이 논쟁에 참여한 인물들과 그들의 철학사상이 철학적 깊이와 이해도 면에서 현재 수준과 비교할 수 없겠지만, 서양의 철학사상이 이 땅에 본격적으로 수용된 직후 벌어진 첫 철학 논쟁이란 점, 한국철학의 논쟁사에서 결락되어 있는 일제강점기 철학 논쟁을 재조명할 수 있게 된 점, 그리고 우리의 주어진 현실을 우리의 언어로 사유하고 표출했다는 점에서 충분히 철학사적 의미를 가질 수 있겠다.

마지막으로, 이 논쟁은 논쟁에 참여한 철학자와 지식인들의 사상적 경향 파악에 중요할 뿐만 아니라, 당시 한국 지성계 전체의 사상적 지형도를 파악하는 데도 중요한 의미를 가질 수 있다. 획일적인 분류로 인해 무리한 일반화를 가져올 수도 있지만, 배상하로 대표되

---

156 실제로 일제강점기에 발행된 주요 신문(『동아』, 『조선』, 『매일신보』, 『조선중앙일보』, 『중외일보』 등)에서 유럽철학자 관련 기사를 조사한 결과 마르크스 관련 기사가 75건으로 가장 많았고, 헤겔 관련 기사가 53건으로 그 다음을 차지했다. 이태우, 「일제강점기 신문을 통해 본 서양철학의 수용 현황: 철학 관련 기사 검색 자료에 대한 통계적 분석을 중심으로」, 『동북아문화연구』 제13집, 동북아시아문화학회, 2007, pp. 198-200 참조.

는 반유물론적 입장을 표방한 진영(친일)과 이 논쟁에서는 학자적 입장에서만 자신의 견해를 표방한 이관용,[157] 그리고 박명줄, 안병주, 류춘해와 같이 적극적으로 유물변증법적 입장을 견지하고 있는 진영(반일)이 상호 대립하고 있음을 알 수 있다.

4. 맺는말

이상 일제강점기 한국철학계의 '유물-유심 논쟁'의 전모와 내용을 논쟁의 순서에 따라 차례로 고찰해보았으며, 이 논쟁이 지닌 성격과 의미를 조명해보았다. 배상하에 의해 촉발된 이 논쟁은 5명의 논쟁 참여자들이 유물-유심론을 둘러싸고 논전을 벌인 것이다. 비록 이 논쟁이 유물-유심론을 둘러싼 이론 논쟁의 성격을 지녔지만, 논쟁의 배경에는 식민지 조국의 현실 앞에서 주어진 현실에 대한 인식 방법과 극복 방법을 둘러싼 실천적 성격도 지니고 있었다.

이 논쟁은 신문 지면을 통해 독자·대중들을 대상으로 공개적인 철학 논쟁을 벌임으로써 당시의 한국 지성계와 대중들로부터 철학에 대한 많은 관심을 집중시키고, 철학에 대한 인식을 고조시켰다는 점에서 적지 않은 의미를 찾을 수가 있다. 또한 이 논쟁은 서양의 철

---

157 이균영에 따르면 이관용은 비록 유물사관을 가졌지만 실천운동에서 사회주의 조직에 가담하지는 않았기에 민족좌파로 볼 수 있다고 한다(이균영, 『신간회 연구』, 역사비평사, 1994, 2판, p. 280). 같은 맥락에서 윤선자는 이관용이 사회주의 이론가였고 사회주의적 관점에서 행동하는 지식인, 민족운동가로 규정할 수 있지만, 사회주의 국가 내지 사회주의 사회 건설을 목표로 하는 사회주의자 내지 사회주의운동가로 규정하기는 어렵다고 평가한다. 윤선자, 「이관용의 생애와 민족운동」, 『한국근현대사연구』 Vol. 30, 한울, 2004, p. 32.

학사상이 이 땅에 본격적으로 수용된 직후 벌어진 첫 철학 논쟁으로서 한국철학의 논쟁사에서 결락되어 있는 일제강점기 철학 논쟁을 재조명할 수 있게 된 점도 중요한 의미를 가질 것이다.

이 논쟁의 배경을 살펴볼 때, 일제강점기 철학자들과 지식인들이 철학을 접하는 동기는 조국 상실이라는 절망적 조건에서 비롯된 고뇌 혹은 민족독립이라는 애국적 정열과 밀접히 관련되어 있는 것으로 보인다. 따라서 이들의 글에는 식민지라는 현실에 뿌리를 둔 문제의식, 철학의 현실적, 실천적 성격에 대한 강조가 두드러지게 나타난다.[158] 배상하, 이관용 등 논쟁에 참여한 이들이 철학과 세계관에 대한 상이한 입장을 보여주고 있고, 문제에 대한 접근 방식이나 해결 방식이 상이하게 나타나고 있지만, 이들이 처한 현실과 극복 대상은 동일한 것이라 할 수 있다. 이들은 비록 서구의 학문, 철학사상을 수용하였지만, 순수 학문의 차원에서만 수용하지 않았다. 오히려 우리는 이들에게서 식민지 현실을 타개하기 위한 실천적 대안 모색을 위한 이론적 틀로서 서구의 철학사상을 수용하려는 주체적 태도를 찾아볼 수 있다.[159]

서양철학이 이 땅에 처음으로 수용되던 시기인 근대기는 우리에

---

158 이병수, 「1930년대 서양철학 수용에 나타난 철학 1세대의 철학함의 특징과 이론적 영향」, 『시대와 철학』 제17권 2호, 한국철학사상연구회, 2006, pp. 106-107 참조.

159 같은 시기 신남철, 박치우, 박종홍의 철학사상에서도 당시의 지식인들이 마르크시즘을 학문의 대상으로서가 아니라 일제강점기라는 암울한 현실을 타파하기 위한 비판의 도구로서(민족해방, 계급해방의 실천적 지침으로서) 도입하고 있음을 볼 수 있다(권용혁, 「철학자와 '사회적 현실': 서양철학 수용사를 중심으로」, 『사회와 철학』 제4호, 사회와철학연구회, 2002, p. 264 참조). 이처럼 일제하에서 초기 마르크스주의 수용은 식민지 민족해방투쟁과 불가분의 관계를 가지며, '민족주의는 사회주의의 근원이며, 사회주의는 민족주의의 본류'란 인식이 지배적이었다. 김재현, 『한국 사회철학의 수용과 전개』, 동녘, 2002, p. 62 참조.

게 일제의 강권에 의해 국권을 상실하고 민족혼을 빼앗긴 오욕의 시대로 기억되고 있다. 따라서 그동안 이 시기의 한국철학자들은 우리의 관심 밖에 있었으며, 이들의 철학사상은 그 존재 자체를 의심받을 정도로 외면당해온 것이 사실이다. 그러나 비록 일제강점기하에 있었지만 논쟁을 통해 본 초기 현대 한국철학자들은 시대와 현실에 대한 긴장의 끈을 놓치지 않고 현실과 치열하게 대결하고 있음을 확인할 수 있다.

제4부

일제강점기
한국철학자들의
재발견

제1장_ 풍류정신의 철학자 범부 김정설
제2장_ 원학의 철학자 일성 이관용
제3장_ 일제강점기 주요 한국철학자 14인

제1장

풍류정신의 철학자 범부 김정설

　범부(凡父) 김정설(金鼎卨, 1897~1966, 이하 김범부라 칭함)은 한국근현대기인 일제강점기와 해방 전후에 민족지사로 활약한 동양철학자 또는 동서양비교철학자이다. 소설가 김동리의 친형으로 더 잘 알려져 있지만, 최근에 와서 김동리 문학의 원천을 제공해준 사상적 스승으로 많은 주목을 받고 있다.[1]

1　범부연구회, 『범부 김정설의 사상세계를 찾아서』 범부연구회 제2회 학술세미나 자료집(경산, 2009.10.24; 동리목월기념사업회 편, 『김범부 선생과 경주문학』 동리목월심포지움자료집(경주, 2009.04.24.) 참조; 한국의 전통사상과 문화에 대한 김범부의 독창적 이해는 그의 아우 김동리와 시인 서정주 등의 문인들의 문학세계를 형성하는 데 큰 영향을 끼쳤다. 손진은, 「김범부와 김동리, 그리고 서정주의 상관관계」, 『범부 김정설의 사상세계를 찾아서』, pp. 142-157; 홍기돈, 「김동리 소설세계와 범부의 사상-일제시기 소설을 중심으로-」, 『한민족문화연구』 제12집, 한민족문화학회, 2003, pp. 213-252; 전상기, 「소설의 현실 구상력, 그 불일치의 의미-『화랑외사』와 김동리의 「무녀도」를 대비하여」, 『겨레어문학』 제40집, 겨레어문학회, 2008, pp. 315-355; 박현수, 「서정주와 미학적 기획으로서의 신라정신」, 『한국근대문학연구』 Vol.7 No.2, 한국근대문학회, 2006, pp. 87-117; 김주현, 「김동리의 사상적 계보 연구」, 『어문학』 79집, 한국어문학회, 2003, pp. 369-388 참조.

김범부는 '천재 철학자', '신비가' 등
으로 불렸지만, 시대적·개인적 상황의
제약 속에서 많은 저술을 남기지는 못
했다. 그의 나이 19세가 되던 1915년에
독립운동 단체인 백산상회(白山商會)의
장학생으로 선발되어 일본에 유학한 김
범부는 서양 학문들을 두루 섭렵하고
귀국한 후, 일제의 감시와 탄압을 받으
며 해방이 될 때까지 학문 활동을 펼쳤

범부(凡父) 김정설

다. 그는 이미 25세 때인 1921년 불교중앙학림(현 동국대)에서 강의
를 시작한 이후, 28세 때인 1924년 YMCA강당에서 칸트 탄생 200
주년 기념강연을 행한 바 있으며,[2] 38세 때인 1934년에는 동서양 철
학에 대한 폭넓은 이해를 바탕으로 다솔사에서 일본의 승려들과 불
교대학 교수들을 상대로 일주일간 "청담파의 현리사상"을 강의할 정
도의 학문적 명성으로 당대의 지식인들로부터 존경을 받았던 인물
이다.

해방 후 1948년 서울에서 경세학회(經世學會)를 조직하여 건국이
념에 대한 연구 및 강좌를 하는 한편 첫 저서로 『화랑외사(花郎外
史)』를 저술하였다. 1950년 부산 동래구에서 2대 민의원(국회의원)
으로 당선되었으며, 1955년 경주 계림대학장(鷄林大學長)으로 취임
하였다. 1958년에는 건국대학에서 정치철학강좌(政治哲學講座)를
담당함과 동시에 동 대학부설 동방사상연구소 소장으로 취임하여

---

2   범부연구회 편, 『범부 김정설 연구』(대구프린팅, 2009) viii쪽의 김범부 강연회 도표 참
     조. 1964년에는 그가 중심이 되어 칸트 탄생 240주년 기념행사를 가지기도 했다. 김
     범부, 『풍류정신』(재판, 정음사, 1987)의 권두 사진 참조.

동양철학 및 한학 등을 강의하였다. 1966년 12월 간암으로 인해 향년 70세를 일기로 세상을 떠났다.

최근 그에 대한 관심과 연구가 이어지면서 그의 삶과 사상에 대한 면모가 조금씩 밝혀지고 있다. 현재까지 알려진 김범부의 핵심 사상은 '동양학과 동방학', '언어론', '주역의 음양론', '풍류론', '국민윤리론', '정치철학' 등을 들 수 있다. 그 밖에도 김범부는 "지금까지 있어온 동서 철학들을 총정리할 수 있는 새로운 형이상학"의 정립, 즉 "불교의 무(無)와 주역의 '태극'을 종합적으로 지양"하는 이론체계를 구상했으며, 이러한 구상을 『무와 율려(律呂)』라는 제목으로 저술하려고도 했으나,[3] 아쉽게도 생전에 결실을 보여주지 못하고 말았다. 이처럼 김범부 사상의 실체를 규명하고 그의 독자적 사상체계를 밝히기 위해서는 앞으로도 지속적이고도 심도 있는 연구가 이어져야 할 것으로 본다.[4]

일제강점기 서양철학이 해외 유학생을 통해 본격적으로 한국에 수용되면서 한국의 철학계는 서양철학 일변도의 연구와 논의가 중

---

3   김동리, 「백씨를 말함」, 김범부, 『풍류정신』, 정음사, 1987, 권두사.

4   김용구, 「범부 김정설과 동방 르네상스」, 『한국사상과 시사』, 불교춘추사, 2002; 진교훈, 「凡父 金鼎卨의 생애와 사상」, 『철학과 현실』 64호, 철학문화연구소, 2005년 봄; 진교훈, 「동방사상의 중흥조 '범부 김정설'」, 『대중불교』 제113호, 대원사, 1992; 정달현, 「김범부의 국민윤리론」, 『현대와 종교』 10집, 현대종교문제연구소, 1987; 최재목·이태우·정다운, 「凡父 金鼎卨 연구를 위한 예비적 고찰」, 『일본문화연구』 제24집, 동아시아일본학회, 2007; 최재목·이태우·정다운, 「「凡父文庫」를 통해서 본 凡父 金鼎卨의 東洋學 지식의 범주」, 『儒學研究』 제18집, 충남대학교 유학연구소, 2008; 동리목월기념사업회, 『김범부 선생과 경주문학』 동리목월심포지움자료집(경주, 2009.04.24.); 범부연구회 편, 『범부 김정설 연구』, 대구프린팅, 2009; 범부연구회, 『범부 김정설의 사상세계를 찾아서』 범부연구회 제2회 학술세미나 자료집(경산, 2009.10.24.); 이태우, 「범부 김정설과 서양철학: 칸트와 헤겔 이해를 중심으로」, 『인문과학연구』 제17집, 대구가톨릭대학교 인문과학연구소, 2012 참조.

화랑외사(2011)　　　『범부유고』의 이름으로 세상　　　풍류정신(2009)
　　　　　　　　　　에 나온『정치철학특강』

심을 이루었지만, 동서양 철학을 두루 섭렵하고 깊이 천착한 김범부
는 한국적 전통과 모티브 속에서 한국철학의 형성 가능성을 깊이
있게 탐색하였다. 이것은 한국의 전통사상인 불교나 유교 사상 외에
한국의 토속적인, 원시적인, 기층적인 사유 방식이나 태도에서 한국
철학의 가능성을 모색하려는 시도로 나타난다.[5] 특히 단재 신채호가
우리 민족의 근원적인 민족정신으로 화랑정신을 거론한 후, 김범부
는『화랑외사』라는 저술을 통해 화랑정신 속에 들어 있는 풍류도의
본질과 철학적 의미를 규명하려 하였다.

　풍류도 또는 화랑정신에 관한 연구는 그동안 다양한 분야에서 적
지 않게 이루어졌다. 한국 전통 미학과 관련한 연구를 비롯하여 철

5　특히 한국전통사상과 문화의 근원을 독자적으로 해석하고 한국전통사상과 문화의
　　맥을 계승·발전시키려는 김범부의 시도는 『화랑외사』,『풍류정신』,『정치철학특강(범
　　부유고)』 등의 저서와 「풍류정신과 신라문화」, 「주역강의」, 「동방사상강좌」, 「국민윤리
　　특강」, 「오행설과 동방의학의 원리」, 「주역강의」 등의 논문 및 강의 원고를 통해 잘 나
　　타나고 있다(상세한 서지사항은 참고문헌 참조).

학, 문학, 역사, 종교, 예술, 체육, 군사에 이르기까지 한국과 한민족의 정체성의 문화적·정신적 근원을 풍류도에서 찾으려는 시도가 다양한 학문 분야에서 지속적으로 이어져왔고, 그에 따른 연구 성과 또한 적지 않았다. 그럼에도 불구하고 이 글에서 '풍류도론'을 재론하는 것은 한국의 전통사상인 '풍류도'에 대한 김범부의 독자적 해석을 확인하는 동시에, '풍류도론'을 기반으로 한 그의 사상체계의 구체적 면모를 확인할 수 있기 때문이다.

범부가 생전에 저술한 책은 『화랑외사』(1954) 한 권이며, 그의 사후 그가 남긴 유고들이 후학들에 의해서 『범부유고: 정치철학특강』과 『풍류정신』으로 출간되었다.

1. 풍류도와 관련한 최근의 연구 경향

풍류도는 우리 민족의 고유사상으로서 지금까지 많은 연구가 있었지만 이에 대한 논의는 아직도 논란 중에 있다. 풍류도에 대한 단편적인 언급은 있으나 이 사상의 전반을 파악할 수 있는 자료가 부족하기 때문에 이의 실체를 두고 학자마다 다양한 견해를 표방하고 있는 실정이다.[6] 그렇지만 풍류도 또는 풍월도(風月道), 화랑도 등으로 불리는 이 사상이 삼국통일 이전부터 존재해온 한국 고대의 전통신앙이며, 고유사상이었다는 점에 큰 이견이 없을 것 같다. 즉 풍류도는 우리 민족이 우리의 자연과 풍토 속에서 동화되어 살아오면

---

6   이도흠, 「風流道의 實體와 풍류도 노래로서 「讚耆婆郎歌」의 解釋」, 『신라학연구』 Vol. 8, 위덕대학교 신라학연구소, 2004, pp. 31-32.

서 자연스럽게 형성된 사상이라고 할 수 있다. 신라의 화랑도(花郎道) 정신은 바로 이러한 풍류사상을 기반으로 하여 이루어진 것이며 화랑도를 곧 풍류도(風流道)라 부르기도 한다.[7]

풍류도에 관한 논의는 최치원이 '현묘지도(玄妙之道)'로서 풍류도를 언급한 이래, 신채호, 최남선, 안호상, 양주동 등의 국학자들과 유동식, 유병덕, 도광순, 김상현, 민주식, 신은경, 이도흠, 한흥섭 등 최근의 학자들에 이르기까지 계속되어왔다. 그러나 주창되고 있는 거창한 내용에 비해 한국철학사에서 풍류도의 위상은 중국에서 유입된 3교와 비교하면 초라하기 짝이 없으며, 이는 결국 풍류도가 하나의 체계를 갖춘 학문적 이론으로 인정받지 못하고 있음을 의미한다.[8]

이러한 사정에도 불구하고 한국의 전통문화와 정신을 이해하는 키워드로서 풍류도는 그동안 다양한 분야에서 연구가 진행되어왔다. 풍류도로부터 한국 전통 미학의 근원을 탐색하려는 미학 분야의 연구를 비롯하여 문학, 역사, 철학, 종교, 예술, 정치에 이르기까지 한국과 한민족의 정체성의 문화적·정신적 근원을 풍류도에서 찾으려는 다양한 시도가 지속적으로 이어져왔다.

풍류도와 관련한 최근의 대표적 연구자와 연구 경향을 주제별로 살펴보면, 풍류도와 미학 관련 연구는 민주식의 「풍류도의 미학사상」, 「동양미학의 기본개념으로서의 풍류」, 「풍류사상의 미학적 의의」

---

7 물론 풍류도와 화랑도를 본질적으로 다르다고 보는 견해도 있다. 한국철학회 편, 『한국철학사』 상권, 동명사, 1987, p. 148, p. 154 참조.
8 한흥섭, 「풍류도의 어원」, 『신라학연구』 Vol. 8, 위덕대학교 신라학연구소, 2004, pp. 53-54; 위에 언급된 학자들 외에도 많은 이들이 풍류도와 관련된 연구물을 발표했지만, 지면상 제한으로 이 논문에서 다 소개할 수는 없다. 풍류도 연구에 대한 총체적 분석은 향후 다른 지면을 통해 계속되어야 할 과제라고 생각한다.

와 이동환의 「한국미학사상의 탐구(Ⅲ)-풍류도의 미학 관련(上)」 등
이 있으며, 풍류도와 화랑 관련 연구는 김태준의 「풍류도와 화랑정
신」, 한흥섭의 「난랑비서의 풍류도에 대한 하나의 해석」 등이 있다.
풍류도와 음악 관련 연구는 이도흠의 「풍류도의 실체와 풍류도 노
래로서 「찬기파랑가」, 한흥섭의 「풍류도와 한국전통음악의 연관성」
등이 있으며, 불교 관련 연구는 최재목의 「'건달'의 재발견: 불교미
학, 불교풍류 탐색의 한 시론」 등이 있다.[9] 풍류도와 샤머니즘 관련
연구는 김광식의 「샤마니즘과 풍류신학」이 있으며, 풍류도와 체육
관련 연구는 김부찬의 「화랑도(花郞徒)의 체육철학으로서 풍류도」
등이 있다.

이 밖에도 지면상 일일이 소개하지 못할 정도로 많은 연구가 계속
되고 있다.

그러나 위의 연구와는 달리, 풍류도에 대한 김범부의 논의와 해석
은 특정 학문 분야에 국한되지 않고, 다양한 분야별 경계를 넘나드
는 보다 근본적 해석을 하고 있는 데 그 특징이 있다. 김범부는 풍
류도를 '멋과 조화의 정신'으로 해석하고 있는데, 풍류도에 대한 범
부의 해석은 그동안 다양하고 상이했던 주제별·관심 분야별 접근과
이해에 대한 지표를 제시해줄 수 있다는 점에서 특히 의미가 있을
것이다.

---

9   최재목·정다운, 「범부 김정설의 풍류정신에 대한 검토」, 『범부 김정설의 사상세계를
     찾아서』, 범부연구회 제2회 학술세미나 자료집(경산, 2009.10.24), p. 160 참조.

2. 김범부의 풍류도론

2.1 풍류도와 화랑정신

일반적으로 볼 때, 풍류도 또는 풍월도는 우리 민족의 뿌리 사상으로 엄격히 구별하면 화랑도와는 일치하지 않는다. 그것은 풍류도나 풍월도가 삼국통일 이전에도 있었던 고대로부터 있어온 한국 고유사상이며 종교이기 때문이다. 반면에 화랑도는 A.D. 540년대 신라가 국난 극복과 삼국 통일의 대업을 성취하기 위하여 기존의 풍류도를 토대로 하여 인재 육성의 프로그램으로 정착시킨 제도라는 의미로 주로 사용되었다.[10]

풍류도는 인간이 천지와 자연에 의지하려고 할 때, 거기에서 생명의 근원을 체감하는 것이라면, 화랑도는 자연에서 얻어진 풍류성, 즉 생명의 근원을 인간 집단에 매개하려는 행위이다. 따라서 풍류도는 인간 생명의 근원이 그 타고난 자연 속에 있음을 체감함으로써 영원한 생명, 무한한 생명, 절대의 생명에 감응된다고 믿고, 스스로 그 생명의 근원에 자기 생명을 부합시키려는 행위이다. 이에 대하여 화랑도는 풍류적 생명성을 자각한 인간들이 모인 집단으로, 인간들 간에 또는 국가나 사회에 이 풍류도의 대생명력을 활용하려는 도라고 말할 수 있다.[11]

그러나 김범부는 『화랑외사』[12]에서 풍류도와 화랑도, 풍류정신과 화랑정신을 유사한 의미로 사용하고 있다. 그는 한국의 고유정신을 화랑정신이라고 단언하여, 화랑정신이 한국민족의 정신적 기저를 이

---

10 유병덕, 「통일신라 시대의 풍류사상」, 한국철학회 편, 『한국철학사』 상권, 동명사, 1987, p. 148.

11 같은 글, p. 149.

루고 있음을 지적하고 있다. 또한 화랑정신이 오늘날까지 계승되고 있다고 함으로써, 그것이 한국민족의 혈맥(血脈) 속에 이어져 내려오고 있음을 밝히고 있다.[13]

김범부는 제도로서의 화랑과 정신으로서의 화랑을 분명히 구분한다. "지금 우리가 알고 싶은 것은 화랑의 제도냐 화랑의 정신이냐 하는 것입니다. 화랑의 제도라는 것은 그 제도 일면에 그치지만 화랑의 정신이라는 것은 화랑의 제도와는 다릅니다. 화랑의 정신은 화랑의 제도가 있기 전부터 있었습니다. 또 화랑의 정신은 화랑의 제도가 해이해 없어진 뒤 오늘날까지 계승되고 있습니다."[14]

김범부에 따르면 화랑운동이 공간적으로 볼 때 신라를 중심으로 일어났으며, 또 화랑의 정신이 신라의 정신인 것이 사실이지만, 그러나 이 화랑정신이라는 것은 그 당시의 백제에도 있었고, 고구려에도 있었던 것이다. 이것은 화랑정신이 신라에만 국한된 것이 아니라 이 시대의 삼국에 공통으로 통해 있었다는 말이다. 이렇게 볼 때 화랑의 정신이라는 것은 역사를 관통해서 이 한국민족의 혈맥 속에 흐르고 있음을 알 수 있다는 것이다. 그러나 문제는 화랑운동이 신라에서 일어났고, 또 이 정신이 신라에서 발휘된 것인 만큼 화랑에 대한 연구는 신라에서부터 출발하지 않을 수 없다는 것이다.

김범부는 화랑을 올바로 인식하려면 화랑정신 가운데 세 가지 요소를 먼저 우리가 규정하고 그 규정 밑에서 이 화랑정신을 살펴야

---

12 김범부, 『화랑외사』3판, 대구: 이문출판사, 1981; 이 책의 초판은 1954년 해군본부 정훈감실에서 발간되었다. 그러나 이미 1948년에 탈고되어 원고 형태로 보존되어 있었던 것이며, 화랑과 풍류도에 대한 김범부의 사상은 그보다 훨씬 이전에, 아마도 일제 시기까지 거슬러 올라갈 수 있을 것이다.

13 김범부, 『화랑외사』, p. 218.

14 같은 곳.

화랑의 전모를 알 수 있다고 한다. 화랑정신의 세 가지 요소는 군사적 요소, 종교적 요소, 예술적 요소가 그것인데, 이전까지 화랑 문제에 대해서 언급할 때는 주로 군사 제도적인 면에 치우쳐 화랑정신의 본질을 인식하지 못했다는 것이다.[15] 따라서 진정 우리가 이 화랑을 올바로 인식하려면 이 종교적 요소, 예술적 요소를 제외하고는 화랑을 제대로 알 수 없다는 것이다.

김범부는 먼저 화랑정신에 내재된 종교적 요소로서 샤머니즘에 대해 다음과 같이 설명하고 있다.

> 화랑의 고향인 지금의 경주에 가게 되면 무당이 있는데 여자무당이라고 하지만 남자무당은 화랑이라고 합니다. 그런데 예전뿐만 아니라 지금도 경주지방에 가면 무당이 굿을 할 때에 정복이란 채색한 옷을 입습니다. 그런데 그것이 틀림없이 화랑의 치장인 것이 크게 틀림없습니다. 여기에 문제는 굿하는 무당과 이 화랑과 사이에 무슨 관련이 있느냐 하는 그것이 재미있는 문제인데 기실 알고 보면 최고대에 있어서 화랑의 일면이라는 것은 역시 무속과 직접 관련이 있습니다. 무당이 하는 일 대부분이 고대의 화랑이 하는 일입니다. 그러면 이것이 무엇이냐 하면 곧 '샤마니즘'이라는 것인데 이것은 서백리아 일대(西伯利亞一帶), 만주몽고 일대 그리고 우리 한국, 일본 등지에 예전에 퍼져 있었던 원시종교의 한 형태입니다. 우리나라에 있어서 무당이라는 것은 전부 '샤마니즘'의 제관입니다. (…) 그렇기 때문에 화랑의 정신의 세 가지 요소 가운데 그 첫째는 종교적 요소라고 했는데 이 요소를 빼버리고는 도저히 화랑정신이란 것을 잘 모릅니다.[16]

---

15 같은 곳.

화랑정신에서 종교적 요소란 우선 무속신앙적 요소를 말하는 것이다. 무속이나 샤머니즘은 영적 매개자를 전제로 하는 것인데, 김범부는 무당이 하는 일 대부분이 고대의 화랑이 하는 일이라고 하여, 화랑이 영적 매개자의 역할을 하였다는 사실을 암시하고 있다. 무속신앙적 요소 외에도 화랑정신 속에는 화랑오계에 나타나고 있는 유교적 효와 충, 불교적 자비정신이 깃들어 있으며, 화랑도들이 심산유곡을 찾아다니며 도교적 수도를 통하여 심신을 연마했다는 사실도 찾아볼 수 있다. 이처럼 화랑정신에는 종교적 요소로서 한국의 고유 신앙인 무속신앙과 유교, 불교, 도교의 정신이 포함되어 있음을 알 수 있다. 이는 최치원의 「난랑비서(鸞郎碑序)」에서도 확인할 수 있다.

다음으로 김범부는 화랑정신의 예술적 요소로서 가무(歌舞), 즉 음악과 무용을 들고 있다. 화랑정신 속의 예술적 요소는 종교적 정신과 관련되어서 나타나는데, 당시 화랑의 훈련은 무속신앙적 가무를 동반하였다는 사실에서 쉽게 짐작할 수 있다. 그는 특히 신라시대 향가가 화랑과 관련이 있다고 말한다.

그런데 예술적 요소로서는 화랑은 무엇을 중시하느냐 할 것 같으면 음악을 대단히 중시했습니다. 그래서 신라시대의 향가라고 하는 것은 이 화랑과 관련이 있습니다. 그 당시에 향가도 대개 화랑이 제작하거나 불렀던 것이 아닌가 생각합니다. 그것을 무엇이라고 하느냐 하면 풍류도라고 합니다. 노래하고 춤추는 것이 필수과목입니다. 화랑 훈련에 있어

---

16 김범부, 『화랑외사』, pp. 219-220; 신라 화랑정신에 녹아 있는 샤머니즘적 요소는 범부의 막내 아우인 김동리의 작품세계에도 영향을 미쳐 「무녀도」, 「을화」와 같은 소설을 통해 나타나고 있다.

서는 다른 예술보다도 특히 가무, 즉 음악과 무용이 필수과목이라고 생각됩니다.[17]

그래서 당시 화랑들이 모여서 하던 일이 "상마도의, 상오가락, 유오산수, 무원부지(相磨道義, 相磨歌樂, 遊娛山水, 無遠不至)"[18]였으며, 이는 도의로서 서로 연마하고 노래와 음악으로 서로 즐거워하며, 산과 물에 놀아서 즐겼다는 것이다. 상오가락(相磨歌樂)이라는 것은 노래와 음악으로 서로 즐긴다는 것인데 단순히 음악으로만 중시했던 것이 아니라 그때 사상으로서 이 음악이 중요한 지위를 가졌으며, 그것 역시 신앙과 관련을 맺고 있다는 것이다. 김범부가 『화랑외사』의 「김유신전」, 「물계자전」, 「백결선생전」 등 여러 곳에서 화랑들이 서로 가무를 즐기는 장면을 서술해놓은 것도 화랑정신의 음악적 요소를 부각시키려는 의도로 볼 수 있다.

이와 같이 김범부는 군사 제도적인 측면만 강조되어온 기존의 화랑정신 또는 풍류도에 대한 이해를 종교적 요소와 예술적 요소 등이 융합된 것으로 확대 해석함으로써 화랑정신을 보다 폭넓게 규정하고 있음을 알 수 있다.

2.2 「난랑비서」에 나타난 풍류도의 성격

김범부가 한국민족의 고유한 전통정신을 화랑정신 혹은 풍류도라고 천명한 것은 최치원의 「난랑비서(鸞郎碑序)」를 단서로 한 것이다. 『삼국사기(三國史記)』에 나오는 「난랑비서」에는 이렇게 기록되어 있다.

---

17   김범부, 『화랑외사』, pp. 221-222.
18   같은 곳.

國有玄妙之道曰風流實乃包含三教接化群生入則孝於親出則忠於君魯司寇之教也不言而教無爲而化周柱史之旨也諸善奉行諸惡莫作竺乾太子之化也…[19]

　김범부는 먼저 『삼국사기』에 나오는 이 구절을 단서로 하여 풍류도의 근본정신을 규명하고자 한다. "이것은 무슨 말이냐 할 것 같으면 이 나라에 현묘한 도가 있으니 가로되 그것은 풍류인데 이 풍류의 도는 3교를 다 포함(包含)해서 충효와 같은 것은 유교의 뜻이요 제선봉행 제악막작(諸善奉行 諸惡莫作)은 불교의 뜻이요 불언이교 무위이화(不言而教 無爲而化)는 노자의 뜻이요 이 3교를 다 포함한 것이 신라가 가진 도라는 말입니다."[20] 즉 신라의 고유한 도(道=정신)를 풍류도라고 하는데, 그것은 충효와 같은 유교적 정신, 좋은 것은 받들어 행하고 나쁜 것은 행하지 않는 불교적 정신, 말하지 않고서도 알게 하고 행하지 않아도 이루어지게 하는 도교적 정신을 다 포함하고 있다는 것이다.

　김범부는 이때 포함3교(包含三教)를 두 가지 의미로 해석할 수 있다고 말한다.

19　나라에 현묘한 도가 있으니 이를 '풍류'라고 한다. 그 가르침을 베푼 근원은 이미 선사에 자세히 기록되어 있는데, 실로 유불선 삼교의 핵심이 모두 다 포함되어 있으며 뭇 생명을 접하여 교화하는 것이다. 이를테면 집에 들어오면 부모에게 효도하고 밖에 나가면 나라에 충성하는 것은 魯司寇(공자)의 유교의 가르침이요. 매사에 무위로 일을 처리하고 말없는 가르침을 행함은 周柱史(노자)의 도교이며, 악한 일들을 하지 말고 오로지 착한 일을 받들어 실행함은 竺乾太子(석가)의 불교와 같다; 원문은 『화랑외사』, p. 222에서 재인용.

20　같은 곳.

그러면 여기 포함한 3교라는 것을 두 가지 의미로 해석해야 할 것입니다. 최치원 선생이 이것을 적을 때에는 이러한 생각으로 적었을 것입니다. 결국은 유교정신, 불교정신, 노자정신을 포함해 가지고 풍류도라는 것이 생긴 것 같이 생각했는지 모릅니다. 하지만 최치원 선생이 포함3교라고 한 것은 명백하게 이것은 세 가지 교(敎)를 어울러서 풍류도라 꼭 이러한 말은 아닙니다. 포함되었다고 그랬는데 일면으로는 과연 이 3교의 정신이 여기에 들었다고 볼 수 있으나 일면은 본래 이 풍류도라는 정신이 이 교(敎)가 들어오나 안들어 오나 이 3교정신을 포함했다고 볼 수 있습니다. 그러니 포함3교라는 데 있어서는 3교가 들어온 뒤에 성립되었다고만 볼 것뿐만 아니라 풍류정신 자체가 이 3교를 본래 포함하고 있다는 일면을 가진 것입니다. 그런데 어느 편으로 보는 것이 더 실정에 가까우냐 3교를 모두 어울려 가지고 성립되었다는 일면도 있지만 기실은 근본이 풍류도가 3교정신을 본시 포함했다고 보는 편이 정당할 것입니다.[21]

최치원의 「난랑비서」에 대한 이와 같은 해석을 통해 우리는 풍류도의 근본정신에 대한 김범부의 생각을 분명하게 확인할 수 있다. 김범부는 풍류도의 근본정신을 두 가지로 해석할 수 있다고 하는데, 하나는 신라에 유입된 외래 사상인 유·불·선 3교의 정신이 융합되어 후에 풍류도의 정신 속에 포함된 것이라는 해석이 가능하며, 또 다른 해석은 삼국시대 이전부터 존재해온 한국의 고유한 전통정신 속에 이미 유·불·선 3교 정신이 들어 있었고, 그 후 이 3교가 외부로부터 유입되어서 자연스럽게 우리의 풍류도 정신에 녹아들어갔다

---

21   김범부, 『화랑외사』, pp. 222~223.

는 의미에서 '포함3교'를 해석할 수 있다는 것이다. 김범부는 후자의 입장이 풍류도의 성격에 대한 올바른 해석이라고 보고 있다. 그래서 김범부는 "풍류도는 실상인즉 유불선 3교를 포함한 현묘지도(玄妙之道)라 했으니, 3교를 포함하니 만치 3교보다 더 광대하다."[22]고 말하고 있다.

특히 김범부는 풍류도의 성격을 구명하기 위해서는 '포함3교'의 '포함'이라는 자구의 해석을 명확히 해야 한다고 강조하고 있다. 그에 따르면, '포함'이라는 두 글자를 잘못 해석하면 우리 문화사 전체가 비틀어지게 된다는 것이다. 즉 이 3교를 조화했다거나 혹은 집성했다거나 절충(折中)했다거나 혹은 통합했다거나 할 경우에는 본래 고유의 연맥(淵脈)은 없이 3교를 집합한 것이 될 것이지만, 굳이 '포함'이라고 한 것은 풍류도 고유의 정신이 본래부터 3교의 성격을 포함했다는 의미로 해석해야 한다는 것이다.[23] 이것은 풍류도가 한민족의 고유한 정신으로서 결코 3교를 집합한 것이 아님을 강조한 것이다.

풍류도의 성격을 이해하기 위한 또 하나의 중요한 키워드는 '현묘지도'라고 할 수 있다. 위에서 언급했듯이 풍류도가 3교의 정신을 포함한 그 이상의 한민족 고유의 정신이라면 풍류도만이 지닌 독특한 특성을 무엇으로 규정지울 수 있는가? 김범부는 '현묘지도'라는 구절에서 그것을 제시하고 있다. "그러면 중정지도(中正之道)라든가 원묘지도(圓妙之道)라든가 현허지도(玄虛之道)라든가 하는 등의 형언을 취하지 않고 반드시 현묘지도라 했으니 이 현묘의 자에는 분명히

---

22 김범부, 「풍류정신과 신라문화」, 한국사상강좌편찬위원회 편, 『한국사상』 강좌 3, 고구려문화사, 1960, p. 228.
23 같은 글, p. 230.

의미가 들어 있겠는데 (…) 생각하건데 '풍류도의 성격'은 어떤 자보다도 '현묘' 두 자가 가장 적절했던 모양이니 알고 보면 현묘 두 자야말로 과연 현묘한 것이다. 풍류도의 성격을 형언하는데 아닌 게 아니라 현묘 두 자 이외에 다른 자가 있을 수 없는 것이다."[24] 이처럼 김범부는 풍류도가 유교적 중정지도, 불교적 원묘지도, 도교적 현허지도보다는 '현묘지도'의 '현묘' 두 글자가 풍류도의 본질과 성격을 가장 잘 드러내주고 있다고 본다.

2.3 풍류도와 멋의 정신

김범부는 '현묘지도'가 한민족의 고유한 전통정신인 풍류도의 본질과 성격을 잘 보여주고 있다고 하는데, 그렇다면 이 '현묘지도'에 담겨 있는 우리 고유의 전통정신은 무엇인가? 김범부는 그것을 '멋'의 정신과 '조화'의 정신이라 하고 있다. 그렇다면 김범부는 왜 '멋'과 '조화'가 한민족의 고유한 전통정신이 된다고 하고 있는지 그의 논의를 살펴보기로 한다.

먼저 그는 풍류도에 스며 있는 '멋'의 정신에 대해 언급하고 있다.

전통적으로 우리는 한국의 전통음악을 국악이나 풍류라고 말하고, 노래 잘 부르고 음악을 잘 이해하고 그림과 시와 글을 잘 이해하고 또 음도(飲道)에까지 통하는 사람을 풍류인이라고 불렀다. 그런데 문제는 한자로 된 풍류도의 뜻이 이러한 것이라면 한글로는 이 도(道) 이름을 무엇으로 불렀는가 하는 것이다. 김범부는 만약 우리가 현재의 말로 풍류라는 글자에 해당하는 말을 찾는다면 '멋'이라는 말을 사용했을 것이라고 말한다. 그런데 '풍류' 대신 '멋'이란 말

---

24 같은 곳.

로 치환해서 "국유헌묘지도(國有玄妙之道) 왈(曰) 멋"이라고 해도 그 의미가 달라지지 않아야 한다.[25] 하지만 이렇게 하면 '풍류'의 본래적 의미가 드러나지 않으며, 견강부회 같은 어색한 느낌을 받는다. 그 이유는 신라시대 당시에 사용하던 '멋'과 오늘날 우리가 사용하는 '멋'의 의미가 변했기 때문이다.

김범부에 따르면 '멋'이라는 것에서 어째서 유교의 충효가 나오고, 도교의 불언이교(不言而敎)가 나올까 하는 의문이 일어날 수밖에 없는데, 그것은 풍류도의 내용이 멋이라는 관념과 대조해볼 때 상당한 거리가 있기 때문이란 것이다.

> 기실 알고 보면 멋에 대해서 현재 우리가 가지고 있는 멋의 개념, 본래의 멋이라는 말은 이 국유현묘지도 왈 풍류(國有玄妙之道 曰 風流)라는 것과 조금도 다름이 없는 뜻을 가졌을 것입니다. 지금은 멋이라고 할 것 같으면 얼른 무엇을 연상하느냐 하면 의관을 반듯하게 쓴 것보다는 약간 한쪽으로 치우친 것, 걸음을 걷되 정중한 보법으로 걷는 것보다 삐뚯하게 걷는 것이 멋으로 생각될 것입니다. 우리가 멋쟁이라고 할 때에 과연 그렇게 생각하는 것이 틀림없습니다.[26]

이처럼 풍류와 동일한 의미를 가진 전통적 의미의 '멋'과 통일신라 이후부터 변하기 시작해서 현재까지 변천해온 '멋'의 의미는 서로 다르다고 할 수 있다. 이렇게 된 이유는 멋의 의미가 후대로 가면서 점차 타락하거나 퇴폐적으로 되었기 때문이다.

25 　김범부, 『화랑외사』, pp. 223-224.
26 　같은 책, p. 224.

그렇다면 멋이 건전한 시대, 풍류정신이 건전한 시대에 멋의 내용은 어떠했던가를 알기 위해서는 화랑 전성시대의 풍류정신을 제대로 파악할 필요가 있을 것이다. 김범부는 한민족의 고유한 멋의 정신을 사다함이나 김유신과 같은 화랑들의 일화를 통해 제시하고 있다.[27]

사다함과 김유신은 화랑의 대표적 인물로 잘 알려져 있다. 사다함은 열여섯 살에 전장에 나가 많은 왜병 포로를 사로잡았으며, 그 전공으로 나라로부터 포로를 노예로 하사받고, 또한 많은 토지를 하사받았다. 그렇지만 사다함은 하사받은 노예들을 모두 해방시켜주고, 토지마저 부하들에게 전부 나누어주었다. 또한 절친한 친구 무관랑이 병사하자 일주일을 통곡하다 사다함도 죽고 말았다는 일화가 전해지고 있다. 김범부는 이 일화를 모티브로 화랑의 풍류정신을 제시하고 있다. 즉 사다함의 이 일화에는 풍류도의 성격이 잘 나타나 있는데, 그 첫째가 노예가 된 포로들을 해방시켜준 사다함의 행위에서 제선봉행 제악막작(諸善奉行 諸惡莫作)이라는 불교의 정신을 찾아볼 수 있다는 것이다. 둘째는 하사받은 토지를 부하들에게 나누어 준 행위에서는 박애정신을, 친구의 죽음을 애통해하다 함께 죽은 행위에서는 우애정신을 각각 찾아볼 수 있다는 것이다.

여기서 우리가 알 수 있는 것은 화랑 사다함뿐만 아니라 그 뒤에 화랑정신으로 움직였던 당시의 신라 청년들이 모두 다 이 정신을 가지고 있었지만, 특별히 사다함에게 나타난 것은 순전(純全)히, 즉 지극하고 정성스럽게 화랑의 도를 행하였다는 점이다. 김범부는 사다함이 행한 이 도(道)를 곧 풍류정신으로 보고 있는 것이다. 그리고 이것을 도라고 하지 않고 굳이 풍류정신이라고 한 이유는 멋이라는

---

27 같은 책, pp. 225-227 참조. 『화랑외사』. 「金庾信傳」, 「斯多含傳」 참조.

뜻이 다른 것이 아니고, 이 사다함의 도가 바로 멋이기 때문이다. 따라서 사다함으로 대표되는 신라 화랑의 정신은 풍류정신, 즉 멋으로 움직였다는 것이다.[28]

또 하나의 예로 김범부는 화랑 김유신을 들고 있는데, 기생 천관 (天官)과의 사이에 있었던 예화에서 '멋'의 정신을 잘 찾아볼 수 있다는 것이다. 즉 김유신은 어머니의 당부로 천관과 절연하려 했지만, 자신의 애마가 습관적으로 천관의 집을 찾아가자 말의 목을 베었다는 이야기이다. 그리고 후에 대업을 이룬 후 천관사라는 절을 세운 것도 '멋'이라고 할 수 있다. 김유신의 이러한 행위에서 우리는 효의 정신, 호연지기, 용기 등으로 나타낼 수 있는 '멋'의 정신을 찾아볼 수 있다. 퇴폐하고 타락한 불건전한 멋이 아니라, 사다함과 김유신에서 찾아볼 수 있는 '건전한 멋'이 진정 풍류도의 근본정신이며, 최치원이 말한 3교를 포함하는 정신이라 하겠다.

> 우리 고유한 전통 한가운데 화랑이 숭상하든 풍류도의 전통이 있는데 이 풍류도란 것은 현대 우리가 실제로 쓰는 말로 할 것 같으면 멋이라는 말로서 규정할 수 있을 것이다. 그런데 오늘날 우리가 보고 또 이해하고 있는 멋의 현장이란 것은 대단히 고대의 풍류정신과는 거리가 멀다, 이것은 멋 자체가 타락한 것이다. 그러므로 만일 건전한 멋으로 돌아갈 수 있다면 고대의 풍류정신 그것일 것이다.[29]

위의 인용문을 통해 보듯이 우리는 풍류도와 '멋'의 정신에 대한

---

28 같은 책, pp. 225-226.
29 같은 책, p. 227.

김범부의 생각을 다시 한 번 확인할 수가 있다. 즉 김범부는 오늘날의 타락한 '멋'에서 고대 신라시대의 건전한 '멋'으로 돌아갈 때, 우리 고유의 전통정신으로서 우리 혈맥에 흐르고 있는 풍류도의 정신을 회복할 수 있다고 보고 있다.

2.4 풍류도와 조화의 정신

우선 김범부는 풍류도 연구의 어려움을 토로하고 그에 따른 연구방법을 모색하고 있다. "화랑정신, 화랑도, 즉 풍류도란 것을 우리가 연구하기에 대단히 곤란한 것은 문헌의 문제가 중대한 그만한 비례로 문헌이 모자란다는 것"[30]이다. 그렇지만 비록 문헌자료의 부족으로 풍류도의 실상을 파악하는 데 어려움이 따르지만 절망할 문제는 아니라는 것이다. 왜냐하면 문헌자료 외에도 구비전승과 같은 구증(口證), 유습(遺習)이나 유풍(遺風)·유속(遺俗)·풍속(風俗) 또는 습속(習俗)과 같은 사증(事證)에 의해서도 풍류도를 연구할 수 있기 때문이다.

그런데 김범부는 문증(文證)이나 물증(物證), 구증이나 사증 이외에 또 하나의 중요한 자료로서 혈맥을 제시한다. "그 자료는 우리들 자신들이 가지고 있는 혈맥 즉, 말하자면 살아 있는 피라고 말했는데, 이것은 사증(四證) 이 네 가지 증외(證外)에 우리의 심정, 우리의 혈맥 속에서 찾아 볼 수가 있는 것입니다."[31] 이 말은 화랑이 가지고 있던 풍류정신, 그것이 지금 우리에게 피로써 전해져 있다는 말로서, 단순히 당시의 화랑에게만 국한된 것이 아니라 "이 민족이 전

---

30 김범부, 『화랑외사』, p. 227.
31 같은 책, p. 228.

체로 화랑의 피를 가졌던 것"[32]이라고 말하고 있다. 김범부가 얼핏 연구 자료로서 별로 설득력이 없어 보이는 '혈맥'을 풍류도 연구를 위한 또 하나의 증거자료로 제시하려는 이유는 이제 논급할 '조화(調和)' 정신의 근거를 이로부터 제시하고 그것을 강조하기 위함이다.

김범부는 앞에서 한민족의 고유한 전통정신인 풍류도의 본질과 성격을 잘 보여주고 있는 것이 '현묘지도'라고 하였는데, 이제 '멋'의 정신과 함께 '현묘지도'에 담겨 있는 또 하나의 한민족 고유 전통정신으로서 '조화'의 정신에 대해 언급하고 있다. 특히 그는 최치원이 말한 포함3교에서 3교의 정신 이외에 우리만이 가진 고유한 정신적 특색이면서 동시에 한국인만의 가치판단의 표준이 되는 정신으로 '조화'의 정신을 강조하고 있다. "그 이외에 불교와도 유교나 도교와도 다른 특색으로서 우리가 살펴볼 것이 있느냐 하는 문제입니다. 여기에 기실은 미묘한 문제가 들어 있다는 말입니다. 그것은 무엇이냐 하면, 인간의 가치판단에 대해서, 인간의 가치를 분별하는 그런 표준에 대해서 한국 사람은 한국 사람만이 소유한, 어떤 다른 나라 사람도 그렇게까지 명백히는 소유하지 않은 그러한 한 개의 가치판단의 표준을 가지고 있다 그 말입니다."[33]

일반적으로 선악의 구분 기준으로 삼기 위해 가치판단의 기준을 구하게 되는데, 한국인만이 선악이란 기준과는 성격을 달리하는 기준에서 인간에 대한 가치판단을 한다는 것이다. 즉 선과 악, 지혜로움과 어리석음, 아름다움과 추함 등 다른 나라 사람들도 공통적으로 가지고 있는 판단 기준 이외에 한국인만이 가진 가치판단의 기

---

32 같은 곳.
33 같은 책, p. 229.

준이 되는 것이 '조화'의 정신이란 것이다.

김범부는 우리의 혈맥 속에 흐르고 있는 '조화'의 정신을 일상 생활용어를 통해서 제시하고 있다. 즉 우리가 일상생활에서 사람에 대해서 사용하고 있는 '싱겁다', '짜다'라는 말은 단순히 미각상의 기준 이외에 가치판단의 기준이 되는 말로 사용하기도 한다. 여기서 "싱겁다는 것은 무슨 말인고 하니 어울리지 않는단 말이고, 째이지 않는단 말이고, 조화가 되지 않는다, 사우(造化)가 맞지 않는다."[34]는 뜻이다. 미각상의 기준이 되는 '싱겁다'는 말을 사람의 행위에 적용했을 때는 그 사람이 '설멋지다', '덜 되었다'는 뜻이고, '짜다'라는 말을 사용했을 때는 '지나치다'라는 의미로 사용되는 것이다. 이러한 가치판단 기준은 우리 민족에만 나타나는 고유한 것으로서 다른 민족에게서는 찾아 볼 수 없는 '조화'의 정신을 담고 있는 것이다.

그러면 우리 민족이 이런 말로서 인물이나 물건을 평가하기를 좋아한다는 것은 무엇을 의미할까요? 다른 것이 아니라 그것은 우리 민족이 생리적으로, 성격적으로 조화를 사랑한다는 것을 의미하며 이것이 우리 한국민족의 특색이다 이런 말입니다. 조화를 싫어하는 사람은 세계 아무데도 없지만 특별히 강렬하게 조화를 사랑하는 것이 우리 한국민족이다 이런 말입니다.[35]

또 하나 풍류도의 조화 정신을 잘 보여주고 있는 것이 음악이다. 특히 우리 전통음악에서 '장단'은 '조화'의 이치와 정신을 가장 잘

---

34 같은 책, pp. 229-230.
35 같은 책, p. 230.

보여주고 있는 것이라고 김범부는 말한다.

> "풍류도에서 제일 중시하는 과목이 음악인데, (…) 음악은 다른 것이
> 아니라 '장단'입니다. '장단'이 아니면 음악이 안 되거든요. 장단이라는
> 것은 조화요, 장단이 안 맞는다는 것은 조화가 깨진다는 것이요, 장단
> 이 꼭 맞는다는 것은 조화가 잘 이루어졌다는 것입니다. 그러므로 무엇
> 보담도 조화를 사랑하는 풍류도 정신으로서는 제일 조화를 표현할 수
> 있는 예술인 음악이라는 것을 중시하지 않을 수가 없었던 것이요. 그래
> 서 이 모든 것을 그런 의미에서 볼 때에 인생관도 음악적이요 심지어는
> 우주관까지도 음악적이란 말이요.[36]

그러나 신라 사람들의 정신적 중심이 풍류도였다고 해서 그들이
자나 깨나 노래 부르며 춤추는 그것 자체에 취해 있었던 것은 아니
다. 그들은 음악 속에서 체험하는 조화의 미를 즐겼을 뿐이었다. 음
악에서는 무엇보다도 장단이 맞아야 하며 여러 음 사이의 조화야
말로 그 생명이 되어 있기 때문이다.[37] 이처럼 음악은 풍류도의 조화
정신을 잘 표현할 수 있는 예술이기에 인생관과 우주관까지 음악적
으로 파악하려고 했던 것이다.

---

36 같은 책, pp. 231-232; 범부 자신은 "도대체 한족(韓族)은 춤추고 노래 부르는 민족
   이다." 라고 말했지만, 제사 때 춤추고 노래 부르는 것은 물론이요, 심지어 장사지낼
   때에도 춤추고 노래 부르는 패거리가 장의행렬의 앞장을 서는 것이 우리 민족의 특징
   이다. 이와 같이 우리나라 사람들이 옛날부터 노래를 좋아했다고 해서 그것을 풍류
   정신이라고 부르기도 한다. 물론 음악인들이 민요나 농악 등은 제외하고 연악(宴樂)
   만을 풍류라고 부르는 데에는 다소의 문제가 있을 수 있다. 황산덕, 『자화상』, 신아출
   판사, 1966, pp. 179-180.
37 황산덕, 같은 책, p. 180.

조화의 정신을 좀 더 구체적으로 말하면, 예컨대 병이 났다고 하는 말은 신체가 조화를 잃어버렸다는 말이며, 신체가 가장 많이 조화를 얻은 상태는 가장 건강한 상태라고 할 수 있다. 그리고 정신이 조화를 잃었을 때에는 그릇된 행위가 나오든가, 그릇된 말이 나올 것이며, 언행에 착오가 없다는 것은 완전히 정신이 조화된 상태를 얻은 것이라고 할 수 있다. 또한 한 집안에서 조화를 잃어버릴 때는 그 집안이 비뚤어진 집안이 될 것이다. 나라가 조화를 잃어버리면 처음에는 기울어질 것이요, 심히 조화를 잃어버릴 때에는 나라가 망하고 말 것이요, 나라가 조화를 잘 얻었을 때에는 그 나라는 완전하게 되는 것이다. 그렇기 때문에 이 풍류도 정신이라는 것은 어디에 가서든지 맞지 않는 곳이 없으며, 바로 그러한 정신이 있었기에 유·불·도 3교의 정신을 포함하게 되었다는 것이다.[38]

이 조화의 정신은 멋의 정신과 어떤 연관을 가질까? 김범부는, '멋'이라는 것은 조화를 이룰 때 나타나는 것이고 조화는 '멋' 속에서 이루어지는 것이므로, 멋의 정신과 조화의 정신은 서로 상통하는 것이라고 한다. 『화랑외사』의 「물계자」편에서 그는 화랑 물계자의 입을 통해 멋과 조화의 정신이 서로 상통함을 다음과 같이 주장하고 있다.

홍 멋(風流)! 하늘과 사람 사이에 서로 통하는 것이 멋이야, 하늘에 통하지 아니 한 멋은 있을 수 없어. 만일 있다면 그야말로 설멋(틀린 멋)이란 게야. 제가 멋이나 있는 체 할 때 벌써 하늘과 통하는 길이 막히는 법이거든. (…) 참멋과 제작(天人妙合)은 마침내 한 지경이니 너희

---

38 김범부, 『화랑외사』, p. 232.

들이 여기까지 알는지? 사우(造化) 맞지 않는 멋은 없는 것이며, 터지지 (融通透徹) 않은 멋도 없는 것이니 사우 맞지 않고 터지지 않은 제작이 있는가?[39]

김범부는 그의 철학사상을 극히 통속적인 일상용어로 표출하고 있는데, 위 인용문에서도 그는 조화의 의미를 자신만의 독특한 어휘를 사용하여 정의하고 있다. 여기서 말하는 '사우 맞다' 라는 표현은 범부가 지향하고 있는 조화의 단계를 단적으로 드러내는 구절이다. 즉 범부는 "제 빛깔을 가진 사람만이 제 길수를 찾을 수 있는 것이고, 제 빛깔과 자연(自然)이 한데 어우러져 천인묘합의 제작에 이르게 되는 것이다. 이러한 단계에 이르러서야 사우가 맞고 터지는 조화의 단계에 도달하게 된다."[40]라는 자신만의 사상구조를 확립하면서 '제 빛깔 → 제 길수 → 제작(天人妙合) → 사우 맞다 : 조화 : 멋 : 풍류의 도식을 이끌어내고 있다.[41]

여기서 그는 '조화'에 해당하는 자신만의 독특한 어휘로 '제작'이란 말을 사용하고 있다. "이 제작이란 말은 자연이 인위에 합한 것에나, 인위가 자연에 합한 것에나 통용하는 말이다. (…) 인위의 조화가 성취된 자연, 자연의 조화가 성취된 인위 이것은 그 실상에 있어서 둘 아닌 하나이며 그 이름이 곧 제작이다."[42] 이때 이 '제작'이라는 말은 조화와 가깝지만 다른 면도 가지고 있다. 그렇지만 그 의

---

39 「물계자」, 같은 책, p. 125.
40 김범부, 「제1부 화랑-물계자」, 『풍류정신』, 정음사, 1986, pp. 65-66.
41 최재목·정다운, 「범부 김정설의 『풍류정신』에 대한 검토」, 『범부 김정설의 사상세계를 찾아서』, 범부연구회 제2회 학술세미나 자료집(경산, 2009.10.24), pp. 165-166.
42 김범부, 「조선의 문화와 정신」, 『범부 김정설 단편선』, 선인출판사, 2009, p. 26.

도됨·작위됨이 없기에 제작은 조화라는 말에 가깝다고 한다.[43]

김범부는 풍류도란 것이 어떤 교단의 형태를 갖고 있는 것도 아니고, 어떤 명확한 경전을 가지고 있지도 않지만, 이 정신은 지금까지 우리의 혈맥 가운데 흘러왔다고 한다. 우리 민족이 수난과 실패의 역사를 겪어오면서도 오늘날까지 이만한 정신을 유지해온 것은 풍류도 정신이 우리의 혈맥 가운데 흐르고 있기 때문에 가능했다는 것이다. 그러므로 우리는 우리의 전통, 죽은 전통이 아니라 살아 있는, 생명을 가진 전통을 우리의 고유한 풍류도 정신, 그 멋과 조화의 정신에서 찾아야 한다는 것이다.

그런데 이처럼 오랜 역사를 지닌 한국의 전통정신인 풍류정신 또는 화랑정신의 맥이 단절된 이유는 무엇인가? 그 이유의 일단을 황산덕을 통해 들을 수가 있다.

김범부는 1958~1961년까지 4년여에 걸쳐 건국대 동방사상연구소장으로 재임하면서 정치철학강좌를 강의하였다. 이때 그의 강의를 수강한 수강자들 중에서 황산덕[44]은 범부사상에 깊이 심취하여 그의 사상을 적극적으로 수용하면서 김범부와 학문적 사제관계를 맺게 된다. 그는 자신의 저서 『자화상』과 『삼현학』[45]에서 김범부로부터 많은 사상적 영향을 받았음을 인정하고 있다. 즉 그는 김범부로부터 동방학에 관한 강의를 들으면서 삼현학(三玄學)에 대한 말을 처음으로 접했으며,[45] 우리의 얼인 풍류도를 찾아야 한다고 강조하던 범부

---

43 같은 글, p. 29.

44 황산덕(黃山德, 1917~1989)은 형법학자이자 법철학자로, 문교부 장관과 법무부 장관을 지냈다. 저서로 『법철학』이 유명하다. 황산덕이 김범부의 강의를 수강할 당시 함께 수강한 인물로는 이항녕, 이종익, 오종식, 이대위, 이종후, 신소송 등 당대를 대표하는 수십 명의 지식인들이 있었다.

선생의 지도를 받으면서 삼현학에 흥미를 가지게 되었다고 한다.[46]

김범부의 사상적 맥을 잇고 있는 황산덕은 풍류도에 관해 범부가 충분히 설명하지 않았던 풍류도 정신의 맥이 와해되고 변질된 이유를, 첫째 시비분별심(是非分別心)과 안일주의(安逸主義)적 에토스로의 변질, 둘째 도피(逃避)·둔세(遁世)적 에토스로의 변질, 셋째 이기적 주술신앙(利己的 呪術信仰)의 에토스로의 변질 등으로 제시하고, 이와 관련해서 구체적으로 설명하고 있다.[47]

황산덕에 따르면, 삼국이 통일되고 그들의 국가의식이 점차로 둔화되어가면서 풍류정신도 조금씩 와해되기 시작하였고, 고려와 조선을 거치면서 그것의 변질과정이 궁극에 이르게 되자, 그것은 '시비분별심', '도피' 및 '주술신앙'이라는 세 갈래의 생활의식으로 분화되고 말았다고 한다. 어떤 곳에서나 자기와 상대방을 갈라놓고 상대방의 색다른 점을 예리하게 집어내는 것이 시비분별심이고, 뜻대로 되지 않는 경우에는 모든 것을 다 버리고 숨어버리는 것이 도피이며, 조그마한 대가를 치루고는 많은 성과를 얻으려는 것이 주술신앙이란 것이다.

이상에서처럼 우리 민족에게 특유했던 풍류정신이 시대의 흐름에 따라 어떻게 변질되어갔는지 알 수 있었고, 그리고 동시에 그 웅장하였던 정신이 점차로 타락하여 시비분별심, 도피 및 주술신앙이라는 세 갈래의 에토스로 변질되어갔음도 알게 되었다.

---

45 황산덕, 『삼현학』, 서문당, 1978; 황산덕은 「주역」 과 「노자」 그리고 「장자」 를 「삼현학」 또는 「현학」 이라고 부르고 있다.

46 황산덕, 「머리말」, 『삼현학』, pp. 3-5.

47 황산덕, 『자화상』, pp. 184-192 참조.

3. 맺는말: 풍류정신과 한국인의 정체성

지금까지 풍류도의 의미와 성격, 정신에 대한 김범부의 생각을 정리해보았다. 풍류·풍류도·풍류정신·화랑도·화랑정신에 관한 연구는 그동안 많은 연구 분야에서 그 수를 헤아리기 어려울 만큼 다양하게 이루어졌다. 앞에서도 언급했듯이 한국과 한민족의 정체성의 문화적·정신적 근원을 풍류도에서 찾으려는 시도가 다양한 학문 분야에서 지속적으로 이어져왔다. 그럼에도 불구하고 본고에서 '풍류도론'을 재론하는 것은 한국의 전통사상인 '풍류도'에 대한 많은 논의들 중에서도 특히 '풍류도'에 대한 김범부의 독자적 해석을 확인하는 동시에, '풍류도론'을 기반으로 한 그의 사상체계의 구체적 면모를 확인할 수 있기 때문이다.

그러므로 그의 사상체계 속에서 풍류도론이 차지하고 있는 위상과 그 의미를 다음과 같이 제시해볼 수 있다.

첫째, '풍류도'에 대한 김범부의 입론은 '신라정신', '조선문화', '동방문화' 등 그의 한국문화론을 전체적으로 이해하기 위한 사상적 토대가 된다. 즉 김범부는 '풍류도'에 대한 독자적 해석을 기반으로 한국문화의 고유성과 정체성을 추구하고 있음을 알 수 있다. 둘째, '국민윤리론', '화랑정신', '경세론' 등 그의 정치철학적 논의들도 역시 풍류도론의 기본사상을 전제한 바탕 위에서 전개되고 있음을 확인할 수 있다. 셋째, 『화랑외사』, 『풍류정신』, 『정치철학특강』, 『단편선』 등 그가 남긴 대부분의 저술들도 풍류도론의 기본사상을 바탕으로 전개되고 있다. 때문에 풍류도론과 분리해서는 그의 사상을 이해하기 어렵다. 넷째, 그러나 동시에 그의 '동방학', '오행설', '주역론' 관련 사상을 담지하고 있는 또 하나의 축으로서 '주역의 음양론'이 있음을 간과해서는 안 된다. 그의 사상과 철학에 대한 온전한 이해는 '풍류론'과 '음양론'이란 두 축을 통해서 이해되어야 할 것이다.

앞에서도 언급했듯이 풍류도 또는 풍류정신에 대한 이해나 정의는 학자나 학문 영역별로 상이한 부분들이 많음을 알 수 있다. 김범부의 풍류도론 또한 풍류정신에 대한 많은 이해 중의 하나일 수 있다. 그러나 김범부가 주장하고 있는 풍류도론의 특징은 우리 민족정신에 대해 보다 근본적이며, 포괄적인 의미의 규정을 내리고 있다는 점이다. 나아가 우리는 그의 풍류정신을 통해 한민족 정신의 정체성을 찾을 수 있는 가능성을 발견할 수도 있지 않을까 조심스럽게 예단해본다.

우리 민족의 고유한 정신으로 내세운 풍류정신을 김범부는 '멋과 조화의 정신'으로 규정하고 있다. 그러면 지금 우리 국민들에게 찾아볼 수 있는 멋과 조화의 정신은 과연 무엇인가? 과연 아직도 그러한 정신이 남아 있기나 한 것인가? 있다면 어디에서 찾을 수 있을 것인가? 국민성이나 국민정신은 물질적인 것이 아니어서 실증적으로 입증하는 것이 쉽지는 않을 것이다.

앞에서도 언급했듯이 김범부는 풍류도 연구의 몇 가지 방법 중 혈증(血證)의 방법을 제시하였다. 혈증은 우리의 심정(心情), 우리의 혈맥(血脈) 속에서 찾아 볼 수가 있는 것으로, 이 말은 곧 화랑이 가지고 있던 풍류정신 그것이 지금 우리에게 피로써 전해 내려오고 있다는 말이다. 김범부의 이 말은 단순히 당시의 화랑에게만 국한된 것이 아니라 "우리 민족이 전체로 화랑의 피(풍류정신 또는 풍류 DNA)를 가졌던 것"이라고 말할 수 있다. 김범부가 얼핏 연구 자료로서 별로 설득력이 없어 보이는 '혈맥'을 풍류도 연구를 위한 또 하나의 증거자료로 제시하려는 이유는 무엇인가? 순혈주의, 혈연주의를 강조함으로써 민족우월주의, 국가지상주의를 조장하려는 의도가 깔린 것은 아닌가?

　물론 다문화·다민족 시대에 편협한 애국주의나 국수주의에 빠지는 것을 우리는 당연히 경계해야 한다. 그러나 아무리 세계화·국제화 시대가 되었지만 세계의 선진국들은 자신들만의 고유한 정체성을 유지해나가면서 자기중심적 세계질서를 추구하고 있음을 우리는 잘 알고 있다. 이러한 점에서 김범부의 풍류도 사상은 한국인의 정체성을 재확인하게 해준다는 중요한 의미를 지니고 있다.

　21세기 우리는 어디로 갈 것인가? 우리의 정체성은 과연 무엇인가? 이것은 우리 자신이 서 있는 현재와 우리가 나아가야 할 미래를 묻는 것이다.

제2장

원학의 철학자 일성 이관용

  이 글은 일제강점기 철학자이자 계몽적 지식인으로서 언론을 통한 왕성한 애국계몽활동을 펼치던 중 갑작스러운 죽음으로 인해 짧은 생애를 마감한 일성(一星) 이관용(李灌鎔, 1891~1933)의 생애와 사상 관련 자료를 발굴하고 이를 소개하기 위한 것이다. 그러나 이러한 목적을 달성하기 위해서는 이관용이 남겨놓은 저술이나 문헌 자료 등이 절대적으로 필요하지만, 아쉽게도 그의 돌연한 사망으로 인해 신문·잡지에 흩어져 있는 단편들 외에 현재 단행본 형태로 출판된 그에 관한 자료는 찾아볼 수 없다. 따라서 이관용에 대한 본격적인 연구에 앞선 예비적 연구로서 우선 1920~1930년대 신문·잡지에 흩어져 있던 그가 발표한 단편들을 총괄 수집·정리하고 이를 소개하고자 한다.[48]

  이관용은 해외에 유학한 한국인으로서 최초로 서양철학 박사학위를 받고(1921년) 귀국하여 철학자, 교육자, 언론인, 독립운동가로서 국내외에서 두드러진 활동을 펼쳤으나 예기치 못한 죽음으로 아쉬움과 애석함 속에 역사에 묻혀버린 인물이었다. 계몽적 지식인으로서 한국근현대사에 두드러진 족적을 남긴 인물이었으나 학계에서는 최근까지 그에 대한 연구를 찾기가 어려웠다.[49]

사실 일제강점기는 일제에 의해 국권이 상실되고, 일선동조론의 논리 아래 민족 정체성 말살정책이 추진되었던 암울한 시기였기에, 한국철학의 존재 자체에 대한 의문이 없지 않았다고 본다. 따라서 국권 상실과 민족혼 상실의 위기 상황에서, 당시 활동했던 철학자들이 누구였으며, 어떤 철학 활동을 펼쳤는가도 우리에게 관심과 주목의 대상이 될 것이다. 이러한 관점에서 이관용은 서양철학을 배우고 돌아온 1세대 현대철학자로서 현대한국철학을 이해하기 위해 중요한 의미를 지닌 인물이라 하겠다. 그가 공부한 분야가 어떤 분야였으며, 어떤 철학자와 철학사상이 소개되고 있었는지, 당시 철학의 위상과 역할, 철학계의 동향이 어떠한 것이었는지를 파악하는 데 이관용은 하나의 표석이 될 만한 인물이었다.

물론 이관용이라는 인물에 대한 연구는 단지 철학적 연구의 대상

---

48 이 글은 일제강점기에 활동한 한국철학자들 중 그동안 학계에서 상대적으로 주목받지 못했거나 잊혀졌던 인물들을 재발굴하여 그들의 삶과 사상을 재조명하기 위한 연속적 작업의 하나이다. 이를 위해 필자는 첫 번째 연구(2009b)로 「일제강점기 한국철학자 연구(1) -범부 김정설의 풍류도론」, 『인문과학연구』 제12집, 대구가톨릭대학교 인문과학연구소, pp. 169-195를 수행한 바 있다.

49 현재까지 이관용을 단독으로 다룬 논문은 유일하게 역사학계에서 발표된 윤선자, 「이관용의 생애와 민족운동」 『한국근현대사연구』 Vol.30, 한국근현대사연구회, 2004, pp. 7-34가 있으며, 부분적으로 다룬 논문은 이태우, 「일제강점기 신문 조사를 통한 한국철학자들의 재발견-김중세, 이관용, 배상하를 중심으로」, 『인문과학연구』 제8집, 대구가톨릭대학교 인문과학연구소, 2007, pp. 297-323; 이태우, 「일제강점기 한국철학계의 '유물-유심 논쟁' 연구-논쟁의 전개과정과 성격, 의미를 중심으로」, 『철학연구』 제110집, 대한철학회, 2009, pp. 93-122; 이태우, 「일제강점기 한국철학자들의 '철학관'-신문·잡지를 중심으로」, 『인문연구』 제58집, 영남대학교 인문과학연구소, 2010, pp. 389-420가 있다.

에만 국한될 수 없다. 그 이유는 1923년 귀국하여 1933년 사망하기까지 10년 남짓한 짧은 기간이었지만, 식민지 피압박 민족의 지식인으로서 그의 활동이 다방면에 걸쳐 있었기 때문이다. 그는 철학자, 언론인, 독립운동가뿐만 아니라 국제정세에도 탁월한 감각을 지닌 당시 조선에서는 찾아보기 힘든 '세계인'이었다. 이관용은 이미 스위스 유학 시절인 1919년 29세의 나이로 파리 강화회의 한국대표부 부위원장 및 위원장 대리로 활동하면서 「독립청원서」를 불역(佛譯)하여 프랑스 신문에 게재하는 등 해외 독립운동의 일선에서 크게 활약하기도 했다.

그는 해외 유학과 특파원 생활을 거치면서 유럽 전역과 미국, 일본, 중국, 러시아 등 전 세계를 시찰하며 세계정세와 국제정치에 대한 거시적 안목을 갖춘, 당시 조선에서는 흔치 않은 인물이었다. 이러한 이관용의 활동 범위를 볼 때, 그동안 잊혀졌던 이관용에 대한 기초자료를 발굴하고 정리·소개하는 작업은 철학뿐만 아니라 향후 역사학, 언론학, 정치학 등 한국학과 관련한 인문학 전반에 걸쳐 이관용을 키워드로 한 연구에 많은 도움을 줄 수 있을 것이라 생각한다.

이를 위해 이관용에 대한 기초자료들인 그의 생애와 활동 상황, 신문과 잡지에 발표한 그의 철학 관련 논문 및 일반 기사, 그의 글에서 다루고 있는 주제와 중심 내용 등을 소개하는 것은 향후 이관용 연구의 방향성을 제시하는 것이라 믿는다.

1. 이관용의 생애와 활동[50]

1.1 출생과 가계

일성(一星) 이관용(李灌鎔)은 1891년 7월 15일 경성부 종로 6정목 12번지에서 부친 이재곤(李載崑)과 모친 서씨 사이에서 태어났다. 그는 7남 1녀 중 4남으로, 그의 위로는 장남 원용(源鎔), 2남 윤용(潤鎔), 3남 연용(淵鎔) 등의 형들이 있었으며, 아래로는 5남 순용(淳鎔), 6남 운용(沄鎔), 7남 면용(沔鎔) 등의 남동생들이 있었고, 여동생 을순이 막내였다.[51]

전주 이씨 경창군파(慶昌君派) 후손인 이관용의 부친 이재곤은 구한말 대한제국 내각에서 학부대신(현 교육부 장관)을 지냈으며, 내각총리대신 이완용 등 7명과 함께 1907년 일본통감부의 우월적 지위를 인정하는 정미7조약(한일신협약)에 서명했다. 1910년 한일강제병합 후 자작 칭호를 하사 받은 이재곤은 반민족 행위자인 이완용 등과 함께 대표적인 친일 인물로 거론되고 있다. 아이러니하게도 부친의 이런 친일 전력의 오명을 벗기 위함이었는지 이관용을 비롯한 그의 형제들은 국내외에서 적극적인 독립운동을 펼치게 된다. 이관용은 뒤늦게 항일독립운동에 기여한 공로를 인정받아 독립유공자

---

50 Ⅱ장에서 다루는 이관용의 생애와 활동 부분은 이태우, 「일제강점기 신문 조사를 통한 한국철학자들의 재발견-김중세, 이관용, 배상하를 중심으로」, 『인문과학연구』 제8집, 대구가톨릭대학교 인문과학연구소, 2007, pp. 297-323 중에서 제4장 "일제강점기 조선 지성계의 풍운아 이관용"(pp. 306-312)의 내용을 근간으로 추가 발굴한 생애사 관련 자료와 후손들의 인터뷰 내용을 더하여 수정, 보완한 것이다.

51 이관용의 동생들 중 이순용(5남)은 미국으로 유학가 UCLA 화공과를 졸업하고 이승만을 도와 독립운동에 참여했으며, 광복 후 내무장관을 지냈다. 이운용(6남)은 이관용의 권유로 베를린대학에 유학하여 경제학을 전공하고 귀국 후 연희전문 교수를 지냈으며 KBS방송국장을 역임했다(이해석의 구술 증언과 표정훈의 정보 제공에 의함).

로 2008년 8월 15일 보훈처로부터 건국훈장 애국장을 추서받았다.

이관용은 처 유씨(愈氏)와 슬하에 장남 해인(海寅), 1녀 해순(海順), 2녀 해숙(海淑) 등 1남 2녀를 두었다. 독립운동가이며 시인인 이육사(본명 李源綠)의 동생으로서 1930년대『조선일보』문예부 기자로 활동하며 필명을 떨쳤던 평론가 이원조(李源朝)는 그의 첫째 사위이기도 하다.

그러나 그의 가족사는 일제강점기와 한국전쟁을 겪으면서 비운을 겪게 된다. 이관용이 청진의 해수욕장에서 익사한 후, 장남 해인은 한국전쟁의 전란 속에서 실종되었으며, 장녀 해순과 사위인 이원조 일가는 월북 후 숙청당해 생사를 알 수 없다. 2녀 해숙 역시 월북 후 생사를 알 수 없으며, 현재 생존해 있는 유일한 혈육은 2녀에게서 태어난 외손이 남아 있을 뿐이다. 더욱 안타까운 것은 후손이 없는 관계로 그의 묘지조차 제대로 관리되지 못하다가 5·16 군사혁명 후 가족 묘역이 개발 구역에 편입되었고, 묘지 이장 과정에서 화장 후 유골을 흩어버려 더 이상 그의 흔적을 찾을 수가 없게 되었다는 점이다. 조카의 구술 증언에 따르면 이관용의 묘는 워커힐 인근 광장동의 가족 묘역에 함께 있었으나, 이장 과정에서 관리할 후손이 없어 화장 후 유골을 한강 광나루에 뿌렸다고 한다. "물에서 죽어 물로 돌아갔다."[52]는 것이다.

이관용의 인물과 성품에 대해서 당시의 언론매체에서도 상당한 관심을 가지고 있었던 것으로 보인다. 1923년 이관용이 유럽 유학을

---

52 이관용의 가족관계와 관련한 내용들은 장손인 조카 이해석(80세, 2009.07.16 인터뷰)과 외손인 최유창(65세, 2010.02.18 인터뷰) 두 사람의 귀중한 구술 증언을 통해 얻어진 것이다. 인터뷰를 통해 제공받은 이관용의 가족사항과 생애에 대한 보다 상세한 내용들은 지면관계상 다음 기회로 돌린다.

마치고 귀국했을 때 그의 귀국 환영회가 명월관에서 열린다는 사실이 신문지상에 보도될 정도로 사람들은 그에 대해 큰 관심과 기대를 나타냈다. 귀족 집안이라는 화려한 배경과는 달리 이관용은 상당히 서민적인 풍모를 지녔던 것으로 보인다. 당시 한 잡지에서는 "상상하기를 '귀족의 자(子)요. 구라파 유학생이요. 게다가 철학 박사? 굉장하신데!' 하고 그가 몸집깨나 크고 살점이나 붙고 꽤 거만할 것으로 생각했었다. 그러나 막 대면하고 보니 정반대로 그는 몸집도 작고 얼굴도 작으며 따라서 귀족풍도 없고 부호 냄새도 없는 보통의 동무 같았다. 될 수 있는 대로 민중사회와 접근하기를 애쓰는 것을 보고 '과연 박사는 다르군' 하고 기뻐했다."라고 그의 인물을 평가하고 있다.[53]

해외 유학을 통해 일찍이 서양 학문을 수용한 이관용의 지식의 범위는 그가 소장한 장서의 규모를 보면 짐작할 수 있다. 당시 잡지 『삼천리』의 「명사의 서재」라는 기사에는 "내가 본 제씨(諸氏)의 서재 중에 이분만치 장서가 많고 그리고 서재의 구조가 모던이며 청신한 것을 못 보았다. 낙타산 아래에 있는 세대의 굉장(宏壯)한 장원속에 이층양제(二層洋製)로 지어놓은 것만 해도 벌서 지리(地利)를 득(得)하였다 할 것으로 조하(朝霞)가 한 겹 두 겹 벗겨지는 장안만호(長安萬戶)의 부감(俯瞰)은 이 이층노대(二層露臺)에서만 더욱 장려하고 운치 있었다. 서재 내부는 양식(洋式)으로 꾸몄는데 정면에 '일성서재(一星書齋)'라는 현판이 붙어 있고 층층히 매어놓은 서붕(書棚)에는 금문박인 영독원서가 가득하며 사각탁자 · 횡와의자(圓

藤卓子)·원등탁자(圓藤卓子) 우에는 제외국(諸外國)으로부터 온 학술잡지가 가득 쌓였다."[54]고 전하면서 2층으로 된 '일성서재'의 규모와 엄청난 장서량에 놀라고 있다.

1.2 유학과 해외독립운동

이관용의 학력과 이력, 활동에 관해서는 일제시기 경시청에서 발행한 것으로 보이는 『왜정시대인물사료』[55]나 그가 사망한 직후 각 신문이나 잡지에 간략히 소개되고 있지만, 명칭이나 시기에서 약간씩 차이가 있어 보다 정확한 자료조사가 필요할 것 같다. 그렇지만 현재의 자료를 종합적으로 검토해볼 때, 이관용은 경성에서 대한제국 황실의 친족 가문에서 태어나 14세까지는 사숙(私塾)에서 한학을 공부한 후, 17세인 1907년 관립한성학교(경성고등보통학교)를 졸업한 것으로 파악된다. 이후 일본으로 유학해 동경부립 제4중학교를 다니다 중퇴하고, 한일강제병합이 있던 1910년 귀국하여 1913년 경성전수학교(경성법학전문학교 전신)를 졸업한다.

1913년(23세) 영국으로 유학, 옥스퍼드대학에서 정치사를 전공하고 학사과정을 졸업한 후, 1916년(26세)에는 프랑스 파리로 건너가 1년간 프랑스어를 공부한다. 다시 1917년(27세)에 스위스(瑞西) 취리히대학에 입학해 철학을 전공하고, 이 대학에서 1921년 8월 27일 「의식의 근본 사실로서 의욕론(Das Wollen, als Grundtatsache des Bewusstseins)」이란 논문으로 철학 박사학위를 취득하게 된다. 그의 박사학위 논문의 내용은 『별건곤』 제10호(1927.12.20)에 「박사

---

54 「名士의 書齋」, 『삼천리』 제6호, 1930.05.01, p. 41.
55 『왜정시대인물사료』 3권, 저자·출판사항 미상.

논문공개(1)」이라는 제목하에 당시 해외에서 박사학위를 받고 돌아온 타 전공 분야 인물들의 논문들과 함께 간략히 소개되었다. 그러나 이관용은 자신의 논문 내용에 대해 취재한 기자가 전달 과정에서 몇 가지 착오를 범하였음을 지적하고 이를 다시 『별건곤』 제11호(1928.02.01)에 「박사 논문 공개(2)」란 제하에 정정해서 소개하고 있다.[56]

이 글에서 이관용은 「내 논문의 내용에 대하야」라는 제목하에 자신의 학위논문의 주요 내용을 간략히 소개하고 있다. 즉 칸트 이후 지정의(智情意)를 심리의 기본 요소로 인정하고 지(智)로부터 정(인쇄 과정에서 누락된 것으로 보임-필자에 의해 추가), 정으로부터 의, 의로부터 지로의 순환에 의해 정신생활이 성립된다고 하는 것이 일반적 견해였다. 하지만 자신의 지도교수인 프레이탁 립스(F. G. Lipps)는 지정의란 의식의 기본 동작의 세 가지 방면이라고 주장하였고, 자신은 이 학설에 기초하여 정신적 인격의 발전과정을 설명하는 논문을 작성하였다는 것이다(강조 필자). 이관용의 매제인 서정억에 의하면, "이 논문은 맹자의 근본사상을 연구한 것으로서, 그 골자는 죽으러 가는 소가 무서움에 떠는 것을 보면 측은한 정(情)이 가서, 도살될 것을 느껴 떠는 것이 전면에 직접 보이지 않는 양으로 대체하자는 양혜왕의 주장에 대한 맹자의 비판을 중심으로 한 '보이지 않는' 인간의 심리를 주제로 한 것"[57]이라고 한다. 논문의 내용과 당시 철학의 전후 사정에 대한 보다 면밀한 검토가 뒤따라야겠지만, 이관용의 박사학위 논문이 이러한 동기에서 쓰였다면, 맹자의

---

56 이관용, 「박사학위 논문(1)」 별건곤』 11호, 1928.02.01, pp. 47-48.
57 김준희, 「현대사 발굴-광복투쟁 이론의 증인 이관용①」, 『한국일보』, 1971.02.26/4면.

'4단설'을 의식의 근본사실로서 '의욕론'으로 재해석하고자 한, 동서양비교철학을 시도한 것으로도 볼 수 있다.

그가 사망한 이듬해인 1934년 우리나라 최초의 철학 잡지인 『철학』 제2호에는 그의 죽음을 추모하면서 김두헌이 「고(故) 이관용 박사 의욕론-의식의 근본사실로서」[58]라는 제목으로 소개하고 있다. 김두헌은 이 논문의 전언(前言)에서 이관용이 조선사회의 사상계·언론계·학술계 등 여러 방면에서 많은 공적을 남겼으며, 그중에서도 조선철학계의 선진(先進)이었음을 높이 평가하고 있다.

이관용은 이렇게 해외 유학을 통해 서양의 선진 학문을 배우는 과정에서 해외독립운동에도 적극적으로 활동했다. 3·1운동 당시인 1919년 스위스 취리히대학에서 박사학위 논문을 준비하던 그는 상해임시정부에서 파견한 파리위원부의 김규식 위원장의 요청으로 동위원부의 부위원장과 위원장 대리의 소임을 맡아 파리강화회의에서 활동하였다. 이때 그는 일본에 의한 한국의 강제병합의 부당성과 한국의 독립을 세계 열강에 호소하기 위해 파리강화회의에 참석하려 했으나, 사정이 여의치 않자 「독립청원서」를 불어로 번역하여 프랑스의 각 신문에 게재하였다.

파리위원부 활동과 관련해서 이관용의 매제였던 언론인 서정억[59]은 이관용과 김규식의 교분에 대해서 다음과 같이 증언하고 있다. 그에 따르면 해방되던 해 늦게 중국으로부터 우리나라 임시정부 요

---

58 김두, 「고(故) 이관용 박사 의욕론-의식의 근본사실로서」 『철학』 제2호, 철학연구회, pp. 130-144.

59 서정억(徐廷檍, 1907~1981), 서울 생. 경성제일고보와 일본명치전문대 졸업. 이관용의 막내 여동생인 을순(乙順)과 결혼. 『조선일보』와 『매일신보』 기자, 『경향신문』 주필 역임. 신문 칼럼에서는 서수제(徐修齊)라는 필명을 쓰기도 한다.

인들이 금의환향하였는데 그때 자유신문 동인으로 그들과 인터뷰를 하러 경교장에 갔다고 한다. 이 자리에서 김규식 박사는 서정억이 고 이관용 박사의 매부라는 소개를 듣더니 반가운 표정으로 그의 손을 꼭 쥐고 한숨을 쉬며 "일성이 살아 있으면 함께 나라의 일을 할 터인데…" 하면서 다음과 같은 사연을 말했다고 한다.

1928년 제1차 세계대전이 끝나고 파리에서 세계강화회의가 열렸는데 그때 미국의 윌슨대통령이 14조에 걸친 내용으로 된 세계약소민족의 자결(自決)을 주장하였다. 이에 자극을 받은 우리도 임시정부에서도 김규식 박사를 위원장으로 파견하여 이관용·장택상(둘 다 유럽유학생) 등과 함께 파리에 갔다. 물론 회의에 정상 참석치는 못하고 방청할 수 있는 옵서버의 자격을 취득하기 위하여 우선 김 박사가 파리의 큰 신문마다 기고하였는데 아무 효과가 없었다. 다음에 일성이 신문에 기고하였더니 아연 각처에서 우리나라 처지를 동정하는 반향이 커서 평화회의에까지 알려지게 되었다. 이것을 본 김 박사가 이관용을 보고 웃으면서 "아마 내 영어가 당신만 못한 모양이오." 하였더니 이관용은 "천만의 말씀이올시다. 선생님은 영어의 대가이시고 저는 지금 겨우 박사논문을 쓰는 중인데 당키나 한 말씀입니까. 다만 선생님 쓰신 것을 보니까 논리정연한 점잖은 글로 열강에게 어필(호소)하는 글이기에 저는 선생님과 좀 달리 유구반만년의 우리나라 역사로부터 고유한 언어풍속 등을 내세워 당당한 논조를 펴서 한 나라의 자격을 구비하였으므로 파리회의에 참석할 권리가 있다고 주장했을 뿐입니다."라고. 김규식은 이런 이야기를 하면서 "일성이야 말로 정말 훌륭한 정치가인데 고인(故人)이 되다니" 하고 그의 죽음을 새삼 슬퍼했다고 한다.

이관용은 6개월여 파리위원부 대표로서 활동을 하다가 사임을 하

게 된다. 박사학위 논문 마무리를 목전에 둔 탓도 있었겠지만, 상해
임시정부 산하의 파리위원부를 미국에 있는 이승만이 이끄는 구미
위원부 산하에 두려고 한데 따른 거부감이나 갈등이 따르지 않았
을까 추측된다. 그렇지만 1920년 5월부터 1년여간 파리위원부 통신
국에서 발행한 월간지『자유한국(La Corée Libre)』의 편집진으로서
「일본의 대 중국정책」[60]등의 글을 기고하면서 활동을 이어나갔다.[61]

1.3 언론 활동과 민족운동

이관용은 귀국 후 1923년~1926년까지 약 3년간 연희전문대학 교
수로 철학 관련 강의를 하는 한편, 1925년 2월에는『동아일보』촉
탁기자로서 러시아 특파원에 임명되어 모스크바 현지에 파견되었다.
『동아일보』기자로 활동하면서 그는 적화된 러시아와 유럽을 시찰
하면서 취재한 세계정세를 「붉은 나라 로서아(露西亞)를 향하면서,
봉천에서 제1신」(1925.02.27), 「적로행(赤露行), 막사과(莫斯科) 가
는 길에」(1925.05.05), 「막사과지방(莫斯科地方) '쏘비엣트' 대회 방
청기」(1925.05.14~1925.05.19) 등의 연재 기사를 통해 상세히 보도하
기도 하였다. 「사회의 병적 현상」(1922.10.04~1922.10.20), 「임마누엘
칸트의 인격」(1924.04.22) 등 철학 관련 글들을 포함하여 그가『동
아일보』에 게재한 논문과 기사는 총 20건 74회에 달하는 것으로
파악된다.

---

60 이관용, 「일본의 대 중국정책」『자유 한국』제4·5호(8·9월호 합본), 파리위원부 통신
국, 1920.09, pp. 135-140. 이 글은 국사편찬위원회『대한민국임시정부자료집21권-파
리위원부』, 2007, pp. 166-172에 번역·수록되어 있으며, 원문도 같은 책에 수록되어
있다. 필자명은 K. Lee로 되어 있지만 필자가 이관용임을 쉽게 알 수 있다.
61 서정억(1976), 「古今淸談(124)-김규식·이관용의 交分」, 『경향신문』, 1976.05.31/5면/6단.

1926년 이관용은 『동아일보』를 퇴사하고 『시대일보』를 창간하여 사장인 홍명희와 함께 부사장으로 취임하여 경영에도 참여한다. 그러나 신문사의 경영난으로 인해 신문은 폐간되고, 경영진이 바뀌면서 잠시 언론계를 떠나게 된다. 그러나 당시의 대표적 대중잡지로 각광받던 『개벽』이 1926년 강제 폐간당하자 1927년 1월 이관용은 하준석, 이긍종 등과 함께 종합잡지 『현대평론』을 창간하게 된다. 창간호 첫머리에 이관용은 「현대대세의 대관」이란 글을 실으며 1928년 1월 조선총독부의 강압에 의해 폐간될 때까지 『현대평론』을 주도적으로 이끌었다.[62]

한편 1927년 신간회가 창립되면서 조선일보사의 사장이던 이상재가 회장으로, 이관용은 간사로 선출된다. 이 무렵부터 이관용은 『조선일보』와 관계를 맺으며 1929년 12월 민중대회 사건으로 투옥될 때까지 『조선일보』 중국 특파원으로 중국 시찰기를 쓰는 등 많은 연재기사를 기고하고 있다. 그는 몇 차례 중국 특파원으로 활동하면서 중국 내 조선인 문제에 특히 관심을 기울이기도 했다. 그는 당시 만주의 새로운 패자(覇者)로 떠오른 장학량(張學良)을 인터뷰하고 "만주에 있는 조선 사람들의 모든 복잡한 문제"를 해결하기 위해서는 조선인의 요구사항을 적절히 반영하는 것이 중요하다고 하면서 "내 의견을 제출할 기회를 준다면 나는 후일 일정한 의견서를 제출하여 참고에 공(供)하고자 한다."고 했다.[63]

이관용은 대련 감옥에 갇힌 신채호를 면회하고 그의 근황을 전하기도 했다. 신채호는 그에게 몇 권의 책과 "겨울 옷과 조선 버선 몇

62   최덕교 편저, 『한국잡지백년』 2권, 현암사, 2005, pp. 69-73 참조.
63   이관용(1928), 「東三省 총사령부 방문, 張學良씨 회견기」, 『조선일보』, 1928.10.25~ 1928.10.28(4회) 참조.

켤레"를 부탁했다. 그는 신채호가 요구한 물건들을 차입해주려 간수에게 무수히 부탁했으나 허용되지 않아 "마음이 종시 놓이지 않았다."고 썼다.[64]

『조선일보』에서 활동하던 시절 이관용은 「헤겔과 그의 철학」(1929. 09.03~1929.10.17), 「유물론 비평의 근거: 배상하의 「비유물론적 철학관」을 읽고」(1929.10.24~1929.10.26)와 같은 철학 논문을 비롯하여 「배일(排日)의 봉천에서」(1927.09.19~1927.09.21)를 시작으로 「혁명 완성된 중국을 향하면서」(1928.10.20~1928.10.23), 「북경에 와서, 대련 감옥에서 신단재(申丹齊)와 면회 외」(1928.11.07~1928.11.10) 등의 중국 시찰기에 이르기까지 『조선일보』에 기고한 글만 총 25건 97회에 이른다. 1933년 43세로 사망할 당시에도 그는 언론계의 중진으로서 『조선일보』 편집고문으로 활동하고 있었다.

사회활동에도 열성적이었던 이관용은 1929년 7월 함남 갑산에서 '화전민 방화사건'이 발생했을 때 신간회 간부 자격으로 변호사 김병로와 함께 진상조사단을 구성해 현장조사를 벌였다. 이는 일본 경찰이 독립군의 근거지를 없애기 위해 화전민 마을에 불을 지른 사건이었다. 일제는 최악의 경우 이관용을 살해할 수도 있다는 정보를 흘리며 진상조사를 방해했다. 그는 신간회 함흥·북청지부 회원들의 호위를 받으며 무사히 조사를 마쳤지만 총독부의 방해로 진상보고 대회를 열지는 못했다.[65]

이관용은 10여 년의 유학생활을 통해 서구의 선진 학문을 습득한

---

64 이관용, 「北京에 와서, 大蓮 監獄에서 申丹齋와 會面 외」, 『조선일보』, 1928.11.07 ~1928.11.10(4회) 참조.

65 조선일보사 사료연구실, 『조선일보 사람들-일제시대 편』, 랜덤하우스 중앙, 2004, p. 127.

학자였지만, 귀국 후 사망에 이르기까지 10년간의 짧은 기간을 민족
운동과 민중계몽운동에 헌신한 실천적 지식인이었다. "조선 지성계
의 풍운아"[66]로서 짧은 삶을 살았지만, 격동의 시대에 누구보다 깊
은 족적을 남긴 사람이었다. 시대는 그에게 학자적 삶보다는 실천적
운동가로서의 삶을 더 요구했는지 모른다. 그는 여러 민족운동 단체
의 간부로 활동하면서 전국을 순회하며 수많은 강연을 하기도 했다.
학생회, 청년회, 여성단체, 종교단체, 일반 대중들을 대상으로 한 그
의 강연은 많은 사람들에게 깊은 감동과 자극을 주었다. 당시 이관
용과 같은 유명 강사의 대중강연을 들으려면 입장료를 내고 들어야
할 정도로 그의 강연은 인기가 있었는데, 청중을 사로잡는 그의 웅
변술도 대단했던 것으로 보인다. 그가 행한 강연 중 현재까지 파악
된 것만 소개하면 다음과 같다.

순서	강연 제목	강연 일자	주최 및 강연 성격
1	여자의 사회생활에 관하야	1923.02.28	조선여자교육협회
2	신생활	1923.03.02	전조선청년당대회
3	노자의 도덕경을 읽고	1923.04.15	불교대회 강연회
4	정신적 단체인 국민	1924.07.12	『동아일보』 평양지국
5	역사적 유물론	1925.10.30	개성 송도고등보통학교 교우회
6	칸트의 도덕철학에 대하야	1926.04.23	조선학생과학연구회 「칸트 탄생 202주년 기념 강연회」
7	신간회의 발전상황	1927.12.08	신간회 경성지회 대강연회
8	민족적 총력량을 집중하자	1928.03.26	신간회 진주지회 강연회
9	부분과 전체	1928.07.02	신간회 해주지회 1주년기념식

---

[66] 이태우, 「일제강점기 신문 조사를 통한 한국철학자들의 재발견-김중세, 이관용, 배상
하를 중심으로」, 앞의 논문, p. 306.

10	개체의 존재이유	1928.07.21	개성 고려청년회
11	조직의 의의	1929.09.07	신간회 경성지회
12	중국국민당 분열식	1929.12.03	신간회 경성지회

〈표 1〉 이관용이 행한 강연 목록

　이관용은 신간회의 간부로서 민중운동대회 사건으로 서대문형무소에서 2년 2개월간 복역[67]한 후 출옥했으며, 사망 당시엔 『조선일보』 편집고문으로 언론계에서 활동하고 있었다. 일제시대 경시청에서 발행한 것으로 보이는 『왜정시대인물사료』에 이관용의 인적사항과 학력, 활동상황 등이 상세히 기록되어 있음을 볼 때, 그가 요주의 인물로 분류되어 감시의 대상이 되고 있었음을 알 수 있다.[68]

　1933년 8월 13일 청진의 해수욕장에서 익사사고로 갑작스러운 죽음을 맞이하게 되었을 때, 『조선일보』와 『동아일보』 등 주요 일간지들은 이관용의 사망 소식과 장례식을 크게 보도하였다. 『조선중앙일보』는 "철학을 전공한 독학자(篤學者)로서 귀국 후엔 민중운동, 다단하엿든 씨의 일생"이라는 제하에 그의 죽음에 대한 애도와 함께 수학(修學)과 학위 과정, 귀국 후의 활발한 민족운동 등을 상세히 보도하고 있다.[69]

　일설에 따르면 이관용이 청진의 해수욕장에서 물에 들어가기 직전 일행에게 "만일 내가 여기서 물에 빠져 죽게 되면 답동해이사(踏東海而死: 동해를 답사하고 죽음)했다고들 하겠지"하고 크게 웃었

67　국사편찬위원회, 「서대문형무소 수감자 신상기록카드」, 『한민족독립운동사자료집』 별집5권, 1992. pp. 559-561 참조.
68　『왜정시대인물사료』 3권, 저자·출판사항 미상, 참조.
69　『조선중앙일보』, 1933.08.15/02/01.

다고 한다. 중국 고대 주나라의 충신 노중련(魯仲連)이 망국의 한을 품고 동해로 들어가 스스로 목숨을 끊었다는 고사를 떠올린 것이다. 일행은 그의 말을 농담으로 여겼는데 정말 물에 빠져 익사한 것이다.[70]

이관용은 해외에서는 파리위원부에서 외교활동을 통한 민족운동을 펼쳤고, 유학을 마치고 귀국 후에는 국내에서 민중계몽운동과 신간회운동을 통한 민족운동에 일생을 바친 인물이다. 국내외에 걸친 활발한 활동으로 언론계와 사상계, 학술계에서도 상당한 명망과 평판이 있었기에 그의 죽음에 많은 사람들이 안타까워했다. 실제로 김규식을 비롯하여 이관용과 교분을 쌓았던 김준연, 장택상, 조병옥, 윤보선, 여운형, 홍명희, 정인보, 이관구, 방응모 등이 해방 후 정·관계, 언론계, 학계 등을 선도했던 인물들이었으며, 그의 아우 이순용도 이승만 정부에서 내무장관을 지낸 점을 봐서, 그가 일찍 세상을 뜨지 않았더라면 한국현대사에 큰 족적을 남겼을 것으로 짐작할 수 있겠다. 특히 그는 대한제국 황실의 친족으로서 유학과 해외 특파원을 통해 세계의 변화와 흐름을 잘 파악하고 있었고, 이승만과 같이 해외에서 외교를 통한 독립운동보다 국내에서 교수·언론인·독립운동 단체의 간부로 활동하면서 2년여의 옥고를 치뤘다는 점에서 민중들에게 훨씬 더 가까운 인물로 인식되어 있었다.

1.4 철학 활동과 사상적 경향

2000년 이전 한국철학계에서 이관용에 대한 언급은 『한국철학사』(하권, 1987)의 「한국에서 서양철학의 수용과정」과 관련해서 간략

---

70 조선일보사 사료연구실(2004), 앞의 책, p. 128.

하게나마 찾아볼 수 있는데, 그의 이름은 주로 해외에서 유학한 '최초의 철학박사', '서양철학 수용의 선구자' 정도로만 언급되고 있다.[71] 이 책에는 "우리나라 최초의 철학박사는 이관용(李灌鎔, ?~1934)이다. 그는 1921년 스위스 취리히대학에서 「의식의 근본사실로서 의욕론」이라는 논문으로 박사학위를 받고 귀국하여 연희전문학교에서 철학, 심리학, 영어 등을 가르쳤다. 이관용은 철학이 과학적 성질을 가진 것을 시인하며, 한정된 사실을 종합하여 우주의 원성(原性)과 원칙을 총괄적으로 연구함으로써 존재의 원유(原由)와 법칙과 목적을 발견하려고 하기에 철학을 원학(原學)이라고 부르는 것이 타당하다고 보았다."[72]라고 이관용을 간략히 소개하고 있다.

2000년 이후에 국내에서 찾아볼 수 있는 문헌으로는 『우리사상 100년』을 들 수 있다. 이전까지는 이관용에 대한 소개가 단 몇 줄 정도로만 그쳤으나, 이 책에서는 약 3쪽에 걸쳐 이관용의 인물과 사상을 이전보다는 좀 더 상세히 소개하고 있다.[73] 이 책에서는 이관용의 해외 유학 과정과 박사학위 논문 제목을 간략히 소개하고 있으며, 귀국 후 연희전문학교에서 교편을 잡아 철학과 논리학을 가르쳤다고 쓰고 있다. 특히 그가 귀국 전에 『동아일보』에 연재한 「사회의 병적 현상」이라는 기고문의 내용을 소주제의 제목을 열거하면서 간

71 진교훈, 「서양철학의 수용과 전개」, 『한국철학사』 하권, 동명사, 1987, p. 400; 조요한, 「韓國에 있어서의 西洋哲學研究의 어제와 오늘」, 『사색』 3집, 숭전대학교 철학회, 1972, p. 18; 조요한, 「서양철학의 도입과 그 연구의 정착」, 『종교 인간 사회, 휴머니티의 회복을 위하여』, 한남대학교출판부, 1988, p. 453; 이기상, 「철학개론서와 교과과정을 통해 본 서양철학의 수용(1900~1960)」, 『철학사상』 제5호, 서울대학교 철학사상연구소, 1995, pp. 60-61 참조.

72 진교훈, 위의 논문, 1987, p. 399.

73 윤사순·이광래, 『우리사상 100년』, 현암사, 2001, pp. 316-318 참조.

략히 언급하고 있다. 또한 이관용이 철학이라는 용어 대신 원학이라는 용어를 사용할 것을 주장했다고 설명하고 있다.

이관용이 귀국해서 사망하기까지 활동 기간은 약 10년간이다. 그중에서 옥중 수감생활 2년여를 제외하면 8년이라는 짧은 기간 동안 교육계와 언론계를 중심으로 활약하였다. 비록 짧은 기간이었지만, 이 기간 동안 그는 일반 기사를 제외하고 철학 관련 논문과 기사만 잡지와 신문에 13건 52회의 글을 남기고 있다.

이관용이 사망하기 한 달 전인 1933년 7월 17일 이 땅에서 처음 선보인 순수 철학 전문 학회지인 『철학』이 발간되었다. 이관용은 한국최초의 철학회인 '철학연구회'를 이재훈, 신남철, 박치우, 김두헌, 박종홍, 안호상 등의 창립 멤버와 함께 조직하고 첫 창간호를 발간하였다. 그러나 '철학연구회'의 창립과 함께 의욕적인 철학연구 활동을 펼치려 했지만, 아쉽게도 채 한 달도 지나기 전인 같은 해 8월 13일 그의 돌연한 사망으로 인해 『철학』지에서는 그가 직접 기고한 글을 찾아볼 수가 없다. 다만 앞서 언급했듯이 1934년 『철학』 제2호에 그의 죽음을 추모하면서 김두헌이 이관용의 박사학위 논문을 「고(故) 이관용 박사 의욕론-의식의 근본사실로서」라는 제목으로 논평 없이 원래 내용 그대로 해설하고 있다.

또한 제2호의 「편집후기」에서도 "고 이관용 박사가 작년 여름 불의에 작고(作故)하였음은 널리 조선 각계의 애석한 바이거니와, 더구나 우리 철학연구회로서는 큰 손실이었다. (이관용)씨는 일찍이 조선 철학계의 최대 선진(先進)이었던 것이요, 또 우리 철학연구회 창설에 한 공로자였다. 그 남긴 공을 기념하기 위하여 이번 호에 씨의 '논문 해설'을 게재하고 (…) 추도의 뜻을 표하는 바이다."[74]라고 쓰면서 해외 유학을 한 최초의 철학 박사로서 한국철학계를 이끌어갈 기대를 한 몸에 받고 있었던 그의 죽음을 애도하고 있다.

국내 철학계에서 이관용에 대한 소개가 이렇게 단편적으로 이루어진 반면, 역사학계에서는 처음으로 그에 대한 연구논문이 발표되는 성과가 있었다. 「이관용의 생애와 민족운동」[75]이란 이 논문은 이관용의 생애에 대한 조명과 함께 신간회운동을 중심으로 국내외에서 그가 벌인 민족운동을 비교적 상세히 다루고 있다. 이 논문에서는 이관용을 주로 역사학적 측면에서 다루고 있는데, 철학사상가로서가 아닌 일제강점기 민족운동을 펼친 운동가로서 그의 삶을 조명하고 있는 점이 눈에 띈다. 특히 이관용과 신간회와의 관계를 잘 밝혀주고 있다.[76] 그러나 아직 소개되지 않은 생애사적인 측면이나, 신문·잡지 등에 기고한 이관용의 논문이나 기사와 같이 미처 수집되지 못한 자료들이 상당수 누락되어 있는 것은 아쉬운 점이다.

유학생 신분으로서 이관용은 학문 연구와 민족독립운동을 병행하게 된다. 여러 국제회의에 대표로 참가하면서 이관용은 약소민족 내지 식민지민으로서의 아픔을 절감하게 된다. 그렇지만 국제정세를 한민족사와 연계하여 보는 국제관, 민족운동관, 민중계몽에 관한 그의 인식의 기초는 이러한 해외활동을 통한 체험에서 확고해졌다고 할 수 있다.[77] 이후 국내 귀국을 통해 그가 펼친 활동은 연희전문학교에서 짧은 교직생활을 거친 후 언론을 통한 계몽활동과 신간회운동이었다.

---

74   철학연구회, 「편집후기」, 『철학』 제2호, 1934, p. 145.
75   윤선자(2004), 앞의 논문, pp. 7-34 참조.
76   파리위원부에서 이관용의 독립운동과 행적에 대한 내용은 윤선자(2004), 앞의 논문,
      pp. 9-13 참조.
77   윤선자(2004), 앞의 논문, p. 13.

한편 이관용의 사상적 경향을 사회주의 사상에 경도된 인물이라 규정하는 입장도 있는데[78] 윤선자는 그의 논문에서 이균영의 『신간회 연구』[79]의 입장을 따라 이관용을 "유물사관을 가졌지만 실천운동에서 사회주의 조직에 가담한 것은 아니었다. 따라서 민족좌파라할 수 있을 것"[80]이라고 하면서 그의 사상적 경향을 규정하고 있다. 이관용의 사상적 경향에 대한 이러한 규정은 배상하와의 '유물-유심 논쟁'에서 나타난 그의 입장[81]과 관련해서 볼 때 충분히 그 가능성을 인정할 수 있다.

귀국 후 일제의 강점하에 있는 식민지 조국의 독립을 위해서 이관용이 선택한 길은 언론을 통한 애국계몽운동이었다. 잠시 대학에 몸을 담기도 했지만, 그가 식민지 민중들에게 민족독립의 정신을 일깨우기 위해 선택한 가장 효과적인 방법은 언론을 통해 보다 많은 대중들과 만나는 길이었다. 대학이라는 아카데미에서 철학을 연구하고 강의하는 것만으로는 조국과 민족이 처한 현실적 고난을 헤쳐나가는 데 한계가 있다고 본 것이다. 그러나 당시의 신문과 잡지에서 철학 논문을 발표하고, 대중들을 대상으로 한 강연회에서 서구의 철학과 철학자들을 소개하고 있으며, 최초의 철학회인 '철학연구회'의 일원으로 활동하였음을 볼 때, 그는 한편으로 활발한 철학 활동을 한 것으로 보인다. 43세라는 짧은 삶을 마치지 않았다면 더 많은 철학적 저술들을 남겼으리라고 생각된다.

---

78   조병옥(1959), 『나의 회고록』, 민족사, p. 87(윤선자, 앞의 논문, p. 27 참조).
79   이균영(1993), 『신간회 연구』, 역사비평사, 1993.
80   윤선자(2004), 앞의 논문, p. 32.
81   이태우(2009a), 앞의 논문, pp. 103-106 참조.

2. 대중매체에 발표한 이관용의 논문 및 기사

계몽적 지식인으로서, 서양의 철학사상을 국내에 소개하고 수용한 선구자로서 이관용은 해외 유학을 마치고 귀국 후 사망에 이르기까지 약 10년간의 짧은 기간에 적지 않은 글들을 남겼다. 신간회 간부로 활동하면서 민중대회 사건으로 투옥되어 2년 2개월의 수감 생활이라는 공백이 있었고, 아카데미 밖에서 언론 활동과 민족운동을 하면서 박종홍, 한치진, 안호상 등 당시 철학자들과 같이 학자적 글쓰기에만 매진할 수 없었던 점을 감안한다면 결코 적지만은 않은 것 같다. 그가 사망한 후에 유고간행위원회[82]가 결성되기도 했으나 유고집의 간행으로 이어지지는 못한 것 같다. 물론 미발표되었거나 미공개한 글들도 있었으리라 추측할 수 있지만, 한국전쟁 중에 인민군 숙사로 사용되던 그의 자택이 비행기 폭격으로 전소되어 더 이상의 자료 발굴을 기대하기 힘든 실정이다.

현재까지 대중매체를 통해 그가 남긴 글들은 총 61건이며, 게재된 횟수는 195회로 조사되었다. 그런데 2004년 발표된 윤선자의 논문 「이관용의 생애와 민족운동」에는 이관용이 기고한 글이 총 23건(편) 36회까지만 확인되었다고 한다. 이 논문에서 발표순으로 정리하고 있는 이관용의 글은 크게 나누어 신문에 게재한 글이 14건(편) 26회로 모두 『동아일보』에 게재된 글이었으며, 『동명』(2), 『개벽』(1), 『신

82　이관용 사망 이틀 후인 1933년 8월 15일 각계에서 모인 지인들이 '이관용추도회 준비위원'과 '유고발간준비위원'을 구성하였다. 이 중 유고발간위원에는 조선일보사의 주요한, 중앙일보사의 이관구, 중앙홍업주식회사의 홍성덕 3인이 위원으로 선정되었지만, 아쉽게도 '이관용 유고집'의 발행에까지는 이르지 못한 것 같다. 「故 李灌鎔博士 追悼會와 遺稿發刊」, 『조선일보』, 1933.08.15 참조.

민』(1), 『별건곤』(2), 『삼천리』(2), 『신학지남(神學指南)』(1), 『현대평론』(1) 등 잡지에 게재된 글은 모두 9건(편) 10회로 소개하고 있다.[83] 그러나 취리히대학에서 받은 박사학위 논문을 제외하고, 현재까지 조사를 통해서 파악된 그가 남긴 글들은『조선일보』와『동아일보』를 포함해서 신문에 수록된 글들만 약 46건(편) 178회, 잡지에 수록된 글들은 15건(편) 17회, 총 61건(편) 195회로 파악되고 있다.

이 글에서 그가 남긴 글들을 1. 신문에 게재한 철학 관련 논문 및 기사, 2. 잡지에 게재한 철학 관련 논문 및 기사, 3. 신문에 게재한 일반 논문 및 기사, 4. 잡지에 게재한 일반 논문 및 기사 등 매체별/유형별 4가지 항목으로 나누어 보다 상세히 파악해보았다.

2.1 신문에 게재한 철학 논문 및 기사

이관용이 신문을 통해 남긴 철학 관련 글들은 현재까지 총 6건(편), 게재 횟수로는 총 43회로 파악되고 있다. 제목별로 살펴보면 '사회의 병적 현상'(『동아일보』, 1922.10.04~1922.10.20, 6회), '임마누엘 칸트의 인격'(『동아일보』, 1923.04.22, 1회), '헤겔과 그의 철학'(『조선일보』, 1929. 09.03~1929.09.15, 13회), '유물론 비평의 근거'(『조선일보』, 1929.10.23~1929.10.26, 3회), '스피노자와 그의 사상'(『중앙일보』, 1932.11.21~1932.11.29, 7회), '버나드 쇼의 생애와 사상'(『조선일보』, 1933.02.24~1933.02.26, 3회) 등이 있다. 이를 발표 연대순으로 정리하면 다음 〈표 2〉와 같다.

---

83 윤선자(2004), 앞의 논문, pp. 27-29.

순서	제목	게재지	발표일	게재 횟수
1	사회의 병적 현상	『동아일보』	1922.10.04~1922.10.20	16회
2	임마누엘 칸트의 인격	『동아일보』	1924.04.22	1회
3	헤겔과 그의 철학	『조선일보』	1929.09.03~1929.10.17	13회
4	유물론 비평의 근거: 배상하의 「비유물론적 철학관」을 읽고	『조선일보』	1929.10.24~1929.10.26	3회
5	스피노자와 그의 사상	『중앙일보』	1932.11.21~1932.11.29	7회
6	버나드 쇼의 생애와 사상	『조선일보』	1933.02.24~1933.02.26	3회
소계	6건			43회

〈표 2〉 신문에 게재한 철학 논문 및 기사 목록

〈표 2〉에서 보듯이 2, 3, 5, 6번 글은 칸트, 헤겔, 스피노자, 버나드 쇼의 생애와 사상을 소개하고 있다. 서양철학이 수용되던 초창기였기에 일반 독자들에게는 낯선 서양철학자들의 삶과 사상을 개략적으로 소개하고 있는 글들이다. 4번 글은 『조선일보』에 「비유물적 철학관」을 게재한 경성제대 철학과 1회 졸업생 배상하의 논문에 대한 반박 글이다. 이 반박 글은 이후 다른 필진들이 가세하면서 배상하와 유물-유심 논쟁을 벌이게 된 시발점을 제공했다.[84]

---

84 이 논쟁은 1929년 10월부터 1930년 10월까지 배상하를 비롯해 이관용, 박명줄, 안병주, 류춘해 등 모두 5명의 필자들이 24회에 걸쳐 『조선일보』의 지상을 빌려 치열하게 펼친 논쟁이다. 먼저 배상하의 「非唯物的 哲學觀」(1929.10.08~1929.10.14/4회)이 발표되자, 곧 바로 이관용의 반박 글인 「唯物論批評의 根據: 裵相河의 「非唯物論的 哲學觀」을 읽고」(1929.10.24~1929.10.26/3회)가 이어진다. 이에 대해 배상하의 반박문인 「이관용씨의 유물비평근거의 '前言' 철회를 요구하는 공개장」(1929.11.19~1929.11.23/5회)이 다시 이어지자, 유물론을 옹호하는 입장에서 박명줄의 「배상하씨의 비유물적 철학관과 그 변명문을 읽고」(1929.12.03/1회)와 안병주의 「반유심적 철학관: 배상하군의 一考에 供함」(1930.03.16~1930.03.17/2회), 그리고 류춘해의 「과학의 진정한 방법론: 배상하군의 이론을 비판함」(1930.10.04~1930.10.11/6회)이 가세하게 된다. 이 책 제3부 제3장 참조.

1번 글 「사회의 병적 현상」은 이관용이 국내 신문에 기고한 최초의 글로 보인다. 이관용은 1923년 2월에 귀국하였지만, 유럽에서 함께 유학생활을 하면서 친분을 맺고 있었던 김준연[85]이 이관용이 귀국하기 전해인 1922년 7월 21일 『동아일보』 장덕수[86]에게 편지를 보내 그의 학위 취득 소식과 함께 그의 기고문을 게재하도록 부탁하였던 것이다. 김준연의 제안을 받아들인 『동아일보』는 1922년 10월 4일부터 20일까지 총 16회에 걸쳐 '사회의 병적 현상'이라는 제목의 글을 1면에 연재했다. 이 글은 이관용이 유학생회에서 행한 강연문과 그가 유학 중인 취리히시의 일간지에 기고한 기고문을 일부 발췌해서 게재한 것으로 원고지 약 170매가량의 적지 않은 분량이다.

이 글은 '조선인의 구주유학에 대하여'부터 시작하지만, 내용은 조선 사회와 조선인만을 대상으로 쓴 것은 아니다. '사회는 유기체이다', '사회는 정신체이다', '인류는 사회생활을 면치 못하겠다', '사회의 병은 객관적 표준이 무(無)하다', '전후(戰後)사회의 병적 현상', '구주인과 동아사상', '동아의 구주화되는 이유', '민족의 고유 성질

---

85 김준연(金俊淵, 1895~1971), 정치가. 도쿄제대 독법과(獨法科) 졸업. 베를린대학에서 3년간 정치학과 법률학을 연구하고 1924년 말 귀국. 일본 유학 시절엔 조선인유학생회 회장 역임. 민족주의자 통합단체인 신간회에 참여했고 8·15광복 후에는 정계에 나가 한국민주당 간부로 활약했다. 남조선대한국민대표민주의원 의원·국회의원·법무부 장관 등을 역임했고 민주당 최고위원, 통일당 총재, 자유민주당 대표최고위원을 지냈다.

86 장덕수(張德秀, 1895~1947), 언론인 겸 정치가. 1916년 와세다대학 정경학부 졸업. 이후 상하이로 건너가 독립운동을 하다가 1918년 여운형(呂運亨)·김규식(金奎植) 등과 신한청년당(新韓靑年黨)을 조직. 1920년 『동아일보』 초대 주필이 되었고, 1923년 미국으로 건너가 이승만(李承晩)·허정(許政)과 『3·1신보』를 발간하였다. 1928년 컬럼비아대학교에서 철학박사 학위를 받고 귀국해 보성전문 교수를 거쳐, 1936년 동아일보사 부사장이 되었다. 8·15광복 후에는 송진우(宋鎭禹)·김병로(金炳魯) 등과 한국민주당을 창당, 당 외교부장·정치부장을 역임하였다. 1947년 종로경찰서 경사 박광옥(朴光玉)과 배희범(裵熙範)에게 암살당하였다.

이 사회생활을 결정' 등의 소제목에서 보듯이 당시 유럽의 일반적인 학문 경향에 대한 소개와 서구의 전반적인 지적 흐름, 그리고 동아시아에 대한 서구의 인식과 그에 대한 자신의 염려와 대안 등에 관해 철학적 견해를 폭넓게 피력한 철학 에세이였다.[87]

형식과 내용에서 피히테의 강연 「독일 국민에게 고함」을 연상시키는 이 글은 총 24개의 주제를 16회에 걸쳐 기고한 것으로, 청년 이관용의 웅혼한 기백과 기상이 잘 나타나고 있다. 31세의 나이로 박사학위를 받은 직후(1921~1922) 쓴 것으로 보이는 이 글에서 청년 이관용은 동·서양 문명의 차이점과 문제점을 직시하면서 세계질서와 흐름에 대한 동아시아인(일본은 배제)의 대응 태도에 대해 적극적인 주장을 피력하고 있다. 제국주의의 침략에 신음하는 조선을 포함한 동아시아인들의 고통은 그 사회의 진보와 발전을 위한 일시적 시련일 뿐이다. 오히려 이것을 각 민족의 부단한 활동과 노력의 시발점으로 삼는다면, 식민 지배를 받고 있는 동아시아인들의 수난과 고통은 반드시 극복될 수 있다고 주장하면서 결론을 맺고 있다.

2.2 잡지에 게재한 철학 논문 및 기사

이관용이 잡지에 게재한 철학 관련 논문 및 기사는 현재까지 총 7건(편), 횟수로는 총 9회로 파악되고 있다. 이 중에서 1~3번은 논문 형식을 갖춘 글이며, 4~9번은 철학자의 활약상이나 생활을 간략히 소개하고 있거나 질문에 대한 답변 형식의 기사 글이다. 이를 발표 연대순으로 정리하면 아래 〈표 3〉과 같다.

---

87   윤사순·이광래(2001), 앞의 책, p. 316.

순서	제목	게재지	발표일	게재횟수
1	노자가 관(觀)한 인생문제-도덕경에 대한 서문	『동명』, 총34호(제2권 17호)	1923.4.22	1회
2	노자가 관(觀)한 인생문제-도덕경에 대한 서문 (承前)	『동명』, 총35호(제2권 18호)	1923.4.29	1회
3	원학인 철학	『신생명』, 총1호(제1권 1호)	1923.07.06	1회
4	동양학계의 명성=김중세	『개벽』, 총46호(제5권 4호)	1924.04.01	1회
5	임마누엘, 칸트	『연희』, 총3호(제3권 1호)	1924.05.20	1회
6	사후에도 투쟁한 철학자, '견(犬)' 생활로 자처	『별건곤』, 총8호(제2권 6호)	1927.08.17	1회
7	박사논문 공개(1)	『별건곤』, 제10호	1927.12.20	1회
8	박사논문 공개(2)	『별건곤』, 제11호	1928.02.01	1회
9	스피노자의 생활	『신동아』, 제13호(제2권 11호)	1932.11.01	1회
소계	7건			9회

〈표 3〉 잡지에 게재한 철학 논문 및 기사 목록

1, 2번 글은 1편의 글을 2회로 나누어 수록한 것으로, 이관용이 1923년 2월 귀국 직후 국내에서 첫 발표한 글이다. 동서양비교철학적 관점에서 노자철학에 대한 비판적 견해를 서술하고 있는 글이며, 유가철학에 대해서도 긍정적인 평가를 하고 있지는 않다. 이관용은 노자의 무위자연의 도를 서양의 고대자연철학자 탈레스의 물, 데모크리토스의 분자, 라이프니츠의 단자, 쇼펜하우어의 의지와 같은 것으로 비유하고 있다. 또한 노자는 우주 원체(原體)의 성질을 순전히 정신적인 것으로 논함으로써 그 우주관에서 니체의 초인적 위압보다 한층 근본적이라고 비판하기도 한다.[88] 나아가 노자의 도를 방임주의로 간주하고, 서양의 방임주의가 인민으로 하여금 생존경쟁계

에서 자유활동을 무제한으로 가능케 하지만, 노자의 방임주의는 인류의 문화적 생활을 점차 피지(避止)하고 본원적(자연적) 상태로 귀화하는 것이며, 전자는 적극적이고 후자는 소극적이라고 말한다. 또한 인류문명의 발전에 따라 정신생활은 쇠퇴하기에 인류의 문화를 파괴하고 본원적 상태로 돌아가자고 주장한 루소의 선각자가 바로 노자라고 비판한다.[89]

3번은 이관용의 주체적 '철학관'을 잘 드러내고 있는 논문이다. 이 논문은 Philosophy의 번역어로서 일본인 니시 아마네(西周)가 번역한 '철학'이라는 용어보다 '원학'이라는 용어가 더 타당함을 주장하고 있다.[90] 원고지 약 60매 분량의 이 논문에서 이관용은 "철학이 과학적 성격을 가졌으며, 한정된 사실을 종합하여 우주의 원성(原性)과 원칙(原則)을 총괄적으로 연구함으로써 원유(原由)와 법칙과 목적을 발견하는 것이므로 원학(原學)이라고 부르는 것이 옳다."[91]고 말하고 있다. 그에 따르면 역사적으로 개별 과학은 철학이란 형체로 출생되었고, 철학이 발전되어 개별 과학을 분립시키게 되었다. 따라서 철학은 모든 과학의 기본적 종국적 원형(元型)이며, 인류의 고유한 지적(智的) 본능을 만족시키는 본원적 과학이기에 이러한 의의 내에서 철학을 감히 원학이라 정의할 수 있다고 주장한다.[92] 이것은 민족주의자로서 평생을 민족운동에 투신한 이관용이었기에 일

---

88 이관용, 「老子가 관(觀)한 人生問題-도덕경에 대한 서문」, 『동명』 총34호(제2권 17호), 1923. p. 6.
89 이관용, 「老子가 관(觀)한 人生問題 -도덕경에 대한 서문(承前)」, 『동명』 총35호(제2권 18호), 1923. p. 6.
90 이태우(2010), 앞의 논문, pp. 396-400 참조.
91 이관용, 「原學인 哲學」, 『신생명』 창간호, 기독교청년회, 1923, p. 39.
92 이관용(1923), 위의 논문, p. 39.

인 학자가 조어한 철학 용어를 무비판적으로 수용하기를 거부하고, Philosophy의 원래적 의미에 보다 충실한 독자적 번역어를 제시하려 했던 것으로 볼 수 있다.

4번은 이관용이 유학 중에 독일에서 만난 김중세의 활동 관련 소개 글이다. 이관용보다 먼저 유학을 떠난 김중세는 당시 독일 베를린에서 고대희랍철학을 전공하면서 동양학계에서 두드러진 활동을 펼치고 있었다.[93] 이관용은 김중세의 그러한 활약상을 직접 목격하고 독일학계에서 큰 기대를 받고 활동하고 있는 김중세를 자랑스럽게 소개하고 있다. 5, 9번 글은 각각 칸트와 스피노자의 삶과 철학을 간략히 소개하고 있으며, 6번 글은 견유학파의 생활과 디오게네스와 알렉산더 대왕의 일화를 포함해서 부르노, 데카르트, 루소, 칸트, 헤겔 등 서양철학사에 등장하는 다양한 철학자들의 일화와 독특한 삶을 짧지만 흥미롭게 소개하고 있는 글이다.

7, 8번은 잡지사와 설문식 인터뷰에서 자신의 박사학위 논문의 내용을 간단히 소개한 것으로, 7번 기사의 오류를 정정해서 8번 기사에서 보충 설명하고 있는 글이다.

2.3 신문에 게재한 일반 논문 및 기사

철학 관련 논문 및 기사를 제외한 이관용이 신문에 게재한 일반 논문 및 기사는 현재까지 총 40건(편), 횟수로는 총 135회로 파악되고 있다. 이 중에서 『동아일보』에 18건 57회의 글을 게재하였고, 『조선일보』에 22건 78회 글을 각각 게재하였다. 발표 연대순으로 보면 1924년 1건(2회), 1925년 15건(51회), 1926년 1건(1회), 1927년 2건

---

93 이태우(2007), 앞의 논문, pp. 302-306 참조.

(6회), 1928년 10건(32회), 1929년 5건(16회), 1932년 1건(1회), 1933년 4건(16회)으로 그가 본격적으로 신문에 글을 게재한 것은 유학을 마치고 귀국한 이듬해인 1924년부터이며, 마지막으로 게재한 글은 1933년 8월 15일 자 기사이다. 8월13일 불의의 사고로 사망 직전까지 기사를 작성해서 신문사에 송고한 것이 그가 사망한 지 이틀 후 마지막으로 실린 것이다.

1925년 기사 건수가 많은 것은 그가 연희전문대학 교수직을 사임하고 본격적으로 기자활동을 시작하면서 러시아 특파원으로 파견되어 연재기사를 많이 게재했기 때문이다. 1926년과 1927년은 『동아일보』를 퇴사하고 『시대일보』와 잡지 『현대평론』지의 경영진으로 활동하던 시기였기에 기고문이 줄어든 것이다. 1928~1929년은 『조선일보』 기자로 활동하던 시기로, 가장 활발히 언론을 통한 계몽운동을 전개하면서 다수의 글들을 『조선일보』에 게재하였다. 1930~1931년 신간회 활동 중 투옥되어 옥고를 치른 시기였기에 발표된 기사를 찾을 수 없으며, 석방 후인 1932년 말부터 1933년 8월 사망 때까지 『조선일보』 편집고문으로 다시 활발히 기사를 게재하다가 갑작스러운 사망으로 인해 절필하고 말았다.

그가 쓴 마지막 기사는 「이국 풍경 같은 함북 촌락. 홍원에서」(1933. 08.14~1922.08.15, 2회)인데, 동해안 이북 해안 지역의 아름다운 조국산천을 여행하면서, 이를 기행문으로 연재할 예정이었던 것 같다. 그러나 안타깝게도 청진의 해수욕장에서 익사 사고를 당함으로써 연재기사는 2회로 중단되고 말았다. 이관용이 신문에 게재한 일반기사들을 발표 연대순으로 정리하면 다음 〈표 4〉와 같다.

순서	제목	게재지	발표일	게재 횟수
1	일본의 총선거와 그 결과	『동아일보』	1924.05.18~1924.05.20	2회
2	긴급한 태평양문제, 최근 외교계의 추세	『동아일보』	1925.01.01	1회
3	(미국)태평양에 전쟁 연습	『동아일보』	1925.02.12~1925.02.13	2회
4	붉은 나라 로서아를 향하면서, 봉천에서 제2신	『동아일보』	1925.02.27	1회
5	선통황제(宣統皇帝)	『동아일보』	1925.03.15	1회
6	북경, 동일공사관을 방(訪)하고	『동아일보』	1925.03.17	1회
7	중국정계소식	『동아일보』	1925.03.18~1925.03.22	5회
8	적로소식(赤露消息), '치타' 차중에서	『동아일보』	1925.04.22~1925.04.24	2회
9	창공에 비기분열, 대지에 적기행렬	『동아일보』	1925.05.04	1회
10	적로행(赤露行), 막사과(莫斯科) 가는 길에	『동아일보』	1925.05.05	1회
11	막사과지방(莫斯科地方) '쏘비엣트' 대회 방청기	『동아일보』	1925.05.14~1925.05.19	6회
12	노농로서아의 민족문제해결	『동아일보』	1925.05.22~1925.05.23	2회
13	적로화보(赤露畫報), 로도(露都)에서	『동아일보』	1925.05.27~1925.06.24	10회
14	적로수도산견편문(赤露首都散見片聞)	『동아일보』	1925.06.13~1925.06.18	5회
15	적로(赤露)에서 독일(獨逸)까지	『동아일보』	1925.06.17~1925.06.18	2회
16	구라파 풍경	『동아일보』	1925.08.12~1925.09.01	11회
17	서전왕제전하 고고학적 채굴에 전심전력, 정치에는 노동문제에 주의	『동아일보』	1926.10.11	1회
18	1926년 구주 국제정국의 회고	『동아일보』	1927.01.01~1927.01.04	3회
19	배일(排日)의 봉천에서	『조선일보』	1927.09.19~1927.09.21	3회
20	혁명 완성된 중국을 향하면서	『조선일보』	1928.10.20~1928.10.23	2회
21	중국 가는 길에서 봉천 견문	『조선일보』	1928.10.23	1회

22	동삼성(東三省) 총사령부 방문, 장학량씨 회견기	『조선일보』	1928.10.25~1928.10.28	4회
23	재만동포의 제문제	『조선일보』	1928.10.28	1회
24	만주와 일본, 임총영사와 회의하고 봉천을 떠나면서	『조선일보』	1928.10.29~1928.10.30	2회
25	북경에 와서, 대련 감옥에서 신단재(申丹齊)와 면회 외	『조선일보』	1928.11.07~1928.11.10	4회
26	남경에 와서	『조선일보』	1928.11.21	1회
27	손문씨의 3대 정책	『조선일보』	1928.11.22	1회
28	복잡한 내정과 다단한 외교	『조선일보』	1928.11.30~1928.12.06	6회
29	신흥중국연구	『조선일보』	1928.12.24~1929.01.11	17회
30	신년에 맞는 신흥중국	『조선일보』	1929.01.20~1929.01.23	4회
31	신흥중국 수도문제	『조선일보』	1929.02.05~1929.02.07	3회
32	중앙연구원장 채원배 박사	『조선일보』	1929.02.13~1929.02.16	3회
33	조선 농촌 보러온 로서아의 전문가, 농업발전의 2대문제	『조선일보』	1929.10.30	1회
34	일본인구와 식량문제	『조선일보』	1929.11.18~1929.11.23	5회
35	공황기는 끝이 있을까	조선일보	1932.12.02~1932.12.04	3회
36	국제연맹의 정체. 만주문제 취급의 동기	『조선일보』	1932.12.07	1회
37	피살설을 전하는 테일만과 그 활동	『조선일보』	1933.05.06~1933.05.09	3회
38	청안에 비치인 은사국인의 생활	『조선일보』	1933.06.02~1933.06.10	6회
49	세계문화사의 선구	『조선일보』	1933.07.13~1933.07.26	5회
40	이국 풍경 같은 함북 촌락. 홍원에서	『조선일보』	1933.08.14~1933.08.15	2회
소계	40건(동아 18건 57회, 조선 22건 78회)			135회

〈표 4〉 신문에 게재한 일반 논문 및 기사 목록

위의 도표에서 보듯이 이관용이 신문에 기고한 일반 논문 및 기사는 그가 발표한 글들 중에서 가장 많은 분량을 차지하고 있다. 위의 글들 중 1~3번 『동아일보』 기사는 전운이 감도는 태평양 연안국 일본, 미국의 급박한 상황을 전하고 있고, 4~18번 『동아일보』 기사는 그가 러시아 특파원으로 활동하면서 공산혁명 후의 급변한 러시아의 모습과 독일, 오스트리아, 이태리 등의 유럽 현지 풍경을 기행문 형식으로 기사화한 것이 대부분을 차지하고 있다.

『조선일보』에 기고한 기사들(19~32번)은 이관용이 중국 특파원으로 파견되어 만주, 북경, 남경 등을 시찰하면서, 공산화되기 전의 중국의 급변하고 있는 정세들을 소개하고 있는 글이 많은 부분을 차지하고 있다. 특히 중국 시찰에서 만난 주요 인물들, 즉 장학량, 신채호, 손문 등과의 회견이나 면담기 등을 싣고 있으며, 기타 33~40번은 세계공황이나 식량문제, 세계문화사의 선구적 인물, 국내 여행기 등에 대한 소개 글이다.

스위스 취리히대학에서 철학을 전공하기 전, 영국 옥스퍼드대학에서 정치사를 공부했던 이관용은 파리강화회의 대표부에서 활동했던 경험을 더해 당시의 국제정세와 동향에 대한 넓은 식견을 바탕으로 통찰력 있는 분석을 제공하고 있으며, 이러한 국제정세 속에서 식민지 조선이 취해야 할 방향성을 날카롭게 제시하고 있다.

2.4 잡지에 게재한 일반 논문 및 기사

이관용이 잡지에 게재한 일반 논문 및 기사를 살펴보면, 현재까지 총 8건(편), 횟수로는 총 8회로 파악되고 있다. 이 중에서 「일본의 대 중국정책(La Politique chinoise du Japon)」은 그가 대중매체를 통해 발표한 최초의 글로서 임시정부 파리대표부에서 활동하던 시절 대표부의 기관지로 발행되던 『자유한국』에 게재한 글이다. 이를 발표 연대순으로 정리하면 아래 〈표 5〉와 같다.

순서	제목	게재지	발표일	게재 횟수
1	일본의 대 중국정책(La Politique chinoise du Japon)	『자유한국』, 제4·5호 합본	1920.09	1회
2	최근의 덕국(德國) 문단: 현문단의 세계적 경향	『개벽』, 제4권 44호	1924.02	1회
3	술 먹지 말 이유 몇 가지	『신학지남(神學指南)』	1925.12	1회
4	신흥 중국을 보고	『삼천리』, 총2호(제1권 2호)	1929.09.01	1회
5	외국의 대표적 신문관	『삼천리』, 총13호(제4권 4호)	1932.12.01	1회
6	중국은 공산화할 것이냐?-적화될 것이다	『신민』, 제24호	1927.04.01	1회
7	현대대세의 대관	『현대평론』, 제1권 1호	1927.01.20	1회
8	『동광』에 대하여: 제 명사의 의견(이관용 외 16인)	『동광』, 제13호	1927.05.01	1회
소계	8건			8회

〈표 5〉 잡지에 게재한 일반 논문 및 기사 목록

1, 4, 6번은 다변화하는 국제정세 속에서 중국의 현재와 미래에 대해 진단하고 있는 글이다. 1번 글은 일본이 중국에서 모든 외국의 영향력을 배제하고 독점적으로 중국을 착취하기 위해 경쟁하고 있으며, 이를 위해 독일, 러시아와 협력 또는 공조를 꾀하고 있다고 비판하는 글이다. 4번은 신흥 중국이란 실체에 대해 의문을 제기하면서 결국 자신이 본 중국은 "쇠퇴하고 있는 구세력의 압도하에 여러 가지 신세력이 필연적으로 양조(釀造)되고 있는"현상이라고 진단하고 있다. 2번은 당시의 독일 문단의 최근 소식을 전하고 있는 글이

다. 보불전쟁 이후 독일 문단은 독일민족의 전통적 이상주의 정신이 사라지면서 갑자기 무단주의적(武斷主義的)·범산업적·실리주의적 국민이 되어버렸다고 말한다. 시인이 공업가로 되고, 붓(筆)으로 일 하던 사람이 괭이(鋤)로 일하게 되어, 의학이나 자연과학은 발전되었 으나 정신과학은 쇠퇴하게 됨으로써, 독일민족의 발전은 심히 부자 연한 길을 가고 있다고 진단하고 있다.

5번은 외국의 대표적 언론기관에 대해 소개하는 기사로서 영국, 미국, 독일, 이태리의 대표적인 신문들과 그 신문의 특성에 대해 간 략히 소개하고 있는 글이다. 신문과 마찬가지로 잡지에 게재한 일반 기사도 국제정세, 해외 동향의 소개 등이 주를 이루고 있음을 볼 수 있다. 이것은 이관용이 해외 유학, 해외 독립운동, 해외 특파원 등의 활동을 하면서 당시의 누구보다 세계의 변화를 빨리 읽어낼 수 있 었고, 또한 이를 언론이라는 대중매체를 통해 대중들에게 빨리 전달 할 수 있었기 때문이다. 이관용은 한국현대철학의 첫걸음을 내딛는 선구적 철학자였지만, 일제강점기라는 시대적·역사적 요청에 부응하 기 위해 계몽적 지식인의 역할을 가장 잘 발휘할 수 있는 언론인의 길을 선택하였던 것이다.

3. 맺는말

일제강점기는 서양철학이 이 땅에 처음으로 수용되던 시기였지만, 우리에게 일제의 강권에 의해 국권을 상실하고 민족혼을 빼앗긴 오 욕의 시대로 기억되고 있다. 따라서 그동안 이 시기의 한국철학자들 은 우리의 관심 밖에 있었으며 이들의 철학사상은 그 존재 자체를 의심받을 정도로 외면당해온 것이 사실이다. 그나마 이 시기의 대표적 철학자로 박종홍, 한치진, 신남철, 박치우 등을 손꼽을 수 있는데, 이들 중에서도 한치진은 한국전쟁 때 납북당해 생사 불명이 되었고, 신남철은 월북 후 북한 학계에서 활동하다 1950년대 후반 사망했으며, 박치우는 빨치산 투쟁 중 사망했다. 따라서 1970년대 중반까지 활동을 한 박종홍만이 유일하게 자신의 철학사상을 지속적으로 전개해나갈 수 있었으며, 최근 그의 철학사상에 대한 연구와 비평이 이어질 수 있었다.[94]

이들은 그나마 자신들의 철학적 사유를 단행본으로 출간함으로써 이후 한국현대철학사에서 그 존재를 인정받을 수 있었다. 이관용 역시 해외 유학생 중 최초의 철학 박사였으며, 이들과 같은 철학 1세대였다. 하지만 불행히도 그는 젊은 나이에 사망하게 됨으로써, 이후 그의 삶과 철학은 물론 그 존재마저도 망각되고 말았다. 극히 최근에야 그의 해외 독립운동과 국내 항일운동, 애국계몽운동 등이 학술적으로 밝혀지고, 국가로부터 인정을 받게 되었지만, 그의 철학 활동과 언론을 통한 저술 활동, 그리고 그의 생애사는 여전히 충분히 연구·규명되지 못했다.

이러한 문제점을 염두에 두고 이 글은 그동안 역사에 묻혀 있던 이관용의 생애와 활동을 새롭게 발굴하여 재조명하려 시도했다. 특히 그가 당시의 대중매체인 일간지 『동아일보』와 『조선일보』 그리고 『동명』, 『별건곤』, 『신생명』, 『신동아』 등의 잡지에 게재한 철학 관련 논문과 기사, 일반 논문과 기사 등의 자료를 총괄 수집·정리·분류

---

94 김석수, 『한국현대실천철학-박종홍부터 아우토노미즘까지』, 돌베개, 2008; 이병수, 『열암 박종홍의 철학사상』, 한국학술정보, 2005 참조.

하여 〈표 1~5〉까지 제시하였고, 그 개략적 내용을 소개하였다.

이처럼 현재까지 파악된 그가 남긴 글들은 취리히대학 박사학위 논문을 제외하고, 『조선일보』와 『동아일보』를 포함해서 신문에 수록된 글들만 46건(편) 178회, 잡지에 수록된 글들은 15건(편) 17회, 합해서 총 61건(편) 195회로 파악되고 있다. 이를 보다 구체적으로 세분화해서 살펴보면, 신문에 게재한 철학 관련 논문 및 기사가 총 6건(편) 43회이며, 잡지에 게재한 철학 관련 논문 및 기사는 총 7건(편) 9회로 확인되었다. 또한 신문에 게재한 일반 논문 및 기사는 총 40건(편) 135회로, 잡지에 게재한 일반 논문 및 기사는 총 8건(편) 8회인 것으로 확인되었다.

그가 유학생활을 마치고 귀국하면서부터 사망할 때까지 기간은 불과 10년이었다. 이 중 항일운동으로 투옥된 2년을 제외하면, 실질적으로 8년여의 짧은 기간 동안 문필 활동을 한 셈이다. 더구나 학자로서 대학에서 연구와 강의, 저술을 주로 한 것이 아니라, 대부분의 활동 기간에 언론인으로서 애국계몽운동에 매진하였음을 고려한다면, 결코 적지 않은 글들을 남겼음을 확인할 수 있다.

이관용은 초기 한국현대철학자이자 1세대 한국현대철학자라고 할 수 있다. 그는 일제강점기라는 가혹한 현실과 모순을 극복하기 위해 철학자로서보다는 언론인으로서 식민지 민중들을 위한 애국계몽운동에 더 많은 활동을 펼쳤지만, 최초의 해외 유학파 철학 박사로서 서양철학을 한국에 소개하고 이를 주체적으로 수용하는 데에도 중요한 역할을 담당하기도 했다. 특히 국내파와 해외파 출신 철학자들이 함께 만든 한국 최초의 철학회인 '철학연구회' 탄생에도 많은 기여를 하였으며, 한국현대철학이 성립될 수 있는 선구적 역할을 담당했다고 평가할 수 있다.

이관용은 또한 해외 유학과 특파원 생활을 거치면서 유럽 전역과 미국, 일본, 중국, 러시아 등 전 세계를 시찰하며 세계정세와 국제정치에 대한 거시적 안목을 갖춘, 당시 조선에서는 흔치 않은 인물이었다. 이러한 이관용의 활동 범위를 볼 때, 그동안 잊혀진 존재였던 이관용에 대한 기초자료를 발굴하고 정리·소개하는 작업은 철학뿐만 아니라 향후 역사학, 언론학, 정치학 등 한국학과 관련한 인문학 전반에 걸쳐 이관용을 키워드로 한 연구에 많은 도움을 줄 수 있을 것이다. 이 글의 의의는 바로 이 점에 있다. 따라서 이 글을 통해서 발굴된 이관용 관련 기초자료를 토대로 철학을 비롯한 한국학과 인접학문 분야의 연구가 더욱 진척될 수 있기를 기대한다.

[부록]

이관용(李灌鎔, 1891~1933) 연보

연도(나이)	약력	저술 및 기타
1891(1세)	1891년 7월 15일 경성부 종로 6정목 12번지에서 전주 이씨 경창군파 이재곤(자작)의 4남으로 출생. 모 서씨, 형 이원용, 이윤용	처 유씨와 슬하에 1남 2녀. 평론가 이원조는 그의 사위
~1904(14세)	사숙(私塾)에서 한학 공부	
1905(15세)~1907년(17세)	관립 한성학교 졸업	
1907년(17세)~1910년(20세)	동경부립 제4중학교 중퇴. 대한흥학회에 참여	
1910(20세)~1913(23세)	한일강제병합(경술국치)-귀국 후 경성전수학교(경성법학전문학교 전신)에서 법률 전공 1913년 3월 졸업	
1913(23세)	영국으로 유학	
1914(24세)	1914년 3월 옥스퍼드대학 역사학과에 입학하여 정치사 전공	
1916(26세)	1916년 프랑스 파리로 건너가 프랑스어 공부	
1917(27세)	스위스 취리히대학 입학. 철학 전공	
1919(29세)	-1919.03.13 박사학위 논문 자격시험 준비 중 상해임시정부 파리위원부 부위원장 및 위원장 대리로 활동(위원장 김규식) -1919.07.17 조소앙과 함께 국제사회당 대회에 한국사회당 대표로 참석 '한국독립승인요구안' 제출 -1919.10.10 파리위원부 위원장 대리직에서 사임	「독립청원서」를 불역(拂譯)하여 프랑스 신문에 게재

1920(30세)	-1920.01.15 제네바 국제적십자총회에 대한적십자사 구주지부장으로 참가, 일본 적십자사에 대한 항의서 제출 -1920.05~1921.05 파리위원부 통신국에서 발행한 월간지 『자유한국(La Corée Libre)』의 편집진으로 활동 -1920.10.12 이탈리아 밀라노에서 열린 국제연맹옹호회에 윤해와 함께 참가	「일본의 대 중국정책」(『자유한국』)
1921(31세)	-1921.08.27 프레이탁 립스(F. G. Lipps)와 슐락인하우겐 등 교수들의 지도하에 「의식의 근본 사실로서 의욕론」이란 논문으로 철학 박사학위 취득 -학위 취득 후 이태리를 거쳐 독일 베를린대학 자연과학과에서 플라트 교수 지도하에 동물학 연구	"Das Wollen, als Grundtatsache des Bewusstseins" (박사 논문)
1922(32세)	독일 예나대학, 베를린대학에서 철학을 연구한 후 벨기에, 네덜란드, 폴란드 등을 시찰한 후 미국 입국(1922.11.15)	「사회의 병적 현상」(『동아일보』)
1923(33세)	-1923.01.25 샌프란시스코 유학생회에서 이관용 환영 만찬회 개최 -1923.02.17 유학을 마치고 귀국. 서울 도착 -1923.02.28 조선여자교육협회 주최 강연회에서 「여자의 사회생활에 관하야」를 강연 -1923.03.02 전조선청년당대회 주최 강연회에서 「신생활」을 강연 -1923.04.15 불교대회강연회에서 「노자의 도덕경을 읽고」를 강연 -1923.05월부터 연희전문학교 교사(문과) 부교장 취임. 철학, 심리학, 영어 등 강의	「노자가 관(觀)한 인생문제」(『동명』) 「원학인 철학」(『신생명』)

1924(34세)	-1924.03월 중앙기독교청년회에서 회합을 갖고 소년척후단조선총연맹발기회를 결성, 이사로 선출됨. 총재는 이상재 -1924.07.12 평양천도교회당에서 개최된 『동아일보』 평양지국 주최 강연회에서 「정신적 단체인 국민」이라는 주제로 한인은 타민족에 동화되지 않으며 독립하는 것이 당연하다는 내용의 연설을 하다가 연설 중지 명령을 받음 -1924.10 조선기근구제회 집행위원	「임마누엘 칸트의 인격」(『동아일보』), 「동양학계의 명성, 김중세」(『개벽』), 「임마누엘, 칸트」(『연희』), 「최근의 덕국문단: 현문단의 세계적 경향」(『개벽』)
1925(35세)	-1925.02.23 『동아일보』 러시아 특파원으로 모스크바 시찰 -1925.07월 베를린대학 재학 중인 동생 이운용과 함께 귀국. 귀국 중 상해에 들러 기호파(畿湖派)인 이시영과 회견 -1925.10.30 개성의 송도고등보통학교 교우회 주최로 「역사적 유물론」 강연 -1925.11.28 기독교청년회관에서 '태평양문제연구회 조선지부'를 조직하여 임원으로 선임됨. 위원장은 윤치호	「긴급한 태평양문제, 최근 외교계의 추세」, 「태평양에 전쟁연습」, 「붉은 나라 로서아를 향하면서」, 「북경, 독일공사관을 방하고」, 「중국정계소식」, 「적로소식」, '치타' 차중에서」, 「적로행, 막사과 가는 길에」, 「막사과지방 '쏘비엣' 대회 방청기」, 「적로에서 독일까지」, 「구라파 풍경」(이상 『동아일보』 연재)
1926(36세)	-1926.04.23 조선학생과학연구회 주최 칸트 탄생 202주년 기념 강연회에서 「칸트의 도덕철학에 대하야」를 강연 -연희전문학교 퇴임 -『동아일보』 퇴사 후 『시대일보』 부사장 취임(사장은 홍명희)	

1927(37세)	-1927.01.20 잡지 『현대평론(現代評論)』 창간. 주간을 지냄 -1927.02.15 신간회(新幹會-회장 이상재) 결성. 간부로 참여하여 민족운동 전개에 헌신적 활동 -1927.12.08 천도교기념관에서 가진 신간회 경성지회 대강연회에서 「신간회의 발전상황」을 주제로 강연 -1927.12.10 북만동포옹호동맹 집행위원회에서 홍명희, 김기전과 함께 성명서작성위원으로 선임됨	「현대대세의 대관」 (『현대평론』) 「사후에도 투쟁한 철학자, '견'(犬) 생활로 자처」 (『별건곤』) 「중국은 공산화할 것이냐?-적화될 것이다」 (『신민』)
1928(38세)	-1928.03.06 동경 출장 후 돌아와 신간회 총무간사회를 개최하고 동경지회사건에 대해 보고함 -1928.03.26 남한 지역 순회강연 중 신간회 진주지회 강연회에서 신간회 총무간사로 「민족적 총역량을 집중하자」 강연 -1928.06.15 조선교육협회 정기총회에서 이사로 선출됨 -1928.07.02 신간회 해주지회 1주년 기념식에서 「부분과 전체」라는 주제로 강연 -1928.07.21 개성고려청년회 주최 학술대강연회에서 「개체의 존재이유」라는 주제로 강연 -1928.10~1929.02 『조선일보』 특파원으로 중국 시찰 -1928.11 대련 감옥에서 단재 신채호 면회	「혁명 완성된 중국을 향하면서」, 「중국 가는 길에서 봉천 견문」, 「신흥중국연구」, 「동삼성총사령부 방문 장학량씨 방문기」, 「재만동포의 제문제」 (이상 『조선일보』 연재)

1929(39세)	-1929.09.07 천도교기념회관에서 열린 신간회 경성지회 강연회에서 「조직의 의의」란 주제로 강연 -1929.10.31 조선교육협회에서 열린 조선 어사전편찬회 발기총회에서 위원으로 선임됨 -1929.12.03 신간회 경성지회가 주최한 강좌에서 「중국국민당 분열식」으로 강연 -광주학생운동 후 민중대회(民衆大會) 사건으로 12월에 서대문형무소에 투옥 (2년 2개월 수감)	「헤겔과 그의 철학」(『조선일보』), 「유물론비평의 근거. 배상하군의 「비유물론적 철학관」을 읽고」(『조선일보』), 「신흥중국연구」(『조선일보』)
1932(42세)	1932.01.22 출감 후 『조선일보』의 편집고문으로 언론계의 중진으로 활약	「스피노자와 그의 사상」(『중앙일보』), 「스피노자의 생활」(『신동아』), 「외국의 대표적 신문관」(『삼천리』)
1933(43세)	-1933.08.13 함경북도 청진에서 해수욕 중 익사 -1933.08.15 추도회준비위원과 유고발간준비위원 구성(추도준비위원: 윤보선, 김성수, 정인보, 조병옥, 여운형, 문일평, 방응모, 변영로, 허헌, 홍명희 등 33인, 유고발간준비위원: 주요한, 이관구 등 3인)	「버나드 쇼의 생애와 사상」(『조선일보』)
1934	1934.08.13 「고 이관용박사 1주기추도회」 중앙기독교청년회관에서 개최	김두헌, 「고 이관용 박사 의욕론」(『철학』 2호, 1934)
2008	2008년 8월 15일 건국훈장 애국장 추서	

제3장

일제강점기 주요 한국철학자 14인

1. 고형곤(高亨坤, 1906~2004)

 출 신 지 : 전북 옥구(沃溝)
연구분야 : 서양철학, 불교철학
주요저술 :『철학개론』,『선(禪)의 존재적 구명』,『해동조
계종(海東曹 溪宗)의 연원(淵源)』,『선(禪)의
세계』등과 수필집『하늘과 땅과 인간』등

■ 생애와 철학 활동

고형곤(高亨坤, 1906~2004)은 철학자, 언론인, 작가, 정치인으로
서 생애를 보냈으며, 호는 청송(聽松), 본관은 제주(濟州)이다. 고건
(高建) 전 국무총리의 부친으로도 잘 알려진 고형곤은 후설, 하이
데거 등 서양 실존주의 철학과 불교 선(禪)철학을 창조적으로 접목
시켜 새로운 경지를 개척한 철학자로 평가받고 있다. 원래 전공은 서

양철학이었으나 "하이데거도 동양사상을 배우는데 정작 우리는 자신을 너무 모르고 있다."며 불교철학에 심취해 존재의 문제를 탐구의 본질로 삼는 선사상에 천착했다.

1933년 경성제국대학 철학과를 졸업하고, 1969년 철학 박사학위(서울대학교)를 받았다. 1938~1944년에는 연희전문 철학과 교수, 1947~1959년에는 서울대학교 문리과대학 철학과 교수를 지냈다. 1951~1981년 학술원 회원으로 있으면서, 1955년 교환교수로 미국에 갔다가 돌아와 1959년에는 전북대학교 총장에 취임하고 한국철학회 장직도 맡았다.

이후 1962년에 박정희(朴正熙) 정부에 반대하는 시위에 가담하였다가 옥고를 치렀고, 1963년 민정당(民政黨) 소속 6대 국회의원(민중당)에 당선되어 잠시 정치에 관여했다가 1970년부터 동국대학교 역경원(譯經院) 심사위원을 지내면서 선(禪)에 대한 연구 등 저술에 전념하였다. 1981~1988년에는 학술원 원로회원(철학)을 지내고, 학술원의 개편에 따라 1989년 학술원 회원이 되었다.

1980년대에 교수 생활을 접고서 전라북도 정읍(井邑)의 내장산(內藏山)에 들어가 10여 년간 칩거생활을 하면서 암자에서 홀로 불교를 연구하였다. 한국 서양철학 1세대 학자로서 활발한 활동을 하며 1971년 대한민국학술원상 저작상과 1994년 국민훈장 무궁화장 등 다수의 상을 받았다.

- 출처 및 참고자료: 한국역대인물종합정보시스템(한국학중앙연구원); 한국사데이터베이스(국사편찬위원회);『동아일보』, 2004.06.25.
- 일제강점기 대중매체에 수록된 고형곤의 철학 논문
  고형곤, 「철학의 새로운 방향」,『인문연구』, 1939.12.01.
  고형곤, 「베르그손의 생애와 사상」,『춘추』, 1941.03.01.
  고형곤, 「현대문화의 분열」,『동아일보』, 1939.04.07.

[그림 1] 고형곤, 「베르그손의 생애와 사상」(『춘추』, 1941.03.01)

2. 김기석(金基錫, 1905~1974)

출 신 지 : 평안북도 용천
연구분야 : 서양철학(윤리학)
주요저술 : 『철학개론』, 『현대정신사』, 『윤리전서』, 『남강 이
         승훈(南岡 李昇薰)』 등

■ 생애와 철학 활동

김기석(金基錫, 1905~1974)은 철학자, 교육학자로서 생애를 보냈
으며, 본관은 광산(光山), 호는 서은(西隱)이다. 정주 오산학교를 졸
업하고 일본으로 건너가 와세다대학(早稻田大學)·도호쿠대학(東北
大學) 철학과를 졸업하였다. 교육에 뜻을 두어 귀국한 뒤 오산중학
교에서 교편생활을 하다가 월남하여 서울대학교 사범대학 교수 및
학장을 역임하였다.

칸트철학과 인도철학을 연구하였고, 국민윤리교육 및 도의교육을
강조하였다. 학술원 회원과 1953년 한국교육학회 초대회장을 역임하
였고 유네스코한국위원회 교육분과위원장을 지냈다.

그뒤 1959년에 도덕재무장(MRA) 국제대회에 한국대표로 참석하
였으며, 서울특별시교육회 회장과 1960~1962년 단국대학 학장을 지
냈다.

5·16 후 1963~1964년에 걸쳐 국가재건최고회의의장 고문을 지
냈으며, 서울특별시교육위원회 교육위원, 동방아카데미 원장, 1971
~1974년 경남대학 학장을 역임하였다. 개인적으로 잡지 『이성(理
性)』을 19집까지 발행하였다. 근무공로훈장·문화훈장대통령장·국

민훈장목련장 등을 받았다.

- 출처 및 참고자료: 한국민족문화대백과사전(한국학중앙연구원)

- 일제강점기 대중매체에 수록된 김기석의 철학 논문
  김기석, 「동(動)의 개념과 정(靜)의 개념(1)~(6)」, 『동아일보』, 1935.03.31~1935.
    04.09.
  김기석, 「존재학의 개념. 형수상학 비평 시론(1)~(5)」, 『조선일보』, 1936.05.24~1936.
    05.29.
  김기석, 「인간학의 대상과 그 본질적 제한(1)~(6)」, 『조선일보』, 1936.11.18~1936.11.18
    ~1936.11.25.
  김기석, 「신철학의 지도원리. 변증법적 세계의 피안(1)~(5)」, 『조선일보』, 1937.03.31
    ~1937.04.05.
  김기석, 「현대의 사유와 인간 이념. 인간 해석의 현실 형태(1)~(6)」, 『조선일보』, 1937.
    07.08~1937.07.14.
  김기석, 「실존해석과 철학의 입장, 현대의 사유와 인간이념의 속고(續稿)(1)~(5)」, 『동
    아일보』, 1937.07.25~1937.07.30.
  김기석, 「철학적 사유의 이해, 근원적 오해로서의 그 구조관련(1)~(5)」, 『동아일보』,
    1937.11.10~1937.11.20.
  김기석, 「현대의 위기와 철학; 불안한 생을 영위하는 분께(1)~(4)」, 『동아일보』, 1938.
    09.04~1938.09.08.
  김기석, 「철학시상」, 『조광』, 1936.02.01.
  김기석, 「철학시감」, 『조광』, 1936.06.01.
  김기석, 「철학의 이념과 그 현실행정」, 『조광』, 1936.10.01.

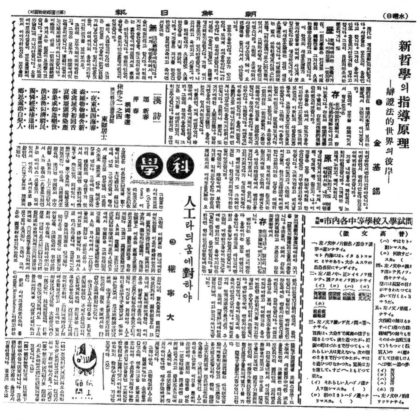

[그림 2] 김기석, 「신철학의 지도원리−변증법적 세계의 피안」(『조선일보』, 1937.03.31)

3. 김두헌(金斗憲, 1903~1981)

출 신 지 : 전라남도 장흥
연구분야 : 서양철학, 윤리학
주요저술 : 『윤리학개론』(1946), 『조선가족제도연구』
(1949), 『도의원론(道義原論)』(1957), 『민족원
론(民族原論)』(1960), 『현대인간론』(1973), 『서
양윤리학사』(1976), 『현대의 가족』(1975)

■ 생애와 철학 활동

김두헌(金斗憲, 1903~1981)은 철학자·교육자로서 생애를 보냈으
며, 호는 예동(汭東)이다. 전라남도 장흥 출신. 1921년에 대구고등보통
학교를 마친 뒤 1929년에 일본 도쿄제국대학 문학부 윤리학과를 졸
업하였다. 1952년에 서울대학교에서 문학 박사학위를 받았고, 1969년
에는 중국 문화학원(文化學院)에서 철학 박사학위를 수여받았다.

1929년부터 이화여자전문학교·중앙불교혜화전문학교(中央佛敎惠
化專門學校)의 강사와 교수를 거쳤으며, 대동(大東)상업학교 교장직
을 역임했다. 1945년에 진단학회(震檀學會) 상임위원, 경성제국대학
법문학부 부교수가 되고, 1946년 서울대학교 철학과 주임 교수가 되
었다. 1950년에는 문교부 고등교육국장, 1952년에는 전북대학교 총
장, 1960년부터 1972년까지 건국대학교 대학원장으로 있다가 사망
할 때까지 건국대학교 대우교수로 지냈다.

1954년에 학술원(學術院)의 종신회원이 되었으며, 1970년부터 계
속 윤리학회회장을 맡아 보았다. 전공인 윤리학과 더불어 우리나라
의 가족제도에 대해서도 남다른 관심을 기울여, 1949년에 『조선가
족제도연구』, 1975년에는 『현대의 가족』이라는 저서를 남겼다.

- 출처 및 참고자료: 한국민족문화대백과사전(한국학중앙연구원).

- 일제강점기 대중매체에 수록된 김두헌의 철학 논문

　　김두헌, 「철인 '스피노사' 그의 생애와 철학; 탄생 3백년 기념을 마치며(1)~(4)」, 『동아
　　　　일보』, 1932.11.22~1932.12.05.

　　김두헌, 「조선의 현실과 철학」, 『동아일보』, 1933.07.16.

　　김두헌, 「현대철학은 어대로 가나?(1)~(6)」, 『조선일보특간』, 1933.09.08~1933.
　　　　09.14.

　　김두헌, 「데카르트와 칸트의 기일(忌日)에 제하야」, 『조선중앙일보』, 1936.02.11.

　　김두헌, 「데카르트와 칸트(속) 그 기일(忌日)을 보내며」, 『조선중앙일보』, 1936.02.18.

　　김두헌, 「윤리적 평가의 이념」, 『철학』, 1933.07.17.

　　김두헌, 「고(故) 이관용 박사 의욕론-의식의 근본사실로서」, 『철학』, 1934.04.01.

　　김두헌, 「동양인의 인생관」, 『춘추』, 1941.07.01.

　　김두헌, 「인격의 실현」, 『학등』, 1934.12.30.

[그림 3] 김두헌, 「데카르트와 칸트의 기일에 제하야」(『조선중앙일보』, 1936.02.11)

4. 김정설(金鼎卨, 1897~1966)

출 신 지 : 경주
연구분야 : 동양철학, 동서양비교철학
주요저술 : 『화랑외사』, 『정치철학특강』, 『풍류정신』, 『범부 김정설 단편선』 등

■ 생애와 철학 활동

김정설(金鼎卨, 1897~1966)은 철학자, 정치인으로서 계림대학장(鷄林大學長), 오월동지회(五月同志會) 부회장을 역임하였고, 호는 범부(凡父)이다. 김정설은 한국근현대기인 일제강점기와 해방 전후에 민족지사로 활약한 동양철학자 또는 동서양비교철학자이다. 소설가 김동리의 친형으로 더 잘 알려져 있지만, 김동리 문학의 원천을 제공해준 사상적 스승으로 최근에 와서 많은 주목을 받고 있다. 김범부는 '천재 철학자', '신비가' 등으로 불렸지만, 시대적·개인적 상황의 제약 속에서 많은 저술을 남기지는 못했다. 해방 후~1960년대 중반까지도 활동했다. 일찍이 1915~1920년 일본에 유학하여 동·서양 학문들을 두루 섭렵하고 귀국한 후, 일제의 감시와 탄압을 받으며 해방이 될 때까지 학문 활동을 펼쳤다.

그는 이미 25세 때인 1921년 불교중앙학림(현 동국대)에서 강의를 시작한 이후, 28세 때인 1924년 YMCA강당에서 칸트 탄신 200주년 기념강연을 행한 바 있으며, 38세 때인 1934년에는 다솔사에서 일본의 승려들과 불교대학 교수들을 상대로 일주일간 "청담파의 현리사상(淸談派의 玄理思想)"을 강의할 정도로 학문적 명성으로 당대의 지식인들로부터 존경을 받았던 인물이다.

　45세 때(1941년)에는, 해인사(海印寺)를 중심으로 이뤄진 다양한 항일운동인 일명 '해인사 사건'(1942~43)에 연루되어 '치안유지법' 위반으로 일제에 연행되어 1년간 옥고를 치른다. 1945년 해방이 되자 범부는 부산에서 곽상훈(郭尙勳), 김법린(金法麟), 박희창(朴熙昌), 오종식(嗚宗植), 이시목(李時穆), 이기주(李基周) 등 여러 사람과 더불어 '일오구락부(一五俱樂部)'를 조직하여 건국의 방책에 대한 강좌를 열었다. 그리고 1948년 서울에서 경세학회(經世學會)를 조직하여 건국이념에 대한 연구 및 강좌를 하는 한편 첫 저서로『화랑외사(花郎外史)』를 저술하였다. 1950년 동래구에서 2대 민의원으로 당선되었으며 1955년 경주 계림대학장으로 취임하였다. 1958년에는 건국대학에서 정치철학강좌(政治哲學講座)를 담당함과 동시에 동 대학 부설 동방사상연구소 소장으로 취임하여 역학 및 오행사상의 대의를 3년간 강설하였다. 1962년 1월에서 7월까지 동래에서 칩거하여『건국정치의 이념』이란 제호로 정치철학적인 논저를 저술하였다. 1962년 9월부터 동방의약대학에서 '동방사상강좌(東方思想講座)'를 가졌고, 1963년 오월동지회 부회장으로 취임하였다. 그 뒤, 1966년 12월 10일 간암으로 향년 70세를 일기로 세상을 떠났다.

　최근 그에 대한 관심과 연구가 이어지면서 그의 삶과 사상에 대한 면모가 조금씩 밝혀지고 있다. 현재까지 알려진 김범부의 핵심 사상은 '동양학과 동방학', '언어론', '주역의 음양론', '풍류론', '국민윤리론', '정치철학' 등을 들 수 있다.

　서양철학에 대한 범부의 관심은 칸트와 헤겔에 집중되었다. 특히 범부는 데카르트와 함께 칸트가 인식비판적 작업을 수행하였음을 높이 평가하고 있으며, 이것은 인식비판정신이 결여된 동양철학에서 꼭 필요한 사고로 보았다. 또한 칸트의 직관형식으로서 시공간에 대한 세간의 몇 가지 오해 역시도 충분히 타당한 논증을 통해 정당한 설명과 평가를 내리고 있음을 알 수 있다. 이에 비해 헤겔 철학에 대한 범부의 평가는 상당히 비판적이었다. 헤겔의 변증법과 역사관에 집중된 범부의 비판적 분석은 헤겔 철학사상이 동양의 주역이나 음양론에 비해 오히려 열등한 이론임을 부각시키고 있다. 범부는 헤겔 철학에 대한 비판을 통해 한편으로는 동양의 주역이나 음양론이 서양의 변증법을 능가함을 주장하고, 다른 한편으로는 변증법 철학자인 헤겔과 마르크스를 동시에 비판하고 있다. 이는 철저한 반(反)공산주의 정치철학자로서 범부의 생전의 활동을 생각한다면 당연한 비판이라 여겨진다.

그 밖에도 김범부는 "지금까지 있어온 동서 철학들을 총정리할 수 있는 새로운 형이상학"의 정립, 즉 "불교의 무(無)와 주역의 '태극'을 종합적으로 지양"하는 이론체계를 구상했으며, 이러한 구상을 『무와 율려(律呂)』라는 제목으로 저술하려고도 했으나, 아쉽게도 생전에 결실을 보여주지 못하고 말았다. 최근에야 비로소 주목을 받고 있는 김범부 사상의 실체를 규명하고 그의 독자적 사상체계를 밝히기 위한 연구가 '범부연구회'를 중심으로 활발히 이루어지고 있다.

- 출처 및 참고자료: 이태우, 「일제강점기 한국철학자 연구(I) 범부 김정설의 풍류도론」, 『인문과학연구』 제12집, 대구가톨릭대학교 인문과학연구소, 2009.12.
  이태우, 「범부 김정설과 서양철학-칸트와 헤겔 이해를 중심으로」, 『인문과학연구』 17집, 대구가톨릭대학교 인문과학연구소, 2012.6.
  김정근, 「김범부의 삶을 찾아서」, 선인, 2010.
  범부연구회 편, 『범부 김정설 연구』, 대구프린팅, 2009.
- 일제강점기 대중매체에 수록된 김정설의 철학 논문
  김정설, 「노자의 사상과 그 조류의 개관」, 『개벽』, 1924.03.01.
  김정설, 「열자를 읽음」, 『신민공론』, 1922.01.30.

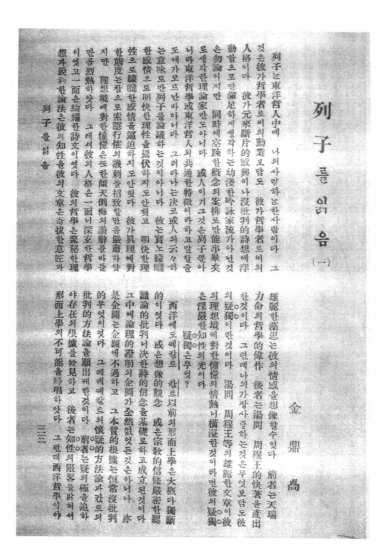

[그림 4] 김정설, 「열자를 읽음」(『신민공론』, 1921.12.30)

5. 김중세(金重世, 1882~1946?)

출 신 지 : 개성(開城)
연구분야 : 서양철학(희랍철학), 동양철학(불교, 유교)
주요저술 : "Ein Chinesisches Fragment des
Pratimokasa aus Turfan", Asia Major, vol.2,
1925. "KUEI-KUH-TZE: Der Philosoph
vom Teufelstal", Asia Major, vol.4, 1927.

■ 생애와 철학 활동

김중세(金重世, 1882~1946?)는 한국 최초의 서양철학 전공 해외
유학생이었다. 독일에서 철학 박사학위를 받은 그는 당시 신문기사
에 의하면 베를린대학에서 한때 동양철학 교수로 활동하면서 불교
철학 분야에서 많은 연구를 한 것으로 알려졌다.

그는 1908년 일본으로 유학을 떠난 후 독일에서 수학하여 베를린
대학에서 1923년 박사학위를 취득했다. 당시 일본 학자들이 "독일의
어느 철학자는 이렇게 말했다."는 식으로 독일철학을 전달하거나 소
개하는 데 그치는 것에 만족하지 못하고 그 이듬해(1909년) 독일로
떠나 서양철학의 중심에 뛰어들었던 것이다.

현재까지 한국철학계에서 그의 생애나 사상에 관한 연구나 소개
는 찾아보기 어려우며, 2001년 출판된 『우리사상100년』에 한 쪽 정
도로 간략히 소개되고 있다. 당시 『동아일보』, 『조선일보』, 『중외일
보』, 『매일신보』 등 여러 언론에서 그의 귀국과 관련된 보도가 실린
것을 보면 대단한 관심을 받고 있었음을 알 수 있다.

김중세는 당시 독일학계에서 『범어자전(梵語字典)』을 만드는 일
에 큰 기여를 하였음을 알 수 있다. 유럽으로 유학을 떠나기 전에 이

미 불교에 공부가 깊었던 김중세는 범어와 중국어, 파사범어를 대조하여 독일어로 번역하고 마지막에 한글로 발음을 달았다. 이처럼 독일학술계에서 저술작업을 하면서 한글로 발음을 단 경우는 김중세가 처음인 것으로 평가된다.

또한 1924년 『개벽』지에 쓴 「동양학계의 명성, 김중세씨」라는 글에서도 이관용은 1921년 독일 라이프치히에서 개최된 '동양학자' 대회에 참관하여 목격한 김중세의 대학자로서의 명성을 확인하고, 자신보다 앞서 유학 간 김중세가 독일 학계에서 큰 기대를 안고 활동하고 있음을 자랑스럽게 소개하고 있다.

베를린대학에서 고대철학을 전공한 그는 「희랍철학의 비판」으로 박사학위를 받은 후 불교철학을 연구하여 동서양철학의 가교 역할을 한 것으로 보인다. 특히 영(英)·독(獨)·불(佛)·희(希)·라(羅)·범(範)·한(漢)·일(日) 등 9개 국어에 능통했던 그는 불교 원전을 독일어로 번역하는 작업을 통하여 독일철학계에 동양철학을 소개하는 데 많은 기여를 한 것으로 보인다. 독일철학계에서 김중세의 이러한 활동은 귀국 후 국내 학계에도 많은 자극이 될 것으로 기대하였다.

김중세가 국내로 귀국할 때에는 동아, 조선 등 당시의 유력 일간지에 크게 보도되기도 했으며, 여러 곳에서 환영대회가 열리기도 한 주목받는 인물이었다. 그러나 귀국 후 극히 짧은 활동 흔적만 남기고 이후 그에 관련된 행적이나 철학 활동과 관련된 어떤 자료도 찾아볼 수 없어 현재까지는 미스테리한 인물로 남아 있다. 현재까지 국내외에 걸친 그의 행적과 학문 활동에 대한 자료가 거의 전무하다. 다만 귀국 후에 언론에 보도된 몇 가지 기사와 문건을 통해 보면 1928년 귀국 후 1929~1932년 동안 4년간 경성제대 법문학부에 강사로 재임하고 있었음을 알 수 있다. 이때 그는 고전어 강의를 맡고 있었으며, 박종홍은 1931년 김중세에게 그리스어와 플라톤 철학을 배웠던 것으로 알려진다. 1928~1929년 사이에는 대중강연도 몇 차례 한 것으로 나타나나, 그 후의 행적에 대해서는 더 이상 언론에 나타나지 않으며, 1946년 '우국노인회(憂國老人會)'를 결성하며 부위원장으로 잠시 이름을 비추다가 이내 그의 사망을 알리는 기사를 마지막으로 우리의 기억에서 지워지고 말았다.

- 출처 및 참고자료: 이태우, 「일제강점기 신문 조사를 통한 한국철학자들의 재발견-김중세, 이관용, 배상하를 중심으로」, 『인문과학연구』 제8집, 대구가톨릭대학교 인문과학연구소, 2007.12.

- 일제강점기 대중매체에 수록된 김중세 소개 기사
  김중세, 「서양에서 연구 왕성한 동양철학의 개항」, 『조선일보』, 1929.01.01.
  저자미상, 「독일사건에 조선문발음표, 백림잇는 김중세씨의 활동」, 『동아일보』, 1923.02.19.

海外學窓廿餘星霜

金重世博士歸國

구한국시대에독일로건너가서 그곳대학교수로잇다가귀국해

【驛頭엔多數人士出迎】

大學教授辭退

宛然한隔世感

[그림 5] 김중세 귀국 관련 보도기사(『동아일보』, 1928.03.23)

6. 박종홍(朴鍾鴻, 1903~1976)

출 신 지 : 평양
연구분야 : 서양철학, 동양철학
주요저술 : 『박종홍전집』 1~7(1998)

■ 생애와 철학 활동

박종홍(朴鍾鴻, 1903~1976)은 철학자, 교육자로서 서울대학교 교수, 성균관대학교 유학대학장, 한양대학교 문리과대학장 등을 역임하였고 학술원 종신회원, 철학회 회장, 한국사상연구회 회장, 대통령 교육문화담당 특별보좌관을 지냈다.

호는 열암(洌巖)이다. 평양고보를 거쳐, 1932년 경성제국대학 철학과를 졸업하였으며, 1934년 동 대학원을 수료하였다. 1937년 이화여전 교수, 1945년 경성대학 교수를 지내고, 1946~1968년 서울대학교 교수, 1968년 성균관대학교 유학대학장, 1969년 동 대학원장, 1970년 한양대학교 문리과대학장 등을 역임하였다. 1953년 학술원 종신회원이 되었으며, 1954년 철학회 회장, 1964년 한국사상연구회 회장을 지내고, 1970년 12월에는 대통령 교육문화담당 특별보좌관에 임명되었으며 문화훈장 대통령장을 받았다. 국민훈장 무궁화장이 추서되었다.

1920년 평양고등보통학교를 졸업하고 18세에 전라남도 보성보통학교에서 교사생활을 시작하면서, 1922년에 『개벽(開闢)』에 「한국미술사」를 연재하였다. 그해에 대구 수창보통학교 교사로 옮겼고, 1924

년에는 그의 최초의 철학 논문인 「퇴계의 교육사상」을 발표하였다. 1926년에 고등보통학교 교사자격검정시험에 합격하여 대구고등보통학교 교사로 봉직하였으며, 1929년에 경성제국대학 법문학부 철학과에 진학하여 칸트와 헤겔 철학을 연구하였다.

1933년에 『철학』에 「'철학하는 것'의 출발점에 관한 일(一) 의문」을 발표하고, 1934년에 같은 대학 대학원 졸업과 동시에 조교로 봉직하다가 1935년 이화여자전문학교 강사로 옮겨, 1937년 교수, 1939년 문과과장을 역임하였다. 광복 후 서울대학교로 자리를 옮겨 1968년 정년퇴직 때까지 서울대학교 문리과대학 문학부장, 대학원장 등을 역임하면서 인재 양성에 힘썼다. 한편 한국철학회장, 한국사상연구회장, 학술원 회원, 「국민교육헌장」 기초위원 등을 겸직하였다.

퇴직 후에도 서울대학교 명예교수, 성균관대학교 유학대학장·대학원장, 도산서원장(陶山書院長), 한양대학교 문과대학장, 대통령교육문화담당 특별보좌관 등을 두루 역임하면서 학술 활동과 사회 활동을 계속하였다. 초등학교에서 중학교를 거쳐 대학교에 이르기까지 일생을 오직 후진 교육에 바치면서, 또한 학자로서 저술 활동을 통하여 학계에 많은 업적을 남겼다.

1960년에 「부정에 관한 연구」로 서울대학교에서 철학 박사학위를 받은 바 있다. 그의 저서명에서 볼 수 있듯이, '모색'이라는 말을 자주 사용하고 있는데, 이는 곧 그의 탐구하는 철학적 자세를 나타내는 것이다. 또한 한국의 성리학에 개척적인 자취를 남겼으며, 특히 이황(李滉)과 이이(李珥)의 학설을 깊이 탐구하였을 뿐만 아니라, 한국사상의 주체성을 중시하여 그 정립을 위하여 학구적인 노력을 기울였다.

만년에 「국민교육헌장」 기초위원으로서 한국의 근대화 교육이념으로서 한국사상의 주체성을 헌장 속에 강조하였다는 사실은, 그의 삶의 한 상징적인 이정표를 볼 수 있게 해준다. 열암은 우리 철학계에서 '한국철학사' 강의를 처음 개설, 저술 업적을 뚜렷이 남긴 이다. 그는 우리 민족의 정신적 독자성을 발견하는 데 누구보다 열심이었다. 우리의 불교사상과 유학사상, 근대사상을 꿰뚫는 데 그치지 않고 일반논리와 인식논리, 변증법 논리를 거쳐 역(易)의 논리와 창조의 논리를 집대성한 논리체계를 세우려 분투한 철학자였다.

처음에는 독일철학의 관념론에서 출발하여 광복 후에는 실존철학·분석철학·한국철학 등 폭넓은 분야를 섭렵하였다. 그의 저서에 공산주의에 대한 철학적인 모색이라든가 현대적인 사상의 추이 등이 착실하게 다루어져 있음을 볼 때, 그의 철학적 입장은 현실과 이상의 조화를 찾으려는 데 있다고 할 수 있다.

그는 이러한 학술적인 업적과 교육계에 남긴 공로로 학술원상, 대한민국문화훈장 대통령장, 3·1문화상 등을 수상하였으며, 죽은 뒤에는 국민훈장 무궁화장이 추서되었다. 그를 기리는 동창·후배·제자들의 글로 『스승의 길』이 있다.

- 출처 및 참고자료: 한국민족문화대백과사전(한국학중앙연구원); 네이버 백과사전; 이태우, 「일제강점기 한국철학자들의 '철학관'-신문·잡지를 중심으로」, 『인문연구』, 제58집, 영남대학교 인문과학연구소, 2010.06; 최정호 편, 『스승의 길: 박종홍 박사를 회상한다』, 일지사, 1978.

- 일제강점기 대중매체에 수록된 박종홍의 철학 논문
박종홍, 「'철학하는 것'의 출발점에 대한 일 의문」, 『철학』, 1933.07.17.
박종홍, 「'철학하는 것'의 실천적 지반」, 『철학』, 1934.04.01.
박종홍, 「우리의 현실과 철학-역사적인 이때의 한계상황(1)~(7)」, 『조선일보』, 1935.08.18~1935.08.23.

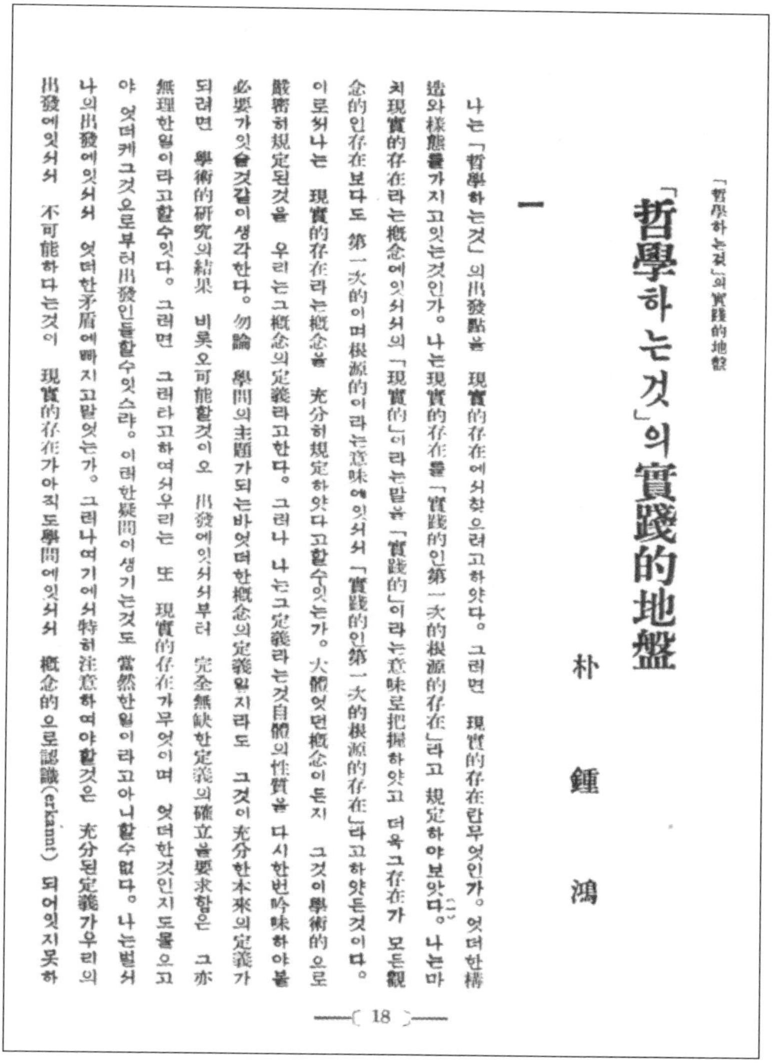

「哲學하는것」의 實踐的地盤

「哲學하는 것」의 實踐的 地盤

朴 鍾 鴻

一

나는 「哲學하는것」의 出發點을 現實的存在에서 始作하려고한다。 나는 現實的存在를 「實踐的인第一次的根源的存在」라고 規定하야보았다。 엇더한構造와樣態를가지고잇는것인가。 나는現實的存在를 「實踐的」이라는말을 「實踐的인第一次的根源的存在」라고 規定하야보았다。 나는마치現實的存在라는概念에잇서서의 「現實的」이라는말을 「實踐的인第一次的根源的存在」라는意味로把握하얏고 더욱그存在가 모든觀念的인存在보다도 第一次的이며根源的이라는意味에잇서서 「實踐的인第一次的根源的存在」라고하얏든것이다。

이로씌여나는 現實的存在라는概念을 充分히規定하얏다고할수잇는가。大體엇던槪念이든지 그것이學術的으로嚴密히規定되엇슬것을 우리는그槪念의定義라고한다。그러나 나는그定義라는것自體의性質을 다시한번吟味하야불必要가잇슬것갓이생각한다。勿論 學問의主題가되는바엇더한槪念의定義일지라도 그것이充分히本來의定義가되려면 學術的硏究의結果 비롯오可能할것이오 出發에잇서서부터 完全無缺한定義의確立을要求함은 그亦無理한일이라고할수잇다。그러면 그러타고하여쉬우리는 또 現實的存在가무엇이며 엇더한것인지도몰으고야 엇더케그것으로부터出發인들할수잇스랴。이러한疑問이생기는것도 當然한일이라고아니할수업다。나는벌써나의出發에잇서서 엇더한矛盾에빠지고말엇는가。그러나여기에서特히注意하여야할것은 現實的存在가우리의出發에잇서서 不可能하다는것이 現實的存在가아직도學問에잇서서 槪念的으로認識(erkannt) 되어잇지못하

〔 18 〕

[그림 6] 박종홍, 「'철학하는 것'의 실천적 지반」(『철학』, 1934.04.01)

7. 박치우(朴致祐, 1909~1949?)

출 신 지 : 함경북도 성진
연구분야 : 서양철학, 문예비평
주요저술 : 『사상과 현실』(1946)

■ 생애와 철학 활동

박치우(朴致祐, 1909~1949?)는 철학자, 대학교수, 언론인, 정치인
으로 생애를 보냈다.

그는 1909년 함경북도 성진에서 개신교 목사 박창영의 아들로 태
어났다. 부친이 함경도 벽촌, 시베리아 등지에서 전도 활동을 하면
서 박치우는 넉넉지 못한 삶을 살았던 것으로 추정된다. 1928년 박
치우는 당시 조선 최고의 수재들이 모였던 경성제대에 입학해 철학
을 전공한다. 박종홍, 훗날 6대 국회의원과 전북대 총장을 지낸 고형
곤 등이 그의 철학과 졸업 동기였다. 그는 평양숭의실업전문학교 교
수, 『조선일보』기자 등을 거치며 전체주의에 대해 비판적인 글을 쓰
다가, 일제 말기 중국으로 건너간 뒤 해방과 함께 귀국했다.

경성제대 시절 박치우는 마르크스주의 유물론을 받아들였다.
1930년대의 전 세계적 경제 대공황, 일본과 독일을 중심으로 한 군
국주의 세력의 발흥에 대해 마르크스주의는 가장 강력한 비판의 무
기였다. 당시 대부분의 지식인들이 조선의 문제를 식민주의로 파악
했을 때, 박치우는 전체주의적 파시즘을 경고했다. 아울러 부르주아
민주주의 역시 전체주의의 근거가 될 수 있다는 점에서 경계했다.

박치우의 '합리주의적 이성에 근거한 변증법'은 박종홍의 '비합리주의적 실존철학'과 대조를 이뤘다. 박치우의 변증법이 전체주의에 대한 비판으로 작동했다면, 박종홍의 변증법은 '전체주의적 사생결단'의 논리 속에 잠적했다.

북으로 간 박치우는 이론과 실천의 변증법을 완성하기 위해 총을 들었다가 40세의 나이에 숨을 거뒀고, 남한에 남은 박종홍은 「국민교육헌장」을 만든 유신체제의 이데올로그로 살아남았다.

박치우의 유일한 저서인 『사상과 현실』(1946)에는 "진리의 탐구라는 것이 곧 학자 자신의 일신상의 이익만을 약속하는 것은 아니다. …이 같은 용의와 결의에는 어느 의미에서는 순교자의 그것과 흡사한 비장한 것이 있을 것이다."라는 구절이 있다.

1946년 월북한 박치우는 해주 제일인쇄소에서 일하다가 1949년 8월 '붓의 실천'이 아닌 '총의 실천'을 위해 '인민유격대'의 일원으로 다시 남하했다. 그리고 3개월 뒤 태백산 자락에서 숨을 거뒀다. 1949년 12월 4일 자 『동아일보』에는 "약 2주일 전 태백산 전투에서 적의 괴수 박치우를 사살하였다."는 육군총참모장의 발언이 보도됐다. 이것이 해방공간에 월북했다가 다시 남으로 내려와 무장 투쟁을 벌인 한 빨치산에 대한 마지막 기록이다. 그러나 그는 빨치산이기 이전에 철학자였다. 박치우는 이후 한국철학계의 거두로 자리 잡은 박종홍(1903~1976)과 경성제국대학 철학과 제5회 동기였으며, 1980년대 운동권 학생들이 몰래 복사해 돌려 읽던 마르크스주의 철학서 『사상과 현실』의 저자였다.

박치우는 이론과 실천을, 철학과 사상을, 그 자신의 표현을 빌리면 '아카데미즘'과 '저널리즘'을 분리하지 않고 통일하고자 부단히 노력했으며, 그것을 변증법이라고 불렀다.

- 출처 및 참고자료:『경향신문』, 2012.02.13; 위상복,『불화 그리고 불온한 시대의 철학』, 도서출판 길, 2102; 이태우,「일제강점기 한국철학자들의 '철학관'–신문·잡지를 중심으로」,『인문연구』제58집, 영남대학교 인문과학연구소, 2010.06.
- 일제강점기 대중매체에 수록된 박치우의 철학 논문
  박치우,「현대철학과『인간』문제, 특히『르네상스』와의 관련에서(5)~(6)」,『조선일보』, 1935.09.10~1935.09.11.
  박치우,「불안의 철학자 '하이데겔' 그 현대적 의의와 한계(1)~(8)」,『조선일보』, 1935.11.03~1935.11.12.
  박치우,「자유주의의 철학적 해명(1)~(4)」,『조선일보』, 1936.01.01~1936.01.04.
  박치우,「전체주의의 제상. 학예. 전체주의의 철학적 해명. '이즘'에서 '학'으로의 수립 과정(1)~(3)」,『조선일보』, 1939.02.22~1939.02.24.
  박치우,「[특별논문] 나의 인생관: 인간철학 서상(1)~(6)」,『동아일보』, 1935.01.11~1935.01.18.
  박치우,「신시대의 전망 인테리 문제; 불안의 정신과 '인테리'의 장래(1)~(3)」,『동아일보』, 1935.06.12~1935.06.14.
  박치우,「국제작가대회의 교훈, 문화실천에 있어서의 선의지(1)~(4)」,『동아일보』, 1936.05.28~1936.06.02.
  박치우,「위기의 철학」,『철학』, 1934.04.01.

[그림 7] 박치우, 「나의 인생관: 인간철학 서상」(『동아일보』, 1935.01.11)

8. 배상하(裵相河, 1904~미상)

출 신 지 : 경북 성주
연구분야 : 서양철학
주요저술 :

■ 생애와 철학 활동

배상하(裵相河, 1904~미상)는 철학자, 친일(親日) 언론인으로 생
애를 보냈으며, 경성제대 철학과 1회 졸업생 6명 중 한 명으로 김계
숙, 권세원, 조용욱, 박동일, 한제영이 그와 함께 졸업한 졸업생들이
다. 그의 생애에 대한 자료가 불충분하여 상세한 이력을 소개할 수
는 없다. 다만 그가 언론 활동을 하며 글을 쓴 신문, 잡지에 실린 간
략한 필자 소개를 참고할 수 있을 뿐이다. 현재까지 일부 밝혀진 그
의 행적을 보면 일제 말에 그가 친일 언론인으로 활동했음을 알 수
있다. 그 때문인지 해방 이후의 그의 행적에 대해서는 별로 나타나
는 것이 없다.

민족정경문화연구소 편,『친일파군상』에는 그의 친일 활동과 관련
한 기록들이 나타나 있다. 그는 잡지『신흥』의 발행인으로 있으면서
「차라투스투라」, 「편편어」, 「초점 업는 소설」 등을 실었으며,『대중공
론』지에 「상극성원리」를 싣기도 했다.『조선일보』에도 적지 않은 글
들을 게재하였는데 「의식발전의 변증법적 과정: 헤겔 철학의 한 전
도적 적용」(1930.08.12~전 7회) 등 다수의 글을 실었다.

배상하는 앞서 소개한 이관용과도 치열한 논쟁을 벌임으로써 당시 조선 학계와 언론계, 지성계에 일대 센세이션을 일으켰다. 1929년 10월부터 1930년 10월까지 배상하를 비롯해 이관용, 박명줄, 안병주, 류춘해 등 모두 5명의 필자들이 25회에 걸쳐 『조선일보』의 지상을 빌려 논쟁을 펼쳤다. 대학 졸업과 동시에 약관 25세의 나이에 쓴 도발적이며 혈기에 찬 그의 논문은 1920년대 말 조선 지성계를 뜨거운 논쟁의 소용돌이에 몰아넣었다.

배상하는 비록 친일 전력을 가졌지만 청년기에 발표한 글에서는 청년 철학도의 패기와 기상을 엿볼 수 있다. 신문지상에서 수차례의 '철학 논쟁'을 벌이면서 자신의 철학적 견해를 펼쳤지만 점차로 친일 지식인으로 변모해갔다. 이러한 배상하의 변모 과정을 그가 남긴 철학적 단편들을 통해 분석하는 작업은 향후 일제강점기 친일 지식인들의 철학적 세계관, 의식구조와 구체적 행위 실천과의 상관성을 밝히는 중요한 시발점이 될 것이다.

• 출처 및 참고자료: 이태우, 「일제강점기 신문 조사를 통한 한국철학자들의 재발견-김중세, 이관용, 배상하를 중심으로」, 『인문과학연구』 제8집, 대구가톨릭대학교 인문과학연구소, 2007.12; 이태우 「일제강점기 한국철학계의 '유물-유심 논쟁' 연구-논쟁의 전개과정과 성격, 의미를 중심으로」, 『철학연구』 제110집, 대한철학회, 2009.05.

• 일제강점기 대중매체에 수록된 배상하의 철학 논문
배상하, 「연구와 비평: 비유물적 철학관(1)~(7)」, 『조선일보』, 1929.10.09~1929.10.15.
배상하, 「이관용씨의 「유물비근거」의 '전언(前言)' 철회를 요구하는 공개장(1)~(5)」, 『조선일보』, 1929.11.20~1929.11.24.
배상하, 「회의주의 비판: 사상과 생활의 방법론(1)~(17)」, 『조선일보』, 1930.03.15~1930.04.03.
배상하, 「의식발전의 변증법적 과정: 헤겔 철학의 한 전도적 응용(1)~(7)」, 『조선일보』, 1930.08.12~1930.08.19.
배상하, 「상극성원리」, 『대중공론』, 1930.07.01.
배상하, 「차라투스트라」, 『신흥』, 1929.07.01.
배상하, 「'철학과 인생'을 읽고-한치진씨께」, 『조선지광』, 1928.07.01.

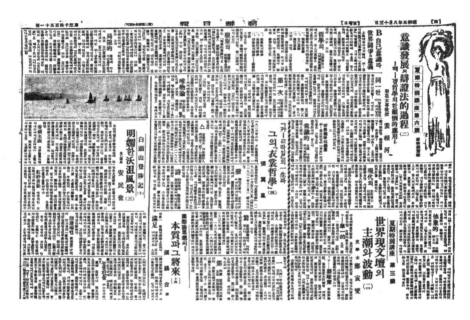

[그림 8] 배상하, 「의식발전의 변증법적 과정」(『조선일보』, 1930.08.13)

9. 백성욱(白性郁, 1897~1981)

출 신 지 : 서울 연지동
연구분야 : 동양철학(불교철학)
주요저술 : 『백성욱박사송수기념논총』(1960), 『백성욱박
　　　　　 사 문집』(1961)

■ 생애와 철학 활동

백성욱(白性郁, 1897~1981)은 승려. 교육가·정치가로 활약하였으
며, 1901년 곤동학교(壺洞學校)에 입학하였고, 1904년 서숙(書塾)에
들어가 한문을 수학하였다. 1910년 봉국사(奉國寺)에서 최하옹(崔
荷翁)을 은사로 하여 득도하였다. 1919년 경성불교중앙학림(京城佛
敎中央學林)을 졸업하였고, 3·1운동 때에는 상해임시정부에 참여
하여 독립운동을 하였다.

1920년 프랑스 파리의 보배고등학교에 입학하여 독일어 등을 공
부한 뒤, 1922년 독일의 뷔르츠부르크대학 철학과에 입학하여 고대
희랍어와 독일 신화사(獨逸神話史) 및 문명사와 천주교 의식 등
을 연구하였다. 1925년 독일 뷔르츠부르크대학에서 철학 박사학위
를 취득한 뒤 귀국, 불교지 등에 많은 논문을 발표하다가 1928년
중앙불교전문학교 교수로 취임하였다. 또한 이때에 금강산 안양
암(安養庵)에서 단신수도에 들어가 『대방광불화엄경(大方廣佛華
嚴經)』을 제창하면서 많은 논문을 남겼다.

1930년 많은 사람들과 함께 금강산 지장암(地藏庵)으로 옮겨 회
중수도(會衆修道)를 8년간 계속하였으나 1938년 일본 경찰의 압력

으로 그만두었다. 1939년부터 서울 돈암동 자택에서 좌선수도하다가 1945년 광복과 동시에 애국단체인 중앙공작대(中央工作隊)를 지도하여 민중계몽운동을 하였으며, 또 군정을 종식하고 이승만에게 정권을 양도하라는 연판장을 만들어 재동경점령군 사령관 및 재한 미군 사령관에게 보냈다.

1946년부터는 이승만을 중심으로 한 건국운동에 참여하였고, 1950년 건국운동에 참여한 공로로 내무부 장관에 임명되었으나 뜻과 같지 않음을 개탄하여 5개월 만에 사임하였다. 1951년 한국광업진흥주식회사 사장으로 취임하였고, 1952년에는 부통령에 입후보하기도 하였다. 1953년 8월 동국대학교 총장에 취임하였고, 1954년 5월 동국학원 이사장에 취임하였으며, 1955년 대광유지(大光油脂) 사장에 취임한 뒤 동국대학교 대학원에서 『금강삼매경론(金剛三昧經論)』・『보장론(寶藏論)』・『화엄경(華嚴經)』 등을 차례로 강의하였다.

그 뒤에도 광업진흥주식회사 사장, 경기학원 이사장, 고려대장경보존동지회 회장 등을 역임하면서 불교의 전포 및 학교의 발전에 기여하다가 태어난 날인 8월 19일에 입적하였다. 다비하여 경기도 양주군 대승사(大乘寺)에 사리탑과 비를 건립하였다. 조명기(趙明基)・김갑수(金甲洙)・박동기(朴東璣) 등 전국으로 흩어진 700여 명의 제자들이 금강경독송회(金剛經讀誦會)를 조직하여 그의 유지를 이었다.

- 출처 및 참고자료: 한국민족문화대백과사전(한국학중앙연구원); 『백성욱박사송수기념논총』.
- 일제강점기 대중매체에 수록된 백성욱의 철학 논문
  백성욱, 「불교순정철학」, 『동아일보』, 1925.01.04.
  백성욱, 「석가모니와 그의 후계자(1)~(9)」, 『조선일보』, 1926.02.03~1926.02.16.

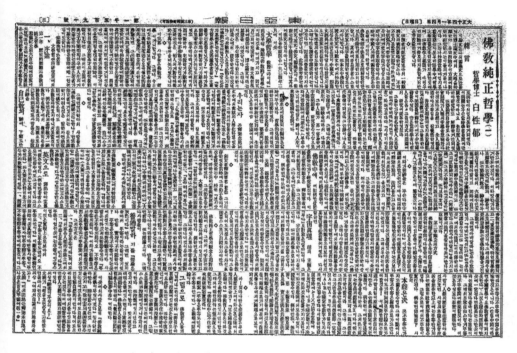

[그림 9] 백성욱, 「불교순정철학」(『동아일보』, 1925.01.04)

10. 신남철(申南徹, 1907~1958?)

출 신 지 : 서울
연구분야 : 서양철학(마르크스주의)
주요저술 : 『역사철학』(1948), 『전환기의 이론』(1948)

■ 생애와 철학 활동

신남철(申南徹, 1907~1958?)은 1907년 경기도 경성부(서울)에서 출생하였으며, 1926년 경성제국대학 예과 법문학부에 입학했다. 1931년 경성제국대학 철학과 졸업과 동시에 대학원에 진학하여 철학과 조수로 근무했다. 1945년 서울대 교수를 역임하고 1948년 월북하여 북한에서 김일성 종합대학 철학과 교수를 역임했다. 1958년 북한에서 병으로 사망한 것으로 알려졌다.

그는 박치우와 더불어 해방 전후 마르크스주의 철학을 수용하고 전개한 대표적 철학자이다. 해방 후 월북하여 김일성대 철학과 교수로 있으면서 남한의 박종홍과 쌍벽을 이루었던 그는 마르크시즘에 기반한 유물론적 역사철학을 통해 민족해방운동을 적극적으로 추구했던 인물이다. 그러나 신남철은 1948년 월북 이후 분단현실로 인한 자료의 한계와 사회적 분위기 등으로 인해 학계의 논의 대상에서 제외되어왔다. 그가 발표한 많은 글들은 식민지 시대 마르크스주의 철학의 수용에서 핵심적인 위치를 차지하고 있다.

신남철은 마르크스주의 철학의 보편적 진리성을 받아들이면서도 이를 교조적이 아니라 식민지 현실의 시대적 과제를 해결하려는 문제의식 아래 주체적으로 수용·변용하려고 했다. 특히 신남철의 '신체적 인식론'은 이를 잘 보여준다. 그에 따르면 이론과 실천의 통일은 바로 인간 존재의 신체성에 기반하고 있다. 이론과 실천의 통일은 역사적 현실의 모순을 뼈저리게 자각하고 현실의 모순을 극복하기 위해 자신의 몸을 내던지는 신체적 행위에서 성립한다. 인간의 역사적 실천은 '체인(體認)', '몸소 아는 것', '신부에 침투해 통절하다는 것의 자각'을 통한 '몸'을 던지는 '파토스적 행위'이다. 마르크스주의의 인식론을 수용하면서도 이를 변용하여 뼈와 살을 가진 생동하는 인간의 삶을 더욱 부각시키려 한 것이 바로 그의 신체적 인식론이었다. 이처럼 신남철은 마르크스주의 철학을 있는 그대로 수용한 것이 아니라 당시의 한국 현실에 비추어 나름대로 이를 변용하여 주체적 해석을 가하고 있음을 알 수 있다.

신남철 역시 일제강점기에 신문·잡지를 통해 주로 철학 관련 논문·기사들을 발표하고 있다. 당시의 대중매체에서는 모순으로 파악된 식민지 현실을 극복하기 위한 자신의 철학적 입장을 철저히 반영한 글들이 많이 나타난다. 그러나 단순히 철학적 주제에만 국한된 것이 아니라 철학·종교·문학·역사·문화·예술 등 인문학의 전 분야를 아우르는, 장르에 구애됨이 없이 경계를 넘나드는 글쓰기를 하였다. 한정된 신문 지면의 특성상 그의 글들은 주로 연재물 형태로 실리고 있음을 알 수 있다. 신남철은 『동아일보』에 32회(7건), 『조선일보』에 16회(2건) 등 총 50회(9건)의 철학 관련 기사를 쓰고 있는 것으로 파악된다. 또 『신흥』이나 『철학』 등의 잡지에는 8편의 철학 논문을 발표한 것으로 파악되고 있다. 신남철은 월북 전 두 권의 저술을 남겼는데 『역사철학』(서울출판사, 1948)과 『전환기의 이론』(백양당, 1948)에는 그가 신문이나 잡지에 발표했던 논문들이 재수록되었다.

- 출처 및 참고자료: 한국민족문화대백과사전(한국학중앙연구원); 이태우, 「일제강점기 신문을 통해 본 유럽철학의 수용 현황」, 『동북아문화연구』 제13집, 동북아시아문화학회, 2007.10; 김재현, 『한국사회철학의 수용과 전개』, 동녘, 2002; 『동아일보』, 1939.01.01.

- 일제강점기 대중매체에 수록된 신남철의 철학 논문
  신남철, 「'마르틴 루텔'의 생탄 사백오십년, 현대종교에 있어서의 '루텔'적 과제(1)~(4)」, 『동아일보』, 1933.11.24~1933.11.30.
  신남철, 「최근 조선연구의 업적과 그 출발점, 조선학은 어떠케 수립할 것인가(1)~(4)」, 『동아일보』, 1934.01.01~1934.01.07.
  신남철, 「학생계몽대의 동원을 기회하야 '계몽'이란 무엇이냐–역사와 인간에 관한 단상(1)~(3)」, 『동아일보』, 1934.06.20~1934.06.23.
  신남철, 「로서아의 철학과 '톨스토이'의 이성애(理性愛)(1)~(2)」, 『동아일보』, 1935.11.20~1935. 11.21.
  신남철, 「현대사상과 '릭켈트' 그에 잇어서의 산 것과 죽은 것(1)~(3)」, 『동아일보』, 1936.08.19~1936.08.21.
  신남철, 「철학자로서 문학자에 일언: 작가의 정열적 예지(1)~(2)」, 『동아일보』, 1938.05.25~1938.05.26.
  신남철, 「철학의 일반화와 속류화: 한치진씨의 하기강좌를 읽고(1)~(11)」, 『조선일보』, 1930.10.11~1930.10.25.
  신남철, 「철학과 문학 (1)~(5)」, 『조선일보』, 1933.02.23~1933.03.01.
  신남철, 「헤겔 백년제와 헤겔 부흥」, 『신흥』, 1931.07.05.
  신남철, 「혁명시인 하이네 이성과 낭만의 이중고와 철학(1)」, 『동광』, 1931.11.10.
  신남철, 「신헤겔주의와 기 비판」, 『신흥』, 1931.12.20.
  신남철 역, 「헤라클레이토스의 단편어」, 『철학』, 1933.07.17.
  신남철, 「조선 철학계의 성장을 위하야」, 『조선중앙일보』, 1933.07.19.
  신남철, 「현대철학의 Existenz에의 정향과 그것에서 생하는 당면과제」, 『철학』, 1934.04.01.
  신남철, 「나치스의 철학자 하이덱커」, 『신동아』, 1934.11.01.
  신남철, 「인식, 신체 급(及) 역사」, 『신흥』, 1937.01.18.

-169-

新헤-겔主義와其批判

新헤-겔主義와其批判

申南澈

(이것은去十一月十四日 헤-겔百年祭記念講演會에서한講演의草稿이다。나는本誌前號에서「헤-겔百年祭와헤-겔復興」이란題로比較的仔細한吟味를하랴고企圖하얏고「칸트學派에잇서서의헤-겔復興」은本號에서 完結하랴고하얏든것이다。그러나●●●●맑스트는다읽거노코서도 그것을가다듬을사이가업시된나의近日의生活이限업시밉다。 改搶된原稿의責을免키爲하야 이未備한原稿를 字句도변변히修正하지못하고내놋는厚顔을스스로도大膽하다고생각한다。 十一月十八日 病院에서도라온뒤에)

우리가흔히「헤-겔」이라고말할때는 思想史上或은哲學史上에잇서서한개의다른누구보다도더두드러진存在를意識하는것이니 그것은무엇때문이며 또왜그런것인가를생각하야보지안흘수가업다。다른數만흔哲學者가古往今來二千五六百年間가지가지의形態로써 우리의압에그들의자최를남기고갓스나우리는「아리스토텔레스」라든가「아우구스티누스」라든가또는「토마스•아퀴나스」라든가의偉大한思辨的 槪念論的哲學者에게서보다도 또는近代思想의獨逸的完成者로서의「칸트」에잇서서보다도「헤-겔」에잇서서는以上의말한思想家에서차저보지못하는一種의緊張된興奮된무엇을늣기는것이니「헤-겔」이우리와갓가운時代的距離에잇다는것보다도그곳에는반듯이이러서는아니되는 重要한무엇이무쳐잇지안으면아니될것이다。그러면그重要한무엇이라는것은무엇이냐?그것은나의이論述全體가表明할줄민는바이나爲先먼저그重要한 우리로하야금「헤-겔」에잇서서두드러진무엇을意識하게한다는點을말하면 「헤-겔」에잇서서의歷史的社會的意義――그意義와나누지못할緊密性을가지고잇는「헤-겔」學派의分裂과、「맑스」와「엥겔스」가繼承하야純化發展한現今의푸로레타리아의世界觀으로서의戰鬪的唯物論의歷史的意義라는것이다。「헤-겔」의巨大한學說과體系를이곳에묵지버린다는것은到底히不可能한것임으로 오직이制限된時間안에서 우리의現實的生活과가장親密하게交涉하는듯이보이는 우에말한點을簡單히이약이함으로써이講演의出發點을삼으려는것이다。

一、헤-겔學派의分裂과그後의狀態

「헤-겔」哲學이그의사러잇슬때에얼마나한勢力을가젓섯고

[그림 10] 신남철, 「신헤겔주의와 기 비판」(『신흥』, 1931.12.20)

11. 안호상(安浩相, 1902~1999)

출 신 지 : 경남 의령
연구분야 : 서양철학, 한국철학
주요저술 : 『철학강론』(1942), 『유물론 비판』(1947), 『철학
논총』(1948), 『일민주의의 본바탕: 읽민주의의
본질』(1950), 『국학의 기본학』(1977), 『한뫼 안
호상 20세기 회고록』(1996), 『민족사상과 전
통종교의 연구』(1996) 등

■ 생애와 철학 활동

안호상(安浩相, 1902~1999)은 교육자, 민족사상연구가, 대종교 지
도자로서 생애를 보냈으며, 본관은 순흥(順興), 호는 한뫼이다. 1929
년 예나대학에서 철학 박사학위를 받은 안호상은 1948년 초대 문교
부 장관을 지냈다. 안석제(安奭濟)의 독자로 태어났으며, 어려서부터
한학을 수학하였다. 집안 어른인 홍문각 교리를 역임한 항일운동가
안효제(安孝濟)와 독립운동가이자 실업가인 안희제(安熙濟)의 뜻에
따라 신학문의 길을 걷게 되었다. 1919년 서울로 올라와 중동중학을
다니면서 대종교에 입교하여 민족정신을 고취하고 민족의 사상을
연구하는 일에 뜻을 두었다.

1922년에는 상해에 가서 독일국립동제대학(獨逸國立同濟大學)에
재학 중 김구·안창호·신채호·이시영·전진한·조소앙·이동녕 등 민
족지도자들과 만나면서 영향을 받았으며, 학생운동에 뛰어들어 상
해 한인 유학생회를 이끌기도 하였다. 조국 독립을 위해서는 보다 장
기적인 계획과 준비가 필요함을 절감하고 독일 유학을 결행, 1929년
에는 독일 국립 예나(Jena)대학에서 철학 박사학위를 받았다. 영국

옥스퍼드대학과 독일 국립 훔볼트학술재단의 연구과정을 거쳐 귀국했으나 당시 조선총독부에서는 민족적 성향이 강한 그에게 교수직을 허락하지 않았다. 1931년에는 일본 교토제국대학에서 연구하였고, 1933년에는 경성제국대학 대학원을 졸업하였다. 그해 보성전문학교 이사장이었던 김성수의 적극적인 도움으로 보성전문학교 교수로 부임하였으나, 조선어학회사건과 녹지연맹사건 등에 연루되는 등 연속되는 반일행위로 인해 관헌의 일급 수배자로 지목되었다.

  집안문제와 지병으로 인한 휴직과 복직의 와중에서도 1942년 『철학개론』을 출간하고 헤겔 철학을 깊이 연구했으며, 1945년에는 가족들도 모르게 금강산으로 숨었다가 그곳에서 해방을 맞았다. 1945년에는 서울대학교 문리과대학 교수를 거쳐, 1948년 정부 수립 때 초대 문교부 장관을 역임했는데, 대한민국의 교육이념을 홍익인간으로 정하는 데 주도적인 역할을 하였다. 1950년에는 대한청년단 총본부 단장 자격으로 이승만 대통령의 특사로 일본에 파견되었으며, 1954년에는 학술원 회원에 선임되었고, 1955년 한독협회 초대 회장, 1958년 동아대학교 대학원장, 1960년 초대 국회 참의원 의원을 지냈다. 1964년 배달문화연구원장으로서 민족사상 연구에 힘썼으며, 1966년에는 독일 훔볼트학술재단 초청으로 세계일주 학술강연을 했고, 1967년에는 박정희 대통령의 특사로 독일을 비롯하여 세계 곳곳을 방문하였다. 1968년 국민교육헌장 기초위원, 1969년 재건국민운동 중앙회장, 1971년 UN봉사단 한국본부 단장, 1974년 국사찾기협회 회장, 1981년 한성대학교 재단이사장, 1992년 대종교 총전교, 1993년 경희대학교 재단이사장 등을 역임했다. 1995년 개천절에는 민족통일을 위한 교류의 물꼬를 트기 위해 정부의 허가 없이 방북하여 국가보안법 위반으로 사법처리를 당함으로써 상당한 화제를 불러

일으켰다.

건국 초의 대표적 이데올로그인 안호상은 전체, 즉 국가와 민족이 개인에 우선한다는 일민주의(一民主義)에 기초한 국가철학을 기초한 인물로 평가받고 있다. 지금까지 안호상에 관한 연구는 주로 교육과 이데올로기 분야에 집중되어 있었다. 이들 연구에서 일민주의는 극우반공주의가 본격적으로 등장하기 이전에 그것과 중복되면서 제기된 과도기적 이데올로기였고, 북한과 남한의 공산주의자들과 대결하고, 남한의 국민들을 하나로 단결시켜 '대한민국 국민' 의식을 갖도록 하는 목표 아래 만들어진 것이라고 규정되었다. 안호상의 일민주의는 파시즘적인 성향을 내포하고 있는 극우 세력의 통치이데올로기로 기능하였다고 파악하는 것이 일반적이며, 20세기 한국 국가주의 흐름 속에 위치하는 한국판 국가주의로 규정되기도 한다.

현재까지 안호상은 순수한 철학자로서보다는 민족의 정기를 되찾으려는 민족주의자로서 혹은 계몽운동가로서의 역할이 더 컸다는 평가를 많이 받고 있다. 즉 그가 심혈을 기울여서 연구한 독일의 관념론자들, 가령 칸트와 헤겔과 로체의 사상도 그의 민족주의를 이론적인 맥락에서 한 차원 높은 형태로 승화시키는 데 별로 큰 역할을 하지 못했다는 지적도 받고 있다. 따라서 그가 민족의 존재론적 위상이나 그 주체성의 형이상학적 탐구에 관심을 쏟았다면, 철학자로서 더 큰 족적을 남겼을 것이라는 아쉬움을 갖게 한다.

- 출처 및 참고자료: 한국민족문화대백과사전(한국학중앙연구원); 이태우; 「일제강점기 신문을 통해 본 유럽철학의 수용 현황」, 『동북아문화연구』 제13집, 동북아시아문화학회, 2007.10; 하유석, 「안호상의 일민주의 연구」, 한국민족운동사학회, 2003.

- 일제강점기 대중매체에 수록된 안호상의 철학 논문
안호상, 「'헤겔'이 본 철학과 시대의 관계(1)~(3)」, 『동아일보』, 1932.07.14~1932.07.17.
안호상, 「'부루노 바우흐' 현대세계유일 민족철학자(1)~(5)」, 『동아일보』, 1933.01.11

~1933.01.16.

안호상, 「자아란 무엇인가 자아의 철학적 고찰(1)~(3)」, 『동아일보』, 1934.03.31
~1934.04.02.

안호상, 「파롱생(跛聾生)의 주역 해석에 대한 비판(1)~(3)」, 『동아일보』, 1937.12.01
~1937.12.03.

안호상, 「독서여향; 신추등하에 읽히고 싶은 서적 (2) '칸트' '헤겔'의 2저」, 『동아일보』,
1937.09.03.

안호상, 「다산선생과 현대와의 관계」, 『동아일보』, 1938.12.09.

안호상, 「조선문화의 창조성; 철학, 위대한 문화형성에는 철학적 지반이 필요(1)~(2)」,
『동아일보』, 1940.01.01~1940.01.03.

안호상, 「니체 부흥의 현대적 의의(1)~(7)」, 『조선중앙일보』, 1935.06.23~1935.06.
30.

안호상, 「스피노자의 우주관」, 『신동아』, 1932.11.01.

안호상, 「이론철학은 무엇인가?」, 『철학』, 1934.04.01.

안호상, 「논리철학과 실천철학에 대하야(지와 행에 대한 일고찰)」, 『철학』, 1935.06.
20.

안호상, 「철인이 보는 이상」, 『춘추』, 1942.07.01.

[그림 10] 안호상, 「다산선생과 현대와의 관계」(『동아일보』, 1938.12.09)

12. 이관용(李灌鎔, 1891~1933)

출 신 지 : 서울
연구분야 : 서양철학
주요저술 : 「사회의 병적 현상」(1922)
　　　　　「헤겔과 그의 철학」(1929)
　　　　　「스피노자와 그의 사상」(1932)

■ 생애와 철학 활동

이관용(李灌鎔, 1891~1933)은 철학자, 교육자, 언론인, 독립운동가
로 생애를 보냈으며, 최초의 서양철학 박사이다.

호는 일성(一星)이다. 이관용은 1891년 7월 15일 경성부 종로 6정
목 12번지에서 부친 이재곤(李載崑)과 모친 서씨 사이에서 태어났
다. 전주 이씨 경창군파 후손인 이관용의 부친 이재곤은 구한말 대
한제국 내각에서 학부대신(현 교육부 장관)을 지냈으며, 1910년 한일
강제병합 후 자작 칭호를 하사받아 반민족 행위자인 이완용 등과 함
께 대표적인 친일 인물로 거론되고 있다. 아이러니하게도 부친의 이
런 친일 전력의 오명을 벗기 위함이었는지 이관용을 비롯한 그의 형
제들은 국내외에서 적극적인 독립운동을 펼치게 된다.

이관용은 경성에서 대한제국 황실의 친족 가문에서 태어나 14세
까지는 사숙(私塾)에서 한학을 공부한 후, 17세인 1907년 관립 한
성학교(경성고등보통학교)를 졸업하였다. 이후 일본으로 유학해 동
경부립 제4중학교를 다니다 중퇴하고, 한일강제병합이 있던 1910년
귀국하여 1913년 경성전수학교(경성법학전문학교 전신)를 졸업한
다. 1913년(23세) 영국으로 유학, 옥스퍼드대학에서 정치사를 전공

하고 학사과정을 졸업한 후, 1916년(26세)에는 프랑스 파리로 건너가 1년간 프랑스어를 공부한다. 다시 1917년(27세)에 스위스 취리히 대학에 입학해 철학을 전공하고, 이 대학에서 1921년 8월 27일 「의식의 근본 사실로서 의욕론(Das Wollen, als Grundtatsache des Bewusstseins)」이란 논문으로 철학 박사학위를 취득하게 된다.

이관용의 학위논문에 의하면 "칸트 이후 지정의(智情意)를 심리의 기본 요소로 인정하고 지로부터 정, 정으로부터 의, 의로부터 지로의 순환에 의해 정신생활이 성립된다."고 하는 것이 일반적 견해였다. 하지만 자신의 지도교수인 프레이탁 립스(F. G. Lipps)는 지정의란 의식의 기본 동작의 세 가지 방면이라고 주장하였고, 자신은 이 학설에 기초하여 정신적 인격의 발전과정을 설명하는 논문을 작성하였다는 것이다. 이관용의 매제인 서정억에 의하면, "이 논문은 맹자의 근본사상을 연구한 것으로서, 그 골자는 죽으러 가는 소가 무서움에 떠는 것을 보면 측은한 정이 가서, 도살될 것을 느껴 떠는 것이 면전에 직접 보이지 않는 양으로 대체하자는 양혜왕의 주장에 대한 맹자의 비판을 중심으로 한 '보이지 않는' 인간의 심리를 주제로 한 것"이라고 한다. 이관용의 박사학위 논문이 이러한 동기에서 쓰였다면, 맹자의 '4단설'을 의식의 근본사실로서 '의욕론'으로 재해석하고자 한, 동서양비교철학을 시도한 것으로도 볼 수 있다.

1933년 이관용이 청진의 해수욕장에서 불의의 사고로 익사한 후, 이듬해인 1934년 우리나라 최초의 철학 잡지인 『철학』 제2호에는 그의 죽음을 추모하면서 김두헌이 「고(故) 이관용 박사 의욕론-의식의 근본사실로서」라는 제목으로 이관용의 철학을 소개하고 있다. 김두헌은 이 논문의 전언(前言)에서 이관용이 조선사회의 사상계·언론계·학술계 등 여러 방면에서 많은 공적을 남겼으며, 그중에서도 조선철학계의 선진(先進)이었음을 높이 평가하고 있다.

이관용은 철학자, 언론인, 독립운동가뿐만 아니라 국제정세에도 탁월한 감각을 지닌 당시 조선에서는 찾아보기 힘든 '세계인'이었다. 이관용은 이미 스위스 유학 시절인 1919년 29세의 나이로 파리 강화회의 한국대표부 부위원장 및 위원장 대리로 활동하면서 「독립청원서」를 불역(拂譯)하여 프랑스 신문에 게재하는 등 해외 독립운동의 일선에서 크게 활약하기도 했다. 이러한 공적으로 뒤늦게 항일독립운동에 기여한 공로를 인정받아 이관용은 독립유공자로 건국훈장 애국장을 추서받았다.

이관용은 해외 유학과 특파원 생활을 거치면서 유럽 전역과 미국, 일본, 중국, 러시아 등 전 세계를 시찰하며 세계정세와 국제정치에 대한 거시적 안목을 갖춘, 당시 조선에서는 흔치 않은 인물이었다.

• 출처 및 참고자료: 이태우, 「일제강점기 한국철학자 연구(II)-일성 이관용 연구를 위한 예비적 고찰」, 『동북아문화연구』 제25집, 동북아시아문화학회, 2010.12; 이태우, 「일제강점기 한국철학자들의 '철학관'-신문·잡지를 중심으로」, 『인문연구』 제58집, 영남대학교 인문과학연구소, 2010.06; 이태우, 「일제강점기 한국철학계의 '유물-유심 논쟁' 연구-논쟁의 전개과정과 성격, 의미를 중심으로」, 『철학연구』 제110집, 대한철학회, 2009.05.

• 일제강점기 대중매체에 수록된 이관용의 철학 논문
  이관용, 「사회의 병적 현상(1)~(16)」, 『동아일보』, 1922.10.04~1922.10.20.
  이관용, 「임마누엘 칸트의 인격」, 『동아일보』, 1924.04.22.
  이관용, 「헤겔과 그의 철학(1)~(6)」, 『조선일보』, 1929.09.03~1929.09.11.
  이관용, 「유물론 비평의 근거. 배상하의 「비유물적 철학관」을 읽고(1)~(3)」, 『조선일보』, 1929.10.24~1929.10.26.
  이관용, 「스피노자와 그의 사상(1)~(7)」, 『중앙일보』, 1932.11.21~1932.11.29.
  이관용, 「신흥 중국을 보고」, 『삼천리』, 1929.09.01.
  이관용, 「외국의 대표적 신문관」, 『삼천리』, 1932.12.01.
  이관용, 「스피노자의 생활」, 『신동아』, 1932.11.01.
  이관용, 「혁명 완성된 중국을 향하면서」, 『조선일보』, 1928.10.20.
  이관용, 「중국 가는 길에서. 봉천견문」, 『조선일보』, 1928.10.23.
  이관용, 「동삼성 총사령부 방문 장학량씨 회견기(1)~(4)」, 『조선일보』, 1928.10.25~1928.10.28.
  이관용, 「재만 동포의 제문제」, 『조선일보』, 1928.10.28.

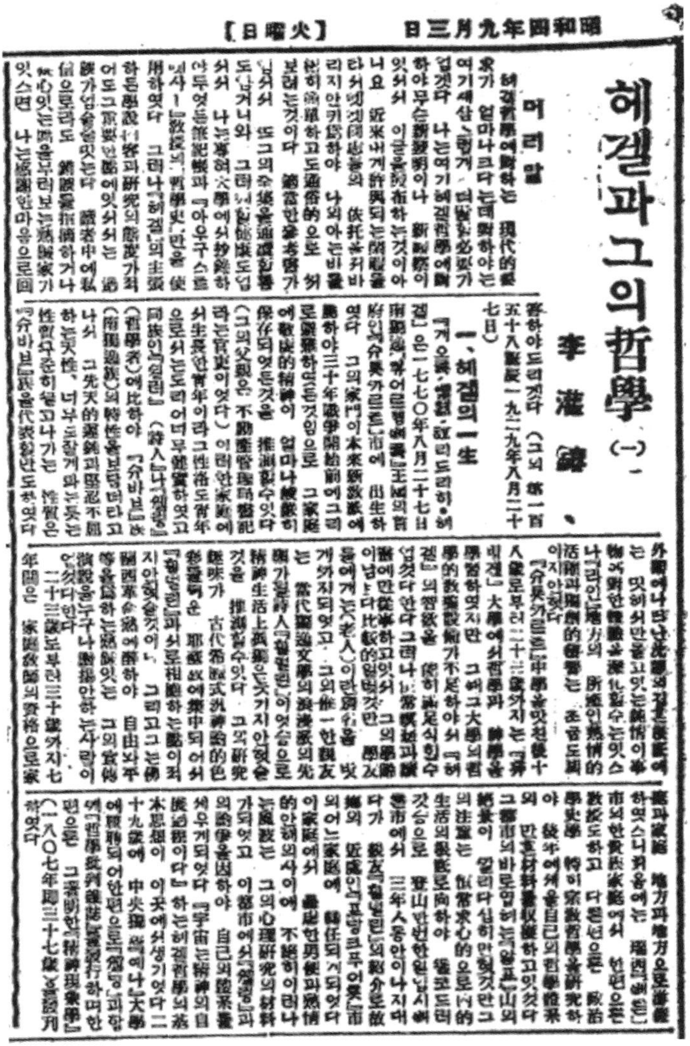

昭和四年九月三日 【火曜日】

헤겔과 그의 哲學 (一)

李灌鎔

머리말

一、헤겔의 一生

[그림 12] 이관용, 「헤겔과 그의 철학」(『조선일보』, 1929.09.03)

13. 이상은(李相殷, 1905~1976)

출 신 지 : 함경남도 정평
연구분야 : 동양철학/서양철학
주요저술 : 『현대와 동양사상』(1963), 『퇴계의 생애와 사
상』(1973), 『유학(儒學)과 동양문화』(1976) 등
이 있고, 「맹자의 성선설에 관한 연구」(1955),
「휴머니즘에서 본 유교사상」(1961) 외 많은
논문이 있다.

■ 생애와 철학 활동

이상은(李相殷, 1905~1976)은 철학자·교육자로서 생애를 보냈으
며, 본관은 양성(陽城), 호는 경락(卿輅)이다. 어려서부터 한학을 익
혔으며, 1919년에 한격순(韓格順)과 혼인하였다. 1921년에 중국 유
학을 떠나 북경의 안휘중학(安徽中學)에 입학, 천진(天津) 남개중학
(南開中學)에 편입하였다가 1925년 고급1학년 수료 자격으로 북경대
학(北京大學) 예과에 응시, 합격하였다.

1927년 북경대학 철학과에 입학, 1931년 졸업한 뒤 귀국하였다.
1932년 경성외국어학원 강사가 되었다가 다음해 경성주재 중국총영
사관에서 한문비서(韓文秘書)가 되어 1945년까지 재직하기도 하였
다. 1934년부터 1940년까지 보성전문학교 강사로 위촉되었다.

1945년 한중문화협회(韓中文化協會)를 창설하여 기관지 『한중문
화(韓中文化)』를 발간하였으며, 그해 우익정당조직에 참가하였다가
정치활동의 뜻을 버리고 보성전문학교에 돌아와 1946년부터 퇴임하
던 1970년까지 재직하였다.

이 기간 중 1952년부터 1960년까지 고려대학교 문과대학장을 지

냈고, 1956년 중국학회를 조직, 초대회장에 임명되어 1962년까지 재임하였다.

1956년 미국무성 초청 교환교수로 도미하여 하버드·예일대학 등에서 동서비교철학을 연구하고 돌아와, 고려대학교 부설 아시아문제연구소장에 취임하여 1969년까지 13년간 재직하면서 아시아문제연구소 발전에 크게 기여하였다.

주요 사회활동으로는 한글전용반대운동을 벌인 바 있으며, 1960년 3·15부정선거에 항거하는 재경교수단궐기대회 소집인의 일원으로 시국선언문을 기초하고, 교수단 시위에 앞장서서 5·16군사정변 후에는 정치교수명단에 포함되기도 하였다. 중국철학 연구에 힘을 기울여 중국철학의 현대적 의의를 모색하는 데 많은 노력을 기울였다.

1960년 학술원 추천회원에 임명되었고, 그해 한국휴머니스트회 회장이 되었으며, 1962년 58세 때 고려대학교로부터 명예철학 박사학위를 받았다. 1963년에는 한중협회호적장학금관리위원, 갑오혁명기념사업협회 이사와 부회장에 추천되었다.

- 출처 및 참고자료: 한국민족문화대백과사전(한국학중앙연구원); 이상은,『이상은선생전집(전4권)』, 예문출판사, 1998.

- 일제강점기 대중매체에 수록된 이상은의 철학 논문
  이상은, 「칸트 철학과 그에 대한 고찰 (1)~(4)」,『조선일보』, 1933.02.17~1933.02.22.
  이상은, 「칸트철학의 경계. 그 계통적 고찰(5)~(12)」,『조선일보』, 1933.02.23~1933.03.02.
  이상은, 「철학신강(1)~(2)」,『동아일보』, 1947.08.20~1947.08.21.
  이상은, 「조선문제에 대한 중국의 여론(3)~(13)」,『동아일보』, 1947.09.23~1947.09.23.

[그림 13] 이상은, 「칸트철학과 그에 대한 고찰」(『조선일보』, 1933.02.18)

14. 한치진(韓稚振, 1901~미상)

출 신 지 : 평안남도 용강
연구분야 : 서양철학(영미철학)
주요저술 :『신심리학 개론』(1930),『논리학 개론』(1931),
　　　　　　『아동의 심리와 교육』(1932),『사회학 개론』
　　　　　　(1933),『종교개혁사요』(1933),『종교철학 개
　　　　　　론』(1934),『증보 윤리학 개론』(1934),『최신철
　　　　　　학 개론』(1936)

■ 생애와 철학 활동

한치진(韓稚振, 1901~미상)은 철학자, 사회학자로 활동하였고
6·25전쟁 때 납북되었다.

필명은 눌인(訥人)·용강학인(龍岡學人)·한민(韓民)·백웅(白熊)으
로 불렸으며, 16세 때 중국으로 건너가 남경(南京) 금릉대학(金陵大
學) 부속중학교를 졸업하고, 1921년 도미하여 남캘리포니아대학에
서 철학을 수학하여 철학 박사학위를 취득한 뒤 1930년 9월에 귀국
하였다. 이듬해 9월 서울에서 철학연구사(哲學研究社)를 설립하고,
1932년 9월부터는 이화여자전문학교 교수로 취임하였다.

귀국 후부터 정력적인 저술 활동을 시작하여 당시 철학이 다루
는 거의 모든 분야에 걸친 개설서를 집필, 간행하였다. 특히, 당시 미
국학계에서 성행하던 고전철학 및 실용주의철학의 신조류와 서구의
사회학과 심리학을 국내에 소개하는 데 노력을 기울였다.

1936년 이화여자전문학교 교수직을 사임한 다음 1939년 일본에
건너가 와세다대학(早稻田大學)에서 연구하면서 일본어로『인격심리
학원론(人格心理學原論)』을 출판하였다. 1945년 광복을 맞이하자
9월에 남조선과도정부 공보부 여론국 교육과의 고문으로 있으면서

「민주주의원론」을 방송으로 연속 강의하였다. 1947년 5월 광복전의 철학연구사를 부활 개편하여 조선문화연구사(朝鮮文化研究社)를 재창립하였으며, 1947년 7월 서울대학교 교수로 취임하였다. 이해 11월 공보부 여론국 정치교육과의 고문을 겸하면서 이 부서의 기관지인 『민주조선(民主朝鮮)』의 주간을 맡았다.

1948년 8월 대한민국정부의 수립으로 『민주조선』 발행이 중지되자, 그해 10월부터 『자주생활(自主生活)』이라고 개제하여 개인잡지로 발행하였다. 철학·종교학·사회학·심리학·정치학 등의 여러 분야에 걸친 29권의 저서를 남기고 있으며, 각종 신문·잡지에 쓴 논문 99편이 밝혀지고 있다.

• 출처 및 참고자료: 한국민족문화대백과사전(한국학중앙연구원); 한치진기념사업회 (www.hahncc.com); 이태우, 「일제강점기 한국철학자들의 '철학관'-신문·잡지를 중심으로」, 『인문연구』 제58집, 영남대학교 인문과학연구소, 2010.06.

• 일제강점기 대중매체에 수록된 한치진의 철학 논문
한치진, 「진화상 개아의 지위, 단자적 개아주의(1)~(6)」, 『동아일보』, 1929.12. 25~1929. 12.31.
한치진, 「푸랙마티즘의 생활관(1)~(2)」, 『조선일보』, 1925.10.30~1925.10.31.
한치진, 「우리의 다시 살 길(1)~(3)」, 『조선일보』, 1926.08.02~1926.08.05.
한치진, 「현대문명의 추향(1)~(5)」, 『조선일보』, 1927.12.07~1927.12.12.
한치진, 「사에 대한 연구(1)~(7)」, 『조선일보』, 1928.12.13~1928.12.20.
한치진, 「선악: 윤리학적 연구(1)~(10)」, 『조선일보』, 1929.11.07~1929.11.22.
한치진, 「개인주의와 사회주의의 이상(1)~(4)」, 『조선일보』, 1930.01.18 ~1930.01.22.
한치진, 「철학 의의와 범위(1)~(6)」, 『조선일보』, 1930.06.20~1930.06.26.
한치진, 「철학 상으로 본 생존의 의의: 찰학의 정의와 실재탐구의 형식(1)~(4)」, 『조선일보』, 1930.07.29~1930.08.02.
한치진, 「미국민의 기초사상-철학의 실생활화(1)~(5)」, 『조선일보』, 1931.03.25 ~1931.03.29.
한치진, 「철학적 직각론」, 『청년』, 총106호(제11권 2호), 1931.02.01.
한치진, 「동적 생활주의로 본 도덕문제」, 『조선지광』, 총65호(제7권 3호), 1927.03. 01.
한치진, 「유물론이냐, 유심론이냐?」, 『조선지광』, 총73호(제8권 11호), 1927.11.01.
한치진, 「철학과 인생」, 『조선지광』, 총77호(제9권 3호), 1928.04.01.
한치진, 「사고와 생활」, 『조선지광』, 1928.09.01.

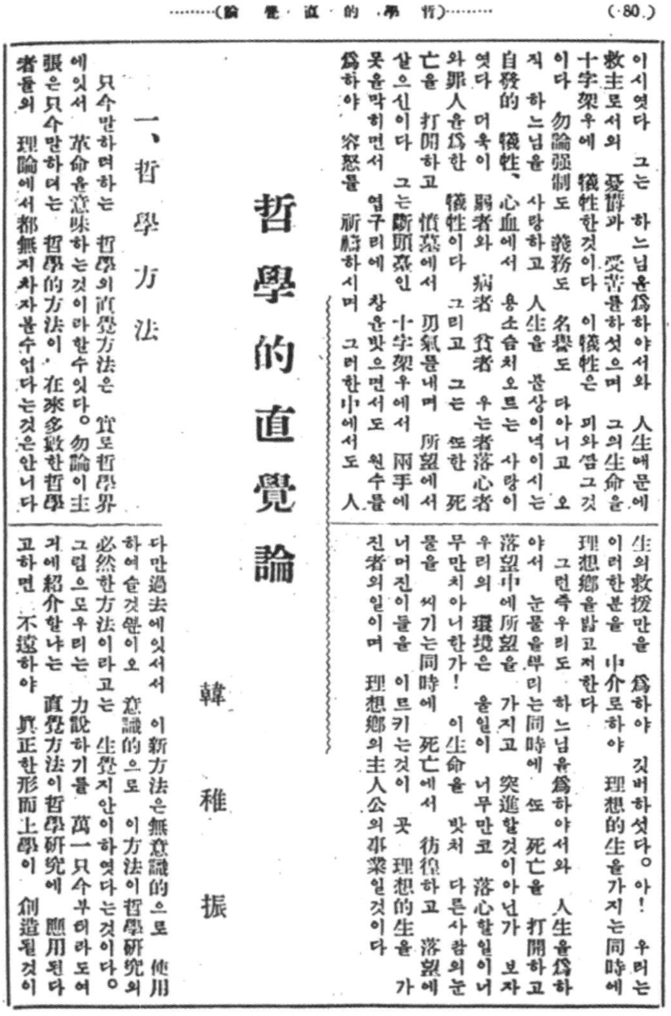

(哲學的直覺論) (80)

이시엿다 그는 하느님을爲하야서와 人生에문에
救主로서의 憂悶과 受苦를하섯으며 그의生命을
十字架우에 犧牲한것이다 이犧牲은 피와땀그것
이다 勿論强制도 義務도 名擧도 다아니고 오
직 하느님을 사랑하고 人生을 끔상이녁이시는
自發的 犧牲、心血에서 용소슴치오르는 사랑이
엿다 머욱이 弱者와 病者 貧者 우는者落心者
와罪人을爲한 犧牲이다 그리고 그는 또한 死
亡을 打開하고 憤怒에서 刃氣를내며 所望에서
살으신이다 그는斷頭臺인 十字架우에서 兩手에
못을막히면서 엽구리에 창은밧으면서도 원수를
爲하야 容恕를 祈禱하시며 그러한中에서도 人
生의救援만을 爲하야 깃버하셧다。아! 우리는
이러한분을 中介로하야 理想的生을가지는同時에
理想鄕을밟고저한다
그런즉우리도 하느님을爲하야서와 人生을爲하
야서 눈물을뿌리는同時에 또 死亡을 打開하고
落望中에所望을 가지고 突進할것이아닌가 보자
우리의 環境은 울일이 너무만코 落心할일이너
무만치아니한가! 이生命을 밧처 다른사람의눈
물을 씨기는同時에 死亡에서 彷徨하고 落望에
너머진이들을 이르키는것이 곳 理想的生을 가
진者의일이며 理想鄕의主人公의事業일것이다

哲學的直覺論

韓稚振

一、哲學方法

只今말하려하는 哲學의直覺方法은 實로哲學界
에잇서서 革命을意味하는것이라한수잇다。勿論이主
張은只今말하려는 哲學的方法이, 在來多數한哲學
者들의 理論에서都無지차자볼수업다는것은안니다
다만過去에잇서서 이新方法은無意識的으로 使用
하여슬것뿐이오 意識的으로 이方法이哲學研究의
必然한方法이라고는 生覺지안이하엿다는것이다。
그럼으로우리는 力說하기를 萬一只今부터라도여
긔에紹介할나는 直覺方法이哲學研究에 應用된다
고하면 不遠하야 眞正한形而上學이 創造될것이

[그림14] 한치진, 「철학적 직각론」(『청년』, 1931.02.01)

일제강점기 신문·잡지에 수록된
철학 관련 기사 총목록

일제강점기 신문 · 잡지에 수록된 철학 관련 기사 총목록

신문/ 잡지명	기사명	저자명	발행일	발행 면수	권(호)수
『조선일보』	조선유림에게 고함(1)	저자미상	1920.06.25	1	
	조선유림에게 고함(2)	저자미상	1920.06.26	1	
	조선유림에게 고함(3)	저자미상	1920.06.27	1	
	「칸틔ー」經濟思想(1)	정재욱	1923.01.19	1	
	막쓰학설의 梗槪(1)	신도	1923.10.07	1	
	막쓰학설의 梗槪(3)	신도	1923.10.09	1	
	「랏셀」의 哲學 及 社會改造論(一)	저자미상	1923.12.22	1	
	「랏셀」의 哲學 及 社會改造論(三)	저자미상	1923.12.24	1	
	「랏셀」의 哲學 及 社會改造論(四)	저자미상	1923.12.25	1	
	「랏셀」의 哲學 及 社會改造論(五)	저자미상	1923.12.26	1	
	「랏셀」의 哲學 及 社會改造論(十一)	저자미상	1924.01.03	1	
	「랏셀」의 哲學 及 社會改造論(十二)	저자미상	1924.01.04	1	
	「랏셀」의 哲學 及 社會改造論(十三)	저자미상	1924.01.05	1	
	「랏셀」의 哲學 及 社會改造論(十四)	저자미상	1924.01.06	1	
	「랏셀」의 哲學 及 社會改造論(十五)	저자미상	1924.01.07	1	
	유물사관의 필연론-유물사관연구에서(1)	하상조	1924.07.11	1	
	유물사관의 필연론-유물사관연구에서(2)	하상조	1924.07.12	1	
	유물사관의 필연론-유물사관연구에서(4)	하상조	1924.07.14	1	
	유물사관의 필연론-유물사관연구에서(6)	하상조	1924.07.16	1	
	유물사관의 필연론-유물사관연구에서(7)	하상조	1924.07.17	1	
	사상전선에 立하야(1)	저자미상	1925.01.10	1	
	사상전선에 立하야(2)	저자미상	1925.01.11	1	
	푸랙마티즘의 생활관(1)	韓稚振	1925.10.30	1	
	푸랙마티즘의 생활관(2)	韓稚振	1925.10.31	1	
	석가모니와 그의 후계자(4)	백성욱	1926.02.06	3	

신문/ 잡지명	기사명	저자명	발행일	발행 면수	권(호)수
	석가모니와 그의 후계자(5)	백성욱	1926.02.07	3	
	석가모니와 그의 후계자(6)	백성욱	1926.02.09	3	
	우리의 다시 살 길(2)	한치진	1926.08.03	3	
	우리의 다시 살 길(3)	한치진	1926.08.05	3	
	유물사관과 개인의 노력(1)	ㅂㅈ생	1927.07.05	3	
	현대문명의 추향(1)	한치진	1927.12.07	3	
	현대문명의 추향(2)	한치진	1927.12.08	3	
	佛蘭西 唯物論者「돌박」의 人物과 思想(1)	봉生	1927.12.21	3	
	佛蘭西 唯物論者「돌박」의 人物과 思想(2)	봉生	1927.12.22	3	
	혁명 완성된 중국을 향하면서	이관용	1928.10.20	1	
	중국 가는 길에서. 봉천견문	이관용	1928.10.23	1	
	東三省 총사령부 방문 張學良씨 회견기(1)	이관용	1928.10.25	1	
`조선일보`	東三省 총사령부 방문 張學良씨 회견기(2)	이관용	1928.10.26	1	
	東三省 총사령부 방문 張學良씨 회견기(3)	이관용	1928.10.27	1	
	東三省 총사령부 방문 張學良씨 회견기(4)	이관용	1928.10.28	1	
	在滿동포의 諸문제	이관용	1928.10.28	3	
	死에 대한 연구(1)	韓稚振	1928.12.13	3	
	死에 대한 연구(2)	韓稚振	1928.12.14	3	
	死에 대한 연구(3)	韓稚振	1928.12.15	3	
	死에 대한 연구(4)	韓稚振	1928.12.16	3	
	死에 대한 연구(5)	韓稚振	1928.12.18	3	
	死에 대한 연구(6)	韓稚振	1928.12.19	3	
	死에 대한 연구(7)	韓稚振	1928.12.20	3	
	西洋에서 研究旺盛한 東洋哲學의 槪況	김중세	1929.01.01	3	
	관념론적 유심론-근대과학과 유물론을 읽고(1)	이기영	1929.03.06	3	
	관념론적 유심론-근대과학과 유물론을 읽고(2)	이기영	1929.03.07	3	

신문/ 잡지명	기사명	저자명	발행일	발행 면수	권(호)수
『조선일보』	관념론적 유심론-근대과학과 유물론을 읽고(3)	이기영	1929.03.08	3	
	관념론적 유심론-근대과학과 유물론을 읽고(4)	이기영	1929.03.09	3	
	관념론적 유심론-근대과학과 유물론을 읽고(6)	이기영	1929.03.12	3	
	관념론적 유심론-근대과학과 유물론을 읽고(7)	이기영	1929.03.13	3	
	헤겔과 그의 철학 (1)	李灌鎔	1929.09.03	3	
	헤겔과 그의 철학 (2)	李灌鎔	1929.09.04	3	
	헤겔과 그의 철학 (3)	李灌鎔	1929.09.06	3	
	헤겔과 그의 철학 (4)	李灌鎔	1929.09.07	3	
	헤겔과 그의 철학 (5)	李灌鎔	1929.09.10	3	
	헤겔과 그의 철학 (6)	李灌鎔	1929.09.11	3	
	硏究와 批評: 非唯物的 哲學觀(1)	裵相河	1929.10.08	4	
	硏究와 批評: 非唯物的 哲學觀(2)	裵相河	1929.10.09	4	
	硏究와 批評: 非唯物的 哲學觀(3)	裵相河	1929.10.10	4	
	硏究와 批評: 非唯物的 哲學觀(4)	裵相河	1929.10.11	4	
	硏究와 批評: 非唯物的 哲學觀(5)	裵相河	1929.10.12	4	
	硏究와 批評: 非唯物的 哲學觀(6)	裵相河	1929.10.13	4	
	硏究와 批評: 非唯物的 哲學觀(7)	裵相河	1929.10.15	4	
	唯物論批評의 根據. 裵相河의「非唯物論的 哲學觀」을 읽고(1)	李灌鎔	1929.10.24	4	
	唯物論批評의 根據. 裵相河의「非唯物論的 哲學觀」을 읽고(2)	李灌鎔	1929.10.25	4	
	唯物論批評의 根據. 裵相河의「非唯物論的 哲學觀」을 읽고(3)	李灌鎔	1929.10.26	4	
	善惡: 倫理學的 硏究(1)	韓稚振	1929.11.07	4	
	善惡: 倫理學的研究(2)	韓稚振	1929.11.08	4	
	善惡: 倫理學的研究(3)	韓稚振	1929.11.10	4	
	善惡: 倫理學的研究(4)	韓稚振	1929.11.12	4	

신문/ 잡지명	기사명	저자명	발행일	발행 면수	권(호)수
『조선일보』	善惡: 倫理學的 硏究(5)	韓稚振	1929.11.14	4	
	善惡: 倫理學的 硏究(6)	韓稚振	1929.11.16	4	
	善惡: 倫理學的 硏究(7)	韓稚振	1929.11.19	4	
	善惡: 倫理學的 硏究(8	韓稚振	1929.11.20	4	
	善惡: 倫理學的 硏究(9)	韓稚振	1929.11.21	4	
	善惡: 倫理學的 硏究(10)	韓稚振	1929.11.22	4	
	李灌鎔氏의「唯物批評根據」의「前言」撤回를 要求하는 公開狀(1)	裵相河	1929.11.20	4	
	李灌鎔氏의「唯物批評根據」의「前言」撤回를 要求하는 公開狀(2)	裵相河	1929.11.21	4	
	李灌鎔氏의「唯物批評根據」의「前言」撤回를 要求하는 公開狀(3)	裵相河	1929.11.22	4	
	李灌鎔氏의「唯物批評根據」의「前言」撤回를 要求하는 公開狀(4)	裵相河	1929.11.23	4	
	李灌鎔氏의「唯物批評根據」의「前言」撤回를 要求하는 公開狀(5)	裵相河	1929.11.24	4	
	硏究와 批評: 偶像問題에 關한 理論과 實際 맑 스主議者의 一顧를 要함(1)	權九玄	1929.12.05	4	
	硏究와 批評: 偶像問題에 關한 理論과 實際 맑 스主議者의 一顧를 要함(2)	權九玄	1929.12.06	4	
	硏究와 批評: 偶像問題에 關한 理論과 實際 맑 스主議者의 一顧를 要함(3)	權九玄	1929.12.07	4	
	硏究와 批評: 偶像問題에 關한 理論과 實際 맑 스主議者의 一顧를 要함(4)	權九玄	1929.12.08	4	
	硏究와 批評: 偶像問題에 關한 理論과 實際 맑 스主議者의 一顧를 要함(5)	權九玄	1929.12.10	4	
	硏究와 批評: 偶像問題에 關한 理論과 實際 맑 스主議者의 一顧를 要함(6)	權九玄	1929.12.11	4	
	唯物論과 宗敎의 批判: 金永羲를 反駁함(1)	文袁泰	1929.12.12	4	
	唯物論과 宗敎의 批判: 金永羲를 反駁함(3)	文袁泰	1929.12.14	4	
	唯物論과 質的 生活: 文君의 斑駁에 答함(1)	金永羲	1930.01.15	4	

신문/ 잡지명	기사명	저자명	발행일	발행 면수	권(호)수
『조선일보』	唯物論과 質的 生活: 文君의 斑駁에 答함(2)	金永羲	1930.01.16	4	
	唯物論과 質的 生活: 文君의 斑駁에 答함(3)	金永羲	1930.01.17	4	
	唯物論과 質的 生活: 文君의 斑駁에 答함(4)	金永羲	1930.01.18	4	
	唯物論과 質的 生活: 文君의 斑駁에 答함(5)	金永羲	1930.01.19	4	
	唯物論과 質的 生活: 文君의 斑駁에 答함(6)	金永羲	1930.01.21	4	
	개인주의와 사회주의의 이상(1)	韓稚振	1930.01.18	4	
	개인주의와 사회주의의 이상(2)	韓稚振	1930.01.19	4	
	개인주의와 사회주의의 이상(3)	韓稚振	1930.01.21	4	
	개인주의와 사회주의의 이상(4)	韓稚振	1930.01.22	4	
	偶像問題에 關한 理論과 實際를 읽고. (一)現代 無政府主義의 發表經路 (二)世界 無政府主義運動 (三)맑스主義者一考(1)	姜虛峰	1930.01.28	4	
	偶像問題에 關한 理論과 實際를 읽고. (一)現代 無政府主義의 發表經路 (二)世界 無政府主義運動 (三)맑스主義者一考(2)	姜虛峰	1930.01.29	4	
	偶像問題에 關한 理論과 實際를 읽고. (一)現代 無政府主義의 發表經路 (二)世界 無政府主義運動 (三)맑스主義者一考(3)	姜虛峰	1930.01.30	4	
	偶像問題에 關한 理論과 實際를 읽고. (一)現代 無政府主義의 發表經路 (二)世界 無政府主義運動 (三)맑스主義者一考(4)	姜虛峰	1930.01.31	4	
	偶像問題에 關한 理論과 實際를 읽고. (一)現代 無政府主義의 發表經路 (二)世界 無政府主義運動 (三)맑스主義者一考(5)	姜虛峰	1930.02.01	4	
	唯物論과 質的 生活: 金永羲君의 反駁에 答함(1)	文袁泰	1930.02.06	4	
	唯物論과 質的 生活: 金永羲君의 反駁에 答함(2)	文袁泰	1930.02.07	4	
	唯物論과 質的 生活: 金永羲君의 反駁에 答함(3)	文袁泰	1930.02.08	4	
	唯物論과 質的 生活: 金永羲君의 反駁에 答함(4)	文袁泰	1930.02.09	4	
	唯物論과 質的 生活: 金永羲君의 反駁에 答함(5)	文袁泰	1930.02.11	4	
	唯物論과 質的 生活: 金永羲君의 反駁에 答함(6)	文袁泰	1930.02.12	4	

신문/ 잡지명	기사명	저자명	발행일	발행 면수	권(호)수
『조선일보』	唯物論과 質的 生活: 金永羲君의 反駁에 答함(7)	文袁泰	1930.02.13	4	
	唯物論과 質的 生活: 金永羲君의 反駁에 答함(8)	文袁泰	1930.02.14	4	
	反唯心的 哲學觀 裵相河君의 一考에 供함(1)	安炳珠	1930.03.16	4	
	懷疑主義批判: 思想과 生活의 方法論(2)	裵相河	1930.03.16	4	
	懷疑主義批判: 思想과 生活의 方法論(3)	裵相河	1930.03.18	4	
	懷疑主義批判: 思想과 生活의 方法論(4)	裵相河	1930.03.19	4	
	懷疑主義批判: 思想과 生活의 方法論(5)	裵相河	1930.03.20	4	
	懷疑主義批判: 思想과 生活의 方法論(6)	裵相河	1930.03.22	4	
	懷疑主義批判: 思想과 生活의 方法論(7)	裵相河	1930.03.23	4	
	懷疑主義批判: 思想과 生活의 方法論(9)	裵相河	1930.03.26	4	
	懷疑主義批判: 思想과 生活의 方法論(11)	裵相河	1930.03.28	4	
	懷疑主義批判: 思想과 生活의 方法論(12)	裵相河	1930.03.29	4	
	懷疑主義批判: 思想과 生活의 方法論(13)	裵相河	1930.03.30	4	
	懷疑主義批判: 思想과 生活의 方法論(14)	裵相河	1930.03.31	4	
	懷疑主義批判: 思想과 生活의 方法論(15)	裵相河	1930.04.01	4	
	懷疑主義批判: 思想과 生活의 方法論(16)	裵相河	1930.04.02	4	
	懷疑主義批判: 思想과 生活의 方法論(17)	裵相河	1930.04.03	4	
	批判哲學의 開祖 哲人 「에마노엘 칸트」: 眞理攻究에 獻身的 生活(偉人의 私生活)	自笑生	1930.03.16	4	
	헤겔辯證法과 맑스辯證法과의 關係: 헤겔과 唯物辯證法(1)	金亨俊	1930.05.10	4	
	헤겔辯證法과 맑스辯證法과의 關係: 헤겔과 唯物辯證法(2)	金亨俊	1930.05.15	4	
	헤겔辯證法과 맑스辯證法과의 關係: 헤겔과 唯物辯證法(3)	金亨俊	1930.05.16	4	
	헤겔辯證法과 맑스辯證法과의 關係: 헤겔과 唯物辯證法(4)	金亨俊	1930.05.17	4	
	헤겔辯證法과 맑스辯證法과의 關係: 헤겔과 唯物辯證法(5)	金亨俊	1930.05.18	4	

신문/ 잡지명	기사명	저자명	발행일	발행 면수	권(호)수
『조선일보』	헤겔辯證法과 맑스辯證法과의 關係: 헤겔과 唯物辯證法(6)	金亨俊	1930.05.20	4	
	종교정의의 비판(1)	金永義	1930.05.16	4	
	종교정의의 비판(2)	金永義	1930.05.17	4	
	종교정의의 비판(3)	金永義	1930.05.18	4	
	종교정의의 비판(4)	金永義	1930.05.20	4	
	종교정의의 비판(5)	金永義	1930.05.22	4	
	종교정의의 비판(6)	金永義	1930.05.24	4	
	종교정의의 비판(7)	金永義	1930.05.27	4	
	종교정의의 비판(8)	金永義	1930.05.28	4	
	종교정의의 비판(9)	金永義	1930.05.29	4	
	종교정의의 비판(10)	金永義	1930.05.30	4	
	哲學意義와 範圍(1)	韓稚振	1930.06.20	4	
	哲學意義와 範圍(2)	韓稚振	1930.06.21	4	
	哲學意義와 範圍(3)	韓稚振	1930.06.22	4	
	哲學意義와 範圍(4)	韓稚振	1930.06.24	4	
	哲學意義와 範圍(5)	韓稚振	1930.06.25	4	
	哲學意義와 範圍(6)	韓稚振	1930.06.26	4	
	哲學上으로 본 生存의 意義: 哲學의 定義와 實在探究의 形式(1)	韓稚振	1930.07.29	4	
	哲學上으로 본 生存의 意義: 哲學의 定義와 實在探究의 形式(2)	韓稚振	1930.07.30	4	
	哲學上으로 본 生存의 意義: 哲學의 定義와 實在探究의 形式(3)	韓稚振	1930.07.31	4	
	哲學上으로 본 生存의 意義: 哲學의 定義와 實在探究의 形式(4)	韓稚振	1930.08.01	4	
	哲學上으로 본 生存의 意義: 哲學의 定義와 實在探究의 形式(5)	韓稚振	1930.08.02	4	
	意識發展의 辯證法的 過程: 헤겔哲學의 한 顚倒的 應用(1)	裵相河	1930.08.12	4	

신문/ 잡지명	기사명	저자명	발행일	발행 면수	권(호)수
『조선일보』	意識發展의 辯證法的 過程: 헤겔哲學의 한 顚倒 的 應用(2)	裵相河	1930.08.13	4	
	意識發展의 辯證法的 過程: 헤겔哲學의 한 顚倒 的 應用(3)	裵相河	1930.08.14	4	
	意識發展의 辯證法的 過程: 헤겔哲學의 한 顚倒 的 應用(4)	裵相河	1930.08.15	4	
	意識發展의 辯證法的 過程: 헤겔哲學의 한 顚倒 的 應用(5)	裵相河	1930.08.16	4	
	意識發展의 辯證法的 過程 :헤겔哲學의 한 顚倒 的 應用(6)	裵相河	1930.08.17	4	
	意識發展의 辯證法的 過程: 헤겔哲學의 한 顚倒 的 應用(7)	裵相河	1930.08.19	4	
	과학의 진정한 방법론: 裵相河君의 이론을 비 판함(1)	柳春海	1930.10.04	4	
	과학의 진정한 방법론: 裵相河君의 이론을 비 판함(2)	柳春海	1930.10.05	4	
	과학의 진정한 방법론: 裵相河君의 이론을 비 판함(3)	柳春海	1930.10.06	3	
	과학의 진정한 방법론 :裵相河君의 이론을 비 판함(4)	柳春海	1930.10.07	4	
	과학의 진정한 방법론: 裵相河君의 이론을 비 판함(5)	柳春海	1930.10.10	4	
	과학의 진정한 방법론: 裵相河君의 이론을 비 판함(6)	柳春海	1930.10.11	4	
	哲學의 一般化와 俗流化: 韓稚振氏의 夏期 講座 를 읽고(1)	申南澈	1930.10.11	4	
	哲學의 一般化와 俗流化: 韓稚振氏의 夏期 講座 를 읽고(2)	申南澈	1930.10.12	4	
	哲學의 一般化와 俗流化: 韓稚振氏의 夏期 講座 를 읽고(3)	申南澈	1930.10.14	4	
	哲學의 一般化와 俗流化: 韓稚振氏의 夏期 講座 를 읽고(4)	申南澈	1930.10.15	4	
	哲學의 一般化와 俗流化: 韓稚振氏의 夏期 講座 를 읽고(5)	申南澈	1930.10.16	4	

신문/ 잡지명	기사명	저자명	발행일	발행 면수	권(호)수
『조선일보』	哲學의 一般化와 俗流化: 韓稚振氏의 夏期 講座를 읽고(6)	申南澈	1930.10.17	4	
	哲學의 一般化와 俗流化: 韓稚振氏의 夏期 講座를 읽고(7)	申南澈	1930.10.18	4	
	哲學의 一般化와 俗流化: 韓稚振氏의 夏期 講座를 읽고(8)	申南澈	1930.10.19	4	
	哲學의 一般化와 俗流化: 韓稚振氏의 夏期 講座를 읽고(9)	申南澈	1930.10.22	4	
	哲學의 一般化와 俗流化: 韓稚振氏의 夏期 講座를 읽고(10)	申南澈	1930.10.23	4	
	哲學의 一般化와 俗流化: 韓稚振氏의 夏期 講座를 읽고(11)	申南澈	1930.10.25	4	
	韓稚振氏의 「人性의 本質論」을 읽고(1)	朴明茁	1930.12.20	4	
	韓稚振氏의 「人性의 本質論」을 읽고(2)	朴明茁	1930.12.21	4	
	韓稚振氏의 「人性의 本質論」을 읽고(3)	朴明茁	1930.12.23	4	
	미국민의 기초사상-철학의 실생활화- (1)	韓稚振	1931.03.25	4	
	미국민의 기초사상-철학의 실생활화- (2)	韓稚振	1931.03.26	4	
	미국민의 기초사상-철학의 실생활화- (3)	韓稚振	1931.03.27	4	
	미국민의 기초사상-철학의 실생활화- (5)	韓稚振	1931.03.29	4	
	칸트철학과 그에 대한 고찰(1)	李相殷	1933.02.17	3	
	칸트철학과 그에 대한 고찰(2)	李相殷	1933.02.18	3	
	칸트철학과 그에 대한 고찰(3)	李相殷	1933.02.19	3	
	칸트철학과 그에 대한 고찰(4)	李相殷	1933.02.21	3	
	칸트철학의 경계. 그 계통적 고찰(5)	李相殷	1933.02.22	3	
	칸트철학의 경계. 그 계통적 고찰(6)	李相殷	1933.02.23	3	
	칸트철학의 경계. 그 계통적 고찰(7)	李相殷	1933.02.24	3	
	칸트철학의 경계. 그 계통적 고찰(8)	李相殷	1933.02.25	3	
	칸트철학의 경계. 그 계통적 고찰(9)	李相殷	1933.02.26	3	
	칸트철학의 경계. 그 계통적 고찰(10)	李相殷	1933.02.28	3	

신문/ 잡지명	기사명	저자명	발행일	발행 면수	권(호)수
『조선일보』	칸트철학의 경계. 그 계통적 고찰(11)	李相殷	1933.03.01	3	
	칸트철학의 경계. 그 계통적 고찰(12)	李相殷	1933.03.02	3	
	철학과 문학(1)	申南澈	1933.02.23	4	
	철학과 문학(2)	申南澈	1933.02.25	4	
	철학과 문학(3)	申南澈	1933.02.26	4	
	철학과 문학(4)	申南澈	1933.02.28	4	
	철학과 문학(5)	申南澈	1933.03.01	4	
	철학편감-철학을 왜 비난하는가(1)	朴相鉉	1933.06.01	3	
	철학편감-철학을 왜 비난하는가(2)	朴相鉉	1933.06.02	3	
	철학편감-철학을 왜 비난하는가(3)	朴相鉉	1933.06.03	3	
	철학편감-철학을 왜 비난하는가(4)	朴相鉉	1933.06.04	3	
	철학편감-철학을 왜 비난하는가(5)	朴相鉉	1933.06.06	3	
	철학편감-철학을 왜 비난하는가(6)	朴相鉉	1933.06.07	3	
	철학편감-철학을 왜 비난하는가(7)	朴相鉉	1933.06.08	3	
	철학편감-철학을 왜 비난하는가(8)	朴相鉉	1933.06.09	3	
	朴相鉉씨의 『철학片感』을 읽고(6)	心山生	1933.06.21	3	
	朴相鉉씨의 『철학片感』을 읽고(完)	心山生	1933.06.25	3	
	칸트철학비판(1)	柳明浩	1933.06.30	3	
	칸트철학비판(2)	柳明浩	1933.07.01	3	
	유물변증법의 근본적 제문제(2) 유물변증법의 인식론	柳明浩	1933.07.06	3	
	유물변증법의 근본적 제문제(완)	柳明浩	1933.07.08	3	
	연구. 현대철학에 대한 소감. 생과 이간을 중심 으로 하고(1)	權稷周	1933.11.07	(부록) 2	
	退溪의선견	湖岩	1933.12.14	3	
	다산의 위적	저자미상	1934.09.10	1	

신문/ 잡지명	기사명	저자명	발행일	발행 면수	권(호)수
『조선일보』	철학개념의 변천 철학의 보편적 정의의 난점	金午星	1935.02.03	5	
	고증학상으로 본 정다산	文一平	1935.07.16	4	
	한의학상으로 본 다산 의학의 특색(상)	趙憲泳	1935.07.16	4	
	한의학상으로 본 다산 의학의 특색(하)	趙憲泳	1935.07.17	5	
	문화건설상으로 본 鄭茶山의 업적(상)	金台俊	1935.07.16	4	
	다산선생 100년제 특집. 토지국유론과 권농정 책육과 농정학상으로 본 다산선생(상)	李勳求	1935.07.16	4	
	다산선생 100년제 특집. 토지국유론과 권농정 책육과 농정학상으로 본 다산선생(하)	李勳求	1935.07.17	5	
	다산선생 우리문화의 대하류. 「현대에 빛나는 위 업」 다산선생의 대경륜 조선전설의 총계획자 지 금도 후배가 의거할 조선의 태양. 사후 백년제 특집. 다산선생 연보(1)	安在鴻	1935.07.16	3	
	다산선생 우리문화의 대하류. 「현대에 빛나는 위 업」 다산선생의 대경륜 조선전설의 총계획자 지 금도 후배가 의거할 조선의 태양. 사후 백년제 특집. 다산선생 연보(2)	安在鴻	1935.07.18	6	
	다산선생 우리문화의 대하류. 「현대에 빛나는 위 업」 다산선생의 대경륜 조선전설의 총계획자 지 금도 후배가 의거할 조선의 태양. 사후 백년제 특집. 다산선생 연보(3)	安在鴻	1935.07.18	4	
	현대철학과 『인간』 문제, 특히 『르테상스』와의 관련에서(5)	朴致祐	1935.09.10	4	
	현대철학과 『인간』 문제, 특히 『르네상스』와의 관련에서(6)	朴致祐	1935.09.11	4	
	불안의 철학자 「하이데겔」 그 현대적 의의와 한 계(1)	朴致祐	1935.11.03	4	
	불안의 철학자 「하이데겔」 그 현대적 의의와 한 계(2)	朴致祐	1935.11.05	4	
	불안의 철학자 「하이데겔」 그 현대적 의의와 한 계(7)	朴致祐	1935.11.10	4	
	불안의 철학자 「하이데겔」 그 현대적 의의와 한 계(8)	朴致祐	1935.11.12	4	

신문/ 잡지명	기사명	저자명	발행일	발행 면수	권(호)수
『조선일보』	**톨스토이 사상과 철학. 그의 고뇌의 생활을 중심하여**	咸大勳	1935.11.20	6	
	자유주의의 철학적 해명(1)	朴致祐	1936.01.01	2	
	자유주의의 철학적 해명(2)	朴致祐	1936.01.03	1	
	자유주의의 철학적 해명(3)	朴致祐	1936.01.04	2	
	자유주의의 철학적 해명(4)	朴致祐	1936.01.04	5	
	능동적 인간의 탐구. 철학과 문학의 접촉면(1)	金午星	1936.02.23	5	
	능동적 인간의 탐구. 철학과 문학의 접촉면(2)	金午星	1936.02.25	5	
	능동적 인간의 탐구. 철학과 문학의 접촉면(3)	金午星	1936.02.26	5	
	능동적 인간의 탐구. 철학과 문학의 접촉면(4)	金午星	1936.02.27	5	
	능동적 인간의 탐구. 철학과 문학의 접촉면(5)	金午星	1936.02.28	5	
	능동적 인간의 탐구. 철학과 문학의 접촉면(6)	金午星	1936.02.29	5	
	존재학의 개념. 형수상학 비평 시론(1)	金基錫	1936.05.24	5	
	존재학의 개념. 형수상학 비평 시론(2)	金基錫	1936.05.26	5	
	존재학의 개념. 형수상학 비평 시론(3)	金基錫	1936.05.27	5	
	존재학의 개념. 형수상학 비평 시론(4)	金基錫	1936.05.28	5	
	존재학의 개념. 형수상학 비평 시론(5)	金基錫	1936.05.29	5	
	니체와 현대문화(1)	金亨俊	1936.10.16	5	
	니체와 현대문화(3)	金亨俊	1936.10.20	5	
	니체와 현대문화(4)	金亨俊	1936.10.21	5	
	니체와 현대문화(5)	金亨俊	1936.10.22	5	
	니체와 현대문화(7)	金亨俊	1936.10.23	5	
	니체와 현대문화(8)	金亨俊	1936.10.24	5	
	니체와 현대문화(9)	金亨俊	1936.10.25	5	
	실존철학서설. 하이텍가를 중심으로(5)	朴如涯	1936.11.08	5	
	실존철학서설. 하이텍가를 중심으로(6)	朴如涯	1936.11.10	5	

신문/ 잡지명	기사명	저자명	발행일	발행 면수	권(호)수
『조선일보』	실존철학서설. 하이텍가를 중심으로(7)	朴如涯	1936.11.11	5	
	실존철학서설. 하이텍가를 중심으로(8)	朴如涯	1936.11.12	5	
	인간학의 대상과 그 본질적 제한 (1)	金基錫	1936.11.18	5	
	인간학의 대상과 그 본질적 제한 (2)	金基錫	1936.11.19	5	
	인간학의 대상과 그 본질적 제한 (3)	金基錫	1936.11.20	5	
	인간학의 대상과 그 본질적 제한 (4)	金基錫	1936.11.21	5	
	인간학의 대상과 그 본질적 제한 (6)	金基錫	1936.11.25	5	
	栗谷先生小傳(1)	湖岩	1937.02.25	5	
	栗谷先生小傳(3)	湖岩	1937.02.26	5	
	栗谷先生小傳(5)	湖岩	1937.03.02	5	
	栗谷先生小傳(6)	湖岩	1937.03.04	5	
	栗谷先生小傳(7)	湖岩	1937.03.05	5	
	栗谷先生小傳(8)	湖岩	1937.03.07	5	
	栗谷先生小傳(9)	湖岩	1937.03.09	5	
	栗谷先生小傳(10)	湖岩	1937.03.11	5	
	신철학의 지도원리. 변증법적 세계의 피안(1)	金基錫	1937.03.31	5	
	신철학의 지도원리. 변증법적 세계의 피안(2)	金基錫	1937.04.01	5	
	신철학의 지도원리. 변증법적 세계의 피안(4)	金基錫	1937.04.04	5	
	신철학의 지도원리. 변증법적 세계의 피안(5)	金基錫	1937.04.05	5	
	현대의 思惟(사유)와 인간 이념. 인간 해석의 현 실 형태(1)	金基錫	1937.07.08	5	
	현대의 思惟(사유)와 인간 이념. 인간 해석의 현 실 형태(2)	金基錫	1937.07.09	5	
	현대의 思惟(사유)와 인간 이념. 인간 해석의 현 실 형태(3)	金基錫	1937.07.10	5	
	현대의 思惟(사유)와 인간 이념. 인간 해석의 현 실 형태(4)	金基錫	1937.07.11	5	
	현대의 思惟(사유)와 인간 이념. 인간 해석의 현 실 형태(5)	金基錫	1937.07.13	5	

신문/ 잡지명	기사명	저자명	발행일	발행 면수	권(호)수
『조선일보』	현대의 思惟(사유)와 인간 이념. 인간 해석의 현실 형태(6)	金基錫	1937.07.14	5	
	학문과 생활. 철학의 濫尊觀念(남존관념)에 抗하여(1)	金午星	1937.07.16	5	
	학문과 생활. 철학의 濫尊觀念(남존관념)에 抗하여(2)	金午星	1937.07.17	5	
	학문과 생활. 철학의 濫尊觀念(남존관념)에 抗하여(3)	金午星	1937.07.18	5	
	학문과 생활. 철학의 濫尊觀念(남존관념)에 抗하여(4)	金午星	1937.07.20	5	
	학문과 생활. 철학의 濫尊觀念(남존관념)에 抗하여(5)	金午星	1937.07.21	5	
	윤리 문제의 새 吟味 -현세대 휴머니즘의 본질-(1)	白鐵	1937.09.03	5	
	윤리 문제의 새 吟味 -현세대 휴머니즘의 본질-(2)	白鐵	1937.09.04	5	
	윤리 문제의 새 吟味 -현세대 휴머니즘의 본질-(3)	白鐵	1937.09.05	6	
	윤리 문제의 새 吟味 -현세대 휴머니즘의 본질-(4)	白鐵	1937.09.08	5	
	문학에 있어서 논리와 윤리(3)	金午星	1937.09.19	5	
	문학에 있어서 논리와 윤리(4)	金午星	1937.09.21	5	
	문학에 있어서 논리와 윤리(5)	金午星	1937.09.22	6	
	문학에 있어서 논리와 윤리(6)	金午星	1937.09.23	5	
	국외인의 일가언. 역사철학에 의한 관심. 분석으로부터 종합에(1)	韓雪野	1937.10.14	5	
	국외인의 일가언. 역사철학에 의한 관심. 분석으로부터 종합에(2)	韓雪野	1937.10.15	3	
	국외인의 일가언. 역사철학에 의한 관심. 분석으로부터 종합에(3)	韓雪野	1937.10.16	5	
	현대인의 윤리적 성격. 윤리의 두 가지 전면(1)	金午星	1937.11.25	5	
	현대인의 윤리적 성격. 윤리의 두 가지 전면(2)	金午星	1937.11.26	5	

신문/ 잡지명	기사명	저자명	발행일	발행 면수	권(호)수
『조선일보』	현대인의 윤리적 성격. 윤리의 두 가지 전면(3)	金午星	1937.11.27	5	
	현대인의 윤리적 성격. 윤리의 두 가지 전면(6)	金午星	1937.12.01	5	
	『철학』 개념의 변천, 철학의 보편적 정의의 난점 (1)	金午星	1938.01.28	5	
	『철학』 개념의 변천, 철학의 보편적 정의의 난점 (2)	金午星	1938.01.29	5	
	『철학』 개념의 변천, 철학의 보편적 정의의 난점 (3)	金午星	1938.01.30	5	
	『철학』 개념의 변천, 철학의 보편적 정의의 난점 (4)	金午星	1938.02.01	5	
	『철학』 개념의 변천, 철학의 보편적 정의의 난점 (5)	金午星	1938.02.02	5	
	『철학』 개념의 변천, 철학의 보편적 정의의 난점 (7)	金午星	1938.02.04	5	
	知性의 의미 한정. 헤겔의 역사 철학에 비추어 (1)	金後善	1938.08.16	5	
	知性의 의미 한정. 헤겔의 역사 철학에 비추어 (2)	金後善	1938.08.18	5	
	知性의 의미 한정. 헤겔의 역사 철학에 비추어 (3)	金後善	1938.08.19	5	
	知性의 의미 한정. 헤겔의 역사 철학에 비추어 (4)	金後善	1938.08.20	5	
	知性의 의미 한정. 헤겔의 역사 철학에 비추어 (5)	金後善	1938.08.21	5	
	知性의 의미 한정. 헤겔의 역사 철학에 비추어 (6)	金後善	1938.08.24	5	
	전체주의의 제상. 학예. 전체주의의 철학적 해 명. 『이즘』에서『학』으로의 수립과정(1)	朴致祐	1939.02.22	5	
	전체주의의 제상. 학예. 전체주의의 철학적 해 명. 『이즘』에서『학』으로의 수립과정(2)	朴致祐	1939.02.23	5	
	전체주의의 제상. 학예. 전체주의의 철학적 해 명. 『이즘』에서『학』으로의 수립과정(3)	朴致祐	1939.02.24	5	
	현대와 철학적 정신(1)	金午星	1939.12.02	3	

신문/ 잡지명	기사명	저자명	발행일	발행 면수	권(호)수
『조선일보』	현대와 철학적 정신(2)	金午星	1939.12.05	3	
	현대와 철학적 정신(3)	金午星	1939.12.06	3	
	현대와 철학적 정신(4)	金午星	1939.12.07	3	
	세계의 지성에 듣는다. "최후의 청교도"는 말한 다(1). 긴급한 철학의 재건. 81세 맞는 미국최대 의 석학 존듀이 교수	저자미상	1940.01.12	3	
	세계의 지성에 듣는다. "최후의 청교도"는 말한 다(2). 긴급한 철학의 재건. 82세 맞는 미국최대 의 석학 존듀이 교수	저자미상	1940.01.13	3	
『동아일보』	'假明人頭上에 一棒'과 儒敎의 眞髓(1)	저자미상	1920.05.17	1	
	'假明人頭上에 一棒'과 儒敎의 眞髓(2)	저자미상	1920.05.18	1	
	'假明人頭上에 一棒'과 儒敎의 眞髓(3)	저자미상	1920.05.19	1	
	'假明人頭上에 一棒'과 儒敎의 眞髓(4)	저자미상	1920.05.20	1	
	泰西敎育의 歷史的 觀察(3) 소크라테스氏	鼎言生	1921.05.17	1	
	泰西敎育의 歷史的 觀察(4), 플라톤	鼎言生	1921.05.18	1	
	泰西敎育의 歷史的 觀察(16), 후란케氏(2), 룻소(1)	鼎言生	1921.06.04	1	
	泰西敎育의 歷史的 觀察(16), 후란케氏(2), 룻소(1)	鼎言生	1921.06.05	1	
	泰西敎育의 歷史的 觀察(18) 룻소氏; 빠세도氏	鼎言生	1921.06.06	1	
	泰西敎育의 歷史的 觀察(19) 칸트氏	鼎言生	1921.06.07	1	
	泰西敎育의 歷史的 觀察(20) 칸트氏	鼎言生	1921.06.08	1	
	泰西敎育의 歷史的 觀察(21) 칸트氏	鼎言生	1921.06.10	1	
	泰西敎育의 歷史的 觀察(22) 칸트氏	鼎言生	1921.06.14	1	
	中國救濟方策, 럿셀氏 最後講演	저자미상	1921.07.12	1	
	럿셀氏의 財産論과 感想(1)	高永煥	1921.07.19		
	럿셀氏의 財産論과 感想(2)	高永煥	1921.07.20	1	
	럿셀氏의 財産論과 感想(3)	高永煥	1921.07.23	1	
	럿셀氏의 財産論과 感想(4)	高永煥	1921.07.24	1	

신문/ 잡지명	기사명	저자명	발행일	발행 면수	권(호)수
『동아일보』	럿셀氏의 財産論과 感想(5)	高永煥	1921.07.25	1	
	럿셀氏의 財産論과 感想(6)	高永煥	1921.07.26	1	
	럿셀氏의 財産論과 感想(7)	高永煥	1921.07.28	1	
	럿셀氏의 財産論과 感想(8)	高永煥	1921.07.30	1	
	럿셀氏의 財産論과 感想(9)	高永煥	1921.07.31	1	
	럿셀氏의 財産論과 感想(10)	高永煥	1921.08.01	1	
	럿셀氏의 財産論과 感想(11)	高永煥	1921.08.02	1	
	럿셀氏의 財産論과 感想(12)	高永煥	1921.08.03	1	
	李朝人物略傳(61)明宗朝(續); 成渾 宋翼弼 徐起 曺植	金瀅植 (抄)	1921.08.06	1	
	李朝人物略傳(61)孝宗朝; 趙翼 金堉 李時白 金益熙 兪棨 柳馨遠	金瀅植 (抄)	1921.10.22	1	
	李朝人物 略傳(69)英祖朝(續); 尹鳳朝 李存中 李象靖 李縡 洪啓	金瀅植 (抄)	1921.10.30	1	
	李朝人物略傳(71)正祖朝(續); 南景羲 純祖朝; 金祖淳 洪奭周	金瀅植 (抄)	1921.11.01	1	
	李朝人物略傳(72)哲宗朝(續); 鄭元容 李是遠 鄭芝潤 崔濟愚	金瀅植 (抄)	1921.11.02	1	
	思想自由와 進步	저자미상	1922.02.02		
	歐洲思想의 由來(1)	저자미상	1922.03.10	1	
	歐洲思想의 由來(2)	저자미상	1922.03.11	1	
	歐洲思想의 由來(3)	저자미상	1922.03.12	1	
	歐洲思想의 由來(4)	저자미상	1922.03.14	1	
	歐洲思想의 由來(5)	저자미상	1922.03.15	1	
	歐洲思想의 由來(6)	저자미상	1922.03.17	1	
	新思想論(1) 偶像破壞	저자미상	1922.04.13	1	
	新思想論(2) 階級觀念과 家族制度	저자미상	1922.04.14	1	
	新思想論(3) 個人과 社會	저자미상	1922.04.15	1	

신문/ 잡지명	기사명	저자명	발행일	발행 면수	권(호)수
	깐듸思想의 硏究(1)	저자미상	1922.08.16	1	
	깐듸思想의 硏究(1)	저자미상	1922.08.17	1	
	깐듸思想의 硏究(2)	저자미상	1922.08.18	1	
	깐듸思想의 硏究(3)	저자미상	1922.08.19	1	
	깐듸思想의 硏究(4)	저자미상	1922.08.20	1	
	깐듸思想의 硏究(5)	저자미상	1922.08.21	1	
	朝鮮思想界의 將來, 民族主義와 社會主義	저자미상	1922.10.03	1	
	社會의 病的現象(1)	李灌鎔	1922.10.04	1	
	社會의 病的現象(2)	李灌鎔	1922.10.06	1	
	社會의 病的現象(3)	李灌鎔	1922.10.07	1	
	社會의 病的現象(4)	李灌鎔	1922.10.08	1	
	社會의 病的現象(5)	李灌鎔	1922.10.09	1	
	社會의 病的現象(6)	李灌鎔	1922.10.10	1	
『동아일보』	社會의 病的現象(7)	李灌鎔	1922.10.11	1	
	社會의 病的現象(8)	李灌鎔	1922.10.12	1	
	社會의 病的現象(9)	李灌鎔	1922.10.13	1	
	社會의 病的現象(10)	李灌鎔	1922.10.14	1	
	社會의 病的現象(11)	李灌鎔	1922.10.15	1	
	社會의 病的現象(12)	李灌鎔	1922.10.16	1	
	社會의 病的現象(13)	李灌鎔	1922.10.17	1	
	社會의 病的現象(14)	李灌鎔	1922.10.18	1	
	社會의 病的現象(15)	李灌鎔	1922.10.19	1	
	社會의 病的現象(16)	李灌鎔	1922.10.20	1	
	十年만에 錦衣還鄕, 서서국 철학박사 李灌鎔씨 십칠일에 경성에	저자미상	1923.02.19	3	
	獨逸辭典에 朝鮮文發音表, 백림잇는 金重世씨 의 활동, 리관용박사의 독일 이야기(肖: 학계의 깃분소식, 귀국한 철학박사 리관용씨)	저자미상	1923.02.19	3	

신문/ 잡지명	기사명	저자명	발행일	발행 면수	권(호)수
『동아일보』	이관용 철학박사 환영회	저자미상	1923.02.22		
	독일단신 루얼점령과 독일민심	최두선	1923.03.21		
	불교대회강연회: 老子의 道德經을읽고(李灌鎔), 思想善導의 急務(李元錫)	저자미상	1923.04.15	3	
	新社會哲學의 基調, 自由平等의 調和	저자미상	1923.12.17	1	
	'칸트'의 人格至上主義	저자미상	1924.04.22	1	
	'임마누엘 칸트'의 人格	李灌鎔	1924.04.22	1	
	'칸트' 哲學의 批判	鄭昌先	1924.07.07	4	
	白性郁氏 哲學博士, 동양철학을 연공, 백림대학에서(肖: 백성욱씨)	저자미상	1924.10.07	2	
	現代의 思想(自由鍾)	저자미상	1924.12.08	5	
	佛敎純正哲學: 哲學博士 白性郁	白性郁	1925.01.04	3	
	朝鮮思想界混沌과 官憲의 態度	저자미상	1925.01.07	1	
	잠자는 思想바다 얼마나 뒤집으려나	저자미상	1925.11.11	1	
	實行과 思想	저자미상	1926.09.27	1	
	單子的 個我論(1)	韓稚振	1926.09.28	3	
	單子的 個我論(2)	韓稚振	1926.09.30	5	
	單子的 個我論(3)	韓稚振	1926.10.02	3	
	反 '맑스' 主義的(H氏流의 認識批判, 規定論을 反駁함)(1)	朴衡秉	1927.12.25	3	
	反 '맑스' 主義的(H氏流의 認識批判, 規定論을 反駁함)(2)	朴衡秉	1927.12.26	3	
	反 '맑스' 主義的(H氏流의 認識批判, 規定論을 反駁함)(3)	朴衡秉	1927.12.27	3	
	反 '맑스' 主義的(H氏流의 認識批判, 規定論을 反駁함)(4)	朴衡秉	1927.12.28	3	
	海外學窓 卄餘星霜 金重世博士 歸國, 구한국시대에 독일로 건너가서.	저자미상	1928.03.23	2	
	李星湖와 藿憂錄(1)	鄭寅普	1929.12.22	4	

신문/ 잡지명	기사명	저자명	발행일	발행 면수	권(호)수
『동아일보』	李星湖와 藿憂錄(2)	鄭寅普	1929.12.24	4	
	李星湖와 藿憂錄(3)	鄭寅普	1929.12.25	4	
	進化上 個我의 地位 單子的 個我主義(1)	韓稚振	1929.12.25	4	
	進化上 個我의 地位 單子的 個我主義(2)	韓稚振	1929.12.26	4	
	進化上 個我의 地位 單子的 個我主義(3)	韓稚振	1929.12.27	4	
	進化上 個我의 地位 單子的 個我主義(4)	韓稚振	1929.12.28	4	
	進化上 個我의 地位 單子的 個我主義(5)	韓稚振	1929.12.29	4	
	進化上 個我의 地位 單子的 個我主義(6)	韓稚振	1929.12.31	4	
	觀念論點의 指摘(1)	張善明	1930.01.21	4	
	觀念論點의 指摘(2)	張善明	1930.01.22	4	
	李灌鎔 博士 保釋願 提出	저자미상	1930.09.06	2	
	世界名著紹介(1)超人의 哲學 '차라투스트라' '프리드리히 니췌' 著	저자미상	1931.01.12	4	
	'깐디' 思想研究, 自我로 超越하야 愛他主義에(1)	朴魯哲	1931.08.12	5	
	'깐디' 思想研究, 自我로 超越하야 愛他主義에(2)	朴魯哲	1931.08.13	5	
	'깐디' 思想研究, 自我로 超越하야 愛他主義에(3)	朴魯哲	1931.08.15	5	
	'깐디' 思想研究, 自我로 超越하야 愛他主義에(4)	朴魯哲	1931.08.16	5	
	'깐디' 思想研究, 自我로 超越하야 愛他主義에(5)	朴魯哲	1931.08.18	5	
	'깐디' 思想研究, 自我로 越越하야 愛他主義에(6)	朴魯哲	1931.08.19	5	
	'깐디' 思想研究, 自我로 超越하야 愛他主義에(7)	朴魯哲	1931.08.20	5	
	'깐디' 思想研究, 自我로 超越하야 愛他主義에(8)	朴魯哲	1931.08.21	5	
	'깐디' 思想研究, 白我로 超越하야 愛他主義에(9)	朴魯哲	1931.08.22	5	

신문/ 잡지명	기사명	저자명	발행일	발행 면수	권(호)수
	'간디'思想硏究, 自我로 超越하야 愛他主義 에(10)	朴魯哲	1931.08.23	5	
	'간디'思想硏究, 自我로 超越하야 愛他主義에 (11)	朴魯哲	1931.08.25	5	
	'간디'思想硏究, 自我로 超越하야 愛他主義에 (12)	朴魯哲	1931.08.26	5	
	思想善導와 栗谷 退溪	저자미상	1931.11.13	1	
	百年祭를 當하야 '헤-겔'과 現代(1)	金桂淑	1931.11.14	5	
	百年祭를 當하야 '헤-겔'과 現代(2)	金桂淑	1931.11.15	5	
	百年祭를 當하야 '헤-겔'과 現代(3)	金桂淑	1931.11.17	5	
	韓廷玉氏의 '神卽社會體'論에 對한一考(1)	鄭景玉	1932.03.19	5	
	韓廷玉氏의 '神卽社會體'論에 對한一考(2)	鄭景玉	1932.03.20	5	
	韓廷玉氏의 '神卽社會體'論에 對한一考(3)	鄭景玉	1932.03.26	5	
	韓廷玉氏의 '神卽社會體'論에 對한一考(4)	鄭景玉	1932.03.31	5	
『동아일보』	韓廷玉氏의 '神卽社會體'論에 對한一考(5)	鄭景玉	1932.04.01	5	
	韓廷玉氏의 '神卽社會體'論에 對한一考(6)	鄭景玉	1932.04.02	5	
	韓廷玉氏의 '神卽社會體'論에 對한一考(7)	鄭景玉	1932.04.03	5	
	'헤겔'이 본 哲學과 時代의 關係(1)	安浩相	1932.07.14	5	
	'헤겔'이 본 哲學과 時代의 關係(2)	安浩相	1932.07.16	5	
	'헤겔'이 본 哲學과 時代의 關係(3)	安浩相	1932.07.17	5	
	哲人 '스피노사' 그의 生涯와 哲學 誕生三百年 記念을 마지며(1)	金斗憲	1932.11.22	4	
	哲人 '스피노사' 그의 生涯와 哲學 誕生三百年 記念을 마지며(2)	金斗憲	1932.11.27	4	
	哲人 '스피노사' 그의 生涯와 哲學 誕生三百年 記念을 마지며(3)	金斗憲	1932.12.02	4	
	哲人 '스피노사' 그의 生涯와 哲學 誕生三百年 記念을 마지며(4)	金斗憲	1932.12.05	4	
	'부루노 바우흐' 現代世界 唯一民族哲學者(1)	安浩相	1933.01.11	1	

신문/ 잡지명	기사명	저자명	발행일	발행 면수	권(호)수
	'부루노 바우흐' 現代世界 唯一民族哲學者(2)	安浩相	1933.01.13	1	
	'부루노 바우흐' 現代世界 唯一民族哲學者(3)	安浩相	1933.01.14	1	
	'부루노 바우흐' 現代世界 唯一民族哲學者(4)	安浩相	1933.01.15		
	'부루노 바우흐' 現代世界 唯一民族哲學者(5)	安浩相	1933.01.16		
	朝鮮儒學과 王陽明(1)	吉星山人	1933.04.15	3	
	朝鮮儒學과 王陽明(2)	吉星山人	1933.04.17	3	
	朝鮮儒學과 王陽明(3)	吉星山人	1933.04.18	4	
	朝鮮儒學과 王陽明(4)	吉星山人	1933.04.26	4	
	朝鮮儒學과 王陽明(5)	吉星山人	1933.04.30	4	
	朝鮮儒學과 王陽明(6)	吉星山人	1933.05.02	4	
	朝鮮儒學과 王陽明(7)	吉星山人	1933.06.10	4	
	朝鮮儒學과 王陽明(8)	吉星山人	1933.06.12	4	
『동아일보』	朝鮮의 現實과 哲學	金斗憲	1933.07.16	4	
	雜誌 '哲學'의 創刊을 보고[新刊評]		1933.08.04	4	
	李灌鎔博士 淸津서 不幸, 민중대회사건에도 관계, 避暑水泳中 橫死//氏의 略歷[肖]		1933.08.14	2	
	李灌鎔博士 追悼, 遺稿도 發刊準備		1933.08.15	2	
	'마르틴 루텔'의 生誕四百五十年, 現代宗敎에 있어서의 '루텔'的 課題(1)	申南澈	1933.11.24	4	
	'마르틴 루텔'의 生誕四百五十年, 現代宗敎에 있어서의 '루텔'的 課題(2)	申南澈	1933.11.25	3	
	'마르틴 루텔'의 生誕四百五十年, 現代宗敎에 있어서의 '루텔'的 課題(3)	申南澈	1933.11.29	3	
	'마르틴 루텔'의 生誕四百五十年, 現代宗敎에 있어서의 '루텔'的 課題(4)	申南澈	1933.11.30	3	
	人生哲學者 '딜타이' 그의 生誕百週年을 보내면서(1)	田元培	1933.12.21	3	
	人生哲學者 '딜타이' 그의 生誕百週年을 보내면서(2)	田元培	1933.12.22	3	

신문/ 잡지명	기사명	저자명	발행일	발행 면수	권(호)수
『동아일보』	人生哲學者 '딜타이' 그의 生誕百週年을 보내면서(3)	田元培	1933.12.23	3	
	人生哲學者 '딜타이' 그의 生誕百週年을 보내면서(4)	田元培	1933.12.24	3	
	人生哲學者 '딜타이' 그의 生誕百週年을 보내면서(5)	田元培	1933.12.27	3	
	人生哲學者 '딜타이' 그의 生誕百週年을 보내면서(6)	田元培	1933.12.28	3	
	最近朝鮮研究의 業績과 그 再出發, 朝鮮學은 어떠케 樹立할 것인가(1)	申南澈	1934.01.01	2	
	最近朝鮮研究의 業績과 그 再出發, 朝鮮學은 어떠케 樹立할 것인가(2)	申南澈	1934.01.02	2	
	最近朝鮮研究의 業績과 그 再出發, 朝鮮學은 어떠케 樹立할 것인가(3)	申南澈	1934.01.05	2	
	最近朝鮮研究의 業績과 그 再出發, 朝鮮學은 어떠케 樹立할 것인가(4)	申南澈	1934.01.07	3	
	'슐라이엘마엘' 의 百年忌 '슐라이엘마헬' 과 現代(1)	田元培	1934.02.13	3	
	'슐라이엘마엘' 의 百年忌 '슐라이엘마헬' 과 現代(2)	田元培	1934.02.15	3	
	'슐라이엘마엘' 의 百年忌 '슐라이엘마헬' 과 現代(3)	田元培	1934.02.17	3	
	哲學 第二號 不日出來 研究論文 數篇과 故 李灌鎔氏의 學位論文		1934.03.04	3	
	自我란 무엇인가 自我의 哲學的 考察(1)	安浩相	1934.03.31	3	
	自我란 무엇인가 自我의 哲學的 考察(2)	安浩相	1934.04.01	3	
	自我란 무엇인가 自我의 哲學的 考察(3)	安浩相	1934.04.02	4	
	局外者로서 最近의 '캅프' 에 對하야(1)	黃郁	1934.04.20	3	
	局外者로서 最近의 '캅프' 에 對하야(2)	黃郁	1934.04.21	5	
	局外者로서 最近의 '캅프' 에 對하야(3)	黃郁	1934.04.22	3	
	思想의 俗惡化에 抗하야; 봄과 思索 황욱(黃郁)	黃郁	1934.05.11	3	
	思想의 俗惡化에 抗하야 唯物辯證法(1)	黃郁	1934.05.12	3	

신문/ 잡지명	기사명	저자명	발행일	발행 면수	권(호)수
『동아일보』	思想의 俗惡化에 抗하야 唯物辯證法(2)	黃郁	1934.05.13	3	
	思想의 俗惡化에 抗하야 唯物辯證法(3)	黃郁	1934.05.14	4	
	學生啓蒙隊의 動員을 機會하야 '啓蒙'이란 무엇 이냐 歷史와 人間에 關한 斷想(1)	申南澈	1934.06.20	3	
	學生啓蒙隊의 動員을 機會하야 '啓蒙'이란 무엇 이냐 歷史와 人間에 關한 斷想(2)	申南澈	1934.06.21	3	
	夏期學生啓蒙運動 實施指針私見(1)	黃郁	1934.07.03	3	
	夏期學生啓蒙運動 實施指針私見(2)	黃郁	1934.07.04	3	
	夏期學生啓蒙運動 實施指針私見(3)	黃郁	1934.07.05	3	
	夏期學生啓蒙運動 實施指針私見(4)	黃郁	1934.07.06	3	
	夏期學生啓蒙運動 實施指針私見(5)	黃郁	1934.07.07	3	
	夏期學生啓蒙運動 實施指針私見(6)	黃郁	1934.07.08	3	
	朝鮮硏究의 機運에 際하야(1) 朝鮮學은 어떠케 規定할가 白南雲氏와의 一問一答[肯: 白南雲]	文責在	1934.09.11	3	
	朝鮮硏究의 機運에 際하야(2) 朝鮮學은 어떠케 規定할가 白南雲氏와의 一問一答[肯: 白南雲]	文責在	1934.09.12	3	
	朝鮮硏究의 機運에 際하야(3) 朝鮮學이란 「名 辭」에 反對 玄相允氏와의 一問一答[肯: 玄相允] (記者)	文責在	1934.09.13	3	
	나의 人生觀; 人間哲學 序想(1)[特別論文]	朴致祐	1935.01.11	3	
	나의 人生觀; 人間哲學 序想(2)[特別論文]	朴致祐	1935.01.12	3	
	나의 人生觀; 人間哲學 序想(3)[特別論文]	朴致祐	1935.01.15	3	
	나의 人生觀; 人間哲學 序想(4)[特別論文]	朴致祐	1935.01.16	3	
	나의 人生觀; 人間哲學 序想(5)[特別論文]	朴致祐	1935.01.17	3	
	나의 人生觀; 人間哲學 序想(6)[特別論文]	朴致祐	1935.01.18	3	
	陰陽 五行說에 對하야, 天台山人의 蒙을 啓함 (1)	趙憲泳	1935.03.08	3	
	陰陽 五行說에 對하야, 天台山人의 蒙을 啓함 (2)	趙憲泳	1935.03.09	3	
	陰陽 五行說에 對하야, 天台山人의 蒙을 啓함 (3)	趙憲泳	1935.03.10	3	

신문/ 잡지명	기사명	저자명	발행일	발행 면수	권(호)수
『동아일보』	陰陽 五行說에 對하야, 天台山人의 蒙을 啓함(4)	趙憲泳	1935.03.12	3	
	陰陽 五行說에 對하야, 天台山人의 蒙을 啓함(5)	趙憲泳	1935.03.13	3	
	陰陽 五行說에 對하야, 天台山人의 蒙을 啓함(6)	趙憲泳	1935.03.14	3	
	動의 槪念과 靜의 槪念(1)	金基錫	1935.03.31	3	
	動의 槪念과 靜의 槪念(2)	金基錫	1935.04.03	4	
	動의 槪念과 靜의 槪念(3)	金基錫	1935.04.05	4	
	動의 槪念과 靜의 槪念(4)	金基錫	1935.04.06	4	
	動의 槪念과 靜의 槪念(5)	金基錫	1935.04.07	4	
	動의 槪念과 靜의 槪念(6)	金基錫	1935.04.09	3	
	新時代의 展望 인테리 問題; 不安의 精神과 '인테리'의 將來(1)	朴致祐	1935.06.12	3	
	新時代의 展望 인테리 問題; 不安의 精神과 '인테리'의 將來(2)	朴致祐	1935.06.13	3	
	新時代의 展望 인테리 問題; 不安의 精神과 '인테리'의 將來(3)	朴致祐	1935.06.14	3	
	哲學의 出發點(1)[斷想二題]	朴如涯	1935.09.14	3	
	哲學의 出發點(2) 死의 問題[斷想二題]	朴如涯	1935.09.18	3	
	露西亞의 哲學과 '톨스토이'의 理性愛(1)	申南澈	1935.11.20	3	
	露西亞의 哲學과 '톨스토이'의 理性愛(2)	申南澈	1935.11.21	3	
	危機神學에 對하야 田元培氏의 論壇時感을 駁함(1)	宋正律	1935.11.27	3	
	危機神學에 對하야 田元培氏의 論壇時感을 駁함(2)	宋正律	1935.11.28	3	
	危機神學에 對하야 田元培氏의 論壇時感을 駁함(3)	宋正律	1935.11.29	3	
	危機神學에 對하야 田元培氏의 論壇時感을 駁함(4)	宋正律	1935.11.30	3	

신문/ 잡지명	기사명	저자명	발행일	발행 면수	권(호)수
『동아일보』	現代思想의 混亂 內外의 情況에 對한 簡單한 槪 觀(1)	蘇哲仁	1935.12.07	3	
	現代思想의 混亂 內外의 情況에 對한 簡單한 槪 觀(2)	蘇哲仁	1935.12.08	3	
	現代思想의 混亂 內外의 情況에 對한 簡單한 槪 觀(3)	蘇哲仁	1935.12.10	3	
	現代思想의 混亂 內外의 情況에 對한 簡單한 槪 觀(4)	蘇哲仁	1935.12.11	3	
	現代思想의 混亂 內外의 情況에 對한 簡單한 槪 觀(5)	蘇哲仁	1935.12.12	3	
	現代思想의 混亂 內外의 情況에 對한 簡單한 槪 觀(6)	蘇哲仁	1935.12.13	3	
	테오리아와 이슴 이데오로기로서의 哲學의 兩面 (1)	魯古秀	1936.01.15	3	
	테오리아와 이슴 이데오로기로서의 哲學의 兩面 (2)	魯古秀	1936.01.16	3	
	人間의 有限性 問題, '하이덱가'의 實存 哲學을 顧慮하며(1)	朴如涯	1936.03.14	4	
	人間의 有限性 問題, '하이덱가'의 實存 哲學을 顧慮하며(2)	朴如涯	1936.03.15	4	
	人間의 有限性 問題, '하이덱가'의 實存 哲學을 顧慮하며(3)	朴如涯	1936.03.17	7	
	人間의 有限性 問題, '하이덱가'의 實存 哲學을 顧慮하며(4)	朴如涯	1936.03.18	7	
	國際作家 大會의 教訓, 文化實踐에 잇어서의 善 意志(1)	朴致祐	1936.05.28	7	
	國際作家 大會의 教訓, 文化實踐에 잇어서의 善 意志(2)	朴致祐	1936.05.29	7	
	國際作家 大會의 教訓, 文化實踐에 잇어서의 善 意志(3)	朴致祐	1936.05.31	7	
	國際作家 大會의 教訓, 文化實踐에 잇어서의 善 意志(4)	朴致祐	1936.06.02	7	
	릭켈트'氏 逝去 現代思想界의 巨星 西南獨逸學 派 最後의 一人[肖]	저자미상	1936.08.19	7	

신문/ 잡지명	기사명	저자명	발행일	발행 면수	권(호)수
『동아일보』	現代思想과 '릭켈트' 그에 잇어서의 산 것과 죽은 것(1)	申南澈	1936.08.19	7	
	現代思想과 '릭켈트' 그에 잇어서의 산 것과 죽은 것(2)	申南澈	1936.08.20	7	
	現代思想과 '릭켈트' 그에 잇어서의 산 것과 죽은 것(3)	申南澈	1936.08.21	7	
	實在解釋과 哲學의 立場, 現代의 思惟와 人間理念의 續稿(1)	金基錫	1937.07.25	7	
	實在解釋과 哲學의 立場, 現代의 思惟와 人間理念의 續稿(2)	金基錫	1937.07.27	7	
	實在解釋과 哲學의 立場, 現代의 思惟와 人間理念의 續稿(3)	金基錫	1937.07.28	6	
	實在解釋과 哲學의 立場, 現代의 思惟와 人間理念의 續稿(4)	金基錫	1937.07.29	7	
	實在解釋과 哲學의 立場, 現代의 思惟와 人間理念의 續稿(5)	金基錫	1937.07.30	8	
	哲學의 世界觀的 基礎哲學濫重의 觀念에 抗하야(1)	金午星	1937.08.26	7	
	哲學의 世界觀的 基礎哲學濫重의 觀念에 抗하야(2)	金午星	1937.08.27	7	
	哲學의 世界觀的 基礎哲學濫重의 觀念에 抗하야(3)	金午星	1937.08.29	7	
	哲學의 世界觀的 基礎哲學濫重의 觀念에 抗하야(4)	金午星	1937.08.31	6	
	哲學의 世界觀的 基礎哲學濫重의 觀念에 抗하야(5)	金午星	1937.09.01	7	
	讀書餘響; 新秋燈下에 읽히고 싶은 書籍 (2) '칸트' '헤겔'의 二著	安浩相	1937.09.03	7	
	周易思想의 形上形下論과 生死觀(1)	跛躄生	1937.10.24	4	
	周易思想의 形上形下論과 生死觀(2)	跛躄生	1937.10.26	4	
	周易思想의 形上形下論과 生死觀(3)	跛躄生	1937.10.27	4	
	周易思想의 形上形下論과 生死觀(4)	跛躄生	1937.10.28	4	

신문/ 잡지명	기사명	저자명	발행일	발행 면수	권(호)수
『동아일보』	周易思想의 形上形下論과 生死觀(5)	跛鱉生	1937.10.29	4	
	周易思想의 形上形下論과 生死觀(6)	跛鱉生	1937.10.30	4	
	哲學的 思惟의 理解, 根源的了解로서의 그 構造 關聯(1)	金基錫	1937.11.10	4	
	哲學的 思惟의 理解, 根源的了解로서의 그 構造 關聯(2)	金基錫	1937.11.16	4	
	哲學的 思惟의 理解, 根源的了解로서의 그 構造 關聯(3)	金基錫	1937.11.18	4	
	哲學的 思惟의 理解, 根源的了解로서의 그 構造 關聯(4)	金基錫	1937.11.19	4	
	哲學的 思惟의 理解, 根源的了解로서의 그 構造 關聯(5)	金基錫	1937.11.20	4	
	周易思想의 實體意識에 對하야 特히 安浩相氏 의 批判에 答함(1)	跛鱉生	1937.11.17	4	
	周易思想의 實體意識에 對하야 特히 安浩相氏 의 批判에 答함(2)	跛鱉生	1937.11.18	4	
	周易思想의 實體意識에 對하야 特히 安浩相氏 의 批判에 答함(3)	跛鱉生	1937.11.19	4	
	周易思想의 實體意識에 對하야 特히 安浩相氏 의 批判에 答함(4)	跛鱉生	1937.11.20	4	
	周易思想의 實體意識에 對하야 特히 安浩相氏 의 批判에 答함(5)	跛鱉生	1937.11.21	4	
	跛鱉生의 周易解釋에 對한 批判(1)	安浩相	1937.12.01	4	
	跛鱉生의 周易解釋에 對한 批判(2)	安浩相	1937.12.02	6	
	跛鱉生의 周易解釋에 對한 批判(3)	安浩相	1937.12.03	4	
	太極五行 原理와 漢儒의 互體說에 對한 考察, 特히 朱子學說의 誤謬를 論함(1)	松山生	1937.12.07	4	
	太極五行 原理와 漢儒의 互體說에 對한 考察, 特히 朱子學說의 誤謬를 論함(2)	松山生	1937.12.08	4	
	太極五行 原理와 漢儒의 互體說에 對한 考察, 特히 朱子學說의 誤謬를 論함(3)	松山生	1937.12.09	4	

신문/ 잡지명	기사명	저자명	발행일	발행 면수	권(호)수
	太極五行 原理와 漢儒의 互體說에 對한 考察, 特히 朱子學說의 誤謬를 論함(4)	松山生	1937.12.10	4	
	太極五行 原理와 漢儒의 互體說에 對한 考察, 特히 朱子學說의 誤謬를 論함(5)	松山生	1937.12.11	4	
	太極五行 原理와 漢儒의 互體說에 對한 考察, 特히 朱子學說의 誤謬를 論함(6)	松山生	1937.12.16	4	
	太極五行 原理와 漢儒의 互體說에 對한 考察, 特히 朱子學說의 誤謬를 論함(7)	松山生	1937.12.17	4	
	太極五行 原理와 漢儒의 互體說에 對한 考察, 特히 朱子學說의 誤謬를 論함(8)	松山生	1937.12.18	4	
	太極五行 原理와 漢儒의 互體說에 對한 考察, 特히 朱子學說의 誤謬를 論함(9)	松山生	1937.12.21	4	
	太極五行 原理와 漢儒의 互體說에 對한 考察, 特히 朱子學說의 誤謬를 論함(10)	松山生	1937.12.22	4	
	太極五行 原理와 漢儒의 互體說에 對한 考察, 特히 朱子學說의 誤謬를 論함(11)	松山生	1937.12.23	4	
『동아일보』	世界學界의 最新學說; 現代哲學의 動向(1)	哲仁	1938.03.09	4	
	世界學界의 最新學說; 現代哲學의 動向(2)	哲仁	1938.03.10	4	
	世界學界의 最新學說; 現代哲學의 動向(3)	哲仁	1938.03.12	4	
	世界學界의 最新學說; 現代哲學의 動向(4)	哲仁	1938.03.13	4	
	哲學者로서 文學者에 一言 作家의 情熱的叡知 (1)[越圈批判]	申南澈	1938.05.25	3	
	哲學者로서 文學者에 一言 作家의 情熱的叡知 (2)[越圈批判]	申南澈	1938.05.26	3	
	現代의 危機와 哲學; 不安한 生을 營爲하는 분께 (1)	金基錫	1938.09.04	4	
	現代의 危機와 哲學; 不安한 生을 營爲하는 분께 (2)	金基錫	1938.09.06	3	
	現代의 危機와 哲學; 不安한 生을 營爲하는 분께 (3)	金基錫	1938.09.07	3	
	現代의 危機와 哲學; 不安한 生을 營爲하는 분께 (4)	金基錫	1938.09.08	3	

신문/ 잡지명	기사명	저자명	발행일	발행 면수	권(호)수
『동아일보』	哲學과 知性; 哲學精神의 再建을 爲하야(1)	金午星	1938.11.03	4	
	哲學과 知性; 哲學精神의 再建을 爲하야(2)	金午星	1938.11.06	4	
	哲學과 知性; 哲學精神의 再建을 爲하야(3)	金午星	1938.11.08	3	
	哲學과 知性; 哲學精神의 再建을 爲하야(4)	金午星	1938.11.09	3	
	哲學과 知性; 哲學精神의 再建을 爲하야(5)	金午星	1938.11.10	3	
	哲學과 知性; 哲學精神의 再建을 爲하야(6)	金午星	1938.11.16	4	
	茶山先生과 現代와의 關係	安浩相	1938.12.09	4	
	現代哲學의 志向 生에서 實存의 길을 檢討함(1)	金午星	1939.07.14	3	
	現代哲學의 志向 生에서 實存의 길을 檢討함(2)	金午星	1939.07.15	4	
	現代哲學의 志向 生에서 實存의 길을 檢討함(3)	金午星	1939.07.16	3	
	現代哲學의 志向 生에서 實存의 길을 檢討함(4)	金午星	1939.07.19	4	
	現代哲學의 志向 生에서 實存의 길을 檢討함(5)	金午星	1939.07.20	4	
	現代哲學의 志向 生에서 實存의 길을 檢討함(6)	金午星	1939.07.23	3	
	現代哲學의 志向 生에서 實存의 길을 檢討함(7)	金午星	1939.07.25	3	
	現代哲學의 志向 生에서 實存의 길을 檢討함(8)	金午星	1939.07.26	3	
	指導者 '세-라'의 人間學을 中心으로, 哲學斷想 (1)[學生文壇]	朱鎭泳	1939.10.04	5	
	指導者 '세-라'의 人間學을 中心으로, 哲學斷想 (2)[學生文壇]	朱鎭泳	1939.10.07	4	
	思想과 自然科學(一)	金容瓘	1939.11.29	3	
	思想과 自然科學(二)	金容瓘	1939.11.30	3	
	思想과 自然科學(三)	金容瓘	1939.12.02	3	
	思想과 自然科學(四)	金容瓘	1939.12.03	3	
	朝鮮文化의 創造性, 哲學, 偉大한 文化形成에는 哲學的 地盤이 必要(上)	安浩相	1940.01.01	1	
	朝鮮文化의 創造性, 哲學, 偉大한 文化形成에는 哲學的 地盤이 必要(下)	安浩相	1940.01.03	1	
	種痘術과 丁茶山先生(一)	滄海生	1940.02.29	3	

신문/ 잡지명	기사명	저자명	발행일	발행 면수	권(호)수
『동아일보』	種痘術과 丁茶山先生(二)	滄海生	1940.03.01	3	
	種痘術과 丁茶山先生(三)	滄海生	1940.03.03	3	
	種痘術과 丁茶山先生(四)	滄海生	1940.03.05	3	
	現代에의 志向	朱鎭球	1940.03.01	3	
	哲學에 影響을 끼친 科學者에 對하야(1)	金容瑾	1940.03.21	3	
	哲學에 影響을 끼친 科學者에 對하야(2)	金容瑾	1940.03.23	3	
	哲學에 影響을 끼친 科學者에 對하야(3)	金容瑾	1940.03.24	3	
	哲學에 影響을 끼친 科學者에 對하야(4)	金容瑾	1940.03.26	3	
	哲學에 影響을 끼친 科學者에 對하야(5)	金容瑾	1940.03.28	3	
	哲學에 影響을 끼친 科學者에 對하야(6)	金容瑾	1940.03.30	3	
	史上名人의 二十歲; 李穡先生의 元國 儒學(1)	崔益翰	1940.04.25	3	
	史上名人의 二十歲; 李穡先生의 元國 儒學(2)	崔益翰	1940.04.27	3	
	史上名人의 二十歲; 율곡선생의 퇴불환유(1)	崔益翰	1940.05.05	4	
	史上名人의 二十歲; 율곡선생의 퇴불환유(2)	崔益翰	1940.05.07	4	
	史上名人의 二十歲; 율곡선생의 퇴불환유(3)	崔益翰	1940.05.09	4	
	史上名人의 二十歲; 茶山先生의 早年工時(1)	崔益翰	1940.05.10	3	
	史上名人의 二十歲; 茶山先生의 早年工時(2)	崔益翰	1940.05.12	3	
『每日申報』	文明과 儒教의 關係(2)	韓泰源	1911.04.08	3	
	論陽明學	至齋	1917.02.15	1	
	論陽明學(속)	至齋	1917.02.20	1	
	王陽明의 理想的 國家論(1)	저자미상	1922.10.08	1	
	王陽明의 理想的 國家論(4)	저자미상	1922.10.13	1	
	王陽明의 理想的 國家論(5)	저자미상	1922.10.14	1	
	王陽明의 理想的 國家論(6)	저자미상	1922.10.17	1	
	孔子主義에 基한 大亞州主義運動	저자미상	1934.11.25	2	
	朱子와 王陽明	李敦化	1939.03.19	8	

신문/ 잡지명	기사명	저자명	발행일	발행 면수	권(호)수
『조선중앙 일보』	조선철학계의 성장을 위하여	신남철	1933.07.19	3	
	露西亞의 思想史上 헤겔주의의 존재(1), 앙코 야 넬설에 의하여	田元培	1934.04.29	3	
	露西亞의 思想史上 헤겔주의의 존재(2), 앙코 야넬설에 의하여	田元培	1934.05.01	3	
	露西亞의 思想史上 헤겔주의의 존재(3), 앙코 야넬설에 의하여	田元培	1934.05.02	3	
	露西亞의 思想史上 헤겔주의의 존재(4), 앙코 야넬설에 의하여	田元培	1934.05.03	3	
	露西亞의 思想史上 헤겔주의의 존재(5)-1, 앙코 야넬설에 의하여	田元培	1934.05.04	3	
	露西亞의 思想史上 헤겔주의의 존재(5)-2, 앙코 야넬설에 의하여	田元培	1934.05.05	3	
	露西亞의 思想史上 헤겔주의의 존재(6), 앙코 야넬설에 의하여	田元培	1934.05.07	3	
	露西亞의 思想史上 헤겔주의의 존재(7), 앙코 야넬설에 의하여	田元培	1934.05.08	3	
	露西亞의 思想史上 헤겔주의의 존재(8), 앙코 야넬설에 의하여	田元培	1934.05.09	3	
	露西亞의 思想史上 헤겔주의의 존재(9), 앙코 야넬설에 의하여	田元培	1934.05.10	3	
	露西亞의 思想史上 헤겔주의의 존재(10), 앙코 야넬설에 의하여	田元培	1934.05.11	3	
	露西亞의 思想史上 헤겔주의의 존재(11), 앙코 야넬설에 의하여	田元培	1934.05.12	3	
	니체 부흥의 현대적 의의(1)	安浩相	1935.06.23	4	
	니체 부흥의 현대적 의의(2)	安浩相	1935.06.25	4	
	니체 부흥의 현대적 의의(3)	安浩相	1935.06.26	4	
	니체 부흥의 현대적 의의(4)	安浩相	1935.06.27	4	
	니체 부흥의 현대적 의의(5)	安浩相	1935.06.28	4	
	니체 부흥의 현대적 의의(6)	安浩相	1935.06.29	4	

신문/ 잡지명	기사명	저자명	발행일	발행 면수	권(호)수
	니체 부흥의 현대적 의의(7)	安浩相	1935.06.30	4	
	진정한 정다산 연구의 길-아울러 다산론에 나 타난 속학적 견해를… (1)	天台山人	1935.07.25	4	
	진정한 정다산 연구의 길-아울러 다산론에 나 타난 속학적 견해를…. (2)	天台山人	1935.07.26	4	
	진정한 정다산 연구의 길-아울러 다산론에 나 타난 속학적 견해를…. (3)	天台山人	1935.07.27	4	
	진정한 정다산 연구의 길-아울러 다산론에 나 타난 속학적 견해를…. (4)	天台山人	1935.07.28	4	
	진정한 정다산 연구의 길-아울러 다산론에 나 타난 속학적 견해를… (5)	天台山人	1935.07.30	4	
	진정한 정다산 연구의 길-아울러 다산론에 나 타난 속학적 견해를… (6)	天台山人	1935.08.01	1	
	진정한 정다산 연구의 길-아울러 다산론에 나 타난 속학적 견해를… (7)	天台山人	1935.08.02	3	
『조선중앙 일보』	진정한 정다산 연구의 길-아울러 다산론에 나 타난 속학적 견해를… (8)	天台山人	1935.08.03	4	
	진정한 정다산 연구의 길-아울러 다산론에 나 타난 속학적 견해를… (9)	天台山人	1935.08.04	4	
	진정한 정다산 연구의 길-아울러 다산론에 나 타난 속학적 견해를… (10)	天台山人	1935.08.06	4	
	철학연구의 사회적 의의(1)	白元欽	1935.10.08	4	
	철학연구의 사회적 의의(3)	白元欽	1935.10.10	4	
	철학연구의 사회적 의의(4)	白元欽	1935.10.11	4	
	철학연구의 사회적 의의(5)	白元欽	1935.10.12	4	
	철학연구의 사회적 의의(7)	白元欽	1935.10.15	4	
	철학연구의 사회적 의의(8)	白元欽	1935.10.16	3	
	묵자사상에 대한 일고찰(1), 2천년전 중국의 공 상적사회주의자	安炳珠	1935.10.30	4	
	묵자사상에 대한 일고찰(2), 2천년전 중국의 공 상적사회주의자	安炳珠	1935.10.31	4	

신문/ 잡지명	기사명	저자명	발행일	발행 면수	권(호)수
『조선중앙 일보』	묵자사상에 대한 일고찰(3), 2천년전 중국의 공상적사회주의자	安炳珠	1935.11.01	1	
	묵자사상에 대한 일고찰(4), 2천년전 중국의 공상적사회주의자	安炳珠	1935.11.02	4	
	논단시평, 朝鮮的 철학과 그 계몽적 역할	金永植	1935.12.03	1	
	데카르트와 칸트의 忌日에 제하야,(二月十一日·二月十二日)	金斗憲	1936.02.11	1	
	학예, 데카르트와 칸트 (속) 그 忌日을 보내며	金斗憲	1936.02.18	4	
	위기의 철학, 철학의 위기(1)	鄭璉	1936.02.17	4	
	위기의 철학, 철학의 위기(2)	鄭璉	1936.02.18	4	
	위기의 철학, 철학의 위기(3)	鄭璉	1936.02.19	4	
	위기의 철학, 철학의 위기(4)	鄭璉	1936.02.21	4	
	위기의 철학, 철학의 위기(5)	鄭璉	1936.02.22	4	
	위기의 철학, 철학의 위기(6)	鄭璉	1936.02.23	4	
	철학상으로 본 인과, 관념론적 인과설교에 抗하여(1)	白元欽	1936.04.16	3	
	철학상으로 본 인과, 관념론적 인과설교에 抗하여(2)	白元欽	1936.04.17	3	
	철학상으로 본 인과, 관념론적 인과설교에 抗하여(3)	白元欽	1936.04.20	4	
	철학상으로 본 인과, 관념론적 인과 설교에 抗하여(4)	白元欽	1936.04.22	3	
	철학상으로 본 인과, 관념론적 인과 설교에 抗하여(5)	白元欽	1936.04.23	3	
	철학상으로 본 인과, 관념론적 인과 설교에 抗하여(6)	白元欽	1936.04.24	3	
	철학상으로 본 인과, 관념론적 인과 설교에 抗하여(7)	白元欽	1936.04.25	3	
	철학상으로 본 인과, 관념론적 인과 설교에 抗하여(8)	白元欽	1936.04.26	3	

신문/ 잡지명	기사명	저자명	발행일	발행 면수	권(호)수
『조선중앙 일보』	철학상으로 본 인과, 관념론적 인과 설교에 抗 하여(9)	白元欽	1936.04.28	3	
『시대일보』	임마누엘 칸트의 미학설에 대하여	李庚烈	1926.05.31	4	
	임마누엘 칸트의 미학설에 대하여	李庚烈	1926.06.07	4	
『중외일보』	과학적 정신과 조선인의 장래	저자미상	1926.12.08	1	
	철학이란 무엇인가?(1)	李晶燮	1927.06.02	1	
	철학이란 무엇인가?(2)	李晶燮	1927.06.04	1	
	新心理學說과 맑스學說의 出發点(1)	金一線	1928.01.21	3	
	新心理學說과 맑스學說의 出發点(2)	金一線	1928.01.23	3	
	新心理學說과 맑스學說의 出發点(3)	金一線	1928.01.24	3	
	맑시스트의 종교의식(1)	鄭東哲	1928.06.10	3	
	맑시스트의 종교의식(2)	鄭東哲	1928.06.11	3	
	맑시스트의 종교의식(3)	鄭東哲	1928.06.12	3	
	맑시스트의 종교의식(4)	鄭東哲	1928.06.13	3	
	맑시스트의 종교의식(5)	鄭東哲	1928.06.14	3	
『중앙일보』	스피노자와 그의 사상(1)	李灌鎔	1932.11.21	3	
	스피노자와 그의 사상(2)	李灌鎔	1932.11.23	3	
	스피노자와 그의 사상(3)	李灌鎔	1932.11.24	3	
삼천리	新興 中國을 보고	李灌鎔	1929.09.01		總1號 (第1卷 1號)
	外國의 代表的 新聞觀	李灌鎔	1932.12.01		總8號 (第1卷 7號)
가톨릭 靑年	파스칼의 隨感錄(譯抄)	許保	1933.06.10		제1호 (제1권 1호)
	唯物論者의 自然發生說	申仁植	1933.11.10		제6호 (제1권 6호)

신문/ 잡지명	기사명	저자명	발행일	발행 면수	권(호)수
가톨릭 靑年	現代思想은 어데로	李秉善	1935.01.25		제21호 (제3권 2호)
	공자의 직계 후손	저자미상	1935.02.25		제22호 (제3권 3호)
	茶山先生의 逝世 100年을 맞이하며	저자미상 (편집실)	1935.08.25		제28호 (제3권 9호)
開闢	力萬能主義의 急先鋒 푸리드리히 니체先生을 紹介함	小春	1920.06.25		總1號 (第1卷 第1號)
	막쓰와 唯物史觀의 一瞥	又影生	1920.08.25		總3號 (第1卷 第3號)
	오이켄 博士의 獨逸자랑	저자미상	1920.08.25		總3號 (第1卷第 3號)
	東洋道學의 體系 如何(上)	姜春山	1921.03.01		總9號 (第2卷 第3號)
	동서문화사상에 現하는 古今의 思想을 一瞥하고(1)	朴達成	1921.03.01		總9號 (第2卷 第3號)
	東洋道學의 體系 如何(中)	姜春山	1921.04.01		總10號 (第2卷 第4號)
	東洋道學의 體系 如何(下之一)	姜春山	1921.05.01		總11號 (第2卷 第5號)
	東洋道學의 體系 如何(下之二)	姜春山	1921.07.01		總12號 (第2卷 第6號)
	東洋道學의 體系 如何(下之三)	姜春山	1921.08.00		總13號 (第2卷 第7號)

신문/ 잡지명	기사명	저자명	발행일	발행 면수	권(호)수
開闢	東洋道學의 系 如何(下之終)	姜春山	1921.09.00		總14號 (第2卷 第8號)
	老子의 思想과 그 潮流의 槪觀	金鼎卨	1924.03.01		總45號 (第5卷 第3號)
	싼·씨몬의 社會思想과 푸리에의 新社會案, 그들 은 이러케까지 우리에게 사색할 것을 주엇다	玉川生	1924.10.01		總52號 (第5卷 第10號)
	'오웬'의 計圖한 協和合力의 村	玉川生	1925.02.01		總56號 (第6卷 第2號)
	토마쓰 모-르부터 레닌까지	프레프 (著)· 쇠뫼(譯)	1926.02.01		總66號 (第7卷 第2號)
	칸트哲學과 뿌르조아 思想	崔火雲	1926.03.01		總67號 (第7卷 第3號)
	헤켈哲學과 데이켄	崔火雲	1926.04.01		總68號 (第7卷 第4號)
公道	어이켄의 宗敎思想	저자미상	1915.01.05		總3號 (第2卷 1號)
	스펜셔의 社會思想(社會 改善)	저자미상	1915.01.05		總3號 (第2卷 1號)
	스펜스의 社會思想(社會 改善) (續)	저자미상	1915.02.15		總4號 (第2卷 2號)
	어이켄의 宗敎思想(宗敎 及 論理) (續)	저자미상	1915.02.15		總4號 (第2卷 2號)
	스펜스의 社會思想(續)	저자미상	1915.03.10		總5號 (第2卷 3號)

신문/ 잡지명	기사명	저자명	발행일	발행 면수	권(호)수
公道	어이켄의 宗敎思想(續)	저자미상	1915.03.10		總5號 (第2卷 3號)
大衆公論	相剋性原理	裴相河	1930.07.01		第2卷 第7號
大韓學會 月報	哲學과 科學의 範圍	李昌煥	1908.06.25		總5號 (第1卷 5號)
	西洋論理學 要義(續)	姜邁	1908.11.25		總9號 (第1卷 9號)
東光	民主主義와 社會主義	저자미상	1926.05.01		총1호 (제1권 1호)
	哲人 쏘크라테쓰	金永鎭	1927.01.01		총9호 (제2권 1호)
	칸트와 흄, 因果問題에대한	李庚烈	1927.03.05		총11호 (제2권 3호)
	짠·자크·루소 어른, 혁신문학의 선수로 자유 평 등론의 대표	저자미상	1927.06.01		총14호 (제2권 6호)
	實驗主義의 哲學者 胡適(現代中國思想家 列傳 (3)	申彦俊	1931.08.04		총24호 (제3권 8호)
	革命詩人 하이네 理性과 浪漫의 二元苦와 哲學 (1)	申南澈	1931.11.10		총27호 (제3권 11호)
文明	老子思想의 解剖	朴一秉	1925.12.25		총1호 (제1권 1호)
	무저항주의에 대한 '톨스토이' 와 '깐디'	朴春濤	1925.12.25		총1호 (제1권 1호)

신문/ 잡지명	기사명	저자명	발행일	발행 면수	권(호)수
別乾坤	소크라테쓰의 最後	任昌淳	1927.12.20		총10호 (제2권 8호)
佛教	佛教 純全哲學(續)	白峻	1925.02.01		총8호 (제2권 2호)
	華嚴哲學의 內容(前續)	金敬注	1928.01.01		총43호 (제5권 1호)
	近代哲學의 鼻祖 르네·데카르트	鐵啞	1928.05.01		총 46·47호 (제5권 5·6호)
	朝鮮佛教의 三大特色	退耕	1928.09.01		총 50·51호 (제5권 9·10호)
	쇼펜하웰(Schopenhawer)의 厭世哲學과 그의 佛教思想	金素荷	1929.02.01		총56호 (제2권 2호)
	佛陀의 根本思想	露岳山人	1929.06.01		제60호 (제6권 6호)
	'칸트'로부터 '휴-ㅁ'에 이르기까지 因果問題의 發展	朴東一	1929.07.01		제61호 (제6권 7호)
	'칸트'로부터 '휴-ㅁ'에 이르기까지 因果問題의 發展	朴東一	1929.10.01		총64호 (제6권 10호)
	'휴-ㅁ'으로부터 '칸트' 이르기까지 因果問題의 發展(續)	朴東一	1929.11.01		총65호 (제6권 11호)
	'휴-ㅁ'으로부터 '칸트' 이르기까지 因果問題의 發展(續)	朴東一	1929.12.01		총66호 (제6권 12호)
	'휴-ㅁ'으로부터 '칸트' 이르기까지 因果問題의 發展(續)	朴東一	1930.02.01		총68호 (제7권 2호)

신문/ 잡지명	기사명	저자명	발행일	발행 면수	권(호)수
佛教	'흄-ㅁ'으로부터 '칸트' 이르기까지 因果問題의 發展(續)	朴東一	1930.03.01		총69호 (제7권 3호)
	'흄-ㅁ'으로부터 '칸트' 이르기까지 因果問題의 發展(續)	朴東一	1930.04.01		총70호 (제7권 4호)
	中道와 中庸	金海潤	1930.10.01		총76호 (제7권 10호)
	中道와 中庸(續)	金海潤	1930.12.01		총78호 (제7권 12호)
佛教振興 會月報	佛教의 五大 特徵(論說)	梁建植	1915.11.15		總8號 (第1卷 8號)
批判	맑스主義와 民族問題	朴萬春	1922.09.05		제19호 (제2권 11호)
	認識論에 있어서 레-닌의 辯證法	李鐵	1932.08.01		제15호 (제2권 7호)
	맑스의 經濟學	朴체리	1932.12.01		제19호 (제2권 11호)
	맑스主義 地代論 ABC	崔鎭元	1932.12.01		제19호 (제2권 11호)
	맑쓰 經濟學說의 歷史的 發展	金匡	1932.12.01		제19호 (제2권 11호)
	辯證法的 唯物論	蘇哲仁	1932.12.01		제19호 (제2권 11호)
	이데오르기論	申南澈	1932.12.01		제19호 (제2권 11호)

신문/ 잡지명	기사명	저자명	발행일	발행 면수	권(호)수
批判	帝國主義論	尹尙熙	1932.12.01		제19호 (제2권 11호)
	칼 맑스의 略傳	曺喜雲	1932.12.01		제19호 (제2권 11호)
西北學會月報	國家論의 槪要	鮮于순	1909.01.01		總8號 (第1卷 8號)
	國家論의 槪要(續)	鮮于순	1909.01.01		總8號 (第1卷 8號)
	退·栗 兩賢의 遺調	저자미상	1909.02.01		總9號 (第1卷 9號)
	儒敎 求新論	謙谷生	1909.03.01		總10號 (第1卷 10號)
	國家論 개요(9호續)	鮮于순	1909.04.01		總11號 (第2卷 11號)
	倫理叢話	저자미상	1909.04.01		總11號 (第2卷 11號)
	倫理叢話(續)	저자미상	1909.05.01		總12號 (第2卷 12號)
	國家論의 개요(續)	鮮于순	1909.05.01		總12號 (第2卷 12號)
	儒敎求新論에 對하여 儒林界에 贊否를 望함	韓光鎬	1909.05.01		總12號 (第2卷 12號)
	退溪先生의 學이 行干日本者 久矣	저자미상	1909.05.01		總12號 (第2卷 12號)

신문/ 잡지명	기사명	저자명	발행일	발행 면수	권(호)수
西北學會月報	我韓人의 思想界를 論함	友洋生	1909.06.01		總13號 (第2卷 13號)
	國家論의 개요(續)	鮮于순	1909.06.01		總13號 (第2卷 13號)
	國家論의 개요(前號續)	鮮于순	1909.06.01		總13號 (第2卷 13號)
	栗谷先生 自警文	저자미상	1909.07.01		總14號 (第2卷 14號)
	孔夫子誕辰紀念會講演	朴殷植	1909.11.01		總17號 (第2卷 17號)
	王陽明學論(講壇)	金源極	1910.01.01		總19號 (第2卷 19號)
新階段	必然性과 偶然性의 辯證法的 關係	全起柱	1932.10.05		제1호 (제1권 1호)
	18世紀의 佛蘭西啓蒙哲學	白鐵	1932.12.05		제3호 (제1권 3호)
	現代心理學과 辯證法的 唯物論	루리아	1932.12.05		제3호 (제1권 3호)
新東亞	東西古今 思想家列傳(一)	XYZ	1931.11.01		제1호 (제1권 1호)
	東西古今 思想家列傳(二)	XYZ	1931.12.01		제2호 (제1권 2호)
	佛敎의 死生觀(東西思想과 死生觀)	金泰洽	1931.12.01		제2호 (제1권 2호)

신문/ 잡지명	기사명	저자명	발행일	발행 면수	권(호)수
新東亞	儒敎의 死生觀	薛泰熙	1931.12.01		제2호 (제1권 호)
	東西古今 思想家列傳(三)	XYZ	1931.01.01		제2호 (제1권 3호)
	東西古今 思想家列傳(四)	XYZ	1932.02.01		제4 (제2권 2호)
	哲學博士 金活蘭孃 會見記	저자미상	1932.02.01		제4호 (제2권 2호)
	東西古今 思想家列傳(五)	XYZ	1932.03.01		제5호 (제2권 3호)
	强力의 哲學(니이체와 파시즘)	一舟生	1932.08.01		제10호 (제2권 8호)
	스피노자 哲學의 特徵(스피노자 誕生 三白 年記念)	李鍾雨	1932.11.01		제13호 (제2권 11호)
	스피노자의 生活	李灌鎔	1932.11.01		제13호 (제2권 11호)
	스피노자의 宇宙觀	安浩相	1932.11.01		제13호 (제2권 11호)
	陽明思想의 要約(東洋思想의 再吟味)	薛泰熙	1932.11.01		제13호 (제2권 11호)
	陽明學과 日本思想界	玄相允	1932.11.01		제13호 (제2권 11호)
	藝術論 ＡＢＣ	梁柱東	1934.02.01		제36호 (제4권 2호)

신문/ 잡지명	기사명	저자명	발행일	발행 면수	권(호)수
新東亞	丁茶山 先生과 그 生涯의 回顧	安在鴻	1934.10.01		제36호 (제4권 10호)
	나치스의 哲學者 하이덱커	申南澈	1934.11.01		제37호 (제4권 11호)
	儒敎와 朝鮮	孫晋泰	1936.04.01		제54호 (제6권 4호)
	哲人 쫀·라스킨	李蘖城	1936.05.01		제55호 (제6권 5호)
新文界	倫理(善이라 함은 무엇인고)	저자미상	1913.04.05		總1號 (第1卷 1號)
新民公論	列子를 읽음	金鼎卨	1922.01.30		總4號 (第3卷 1號)
新生	임마누엘·칸트(이달의 哲人)	柳瀅基	1930.04.10		총19호 (제3권 4호)
	칸트의 私生活에 對하여	蔡弼近	1930.10.10		총24호 (제3권 10호)
	맑스의 經濟論과 그 批判	金光薰	1930.11.06		총25호 (제3권 11호)
	쏘크라테쓰의 辯明(풀라토對話篇)(1)	柳瀅基 抄譯	1931.03.01		총29호 (제4권 3호)
	럿쎌의 社會改造哲學	村夫	1931.04.01		총30호 (제4권 4호)
	聖者와 哲學者	印度聖者 썬다아씽	1931.04.01		총30호 (제4권 4호)

신문/잡지명	기사명	저자명	발행일	발행면수	권(호)수
新生	쏘크라테쓰의 辯明(플라토 對話篇)(2)	柳瀅基	1931.04.01		총30호 (제4권 4호)
	쏘크라테쓰의 辯明(플라토 對話篇)(3)	柳瀅基	1931.05.07		총31호 (제4권 5호)
新生活	막쓰思想의 研究(-階級鬪爭說-)	辛日鎔	1922.06.06		통권6호 (제1권 6호)
	文化的 生活과 哲學	金賢準	1922.06.06		總6號 (第1卷 6號)
	資本主義와 哲學思想	辛日鎔	1922.08.05		總8號 (第1卷 8號)
	社會主義의 理想	幸日鎔	1922.09.05		總9號 (第1卷 9號)
新天地	럿셀의 社會改造思想과 그 傾向	양주生	1921.10.10		總3號 (第1卷 3號)
	社會主義思想의 淵源 及 其 發達	金天牛	1922.06.10		總5號 (第2卷 2號)
	哲學의 自然主義的 傾向	姜邁	1922.06.10		總5號 (第2卷 2號)
	플라톤의 哲學과 그 變愛觀	朴羽化	1922.06.10		總5號 (第2卷 2號)
	朝鮮哲學槪觀	安廓	1922.11.10		總6號 (第3卷)
新興	차라투스트라	裵相河	1929.07.01		총1호 (제1권 1호)

신문/ 잡지명	기사명	저자명	발행일	발행 면수	권(호)수
新興	코오엔 '哲學'에 關한 斷片	金桂淑	1929.07.15		총1호 (제1권 1호)
	眞理와 正確의 區別에 對한 詹言	權菊石	1929.07.15		총1호 (제1권 1호)
	思索方法에 對한 序論	金桂淑	1929.12.01		총2호 (제1권 6호)
	現象學의 眞理說에 對하여-Husserl의 論理學 研究를 中心으로-	權菊石	1929.12.07		총2호 (제1권 2호)
	茶山의 井田考(上)	尹瑢均	1930.07.10		총3호 (제2권 1호)
	美學의 史的 槪觀	高裕燮	1930.07.10		총3호 (제2권 1호)
	否定判斷의 論理的 位置에 대하여	權菊石	1930.07.10		총3호 (제2권 1호)
	私有財産權의 基礎-헤겔 '法理學'에 나타난-	陳悟	1930.07.10		총3호 (제2권 1호)
	哲學과 特殊科學	빌리아 모옥(著) 김계숙 (譯)	1930.07.10		총3호 (제2권 1호)
	茶山의 井田考(下)	尹瑢均	1931.01.05		총4호 (제3권 1호)
	哲學과 自然性과의 關係	金桂淑	1931.01.05		총4호 (제3권 1호)
	헤겔現象學中의 個體, 意識과 社會主義의 범형 (範型)	安龍伯	1931.01.05		총4호 (제3권 1호)

신문/ 잡지명	기사명	저자명	발행일	발행 면수	권(호)수
新興	哲學的 宇宙觀	權稷周	1931.07.05		총5호 (제3권 2호)
	헤겔 百年祭와 헤겔 復興	申南澈	1931.07.05		총5호 (제3권 2호)
	헤겔思想의 前史-'헤-겔' 백년제를 당하야-	金桂淑	1931.07.05		총5호 (제3권 2호)
	抽象과 唯物辯證法	陳五	1931.12.20		총6호 (제3권 3호)
	포이엘바하 哲學	蘇哲仁	1931.12.20		총6호 (제3권 3호)
	헤에겔 聯盟 第二回 大會	저자 미상 (編輯局)	1931.12.20		총6호 (제3권 3호)
	新헤에겔主義와 其 批判	申南澈	1931.12.20		총6호 (제3권 3호)
	헤에겔이냐, 맑스냐	저자 미상 (編輯局)	1931.12.20		총6호 (제3권 3호)
	易傳中의 辯證法的 觀念의 展開	崔昌圭	1932.12.13		총7호 (제4권 1호)
	唯物論的 見解와 觀念論的 見解의 대립	蘇哲仁	1932.12.13		총7호 (제4권 1호)
	孔子論 批評	李季著, 金剛秀 譯	1935.05.08		총8호 (제5권 1호)
	마하主義에 대한 片想	蘇哲仁	1935.05.08		총8호 (제5권 1호)

신문/ 잡지명	기사명	저자명	발행일	발행 면수	권(호)수
新興	認識 身體 及 歷史	申南澈	1937.01.18		총9호 (제6권 1호)
如是	헤겔의 哲學	信遠(抄)	1928.06.01		總1號 (第1卷 1號)
延禧	近代思想의 槪觀	李卯黙	1922.05.09		總1號 (第1卷 1號)
	루소의 教育觀	李花袋	1922.05.09		總1號 (第1卷 1號)
	人生의 目的	金允經	1923.11.06		總2號 (第1卷 1號)
	主義에 對하여	白南爽	1923.11.06		總2號 (第2卷 1號)
	科學과 哲學	李康烈	1924.05.20		總3號 (第3卷 1號)
	임마누엘, 칸트	李灌鎔	1924.05.20		總3號 (第3卷 1號)
	칸트의 道德論	盧正日	1924.05.20		總3號 (第3卷 1號)
	칸트의 直觀形式에 對하여	金鼎卨	1924.05.20		總3號 (第3卷 1號)
	墨子思想의 槪觀	李康烈	1925.03.10		總4號 (第4卷 1號)
	快樂과 幸福에 對한 希臘思想	鄭寅承	1925.03.10		總4號 (第4卷 1號)

신문/ 잡지명	기사명	저자명	발행일	발행 면수	권(호)수
延禧	普遍主義와 個性主義	丁泰鎭	1925.03.10		總4號 (第4卷 1號)
	唯心史觀과 唯物史觀	李順鐸	1925.03.10		總4號 (第4卷 1號)
	近代精神改革의 第一步	金英豪	1925.06.10		總5號 (第1卷 2號)
	希臘思想의 槪觀	金鳳來	1925.06.10		總5號 (第1卷 2號)
	人生의 眞義	金誠鎬	1925.06.10		總5號 (第1卷 2號)
	나의 宗敎觀	金允經	1925.06.10		總5號 (第1卷 2號)
	認識의 成立	李康烈	1925.06.10		總5號 (第1卷 2號)
	靑年과 宗敎	金光洙	1931.01.01		總10號 (第1卷 2號)
儒道	儒林에 警告	高橋亨	1921.02.28		總1號 (第1卷 1號)
	朝鮮現代思想	而憂子	1921.02.28		總1號 (第1卷 1號)
人文評論	哲學의 새로운 方向	高亨坤	1939.12.01		총3호 (제1권 3호)
	하이덱카아 存在와 時間(名著 解說)	朴相鉉	1940.01.01		총4호 (제2권 1호)

신문/ 잡지명	기사명	저자명	발행일	발행 면수	권(호)수
人文評論	文學과 倫理	徐寅植	1940.10.01		총12호 (제2권 9호)
日月時報	儒教의 目的을 論함	安定鎬	1935.02.10		제1호 (제1권 1호)
	儒教의 本意	張大錫	1935.02.10		제1호 (제1권 1호)
	儒教의 研究	表之羊	1935.02.10		제1호 (제1권 1호)
	儒教振興에 努力할 것	安敎煥	1935.02.10		제1호 (제1권 1호)
	儒者의 地位와 義務	辛明善	1935.02.10		제1호 (제1권 1호)
	朝鮮儒教源流	朴淵祚	1935.02.10		제1호 (제1권 1호)
	朝鮮儒教의 源流(續)	朴淵祚	1935.04.03		제3호 (제1권 3호)
	儒者의 責任은 어떠한가	沈相熙	1935.04.03		제3호 (제1권 3호)
	儒學과 經濟觀	姜潤	1935.04.03		제3호 (제1권 3호)
	孔子 數理哲學 初稿 抄	周永暮	1935.04.03		제3호 (제1권 3호)
	大學의 根本思想	靜山	1935.04.03		제3호 (제1권 3호)

신문/잡지명	기사명	저자명	발행일	발행면수	권(호)수
日月時報	孟子의 教育概觀	李裕岦	1935.04.03		제3호(제1권 3호)
	論語講義	張爀	1935.06.30		제4호(제1권 4호)
	大道의 軌範이 우리의 길이다	李德鄕	1935.06.30		제4호(제1권 4호)
	格致와 現代科學(續)	任玢宰	1935.06.30		제4호(제1권 4호)
	大學의 根本思想(完)	靜山抄	1935.06.30		제4호(제1권 4호)
	王道에 對한 法의 觀念(譯)	鵜澤總明	1935.06.30		제4호(제1권 4호)
	至善을 求하자(心田開發)	李欽榮	1935.06.30		제4호(제1권 4호)
朝光	哲學時相	金基錫	1936.02.01		제8호(제2권 2호)
	佛教의 原理	權相老	1936.10.01		제12호(제2권 10호)
	哲學時感	金基錫	1936.06.01		제8호(제2권 6호)
	哲學의 理念과 그 現實行程	金基錫	1936.10.01		제12호(제2권 10호)
	儒學史上으로 본 栗谷先生	李丙燾	1937.02.01		제16호(제3권 2호)

신문/ 잡지명	기사명	저자명	발행일	발행 면수	권(호)수
朝光	現代朝鮮과 栗谷先生의 地位	樗牛山人	1937.02.01		제16호 (제3권 2호)
	周易의 中正原理와 政治思想	金明植	1937.11.01		제25호 (제3권 11호)
	쟌쟈크 루소오의 生活(내가 쓰고싶은 그의 一代 記 3)	李軒求	1938.03.01		제29호 (제4권 3호)
朝鮮之光	動的生活主義로본道德問題	韓稚振	1927.03.01		총65호 (제7권 3호)
	社會進化의 必然性을 論함(1)	朴衡秉	1927.03.01		총65호 (제7권 3호)
	社會進化의 必然性을 論함(3)	朴衡秉	1927.05.01		총67호 (제7권 5호)
	素朴한 生의 哲學(續)	韓廷玉	1927.05.01		총67호 (제7권 5호)
	헤에겔 辯證法과 '實在'	安孝駒	1927.05.01		총67호 (제7권 5호)
	社會進化의 必要性을 論함(完)	朴衡秉	1927.06.01		총68호 (제7권 6호)
	現代의 社會思想 硏究(1)	李鳳稙	1927.06.01		총68호 (제7권 6호)
	現代의 社會思想 硏究(2)	李鳳稙	1927.07.01		총69호 (제7권 7호)
	맑스主義의 解說	朴衡秉 譯	1927.07.01		총69호 (제7권 7호)

신문/ 잡지명	기사명	저자명	발행일	발행 면수	권(호)수
朝鮮之光	唯物辨證法(1)	安光泉	1927.07.01		총69호 (제7권 7호)
	現代의 社會思想 研究(3)	李鳳稙	1927.08.01		총70호 (제7권 8호)
	倫理的 理想問題	首陽山人	1927.08.01		총70호 (제7권 8호)
	辯證法的 思考方式	李城	1927.09.01		총71호 (제7권 9호)
	思考의 先行者로서의 實踐	李友狹	1927.11.01		총73호 (제8권 11호)
	唯物이냐, 唯心이냐	韓稚振	1927.11.01		총73호 (제8권 11호)
	韓稚振氏의 反動的 唯心論의 論殺함	宋在洪	1927.12.01		총74호 (제8권 12호)
	理論의 實踐的 根據에 대하야	金泰秀	1927.12.02		총74호 (제8권 13호)
	無産者 階級의 哲學과 近代哲學	安光泉	1927.12.03		총74호 (제8권 14호)
	唯物論과 觀念論에 對하여 -金泰秀氏에게-	宋在洪	1928.01.01		총75호 (제9권 1호)
	퍼어엘빠하의 唯物哲學 槪觀	宋正淳	1928.02.01		총76호 (제9권 2호)
	唯心論에 對한 一考察(2)	엘리오트	1928.02.01		총76호 (제9권 2호)

신문/ 잡지명	기사명	저자명	발행일	발행 면수	권(호)수
朝鮮之光	唯心論에 對한 一考察(3)	엘리오트	1928.04.01		총77호 (제9권 3호)
	哲學과 人生	韓稚振	1928.04.01		총77호 (제9권 3호)
	唯心論에 對한 一考察(4)	엘리오트	1928.05.01		총78호 (제9권 4호)
	身體와 靈魂肉體와 精神과의 二元論에 對抗하여	金復鎭 譯	1928.05.01		총78호 (제9권 4호)
	哲學과 人生을 읽고 韓稚振氏께	裵相河	1928.07.01		총79호 (제9권 5호)
	哲學에 關한 問題의 二三	李鳳稙	1928.09.01		총80호 (제9권 6호)
	眞理의 二重性	兪鎭午	1928.09.02		총80호 (제9권 7호)
	思考와 生活	韓稚振	1928.09.02		총80호 (제9권 7호)
天道教會 月報	宗教는 哲學의 母(教門訂議)	李瓘	1910.10.15		總3號 (第1卷 3號)
哲學	헤라클레이토스의 斷片語	申南澈 譯	1933.07.17		제1호 (제1권 1호)
	客觀的 論理學과 主觀的 論理學	安浩相	1933.07.17		제1호 (제1권 1호)
	具體的 存在의 構造	李載薰	1933.07.17		제1호 (제1권 1호)

신문/ 잡지명	기사명	저자명	발행일	발행 면수	권(호)수
哲學	外界 實在性의 根據	李鍾雨	1933.07.17		제1호 (제1권 1호)
	倫理的 評價의 理念	金斗憲	1933.07.17		제1호 (제1권 1호)
	哲學이란 무엇이냐 哲學의 永遠性에 對하여	權世元	1933.07.17		제1호 (제1권 1호)
	'哲學하는 것'의 出發點에 對한 一疑問	朴鍾鴻	1933.07.17		제1호 (제1권 1호)
	危機의 哲學	朴致祐	1934.04.01		제2호 (제2권 1호)
	'哲學하는 것'의 實踐的 地盤	朴鍾鴻	1934.04.01		제2호 (제2권 1호)
	個性類型과 그 教育的 意義	李寅基	1934.04.01		제2호 (제2권 1호)
	故 李灌鎔 博士 意欲論 -意識의 根本事實 로서-	金斗憲	1934.04.01		제2호 (제2권 1호)
	生의 構造에 對하여	李鍾雨	1934.04.01		제2호 (제2권 1호)
	理論哲學은 무엇인가?	安浩相	1934.04.01		제2호 (제2권 1호)
	存在認識	李載薰	1934.04.01		제2호 (제2권 1호)
	現代哲學의 Existenz에의 轉向과 그것에서 生 하는 當面課題	申南澈	1934.04.01		제2호 (제2권 1호)

신문/ 잡지명	기사명	저자명	발행일	발행 면수	권(호)수
哲學	論理哲學과 實踐哲學에 對하야(知와 行에 對한 一考察)	安浩相	1935.06.20		總3號 (第3卷 2號)
	懷疑主義의 論理的 方法	葛弘基	1935.06.20		總3號 (第3卷 2號)
	哲學의 問題 及 立場	李載薰	1935.06.20		總3號 (第3卷 2號)
靑年	個人主義의 意義	洪秉璇	1921.04.10		總2號 (第1卷 2號)
	레닌主義는 合理한가	安國善	1921.06.10		總5號 (第1卷 5號)
	哲人 栗谷先生(下)	黃羲敦	1921.09.03		總6號 (第1卷 6號)
	니처의 哲學과 現代文明	李大偉	1922.11.01		總19號 (第2卷 10號)
	進化論으로 본 靈魂不滅	具滋玉	1924.08.01		總38號 (第4卷 8號)
	進化論으로 본 靈魂不滅(續)	具滋玉	1924.09.01		總39號 (第4卷 9號)
	칼맑스의 經濟思想(1)	姜明錫	1928.01.00		總80號 (第8卷 5號)
	칼맑스의 經濟思想(2)	姜明錫	1928.07.15		總81號 (第8卷 6號)
	中世哲學과 基督敎(1)	金允經	1930.11.01		總103號 (第10卷 8號)

신문/ 잡지명	기사명	저자명	발행일	발행 면수	권(호)수
靑年	中世哲學과 基督敎(2)	金允經	1930.12.01		總103號 (第10卷 8號)
	그리스도의 革命思想	李光洙	1931.01.01		總105號 (第11卷 1號)
	唯物論의 根本的 缺陷(2)	金俊星	1931.01.01		總105號 (第11卷 1號)
	栗谷先生의 遺事	金瑗根	1931.01.01		總105號 (第11卷 1號)
	中世哲學과 基督敎(3)	金允經	1931.01.01		總105號 (第11卷 1號)
	哲學的 直覺論	韓稚振	1931.01.01		總106號 (第11卷 2號)
	人類生活은 宗敎를 要求하는가?	申公徹	1931.02.01		總106號 (第11卷 2號)
	中世哲學과 基督敎(4)	金允經	1931.02.01		總106號 (第11卷 2號)
靑色紙	科學의 形而上學	李時雨	1938.06.03		총1호 (제1권 1호)
靑春	威武가何有오 信念이 自固한 마르틴·루테르	저자미상	1917.05.16		總7號 (第3卷 1號)
	近代哲學의 先導者 데카르트	覺泉	1918.04.16		總13號 (第4卷 2號)
	哲學者 칸트	崔斗善	1918.06.16		總14號 (第4卷 3號)

신문/ 잡지명	기사명	저자명	발행일	발행 면수	권(호)수
春秋	베르그손의 生涯와 思想	高亨坤	1941.03.01		총2호 (제2권 2호)
	東洋人의 人生觀	金斗憲	1941.07.01		총6호 (제2권 6호)
	哲人이 보는 理想	安浩相	1942.07.01		총18호 (제3권 7호)
鷲山寶林	佛教의 眞髓	朴秉鎬	1920.06.15		總3號 (第1卷 3號)
	人格의 要素	曹學乳	1920.06.15		總3號 (第1卷 3號)
	佛教의 眞髓(續)	朴秉鎬	1920.07.15		總3號 (第1卷 4號)
學燈	哲學槪論(1)	李載薰	1934.04.01		제5호 (제2권 5호)
	詩經研究(1)	天台山人	1934.05.01		제6호 (제2권 6호)
	詩經研究(2)	天台山人	1934.06.01		제7호 (제2권 7호)
	詩經研究(5)	天台山人	1934.09.01		제9호 (제2권 9호)
	人格의 實現	金斗憲	1934.12.30		제12호 (제2권 11호)
	哲學槪論(3)(講座)	李載薰	1935.03.01		제14호 (제3권 2호)

신문/ 잡지명	기사명	저자명	발행일	발행 면수	권(호)수
學燈	哲學思想과 文學思想	洪曉民	1936.01.01		제22호 (제4권 1호)
學之光	西洋哲學史 序論	庾錫祐	1915.02.28		總4號 (第2卷 1號)
	宗敎 改革의 根本精神	田榮澤	1917.11.20		總14號 (第7卷 2號)
	맑쓰主義와 勞動者階級	陳圖岩	1930.04.05		總29號 (第15卷 1號)
現代評論	'뉴위'의 思想論	胡適(著)· 李像隱 (譯)	1927.06.01		總5號 (第1卷 5號)
	現代 歷史哲學에 就하여- 特히 리켈트의 原理 論-	李時穆	1927.08.01		總7號 (第1卷 7號)
	헤겔 批判의 一節	봉직生	1928.01.01		總1號 (第2卷 1號)

■ 논문 및 자료 출전

제1부 일제강점기 한국철학자들의 현실인식

제1장 일제강점기 한국철학자들의 유물-유심 논쟁(『철학연구』제110집, 2009.5)
제2장 일제강점기 한국철학자들의 철학관(『인문연구』제58호, 2010.6)
제3장 일제강점기 한국철학자들의 위기담론(『동북아문화연구』제25집, 2010.12)

제2부 일제강점기 한국철학자들의 재발견

제4장 일제강점기 한국철학자 연구(Ⅰ)
　　1. 범부 김정설의 풍류도론(대구가톨릭대학교 『인문과학연구』제12집, 2009.
　　12)
　　2. 범부 김정설과 서양철학: 칸트와 헤겔 이해를 중심으로(대구가톨릭대학교
　　『인문과학연구』제17집, 2012.6)
제5장 일제강점기 한국철학자 연구(Ⅱ): 일성 이관용 연구를 위한 예비적 고찰(『동북
　　아문화연구』제25집, 2010.12)
제6장 일제강점기 한국철학자 연구(Ⅲ): 주요 한국철학자 14인 연구
　　1. 일제강점기 신문 조사를 통한 한국철학자들의 재발견: 김중세, 이관용, 배
　　상하(대구가톨릭대학교 『인문과학연구』제8집, 2007.12)
　　2. 일제강점기 한국철학자 14인 인물 해설(『한국철학자료총서』13권 수록)

제3부 일제강점기 신문·잡지를 통해 유럽철학의 수용 현황

제7장 일제강점기 신문을 통해 본 유럽철학의 수용 현황(『동북아문화연구』제13집,
　　2007. 10)
제8장 일제강점기 잡지를 통해 본 유럽철학의 수용 현황(『동북아문화연구』제16집,
　　2008.9)
제9장 일제강점기 신문·잡지에 수록된 철학 관련 기사 총목록(『한국철학자료총서』
　　13권 부록)

참고 문헌

<table>
<tr><td>1부</td></tr>
</table>

【1장】

강돈구·금장태(1994), 「기독교의 전래와 서양철학의 수용」, 『철학사상』 제4호, 서울대학교 철학사상연구소.

강영안(1995), 「현재 한국에서 사용되는 철학 용어의 형성 배경」, 『철학사상』 제5호, 서울대학교 철학사상연구소.

_____(2002), 『우리에게 철학은 무엇인가』, 궁리.

김여수(1986), 「한국철학의 현황」, 심재룡 편, 『한국에서 철학하는 자세들』, 집문당.

김재현(1988), 「일제하, 해방 직후의 맑시즘 수용-신남철을 중심으로」, 『철학연구』 제24집, 철학연구회.

_____(2002), 『한국사회철학의 수용과 전개』, 동녘.

_____(1997), 「남북한에서 서양철학 수용의 역사」, 『철학연구』 제60집, 철학연구회.

_____(2002), 「근대적 학문체계의 성립과 서양철학 수용의 특징」, 『한국문화연구』 제3집, 이화여자대학교 한국문화연구원.

김주일(2003), 「개화기부터 1953년 이전까지 한국의 서양고대철학에 대한 연구와 번역 현황 연구」, 『시대와 철학』 제14권 2호, 한국철학사상연구회.

김효명(1996), 「영미철학의 수용」, 『한국의 서양철학 수용과 그 평가』, 서울대학교 철학사상연구소.

박동환(1999), 「한국현대철학의 문제의식과 서양철학의 수용」, 『동아연구』 제37집, 서강대학교 동아연구소.

박영식(1972), 「인문과학으로서 철학의 수용 및 그 전개과정(1900-1965)」, 『인문과학』 26, 연세대학교 인문과학연구소.

박종홍(1965), 「서구사상(西歐思想)의 도입 비판과 섭취: 其一 천주학(天主學)」, 『아세아연구』 제12집, 고려대학교 아세아문제연구소.

박종홍(1971), 「서구사상의 도입과 그 경향」, 『한국민족사상사대계』 1-개설편, 아시아학술연구회.

_____(1980), 「西歐思想의 導入과 그 影響」, 『박종홍전집』 제5권, 형설출판사.

백종현(1996), 「서양 철학의 수용과 서우(曙宇)의 철학」, 철학연구회 편, 『해방 50년의 한국철학』, 철학과현실사.

_____(1996), 「한국에서 독일철학의 수용 전개 및 그 평가」, 『한국의 서양철학 수용과 그 평가』, 서울대학교 철학사상연구소.

백종현(1998), 「최근 백년 서양 철학 수용과 한국철학의 모색」, 『철학사상』 제8호, 서울대학교 철학사상연구소.

성태용(1998), 「서양철학수용에 따른 전통철학의 대응 및 전개」, 『철학사상』 제8호, 서울대학교 철학사상연구소.

신남철(1948), 『歷史哲學』, 서울출판사.

_____(1948), 『轉換期의 理論』, 白楊堂.

신귀현(1993), 「독일근세철학의 수용과 그 문제점」, 『철학』 제39집, 한국철학회.

_____(2000), 「서양 철학의 전래와 수용」, 『한국문화사상대계』 제2권, 영남대학교 민족문화연구소.

신상희(2003), 「서양철학 수용 100년 만에 이루어낸 쾌거」, 『철학과 현실』 제58집, 철학문화연구소.

엄정식(1999), 「식민지시대의 한국철학과 민족주의」, 『동아연구』, 제37집, 서강대학교 동아연구소.

오상무(2005), 「현대한국의 국가철학: 안호상을 중심으로」, 『범한철학』, 제36집 2005년 봄, 범한철학회.

윤선자(2004), 「이관용의 생애와 민족운동」, 한국근현대사연구회 편, 『한국근현대사연구』 Vol.30. 한울.

윤사순·이광래(2001), 『우리사상 100년』, 현암사.

이기상(1995), 「철학개론서와 교과과정을 통해 본 서양철학의 수용(1900-1960)」, 『철학사상』 제5호, 서울대학교 철학사상연구소.

_____(2002), 『서양철학의 수용과 한국철학의 모색』, 지식산업사.

이만근(1988), 「서양철학의 수용과정과 철학의 주체성」, 『동원논집』 제1집, 동국대학교 대학원.

이병수(2006), 「1930년대 서양철학 수용에 나타난 철학 1세대의 철학함의 특징과 이론적 영향」, 『시대와 철학』, 제17권 2호, 한국철학사상연구회.

이태우(2006), 「일제강점기 신문을 통해 본 서양철학의 수용 현황」, 『제1차 특별세미나 발표자료집』, 한국근대사상연구단.

이훈(1994), 「서구철학사상의 유입과 그 평가연구를 위한 자료의 통계적 분석」, 『철학사상』 제4호, 서울대학교 철학사사연구소.

임석진(1977), 「韓國哲學의 새로운 定立을 위한 課題-특히 獨逸觀念 哲學의 韓國的 受容과 관련하여」, 『명대논문집』 제10집, 명지대학교.

조요한(1988), 「서양철학의 도입과 그 연구의 정착」, 『종교 인간 사회: 휴머니티의 회복을 위하여』, 한남대학교출판부.

조희영(1975), 「現代 韓國의 前期哲學思想研究-日帝下의 哲學思想을 中心으로」, 『용봉논총』 제4집, 전남대학교 인문과학연구소.

_____(1993), 「서구 사조의 도입과 전개-철학사조를 중심으로」, 한국정신문화연구원, 『한국사상사대계』 6, 한국정신문화연구원.

조희영·신상호·성진기(1977), 「韓國과 日本에 있어서의 西洋哲學의 受容形態에 관한 比較研究」,『용봉논총』제7집, 전남대학교 인문과학연구소.

진교훈(1987),「서양철학의 수용과 전개」,『한국철학사』하권, 동명사.

차인석(1998),「서양 철학 수용: 한국의 현실과 철학의 과제」,『철학사상』제8호, 서울대학교 철학사상연구소.

철학연구회(1996),『해방 50년의 한국철학』, 철학과현실사.

『조선일보』아카이브(http://srchdb1.chosun.com)

국사편찬위원회 한국사 DB(http://www.history.go.kr)

국립중앙도서관 원문정보 DB(http://www.nl.go.kr)

한국언론진흥재단(http://www.kinds.or.kr)

【2장】

강영안(2002),『우리에게 철학은 무엇인가』, 궁리.

국회도서관(1967),『韓末 韓國雜誌 目次總錄, 1986~1910』, 국회도서관.

김근수(1973),『韓國雜誌槪觀 및 號別目次集』, 영신아카데미 한국학연구소.

_____(1991),『한국 잡지연표: 한국잡지 표지에 의거한』, 한국학연구소.

_____(1992),『한국 잡지사연구』, 한국학연구소.

김재현(1988),「일제하, 해방 직후의 맑시즘 수용–신남철을 중심으로」,『철학연구』제24집, 철학연구회.

_____(1997),「남북한에서 서양철학 수용의 역사」,『철학연구』제60집, 철학연구회.

_____(2002),『한국사회철학의 수용과 전개』, 동녘.

_____(2002),「근대적 학문체계의 성립과 서양철학 수용의 특징」,『한국문화연구』제3집, 이화여자대학교 한국문화연구원.

김주일(2003),「개화기부터 1953년 이전까지 한국의 서양고대철학에 대한 연구와 번역 현황 연구」,『시대와 철학』제14권 2호, 한국철학사상연구회.

김효명(1996),「영미철학의 수용」,『한국의 서양철학 수용과 그 평가』, 서울대학교 철학사상연구소.

박기현(2003),『한국의 잡지출판』, 늘푸른 소나무.

박동환(1999),「한국현대철학의 문제의식과 서양철학의 수용」,『동아연구』제37집, 서강대학교 동아연구소.

_____(1980),「西歐思想의 導入과 그 影響」,『박종홍전집』제5권, 형설출판사.

백종현(1996),「서양 철학의 수용과 서우(曙宇)의 철학」,『해방 50년의 한국철학』, 철학연구회.

_____(1996),「한국에서 독일철학의 수용 전개 및 그 평가」,『한국의 서양철학 수용과 그 평가』, 서울대학교 철학사상연구소.

백종현(1998),「최근 백년 서양 철학 수용과 한국철학의 모색」,『철학사상』제8호, 서울대학교 철학사상연구소.

차인석(1998),「서양 철학 수용: 한국의 현실과 철학의 과제」,『철학사상』제8호, 서울대학교 철학사상연구소.

신귀현(1993), 「독일근세철학의 수용과 그 문제점」, 『철학』 제39집, 한국철학회.

신상희(2003), 「서양철학 수용 100년 만에 이루어낸 쾌거」, 『철학과 현실』 제58집, 철학문화연구소.

윤사순·이광래(2001), 『우리사상 100년』, 현암사.

이기상(1995), 「철학개론서와 교과과정을 통해 본 서양철학의 수용(1900-1960)」, 『철학사상』 제5호, 서울대학교 철학사상연구소.

_____(2002), 『서양철학의 수용과 한국철학의 모색』, 지식산업사.

이병수(2006), 「1930년대 서양철학 수용에 나타난 철학 1세대의 철학함의 특징과 이론적 영향」, 『시대와 철학』 제17권 2호, 한국철학사상연구회.

이태우(2007), 「일제강점기 신문을 통해 본 유럽철학의 수용 현황: 철학 관련 기사 검색 자료에 대한 통계적 분석을 중심으로」, 『동북아문화연구』 제13집, 동북아시아문화학회.

_____(2007), 「일제강점기 신문 조사를 통한 한국철학자들의 재발견: 김중세, 이관용, 배상하를 중심으로」, 『인문과학연구』 8집, 대구가톨릭대학교 인문과학연구소.

이태우·최재목·정다운(2007), 「범부 김정설 연구를 위한 예비적 고찰」, 『일본문화연구』 제24집, 동아시아일본학회.

_____ 외(2007), 영남대학교 한국근대사상연구단 편, 『근대한국철학 형성의 풍경과 지형도』, 학진출판사.

이훈(1994), 「서구철학사상의 유입과 그 평가-연구를 위한 자료의 통계적 분석」, 『철학사상』 제4호, 서울대학교 철학사상연구소.

조요한(1988), 「서양철학의 도입과 그 연구의 정착」, 『종교 인간 사회: 휴머니티의 회복을 위하여』, 한남대학교출판부.

조희영(1975), 「現代 韓國의 前期哲學思想研究-日帝下의 哲學思想을 中心으로」, 『용봉논총』 제4집, 전남대학교 인문과학연구소.

_____(1993), 「서구 사조의 도입과 전개-철학사조를 중심으로」, 『한국사상사대계』 전6권, 한국정신문화연구원.

조희영·신상호·성진기(1977), 「韓國과 日本에 있어서의 西洋哲學의 受容形態에 관한 比較研究」, 『용봉논총』 제7집, 전남대학교 인문과학연구소.

진교훈(1987), 「서양철학의 수용과 전개」, 『한국철학사』, 동명사.

철학연구회(1996), 『해방 50년의 한국철학』, 철학과현실사.

최덕교 편(2004), 『한국잡지백년 1~3권』, 현암사.

한국잡지협회 편(1982), 『韓國雜誌總攬』, 한국잡지협회.

한국잡지협회(1995), 『한국잡지 100년』, 한국잡지협회.

국사편찬위원회 한국사 DB(http://www.history.go.kr)

국립중앙도서관 원문정보 DB(http://www.nl.go.kr)

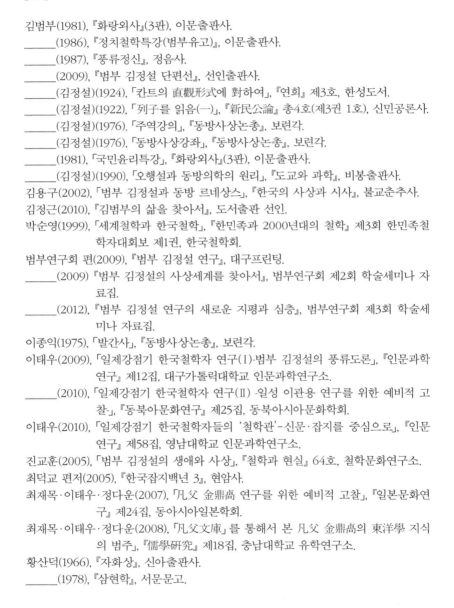

2부

【1장】

김범부(1981), 『화랑외사』(3판), 이문출판사.

_____(1986), 『정치철학특강(범부유고)』, 이문출판사.

_____(1987), 『풍류정신』, 정음사.

_____(2009), 『범부 김정설 단편선』, 선인출판사.

_____(김정설)(1924), 「칸트의 直觀形式에 對하여」, 『연희』 제3호, 한성도서.

_____(김정설)(1922), 「列子를 읽음(一)」, 『新民公論』 총4호(제3권 1호), 신민공론사.

_____(김정설)(1976), 「주역강의」, 『동방사상논총』, 보련각.

_____(김정설)(1976), 「동방사상강좌」, 『동방사상논총』, 보련각.

_____(1981), 「국민윤리특강」, 『화랑외사』(3판), 이문출판사.

_____(김정설)(1990), 「오행설과 동방의학의 원리」, 『도교와 과학』, 비봉출판사.

김용구(2002), 「범부 김정설과 동방 르네상스」, 『한국의 사상과 시사』, 불교춘추사.

김정근(2010), 『김범부의 삶을 찾아서』, 도서출판 선인.

박순영(1999), 「세계철학과 한국철학」, 『한민족과 2000년대의 철학』 제3회 한민족철학자대회보 제1권, 한국철학회.

범부연구회 편(2009), 『범부 김정설 연구』, 대구프린팅.

_____(2009) 『범부 김정설의 사상세계를 찾아서』, 범부연구회 제2회 학술세미나 자료집.

_____(2012), 『범부 김정설 연구의 새로운 지평과 심층』, 범부연구회 제3회 학술세미나 자료집.

이종익(1975), 「발간사」, 『동방사상논총』, 보련각.

이태우(2009), 「일제강점기 한국철학자 연구(Ⅰ)-범부 김정설의 풍류도론」, 『인문과학연구』 제12집, 대구가톨릭대학교 인문과학연구소.

_____(2010), 「일제강점기 한국철학자 연구(Ⅱ) -일성 이관용 연구를 위한 예비적 고찰-」, 『동북아문화연구』 제25집, 동북아시아문화학회.

이태우(2010), 「일제강점기 한국철학자들의 '철학관'-신문·잡지를 중심으로」, 『인문연구』 제58집, 영남대학교 인문과학연구소.

진교훈(2005), 「범부 김정설의 생애와 사상」, 『철학과 현실』 64호, 철학문화연구소.

최덕교 편저(2005), 『한국잡지백년 3』, 현암사.

최재목·이태우·정다운(2007), 「凡父 金鼎卨 연구를 위한 예비적 고찰」, 『일본문화연구』 제24집, 동아시아일본학회.

최재목·이태우·정다운(2008), 「凡父文庫」를 통해서 본 凡父 金鼎卨의 東洋學 지식의 범주」, 『儒學硏究』 제18집, 충남대학교 유학연구소.

황산덕(1966), 『자화상』, 신아출판사.

_____(1978), 『삼현학』, 서문문고.

【2장】

김석수(2001), 『현실 속의 철학, 철학 속의 현실』, 책세상.

김여수(1997), 『언어와 문화』, 철학과 현실사.

남경희(1999), 「한국현대철학의 문제의식과 서양철학의 수용」, 『동아연구』 제37집, 서강대학교 동아연구소.

박순영(1999), 「세계철학과 한국철학」, 『한민족과 2000년대의 철학』 제3회 한민족철학자대회보 제1권, 한국철학회.

신귀현(1993), 「독일근세철학의 수용과 그 문제점」, 『철학』 제39집, 한국철학회.

안호상(1932), 「헤겔이 본 哲學과 時代의 關係」, 『동아일보』, 1932.07.14~1932.07.17, 3회.

_____(1933), 「부루노 바우흐, 現代世界 唯一 民族哲學者」, 『동아일보』, 1933.03.11 ~1933.01.16, 5회.

_____(1938), 「茶山先生과 現代와의 關係」, 『동아일보』, 1939.12.09.

_____(1939), 「朝鮮古來思想과 現代思潮와의 關聯性 特히 栗谷思想과 現代思想」, 『동아일보』, 1939.01.03~1939.01.08, 4회.

_____(1942), 『철학강론』, 동광당서점.

_____(1948), 『철학논총』, 을유문화사.

_____(1950), 『일민주의의 본바탕: 一民主義의 本質』, 일민주의연구원.

_____(1952), 『세계신사조론』 상, 일민주의보급회총본부.

_____(1994), 『한백성주의의 본바탕과 가치』, 대한교과서주식회사.

_____(1996), 『한뫼 안호상 20세기 회고록』, 민족문화출판사.

엄정식(1998), 「안호상의 종교적 민족주의」, 『철학과 현실』 제36호, 철학문화연구소.

_____(1999), 「식민지 시대의 한국철학과 민족주의」, 『동아연구』 37, 서강대학교 동아연구소.

열암기념사업회 엮음(1998), 『현실과 창조』, 천지.

오상무(2005), 「현대 한국의 국가철학: 안호상을 중심으로」, 『범한철학』 제36집, 범한철학회.

이태우(2007), 「일제강점기 신문을 통해 본 서양철학의 수용 현황: 철학 관련 기사 검색 자료에 대한 통계적 분석을 중심으로」, 『동북아문화연구』 제13집, 동북아시아문화학회.

_____(2012), 「범부 김정설과 서양철학」, 『인문과학연구』 제17집, 대구가톨릭대학교 인문과학연구소.

조희영(1975), 「현대 한국의 전기 철학사상 연구-일제하의 철학사상을 중심으로」, 『용봉논총』 Vol.4, 전남대학교 인문과학연구소.

_____(1993), '안호상에 있어서의 독일관념론의 도입과 전개', 「서구사조의 도입과 전개; 철학사조를 중심으로」, 『한국사상사대계』 6, 한국정신문화연구원.

하유석(2003), 「안호상의 일민주의 연구」, 『한국민족운동사연구』 34호, 한국민족운동사학회.

한자경(2010), 『한국철학의 맥』, 이화여자대학교출판부.
G.W.F. 헤겔, 임석진 옮김(2008), 『법철학』, 한길사.

【3장】

권용혁(2000), 「서구 철학의 수용과 '현실' 개념-신남철·박치우·박종홍을 중심으
　　　　　로」, 『한국철학의 쟁점과 과제』, 철학과현실사.
김윤식(2011), 『임화와 신남철』, 역락.
김재현(1995), 「일제하부터 1950년대까지 맑스주의 수용사」, 『철학사상』 제5호, 서울
　　　　　대학교 철학사상연구소.
＿＿＿(2002), 『한국사회철학의 수용과 전개』, 동녘.
남경희(1999), 「한국현대철학의 문제의식과 서양철학의 수용」, 『동아연구』 제37집, 서
　　　　　강대학교 동아연구소.
봉기(2009), 「신남철의 철학사상 연구」, 전남대학교 철학과 박사학위 논문.
손정수(2005), 「신남철·박치우의 사상과 그 해석에 작용하는 경성제국대학이라는
　　　　　장」, 『한국학연구』 Vol.14, 인하대학교 한국학연구소.
신남철(1934), 「현대철학의 Existenz에의 전향과 그것에서 生하는 당면의 과제」, 『철
　　　　　학』 2호.
＿＿＿(1948), 『전환기의 이론』, 백양당.
＿＿＿(2010), 『역사철학』(김재현 해제), 이제이북스.
＿＿＿(2013), 정종현 엮음, 『신남철문장선집I-식민지 시기 편』, 성균관대학교출판부.
＿＿＿(2013), 정종현 엮음, 『신남철문장선집II-전환기의 이론 외』, 성균관대학교출판부.
이규성(2010), 「한국현대 급진철학에서의 '생의 감정'과 '전환'-신남철의 경우」, 『시대
　　　　　와 철학』 제21권 3호, 한국철학사상연구회.
＿＿＿(2012), 『한국현대철학사론』, 이화여자대학교출판부.
이기상(2002), 『서양철학의 수용과 한국철학의 모색』, 지식산업사.
이태우(2014), 「안호상의 독일관념론 철학의 수용과 한국적 변용」, 『인문과학연구』
　　　　　제22집, 대구가톨릭대학교 인문과학연구소.
＿＿＿(2013), 「일제강점기 한국철학자들의 '위기담론' 연구」, 『동북아문화연구』 제34
　　　　　집, 동북아시아문화학회.
정종현(2013), 「책머리에」, 『신남철 문장선집I』, 성균관대학교출판부.
조요한(1988), 「서양철학의 도입과 그 연구의 정착」, 『종교·인간·사회: 휴머니티의 회
　　　　　복을 위하여』, 서의필선생회갑기념논문집간행위원회.
조희영(1993), 「서구사조의 도입과 전개」, 『한국사상사대계』 6, 한국정신문화연구원.
홍영두(2008), 「일제하 역사철학자 신남철의 동서양 사상 인식과 도덕·윤리 담론」,
　　　　　『한국 근현대 윤리사상』, 현실과 과학.
＿＿＿(2014), 「1930년대 서양철학 수용과 일본형 오리엔탈리즘 문제」, 『사회와 철
　　　　　학』 제27호, 사회와철학연구회.
에드워드 사이드(2005), 박홍규 역, 『오리엔탈리즘』, 교보문고.

3부

【1장】

강영안(2002), 『우리에게 철학은 무엇인가』, 궁리.
권용혁(2002), 「철학자와 '사회적 현실': 서양철학 수용사를 중심으로」, 『사회와 철학』 제4호, 사회와철학연구회.
김동기(2003), 「일본의 근대와 번역」, 『시대와 철학』 제14권 2호, 한국철학사상연구회.
_____(2005), 「일본근대철학의 형성과 번역」, 『시대와 철학』 제16권 1호, 한국철학사상연구회.
김두헌(1934), 「故 이관용 박사 의욕론」, 『哲學』 제2호, 철학연구회.
김석수(2001), 『현실 속의 철학, 철학 속의 현실』, 책세상.
_____(2008), 『한국현대실천철학-박종홍부터 아우토노미즘까지』, 돌베개.
김재현(1995), 「일제하부터 1950년대까지 맑스주의의 수용」, 『철학사상』 제5호, 서울대학교 철학사상연구소.
박종홍(1998), 『박종홍전집』 1~7, 열암기념사업회 엮음, 민음사.
_____(1933), 「'철학하는 것'의 출발점에 대한 일 의문」, 『철학』 창간호, 철학연구회.
_____(1935), 「우리의 현실과 철학-역사적인 이때의 한계상황」, 『조선일보』, 1935.08.15~0935.08.23, 7회.
박치우(1947), 『思想과 現實』, 白楊堂.
_____(1936), 「'테오리아'와 '이슴': 이데오로기로서 철학의 양면성」, 『동아일보』, 1936.01.15~1936.01.16, 2회.
_____(1935), 「나의 인생관: 인간철학 序想」, 『동아일보』, 1935.01.11~1935.01.18, 6회.
백종현(2000), 『독일철학과 20세기 한국의 철학』, 철학과현실사.
_____(2007), 「철학」, 『우리말 철학사전』 5, 우리사상연구소 엮음, 지식산업사.
엄정식(1999), 「식민지 시대의 한국철학과 민족주의」, 『동아연구』 제37집, 서강대학교 동아연구소.
열암기념사업회 엮음(1998), 『현실과 창조』, 천지.
_____(2001), 『현실과 창조』 2, 천지.
윤선자(2004), 「이관용의 생애와 민족운동」, 한국근현대사연구회 편, 『한국근현대사연구』 30, 한울.
이관용(1923), 「原學인 철학」, 『신생명』 창간호, 기독교청년회.
이기상(2002), 『서양철학의 수용과 한국철학의 모색』, 지식산업사.
이남영(1996), 「열암철학-향내적 철학과 향외적 철학의 집합으로서의 한국철학」, 『해방 50년의 한국철학』, 철학과 현실사.
이병수(2006), 「1930년대 서양철학 수용에 나타난 철학 1세대의 철학함의 특징과 이론적 영향, 『시대와 철학』 제17권 2호, 한국철학사상연구회.

_____(2005), 『열암 박종홍의 철학사상』, 한국학술정보.

이태우(2007), 「일제강점기 신문을 통해 본 서양철학의 수용 현황: 철학 관련 기사 검색 자료에 대한 통계적 분석을 중심으로」, 『동북아문화연구』 제13집, 동북아시아문화학회.

_____(2007), 「일제강점기 신문 조사를 통한 한국철학자들의 재발견: 김중세, 이관용, 배상하를 중심으로」, 『인문과학연구』 제8집, 대구가톨릭대학교 인문과학연구소.

_____(2008), 「일제강점기 잡지를 통해 본 유럽철학의 수용 현황」, 『동북아문화연구』 제16집, 동북아시아문화학회, 부산.

_____(2009), 「일제강점기 한국철학계의 '유물-유심 논쟁' 연구: 논쟁의 전개과정과 성격, 의미를 중심으로」, 『철학연구』 제110집, 대한철학회.

진교훈(1987), 「서양철학의 수용과 전개」, 『한국철학사』 하권, 동명사.

철학연구회(1933), 『철학』 창간호.

최정호 엮음(1977), 『스승의 길·박종홍 박사를 회상한다』, 일지사.

한치진(1972), 「철학과 인생」, 『조선지광』 77.

_____(1930), 「철학 의의와 범위」, 『조선일보』, 1936.06.20~1930.06.26, 6회.

국사편찬위원회 한국사 DB(http://www.history.go.kr)

국립중앙도서관 원문정보 DB(http://www.nl.go.kr)

『조선일보』 아카이브(http://srchdb1.chosun.com)

한국언론진흥재단(http://www.kinds.or.kr)

【2장】

김기석(1937), 「신철학의 지도 원리」, 『조선일보』, 1937.03.01~1937.04.05, 5회.

_____(1938), 「현대의 위기와 철학: 불안한 생을 영위하는 분께」, 『동아일보』, 1938.09.04~1938.09.08, 4회.

김두헌(1933), 「조선의 현실과 철학」, 『동아일보』, 1933.07.16.

박종홍(1933), 「'철학하는 것'의 출발점에 대한 일 의문」, 『철학』 창간호.

_____(1933), 「모순과 실천」, 『동아일보』, 1933.10.26~1933.11.01.

_____(1934), 「'철학하는 것'의 실천적 지반」, 『철학』 제2호.

_____(1935), 「우리의 현실과 철학-역사적인 이때의 한계상황」, 『조선일보』, 1935.08. 18~1935.08.23, 7회.

_____(1954), 『철학개설』, 백영사.

박치우(1934), 「위기의 철학」, 『철학』 제2호.

_____(1935), 「나의 인생관: 인간철학 序想」, 『동아일보』, 1935.01.11.

안호상(1937), 「현대독일철학의 동향」, 『조광』 제16호, 제3권 2호.

위상복(2012), 『불화 그리고 불온한 시대의 철학』, 도서출판 길.

이태우(2009), 「일제강점기 한국철학계의 '유물-유심 논쟁' 연구-논쟁의 전개과정과 성격, 의미를 중심으로」, 『철학연구』 제110집, 대한철학회.

_____(2010), 「일제강점기 한국철학자들의 '철학관'-신문·잡지를 중심으로」, 『인문
　　　　연구』 제58집, 영남대학교 인문과학연구소.

전원배(1934), 「철학의 위기에서 위기의 철학으로-현대철학의 주조를 논함」, 『조선중
　　　　앙일보』, 1934.12.02~1934.12.16, 10회.

조희영(1974), 「현대 한국의 전기철학사상연구-일제하의 철학사상을 중심으로」, 전
　　　　남대학교 대학원 박사학위 논문.

_____(1993), '전원배에 있어서의 독일실재론의 도입과 전개', 「서구사조의 도입과 전
　　　　개; 철학사조를 중심으로」, 『한국사상사대계6』, 한국정신문화연구원.

철학연구회(1934), 『철학』 제2호.

【3장】

권용혁(2002), 「철학자와 '사회적 현실': 서양철학 수용사를 중심으로」, 『사회와 철학』
　　　　제4호, 사회와철학연구회.

김재현(2002), 『한국 사회철학의 수용과 전개』, 동녘.

류춘해(1930), 「科學의 眞正한 方法論: 裵相河君의 理論을 批判함」, 『조선일보』,
　　　　1930.10.04~1930.10.11, 6회.

박명줄(1929), 「裵相河氏의 非唯物 哲學觀과 그 辯明文을 읽고」, 『조선일보』,
　　　　1929.12.03..

배상하(1929), 「비유물적 철학관」, 『조선일보』, 1929.10.08~1929.10.14, 7회.

_____(1929), 「이관용씨의 唯物批評根據의 '前言' 撤回를 要求하는 公開狀」, 『조선
　　　　일보』, 1929.11.19~1919.11.23, 5회.

안병주(1930), 「反唯心的 哲學觀: 裵相河君의 一考에 供함」, 『조선일보』, 1930.03.16
　　　　~1930.03.17, 2회.

유재천(1986), 「일제하 한국신문의 공산주의 수용에 관한 연구(1)」, 『동아연구』 제7
　　　　집, 서강대학교 동아연구소.

_____(1986), 「일제하 한국신문의 공산주의 수용에 관한 연구(2)」, 『동아연구』 제9
　　　　집, 서강대학교 동아연구소.

윤선자(2004), 「이관용의 생애와 민족운동」, 『한국근현대사연구』 Vol.30, 한울.

이관용(1929), 「唯物論 批評의 根據」, 『조선일보』, 1929.10.24~1929.10.26, 3회.

이균영(1994), 『신간회 연구』, 역사비평사.

이병수(2006), 「1930년대 서양철학 수용에 나타난 철학 1세대의 철학함의 특징과 이
　　　　론적 영향」, 『시대와 철학』 제17권 2호, 한국철학사상연구회.

이병창(2003), 「일제 퇴각 이후 한국에서의 헤겔 철학 연구사」, 이화여대 한국문화연
　　　　구원 편, 『철학 연구 50년』, 혜안.

이태우(2007), 「일제강점기 신문을 통해 본 서양철학의 수용 현황: 철학 관련 기사
　　　　검색 자료에 대한 통계적 분석을 중심으로」, 『동북아문화연구』 제13
　　　　집, 동북아시아문화학회.

_____(2007), 「일제강점기 신문 조사를 통한 한국철학자들의 재발견: 김중세, 이관용, 배상하를 중심으로」, 『인문과학연구』 제8집, 대구가톨릭대학교 인문과학연구소.

_____(2008), 「일제강점기 잡지를 통해 본 유럽철학의 수용 현황」, 『동북아문화연구』 제16집, 동북아시아문화학회.

한국철학사상연구회(1998), 『논쟁으로 보는 한국철학』, 예문서원.

『조선일보』 아카이브(http://srchdb1.chosun.com)

<table>
<tr><td></td><td style="text-align:center">4부</td><td></td></tr>
</table>

【1장】

김범부(1981), 『화랑외사』, 이문출판사.

_____(1986), 『풍류정신』, 정음사.

_____(2009), 『풍류정신』, 영남대학교출판부.

_____(1986), 『정치철학특강(범부유고)』, 이문출판사.

_____(1960), 「풍류정신과 신라문화」, 한국사상강좌편찬위원회편, 『한국사상』 강좌 3, 고구려문화사.

_____(1976), 「주역강의」, 『동방사상논총』, 보련각.

_____(1981), 「국민윤리특강」, 『화랑외사』, 이문출판사.

_____(1990), 「오행설과 동방의학의 원리」, 『도교와 과학』, 비봉출판사.

_____(1976), 「동방사상강좌」(영남대 고문헌실 소장, 이종익 기록, 출판년도·출판사 미상), 『동방사상논총』(보련각)에 재수록.

_____, 최재목·정다운 엮음(2009), 『범부 김정설 단편선』, 선인.

김동리(1997), 「나를 찾아서-백씨 범부선생 이야기」, 『김동리전집』 8권, 민음사.

김용구(2002), 「범부 김정설과 동방 르네상스」, 『한국의 사상과 시사』, 불교춘추사.

김갑수(2003), 「한국 근대에서의 도가와 제자철학의 이해와 번역」, 『시대와 철학』, 한국철학사상연구회.

김광식(1993), 「샤마니즘과 風流神學」, 『신학논단』, 연세대학교 신과대학.

김부찬(2005), 「花郎徒의 체육철학으로서 風流道」, 『한국 스포츠 리서치』, 한국스포츠리서치.

김상조(1989), 「風流의 한 두 樣相」, 『國文學報』, 제주대학 국어국문학회.

김영학(1974), 「花郎道와 佛敎思想」, 『東國思想』, 동국대학교 불교대학.

김종우(1973), 「新羅의 花郎과 風流文學論」, 『睡蓮語文論集』, 부산여자대학교 국어교육학과 수련어문학회.

김주현(2002), 「김동리 문학사상의 연원으로서의 화랑」, 『語文學』, 한국어문학회.

김주현(2003), 「김동리의 사상적 계보 연구」, 『語文學』 79호, 한국어문학회.

김태준(1996), 「화랑도와 풍류정신」, 『한국문학연구』, 동국대학교 한국문학연구소.

김충열(1989), 「花郎五戒와 三敎思想의 現實的 具現」, 『新羅文化祭學術發表會論文集』, 신라문화선양회.

동리목월기념사업회(2009), 『김범부 선생과 경주문학』, 동리목월심포지움자료집, 경주.

민주식(1994), 「동양미학의 기초개념으로서의 풍류」, 『民族文化論叢』, 영남대학교 민족문화연구소.

_____(2000), 「風流 사상의 미학적 의의」, 『美學·藝術學硏究』, 한국미학예술학회.

_____(1986), 「風流道의 美學思想」, 『美學』, 한국미학회.

범부연구회(2009), 『범부 김정설의 사상세계를 찾아서』, 범부연구회 제2회 학술세미나 자료집, 경산.

손진은(2009), 「김범부와 김동리, 그리고 서정주의 상관관계」, 『범부 김정설의 사상세계를 찾아서』, 범부연구회 제2회 학술세미나 자료집, 경산.

신은경(1999), 『風流』, 보고사.

이완재(2009), 「범부 선생과 동방사상」, 『김범부 선생과 경주문학』, 동리목월심포지움자료집, 동리목월기념사업회.

이종익(1976), 『東方思想論叢』, 李鐘益博士學位論文叢書, 보련각.

이태우(2009), 「일제강점기 한국철학자 연구(Ⅰ) 범부 김정설의 풍류도론」, 『인문과학연구』 제12집, 대구가톨릭대학교 인문과학연구소.

_____(2012), 「범부 김정설과 서양철학: 칸트와 헤겔 이해를 중심으로」, 『인문과학연구』 제17집, 대구가톨릭대학교 인문과학연구소.

최재목·이태우·정다운(2007), 「凡父 金鼎卨 연구를 위한 예비적 고찰」, 『일본문화연구』 제24집, 동아시아일본학회.

최재목·이태우·정다운(2008), 「'凡父文庫'를 통해서 본 凡父 金鼎卨의 東洋學 지식의 범주」, 『儒學硏究』 제18집, 충남대학교 유학연구소.

정달현(1987), 「김범부의 국민윤리론」, 『현대와 종교』 10집, 현대종교문제연구소.

진교훈(2005), 「범부 김정설의 생애와 사상」, 『철학과 현실』 64호, 철학문화연구소.

_____(1992), 「동방사상의 중흥조 '범부 김정설'」, 『대중불교』 제113호, 대원사.

한국철학회(1987), 『한국철학사』 상권, 동명사.

황산덕(1978), 『삼현학』, 서문문고.

_____(1966), 『자화상』, 신아출판사.

한흥섭(2004), 「풍류도의 어원」, 『新羅學硏究』, 위덕대학교 신라학연구소.

【2장】

국사편찬위원회(2007), 『대한민국임시정부자료집21-파리위원부』.

_____(1992), 「서대문형무소 수감자 신상기록카드」, 『한민족독립운동사자료집』 별집 5권.

김두헌(1934), 「고(故)이관용 박사 의욕론-의식의 근본사실로서」, 『철학』 제2호, 철학연구회.

김석수(2008), 『한국현대실천철학-박종홍부터 아우토노미즘까지』, 돌베개.

김준희(1971), 「현대사 발굴-광복투쟁 이론의 증인 이관용①」, 『한국일보』, 1971.02.
　　　　 26.

서정억(1976), 「古今淸談(124)-김규식·이관용의 交分」, 『경향신문』, 1976.05.31.

윤선자(2004), 「이관용의 생애와 민족운동」, 한국근현대사연구회 편, 『한국근현대사
　　　　 연구』 Vol.30, 한울.

윤사순·이광래(2001), 『우리사상 100년』, 현암사.

이관용(1920), 「일본의 대 중국정책」, 『자유한국』 제4·5호(8·9월호 합본), 파리위원
　　　　 부 통신국.

_____(1923), 「老子가 觀한 人生問題 -도덕경에 대한 서문-」, 『동명』 총34호(제2권
　　　　 17호).

_____(1923), 「老子가 觀한 人生問題 -도덕경에 대한 서문(承前)-」, 『동명』 총35호(제
　　　　 2권 18호).

_____(1923), 「原學인 哲學」, 『신생명』 창간호, 기독교청년회.

_____(1928), 「博士論文公開(其二)」, 『별건곤』 11호.

_____(1928), 「東三省 총사령부 방문, 張學良씨 회견기」, 『조선일보』, 1928.10.25~
　　　　 1928.10.28.

_____(1928), 「北京에 와서, 大連 監獄에서 申丹齋와 會面외」, 『조선일보』,
　　　　 1928.11.07~1928.11.10.

이균영(1993), 『신간회 연구』, 역사비평사.

이기상(1995), 「철학개론서와 교과과정을 통해 본 서양철학의 수용(1900-1960)」,
　　　　 『철학사상』 제5호, 서울대학교 철학사상연구소.

이병수(2005), 『열암 박종홍의 철학사상』, 한국학술정보.

이태우(2007), 「일제강점기 신문 조사를 통한 한국철학자들의 재발견-김중세, 이관
　　　　 용, 배상하를 중심으로」, 『인문과학연구』 제8집, 대구가톨릭대학교 인
　　　　 문과학연구소.

_____(2009a), 「일제강점기 한국철학계의 '유물-유심 논쟁' 연구-논쟁의 전개과정과
　　　　 성격, 의미를 중심으로-」, 『철학연구』 제110집, 대한철학회.

_____(2009b), 「일제강점기 한국철학자 연구(Ⅰ)-범부 김정설의 풍류도론」, 『인문과
　　　　 학연구』 제12집, 대구가톨릭대학교 인문과학연구소.

_____(2010), 「일제강점기 한국철학자들의 '철학관'-신문·잡지를 중심으로」, 『인문
　　　　 연구』 제58집, 영남대학교 인문과학연구소.

저자미상(1930), 「名士의 書齋」, 『삼천리』 제6호.

_____(1927), 「朝鮮에서 活動하는 海外에서 도라온 人物評判記, 어느 나라가 제일
　　　　 잘 가르쳐 보냈는가?」, 『별건곤』 제3호.

_____, 『왜정시대인물사료』 3권, 출판사항 미상.

조병옥(1959), 『나의 회고록』, 민족사.

조선중앙일보사(1933), 「이관용 박사 해수욕 중에 奇禍」, 『조선중앙일보』.

조선일보사(1933), 「故 李灌鎔博士 追悼會와 遺稿發刊」, 『조선일보』.

조선일보사 사료연구실(2004), 『조선일보 사람들-일제시대 편』, 랜덤하우스 중앙.

조요한(1972), 「韓國에 있어서의 西洋哲學研究의 어제와 오늘」, 『사색』 3집, 숭전대학교 철학회.

_____(1988), 「서양철학의 도입과 그 연구의 정착」, 『종교 인간 사회: 휴머니티의 회복을 위하여』, 한남대학교출판부.

진교훈(1987), 「서양철학의 수용과 전개」, 『한국철학사』 하권, 동명사.

철학연구회(1934), 『철학』, 제2호.

최덕교 편저(2005), 『한국잡지백년』 2권, 현암사.

국립중앙도서관 원문정보 DB(http://www.nl.go.kr)

국사편찬위원회 한국사 DB(http://www.history.go.kr)

한국언론진흥재단 미디어가온(http://www.kinds.or.kr)

『조선일보』 아카이브(http://srchdb1.chosun.com)

찾아보기

ㄱ

갈홍기 18, 20, 44
감각 76, 134
감성적 134~136
개벽 45, 279, 288, 323, 326
개체 101, 103, 214
경성제대 29, 57, 60, 63, 113, 144, 146,
    149, 205, 290, 323, 330, 334
계몽 34, 63, 169, 268, 269
계몽운동 110, 296, 346
고유사상 93, 242, 245
고유섭 20, 28, 35, 45
고형곤 20, 45, 310, 330
공간 76, 124, 203
공산주의 81, 106, 328
과학 74, 78, 98, 107, 120
과학주의 123
관념론 24, 29, 36, 71, 101, 130, 134, 176,
    195, 228, 328
교섭적 파악 189, 190
구성설 134
국가주의 91, 103, 106, 108, 346
국 가 철 학 31, 90, 101, 104, 107, 108,
    111, 346
국민윤리 84
국민윤리론 240, 365, 319
국학 96, 139
권세원 20, 43, 44, 63, 64
근대 14, 19, 20, 29, 37, 39, 44, 98, 113,
    124, 151, 202, 234, 328
근세철학 23, 36, 43, 51, 74, 101
근현대 23, 49, 230, 238, 318
김계숙 20, 44, 57, 60, 63, 64

김규영 20, 45
김기석 20, 26, 35, 37, 44, 63, 66, 173,
    194~197, 200, 201, 313
김두헌 20, 28, 34, 35, 44, 61, 64, 173
    ~175, 185, 193, 276, 285, 316, 350
김법린 20, 43, 319
김오성 20, 28, 35, 37, 44
김 정 설(범 부) 56, 63, 68~81, 238, 318
    ~320
김중세 20, 44, 295, 322, 323

ㄴ

나치 105, 122
나치즘 110, 122, 172
난랑비서 244, 248, 250, 251
노고수 26, 165
노동 136
노자 250, 251, 281, 293, 294
노장철학 100
논리학 33, 53, 64, 118, 149, 215, 284
니시 아마네 151, 294
니체 23, 31, 36, 51, 64, 179, 198

ㄷ

다산 32, 92, 94, 95~97
다원주의 177
담론 115, 123, 124, 144
대중매체 17, 38, 40, 115, 145, 148, 169,
    170, 201, 203, 288, 299, 301, 302,
    341
대한매일신보 17
데카르트 23, 51, 74, 75, 295, 319
도교 248, 251, 254, 258
독일관념론 90, 91, 94, 98~101, 140
돈 숭배주의 107
동광 45, 300
동방 르네상스 74
동방사상가 80

동방학 70, 240, 264, 266, 319
동서양 79, 94, 108, 123, 125, 126, 239, 241
동서 철학 71, 75, 79, 91~94, 240, 320
동서학 95, 96, 97
동아일보 115, 146, 154, 176
동양철학 63, 74, 79~81, 86, 113, 147, 240, 318, 319
동양학 68, 69, 72, 87, 96, 130, 240, 295, 319
딜타이 23, 36, 117, 176, 179, 198

ㄹ
라이프니츠 19, 293
라파엘 133
레닌 51, 176, 192, 225
로고스적 파악 189, 190
로체 110, 346
루소(룻소) 23, 36, 51, 294, 295
류춘해 26, 204, 206, 207, 215, 226~234, 335

ㅁ
마르크스(맑스) 23, 36, 43, 51~59, 64
마르크스주의 49, 54, 65, 114~119, 123, 126, 127, 131, 138~140, 162, 185, 200, 226, 229, 330
마르크시즘 30, 114, 123, 340
매일신보 17, 92, 322
멋 244, 253~257, 261, 263
모사 133, 135, 136
모순 132, 157, 171, 182~185, 189
모순적 파악 189, 190, 192
문학 30, 60, 115, 128, 130, 148, 203, 208, 210, 211, 242, 243, 316, 341
문화 30, 89, 92, 112, 124, 128, 148, 187, 194, 197, 200, 341
미국철학 29, 167

미키 기요시 172
민족 157, 162, 175, 198, 211, 242, 245, 258, 259, 264, 266
민족사상 95, 345
민족운동 33, 278, 281, 282, 283, 286, 288, 294
민족주의 71, 101, 109, 110, 111, 198, 346
민족철학 32, 92, 101, 107, 109
민족철학자 107, 108, 109, 158
민족해방 29, 157
민중계몽운동 33, 281, 283, 338

ㅂ
박노철 28, 35
박동일 20, 55, 56, 63, 64, 334
박명줄 204, 206, 207, 215, 223, 224, 233, 230, 335
박종홍 20, 285, 288, 302, 324, 326, 330, 331, 340
박치우 20, 28, 34, 35, 45, 114, 146, 149, 157, 158, 162~168, 173, 187, 188, 189~194, 330, 331, 340
박희성 20, 44
배상하 63, 64, 204~234, 280, 287, 290, 334
백성욱 20, 28, 35, 44, 337
법칙 34, 128, 150, 183~185, 284, 294
베르그송 51, 71
변용 89~91, 93~95, 100, 109~111, 116, 119, 127, 140
변증법 54, 57, 58, 133, 138, 166, 183, 185, 192~197, 199, 200
변증법적 유물론 49, 117, 178
변증법적 지양 99
변화 83, 84, 93, 146, 183, 283, 301
별건곤 274, 275, 389, 302
보편성 126, 139, 140, 198
부루노 바우흐 23, 31, 92

부르주아 117, 118, 119, 120, 121, 123
불교 48, 55, 240, 241, 244, 248, 250, 258,
　310, 311, 320, 323
비교철학 93, 94
비유물적 205,~208, 211, 212, 216~221,
　224, 230
비판 45, 70, 74, 75, 81, 85, 87, 100, 117,
　118, 119, 122, 123, 139, 155, 162, 182,
　201, 215, 219, 275, 330, 331, 350
비판적 조선학 127, 130, 139
비판정신 99, 100

ㅅ
사상 140, 145, 147, 166, 177, 188, 195,
　196, 200, 203, 208 211, 217, 231
사회주의 49, 54, 57, 58, 64, 117, 162,
　180, 185, 198, 226, 287
사회진화론 43, 53
상부구조 138, 180, 194, 200
상호관계 213, 214, 221, 228
생산관계 126, 128, 130, 180
생산력 180
생철학 36, 64, 179
생활비판 154, 155
서구사상 29, 88, 90, 94
서양철학 14, 16, 17, 35, 36, 39, 40, 63,
　68~80, 86~91, 94, 109, 113, 114,
　116, 139, 140, 144, 146~149, 230,
　240, 268, 269, 283, 284, 301, 303,
　311, 319, 322, 323, 349
선험철학 78
세계관 36, 86, 117, 138, 149, 154, 156,
　163, 164, 167, 168, 178, 180, 198,
　217, 221, 226, 229, 230, 234, 335
셸러 19, 43, 71
소크라테스 19, 21, 23, 51, 148, 172
손명현 20, 43, 44,
쇼펜하우어 19, 21, 43, 50, 51, 293

수용 33, 39, 56, 57, 59, 65, 66, 88, 89,
　90, 93, 95, 97, 115, 134
순수이성비판 71, 75, 176
셸링(셸링) 19, 43
슐라이엘마허 176
스펜서 19, 22, 43, 51
스피노자 23, 34, 36, 51, 61, 62, 64, 92,
　289, 290, 295
시간 40, 76, 77, 78, 119, 208
시대 32, 92, 101, 102, 103, 109, 144, 148,
　160, 161, 171, 177, 181, 201
시대일보 17, 215, 279, 296
식민지 16, 24, 27, 29, 30, 36, 37, 39, 59,
　65, 89, 92, 97, 114, 115, 124, 170,
　173, 201, 211, 234, 299, 340, 341
신간회 215, 279, 282, 286, 287, 288, 296
신남철 20, 28, 29, 34, 45, 56, 57, 63, 64,
　109, 114~119, 121~141, 285, 302, 340
신명(身命)의 철학 116, 131,132, 137
신문 144~148, 170, 173, 180, 203
신체 118, 132, 133, 136, 137, 261
신체적 인식론 116, 118, 119, 127, 131
　~140, 341
신칸트주의 65
신헤겔주의 57, 65, 117, 118
신흥 47, 57, 115, 117, 118, 334
실재론 134
실존철학 36, 52, 64, 65, 119~123, 139,
　328, 331
실천 131, 133, 157, 160, 163, 168, 180,
　183~185, 189~196
실천적 파악 189, 191, 192, 193, 200
실천학 149, 157, 166, 167, 169, 170
실학사상 94, 97

ㅇ
아리스토텔레스 19, 21, 23, 43,71, 160,
　165

아카데미즘 17, 36, 40, 185, 186, 331

안병주 204, 206, 207, 215, 224, 225, 226, 335

안용백 20, 25, 43, 45

안호상 20, 25, 28~31, 34, 37, 44, 63, 64, 88~111, 140, 157, 202, 243, 288, 344

야스퍼스 19, 22, 43, 119, 172

에토스 264, 265

역사 30, 60, 82, 83, 88, 89. 96, 102, 107, 114, 115, 126~128, 136, 176, 177, 183~185, 203, 242, 243, 246, 263, 269

역사관 81, 86, 87, 320

역사철학 30, 72, 114, 116, 118, 136, 340

연희 46,48, 55, 62, 73, 76, 293

영미철학 17, 39, 40

예술 30, 115, 130, 148, 178, 203, 211, 242, 243, 260, 341

오리엔탈리즘 123, 124, 126

오이켄 19, 22, 43, 50, 51

오행설 81, 266

외래 사상 88, 89, 93, 94, 97, 110, 114, 252

운동 194~197, 201, 224

원 학 34, 149, 150, 152, 153, 164, 167, 168, 284, 285, 294

원효 140

위 기 161, 171~174, 176~180, 182, 183 ~189, 191~195

위기담론 171, 173, 174, 185, 198, 199, 201

위기론 173~176, 178, 180, 185~187, 193, 194, 198, 199, 200

위기의 철학 177, 186, 188, 191, 193

유교 96, 241, 248, 250, 254, 258

유럽철학 19, 24, 29, 38~42, 167, 176

유럽철학자 21, 23, 39, 43, 49, 52, 54, 55, 56, 58, 59, 64, 92

유물론 23, 43, 49, 54, 64, 71, 86, 114, 134, 154, 176, 178, 185, 195, 200, 216~225, 229, 230, 231

유물사관 58, 210, 213, 214, 287

유물-유심 논쟁 204, 205, 208, 214, 217, 224, 230, 233, 287, 290

유물주의 107

유심론 43, 154, 210, 213, 220, 221, 223, 225, 226, 230, 231

유학 98, 113

육체 132~136

윤리학 54, 64, 101, 151, 316

윤태동 20, 44

율곡 97~100 , 103

융합 140, 249

융합사상 94

음양론 79~81, 87, 240, 266, 319, 320

이관용 146~153, 167, 168, 204~207, 215, 349

이기설 97, 98

이데올로그 31, 90, 111, 331, 346

이데올로기 81, 90, 121, 149, 162, 165, 167, 178, 346

이론 87, 95, 104, 131, 166, 168, 175, 192 ~197

이상은 28, 35, 43, 353

이성 101~103, 156, 160, 168, 187, 192, 194, 313

이와 기 98, 103

이원론 71, 99

이재훈 20, 44, 64, 285

이정섭 20, 28, 43, 44

이종우 20, 44, 62, 63

이종익 70

이즘 164~167

인도철학 74, 313

인문학 16, 30, 115, 171, 172, 203, 170, 304, 341

인생관 54, 149, 154, 164, 167, 168, 174,

186

인식론 43, 54, 55, 64, 108, 131, 135

인식비판 74, 75, 80, 81

인식주체 134

일민 104~107

일민주의 31, 90 91, 101~107, 109~111, 346

일원론 177, 209, 210, 224

일제강점기 24, 27, 39, 48, 59, 65, 70, 88, 113, 141, 144, 157, 167, 171, 180, 202, 233, 238, 268, 269, 272, 301, 310

일제강점기 철학자 148, 310

일제강점기 한국철학 24, 27, 36, 65, 144, 145, 170, 173, 174, 180, 297, 201, 231

일제강점기 한국철학자 140, 141, 164, 166, 168, 169, 174, 190, 194, 196, 223

ㅈ

자발성 135

자생적인 한국철학 88, 114

잡지 38~42, 45, 47, 51~53, 55~60, 65, 101, 122, 145, 146, 148, 150, 169, 170, 173, 203, 268, 270, 273~276, 285, 287, 289, 292, 299, 303

전원배 20, 28, 35, 37, 44, 173, 176, 177, 178~180, 185, 198, 199

전체 31, 51, 55, 56, 58, 90, 99, 103, 104, 128, 346

전체주의 106, 172, 330, 331

전통문화 243

전통사상 32, 65, 92~95, 97~101, 108, 109, 147, 202, 242

절대화 103, 120, 179, 197, 201

정반합 85

정석해 22, 44

정치철학 81, 82, 240, 319

제국주의 106, 124, 125, 292

조선일보 17, 21, 150, 154, 204~208, 215, 216, 219, 222, 224, 227, 279, 280, 282, 290, 296, 330

조선중앙일보 17, 18, 31, 34, 92, 115, 146, 154, 177, 282

조선학 116, 123, 127~131, 139

조용욱 20, 44, 334

조화 244, 253, 257~263, 266, 328

존재론 43, 64, 108, 119

종교 330, 115, 128, 130, 172, 178, 242, 243, 245, 341

주역 81, 87, 240, 266, 319, 320

주체성 88, 101, 111, 157, 166, 327, 328

주체적 번역 151

주체적 수용 89

주체적 파악 189~193, 199, 200

주체적 한국철학 89, 111, 113, 114, 140

중국철학 74, 354

중외일보 17, 322

지식인 113, 117, 121, 123, 138, 169, 185, 200, 203, 205, 211, 231, 232, 234, 270, 288, 319, 330

직관 75~78, 135

직관형식 75~78, 86, 320

진리 166, 175, 193, 196, 198, 211, 225, 228, 331

ㅋ

칸트 23, 24, 34, 36, 51, 52, 55, 56, 64, 71, 73, 74~80, 86, 92, 98, 99, 101, 134, 135, 165, 176, 239, 275, 278, 290, 295, 319, 320, 327, 346, 300

쿠와키 겐요쿠 172, 178

ㅌ

테오리아 166~168

토대 69, 95, 1044, 120, 129, 130, 138,

156, 167, 188, 265
퇴계 97, 140, 327
특수성 126, 139, 140, 173

ㅍ

파리강화회의 276, 299
파리위원부 33, 276, 277, 278, 283
파시즘 118, 122,166, 172, 330
파토스 168, 193
파토스적 파악 190, 200
판단중지 120, 121, 188
포이어바흐 51, 64, 179, 198
표현 119, 124, 133~135, 211
풍류 243, 250, 253~255, 262, 265
풍류도 241, 242~246, 249
풍류정신 242, 246, 251, 255~258, 263
　~266
풍월도 242, 245
프롤레타리아 117
플라톤 23, 51, 98, 324
피히테 101, 292

ㅎ

하기락 22, 44
하르트만 179, 198
하이데거 23, 36, 51, 64, 119, 121~123,
　158, 172, 310, 311
한겨레주의 104, 105
한국철학 16, 40, 68, 88, 89, 111, 113,
　114, 140
한국철학자 14, 19, 20, 24, 27,28, 29, 36,
　37, 44, 65, 90, 115, 144, 145, 148,
　169~174, 180, 197, 198, 201, 231, 235
한국현대철학 88~90, 109, 113, 114, 157,
　167, 169, 301, 303
한치진 20, 28, 29, 37, 44, 146, 149, 154
　~157, 167, 168, 288, 302, 356
헤겔 23, 24, 31, 34, 36, 51, 52, 56, 57, 64,

65, 71, 81~87, 90~92, 98, 101~104,
　106, 107~110, 117, 118, 176, 177, 185,
　228, 229, 231, 280, 290, 295, 319, 320,
　327,. 334, 345, 346
헤겔 르네상스 117
헤겔 부흥 56, 117, 118
혁명 117, 138, 193, 200
현대 119, 125, 126
현대철학 36, 65, 119, 177~179
현대평론 215, 279, 289
현묘지도 243, 252, 253, 258
현상학 64, 139
현실 57, 65, 84, 102, 107, 108, 157, 328
현실비판 149, 157, 163, 166~168, 170,
　185
현실인식 145, 198, 231
현존재 121
혈맥 246, 257~259, 263, 266, 267
형이상학 54, 75, 122, 123, 151, 195, 197,
　208, 210, 240, 320
화랑 244, 246~249, 255, 256, 258, 266
화랑도 242, 243, 245, 246, 265
화랑정신 224, 246, 247, 248~250, 255,
　265,263, 264
황산덕 263, 264
회통 140
후설(훗설) 51, 64, 119, 310

삶의 행복을 꿈꾸는 교육은 어디에서 오는가?

미래 100년을 향한 새로운 교육 혁신교육을 실천하는 교사들의 필독서

▶ 교육혁명을 앞당기는 배움책 이야기
혁신교육의 철학과 잉걸진 미래를 만나다!

한국교육연구네트워크 총서

01 핀란드 교육혁명
한국교육연구네트워크 엮음 | 320쪽 | 값 15,000원

02 일제고사를 넘어서
한국교육연구네트워크 엮음 | 284쪽 | 값 13,000원

03 새로운 사회를 여는 교육혁명
한국교육연구네트워크 엮음 | 380쪽 | 값 17,000원

04 교장제도 혁명
한국교육연구네트워크 엮음 | 268쪽 | 값 14,000원

05 새로운 사회를 여는 교육자치 혁명
한국교육연구네트워크 엮음 | 312쪽 | 값 15,000원

06 혁신학교에 대한 교육학적 성찰
한국교육연구네트워크 엮음 | 308쪽 | 값 15,000원

07 진보주의 교육의 세계적 동향
한국교육연구네트워크 엮음 | 324쪽 | 값 17,000원

08 더 나은 세상을 위한 학교혁명
한국교육연구네트워크 엮음 | 404쪽 | 값 21,000원

한국교육연구네트워크 번역 총서

01 프레이리와 교육
존 엘리아스 지음 | 한국교육연구네트워크 옮김
276쪽 | 값 14,000원

02 교육은 사회를 바꿀 수 있을까?
마이클 애플 지음 | 강희룡·김선우·박원순·이형빈 옮김
356쪽 | 값 16,000원

**03 비판적 페다고지는
세상을 변화시킬 수 있는가?**
Seewha Cho 지음 | 심성보·조시화 옮김 | 280쪽 | 값 14,000원

04 마이클 애플의 민주학교
마이클 애플·제임스 빈 엮음 | 강희룡 옮김 | 276쪽 | 값 14,000원

05 21세기 교육과 민주주의
넬 나딩스 지음 | 심성보 옮김 | 392쪽 | 값 18,000원

**06 세계교육개혁:
민영화 우선인가 공적 투자 강화인가?**
린다 달링-해먼드 외 지음 | 심성보 외 옮김 | 408쪽 | 값 21,000원

혁신학교
성열관·이순철 지음 | 224쪽 | 값 12,000원

행복한 혁신학교 만들기
초등교육과정연구모임 지음 | 264쪽 | 값 13,000원

서울형 혁신학교 이야기
이부영 지음 | 320쪽 | 값 15,000원

혁신교육, 철학을 만나다
브렌트 데이비스·데니스 수마라 지음
현인철·서용선 옮김 | 304쪽 | 값 15,000원

혁신교육 존 듀이에게 묻다
서용선 지음 | 292쪽 | 값 14,000원

다시 읽는 조선 교육사
이만규 지음 | 750쪽 | 값 33,000원

대한민국 교육혁명
교육혁명공동행동 연구위원회 지음 | 224쪽 | 값 12,000원

대한민국 교사, 어떻게 가르칠 것인가?
윤성관 지음 | 320쪽 | 값 15,000원

아이들을 어떻게 가르칠 것인가
사토 마나부 지음 | 박찬영 옮김 | 232쪽 | 값 13,000원

모두를 위한 국제이해교육
한국국제이해교육학회 지음 | 364쪽 | 값 16,000원

경쟁을 넘어 발달 교육으로
현광일 지음 | 288쪽 | 값 14,000원

독일 교육, 왜 강한가?
박성희 지음 | 324쪽 | 값 15,000원

핀란드 교육의 기적
한넬레 니에미 외 엮음 | 장수명 외 옮김 | 456쪽 | 값 23,000원

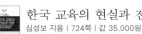
한국 교육의 현실과 전망
심성보 지음 | 724쪽 | 값 35,000원

▶ 비고츠키 선집 시리즈
발달과 협력의 교육학 어떻게 읽을 것인가?

 생각과 말
레프 세묘노비치 비고츠키 지음
배희철·김용호·D. 켈로그 옮김 | 690쪽 | 값 33,000원

 성장과 분화
L.S. 비고츠키 지음 | 비고츠키 연구회 옮김
308쪽 | 값 15,000원

 도구와 기호
비고츠키·루리야 지음 | 비고츠키 연구회 옮김
336쪽 | 값 16,000원

 의식과 숙달
L.S 비고츠키 | 비고츠키 연구회 옮김
348쪽 | 값 17,000원

 어린이 자기행동숙달의 역사와 발달 I
L.S. 비고츠키 지음 | 비고츠키 연구회 옮김
564쪽 | 값 28,000원

 분열과 사랑
L.S. 비고츠키 지음 | 비고츠키연구회 옮김
260쪽 | 값 16,000

 어린이 자기행동숙달의 역사와 발달 II
L.S. 비고츠키 지음 | 비고츠키 연구회 옮김
552쪽 | 값 28,000원

 관계의 교육학, 비고츠키
진보교육연구소 비고츠키교육학실천연구모임 지음
300쪽 | 값 15,000원

 어린이의 상상과 창조
L.S. 비고츠키 지음 | 비고츠키 연구회 옮김
280쪽 | 값 15,000원

 비고츠키 생각과 말 쉽게 읽기
진보교육연구소 비고츠키교육학실천연구모임 지음
316쪽 | 값 15,000원

 연령과 위기
L.S. 비고츠키 지음 | 비고츠키 연구회 옮김
336쪽 | 값 17,000원

 비고츠키와 인지 발달의 비밀
A.R. 루리야 지음 | 배희철 옮김 | 280쪽 | 값 15,000원

 수업과 수업 사이
비고츠키 연구회 지음 | 196쪽 | 값 12,000원

 교사와 부모를 위한 비고츠키 교육학
카르포프 지음 | 실천교사번역팀 옮김 | 308쪽 | 값 15,000원

 비고츠키의 발달교육이란 무엇인가?
비고츠키교육학실천연구모임 지음 | 412쪽 | 값 21,000원

▶ 창의적인 협력 수업을 지향하는 삶이 있는 국어 교실
우리말 글을 배우며 세상을 배운다

 중학교 국어 수업 어떻게 할 것인가?
김미경 지음 | 340쪽 | 값 15,000원

 이야기 꽃 1
박용성 엮어 지음 | 276쪽 | 값 9,800원

  토론의 숲에서 나를 만나다
명혜정 엮음 | 312쪽 | 값 15,000원

 이야기 꽃 2
박용성 엮어 지음 | 294쪽 | 값 13,000원

토닥토닥 토론해요
명혜정·이명선·조선미 엮음 | 288쪽 | 값 15,000원

 인문학의 숲을 거니는 토론 수업
순천국어교사모임 엮음 | 308쪽 | 값 15,000원

 어린이와 시
오인태 지음 | 192쪽 | 값 12,000원

 수업, 슬로리딩과 함께
박경숙·강슬기·김정욱·장소현·강민정·전혜림·이혜민 지음
268쪽 | 값 15,000원

▶ 4·16, 질문이 있는 교실 마주이야기
통합수업으로 혁신교육과정을 재구성하다!

통하는 공부
김태호·김형우·이경석·심우근·허진만 지음
324쪽 | 값 15,000원

내일 수업 어떻게 하지?
아이함께 지음 | 300쪽 | 값 15,000원
2015 세종도서 교양부문

인간 회복의 교육
성래운 지음 | 260쪽 | 값 13,000원

교과서 너머 교육과정 마주하기
이윤미 외 지음 | 368쪽 | 값 17,000원

수업 고수들 수업·교육과정·평가를 말하다
박현숙 외 지음 | 368쪽 | 값 17,000원

도덕 수업, 책으로 묻고 윤리로 답하다
울산도덕교사모임 지음 | 320쪽 | 값 15,000원

체육 교사, 수업을 말하다
전용진 지음 | 304쪽 | 값 15,000원

교실을 위한 프레이리
아이러 쇼어 엮음 | 사람대사람 옮김 | 412쪽 | 값 18,000원

마을교육공동체란 무엇인가?
서용선 외 지음 | 360쪽 | 값 17,000원

교사, 학교를 바꾸다
정진화 지음 | 372쪽 | 값 17,000원

함께 배움
학생 주도 배움 중심 수업 이렇게 한다
니시카와 준 지음 | 백경석 옮김 | 280쪽 | 값 15,000원

공교육은 왜?
홍섭근 지음 | 352쪽 | 값 16,000원

자기혁신과 공동의 성장을 위한
교사들의 필리버스터
윤양수·원종희·장군·조경삼 지음 | 280쪽 | 값 14,000원

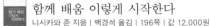
함께 배움 이렇게 시작한다
니시카와 준 지음 | 백경석 옮김 | 196쪽 | 값 12,000원

함께 배움 교사의 말하기
니시카와 준 지음 | 백경석 옮김 | 188쪽 | 값 12,000원

교육과정 통합, 어떻게 할 것인가?
성열관 외 지음 | 192쪽 | 값 13,000원

미래교육의 열쇠, 창의적 문화교육
심광현·노명우·강정석 지음 | 368쪽 | 값 16,000원

주제통합수업, 아이들을 수업의 주인공으로!
이윤미 외 지음 | 392쪽 | 값 17,000원

수업과 교육의 지평을 확장하는 **수업 비평**
윤양수 지음 | 316쪽 | 값 15,000원
2014 문화체육관광부 우수교양도서

교사, 선생이 되다
김태은 외 지음 | 260쪽 | 값 13,000원

교사의 전문성, 어떻게 만들어지나
국제교원노조연맹 보고서 | 김석규 옮김 392쪽 | 값 17,000원

수업의 정치
윤양수·원종희·장군 지음 | 280쪽 | 값 14,000원

학교협동조합,
현장체험학습과 마을교육공동체를 잇다
주수원 외 지음 | 296쪽 | 값 15,000원

거꾸로교실,
잠자는 아이들을 깨우는 수업의 비밀
이민경 지음 | 280쪽 | 값 14,000원

교사는 무엇으로 사는가
정은균 지음 | 292쪽 | 값 15,000원

마음의 힘을 기르는 감성수업
조선미 외 지음 | 300쪽 | 값 15,000원

작은 학교 아이들
지경준 엮음 | 376쪽 | 값 17,000원

아이들의 배움은 어떻게 깊어지는가
이시이 준지 지음 | 방지현·이창희 옮김 | 200쪽 | 값 11,000원

대한민국 입시혁명
참교육연구소 입시연구팀 지음 | 220쪽 | 값 12,000원

교사를 세우는 교육과정
박승열 지음 | 312쪽 | 값 15,000원

전국 17명 교육감들과 나눈
교육 대담
최창의 대담·기록 | 272쪽 | 값 15,000원

들뢰즈와 가타리를 통해
유아교육 읽기
리세롯 마리엣 올슨 지음 | 이연선 외 옮김 | 328쪽 | 값 17,000원

동양사상에게 인공지능 시대를 묻다
홍승표 외 지음 | 260쪽 | 값 15,000원

 학교 혁신의 길, 아이들에게 묻다
남궁상운 외 지음 | 272쪽 | 값 15,000원

 프레이리의 사상과 실천
사람대사람 지음 | 352쪽 | 값 18,000원

 혁신학교, 한국 교육의 미래를 열다
송순재 외 지음 | 608쪽 | 값 30,000원

 페다고지를 위하여
프레네의 『페다고지 불변요소』 읽기
박찬영 지음 | 296쪽 | 값 15,000원

 노자와 탈현대 문명
홍승표 지음 | 284쪽 | 값 15,000원

 선생님, 민주시민교육이 뭐예요?
염경미 지음 | 244쪽 | 값 15,000원

 어쩌다 혁신학교
유우석 외 지음 | 380쪽 | 값 17,000원

 미래, 교육을 묻다
정광필 지음 | 232쪽 | 값 15,000원

 대학, 협동조합으로 교육하라
박주희 외 지음 | 252쪽 | 값 15,000원

 입시, 어떻게 바꿀 것인가?
노기원 지음 | 306쪽 | 값 15,000원

 촛불시대, 혁신교육을 말하다
이용관 지음 | 240쪽 | 값 15,000원

 학교 민주주의의 불한당들
정은균 지음 | 276쪽 | 값 14,000원

 교육과정, 수업, 평가의 일체화
리사 카터 지음 | 박승열 외 옮김 | 196쪽 | 값 13,000원

 학교를 개선하는 교장
지속가능한 학교 혁신을 위한 실천 전략
마이클 풀란 지음 | 서동연·정효준 옮김 | 216쪽 | 값 13,000원

 공자던, 논어는 이것이다
유문상 지음 | 392쪽 | 값 18,000원

 교사와 부모를 위한
발달교육이란 무엇인가?
현광일 지음 | 380쪽 | 값 18,000원

 교사, 이오덕에게 길을 묻다
이무완 지음 | 328쪽 | 값 15,000원

 낙오자 없는 스웨덴 교육
레이프 스트란드베리 지음 | 변광수 옮김 | 208쪽 | 값 13,000원

 끝나지 않은 마지막 수업
장석웅 지음 | 328쪽 | 값 20,000원

 대구, 박정희 패러다임을 넘다
세대열 엮음 | 292쪽 | 값 20,000원

 경기꿈의학교
진흥섭 외 지음 | 360쪽 | 값 17,000원

 학교를 말한다
이성우 지음 | 292쪽 | 값 15,000원

 행복도시 세종, 혁신교육으로 디자인하다
곽순일 외 지음| 392쪽 | 값 18,000원

▶ 교과서 밖에서 만나는 역사 교실
상식이 통하는 살아 있는 역사를 만나다

 전봉준과 동학농민혁명
조광환 지음 | 336쪽 | 값 15,000원

 남도의 기억을 걷다
노성태 지음 | 344쪽 | 값 14,000원

 응답하라 한국사 1·2
김은석 지음 | 356쪽·368쪽 | 각권 값 15,000원

 즐거운 국사수업 32강
김남선 지음 | 280쪽 | 값 11,000원

 교과서 밖에서 배우는 역사 공부
정은교 지음 | 292쪽 | 값 14,000원

 팔만대장경도 모르면 빨래판이다
전병철 지음 | 360쪽 | 값 16,000원

 빨래판도 잘 보면 팔만대장경이다
전병철 지음 | 360쪽 | 값 16,000원

 영화는 역사다
강성률 지음 | 288쪽 | 값 13,000원

즐거운 세계사 수업
김은석 지음 | 328쪽 | 값 13,000원

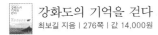
강화도의 기억을 걷다
최보길 지음 | 276쪽 | 값 14,000원

광주의 기억을 걷다
노성태 지음 | 348쪽 | 값 15,000원

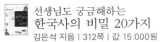
선생님도 궁금해하는
한국사의 비밀 20가지
김은석 지음 | 312쪽 | 값 15,000원

걸림돌
키르스텐 세룹-빌펠트 지음 | 문봉애 옮김
248쪽 | 값 13,000원

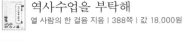
역사수업을 부탁해
열 사람의 한 걸음 지음 | 388쪽 | 값 18,000원

진실과 거짓, 인물 한국사
하성환 지음 | 400쪽 | 값 18,000원

친일 영화의 해부학
강성률 지음 | 264쪽 | 값 15,000원

한국 고대사의 비밀
김은석 지음 | 304쪽 | 값 13,000원

조선족 근현대 교육사
정미량 지음 | 320쪽 | 값 15,000원

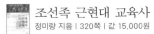
다시 읽는 조선근대교육의 사상과 운동
윤건차 지음 | 이명실·심성보 옮김 | 516쪽 | 값 25,000원

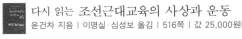
음악과 함께 떠나는 세계의 혁명 이야기
조광환 지음 | 292쪽 | 값 15,000원

논쟁으로 보는 일본 근대교육의 역사
이명실 지음 | 324쪽 | 값 17,000원

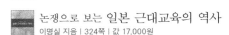
다시, 독립의 기억을 걷다
노성태 지음 | 320쪽 | 값 16,000원

▶ 더불어 사는 정의로운 세상을 여는 인문사회과학
사람의 존엄과 평등의 가치를 배운다

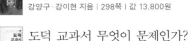
밥상혁명
강양구·강이현 지음 | 298쪽 | 값 13,800원

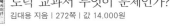
도덕 교과서 무엇이 문제인가?
김대용 지음 | 272쪽 | 값 14,000원

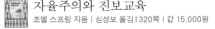
자율주의와 진보교육
조엘 스프링 지음 | 심성보 옮김 | 320쪽 | 값 15,000원

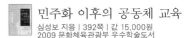
민주화 이후의 공동체 교육
심성보 지음 | 392쪽 | 값 15,000원
2009 문화체육관광부 우수학술도서

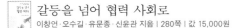
갈등을 넘어 협력 사회로
이창언·오수길·유문종·신윤관 지음 | 280쪽 | 값 15,000원

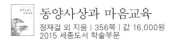
동양사상과 마음교육
정재걸 외 지음 | 356쪽 | 값 16,000원
2015 세종도서 학술부문

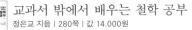
교과서 밖에서 배우는 철학 공부
정은교 지음 | 280쪽 | 값 14,000원

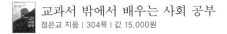
교과서 밖에서 배우는 사회 공부
정은교 지음 | 304쪽 | 값 15,000원

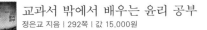
교과서 밖에서 배우는 윤리 공부
정은교 지음 | 292쪽 | 값 15,000원

한글 혁명
김슬옹 지음 | 388쪽 | 값 18,000원

좌우지간 인권이다
안경환 지음 | 288쪽 | 값 13,000원

민주시민교육
심성보 지음 | 544쪽 | 값 25,000원

민주시민을 위한 도덕교육
심성보 지음 | 500쪽 | 값 25,000원
2015 세종도서 학술부문

교과서 밖에서 배우는 인문학 공부
정은교 지음 | 280쪽 | 값 13,000원

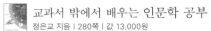
오래된 미래교육
정재걸 지음 | 392쪽 | 값 18,000원

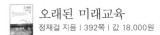
대한민국 의료혁명
전국보건의료산업노동조합 엮음 | 548쪽 | 값 25,000원

교과서 밖에서 배우는 고전 공부
정은교 지음 | 288쪽 | 값 14,000원

전체 안의 전체 사고 속의 사고
김우창의 인문학을 읽다
현광일 지음 | 320쪽 | 값 15,000원

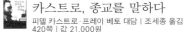
카스트로, 종교를 말하다
피델 카스트로·프레이 베토 대담 | 조세종 옮김
420쪽 | 값 21,000원

일제강점기 한국철학
이태우 지음 | 448쪽 | 값 25,000원

▶ 남북이 하나 되는 두물머리 평화교육
분단 극복을 위한 치열한 배움과 실천을 만나다

 10년 후 통일
정동영·지승호 지음 | 328쪽 | 값 15,000원

 선생님, 통일이 뭐예요?
정경호 지음 | 252쪽 | 값 13,000원

 분단시대의 통일교육
성래운 지음 | 428쪽 | 값 18,000원

 김창환 교수의 DMZ 지리 이야기
김창환 지음 | 264쪽 | 값 15,000원

▶ 평화샘 프로젝트 매뉴얼 시리즈
학교 폭력에 대한 근본적인 예방과 대책을 찾는다

 학교 폭력 어떻게 만들어지는가
문재현 외 지음 | 300쪽 | 값 14,000원

 아이들을 살리는 동네
문재현·신동명·김수동 지음 | 204쪽 | 값 10,000원

 학교 폭력, 멈춰!
문재현 외 지음 | 348쪽 | 값 15,000원

 평화! 행복한 학교의 시작
문재현 외 지음 | 252쪽 | 값 12,000원

 왕따, 이렇게 해결할 수 있다
문재현 외 지음 | 236쪽 | 값 12,000원

 마을에 배움의 길이 있다
문재현 지음 | 208쪽 | 값 10,000원

 젊은 부모를 위한 백만 년의 육아 슬기
문재현 지음 | 248쪽 | 값 13,000원

 별자리, 인류의 이야기 주머니
문재현·문한뫼 지음 | 444쪽 | 값 20,000원

 우리는 마을에 산다
유양우·신동명·김수동·문재현 지음 | 312쪽 | 값 15,000원

▶ 살림터 참교육 문예 시리즈
영혼이 있는 삶을 가르치는 온 선생님을 만나다!

 꽃보다 귀한 우리 아이는
조재도 지음 | 244쪽 | 값 12,000원

 선생님이 먼저 때렸는데요
강병철 지음 | 248쪽 | 값 12,000원

 성깔 있는 나무들
최은숙 지음 | 244쪽 | 값 12,000원

 서울 여자, 시골 선생님 되다
조경선 지음 | 252쪽 | 값 12,000원

 아이들에게 세상을 배웠네
명혜정 지음 | 240쪽 | 값 12,000원

 행복한 창의 교육
최창의 지음 | 328쪽 | 값 15,000원

 밥상에서 세상으로
김흥숙 지음 | 280쪽 | 값 13,000원

 북유럽 교육 기행
정애경 외 14인 지음 | 288쪽 | 값 14,000원

 우물쭈물하다 끝난 교사 이야기
유기창 지음 | 380쪽 | 값 17,000원

▶ 출간 예정

| 근간 | 한국 교육 제4의 길을 찾다
이길상 지음 | 근간 | 라운드 스터디
교사의 배움을 액티브하게 하는 수업연구
이시이 에이신 지음 | 백경석 옮김 |

| 근간 | 교육과정, 수업, 평가 일체화로 만들어가는
학교교육과정
박승열 지음 | 근간 | 우리 안의 미래 교육
정재걸 지음 |

| 근간 | 마을교육공동체 운동의 역사와 미래
김용련 지음 | 근간 | 평화교육, 무엇을 가르칠 것인가?
이기범 외 지음 |

| 근간 | 언어던
정은균 지음 | 근간 | 선생님, 페미니즘이 뭐예요?
염경미 지음 |

| 근간 | 교육이성 비판
조상식 지음 | 근간 | 경남 역사의 기억을 걷다
류형진 외 지음 |

| 근간 | 식물의 교육학
이차영 지음 | 근간 | 인성교육의 철학과 방법
박제순 지음 |

| 근간 | 콩도르세, 공교육에 관한 다섯 논문
혁명 프랑스에 공교육의 기초를 묻다
니콜라 드 콩도르세 지음 | 이주환 옮김 | 근간 | 교사 전쟁
Dana Goldstein 지음 | 유성상 외 옮김 |

| 근간 | 일제강점기 한국 철학
이태우 지음 | 근간 | 나는 거꾸로 교실 거꾸로 교사
류광모·임정훈 지음 |

| 근간 | 신채호, 역사란 무엇인가?
이주영 지음 | 근간 | 자유학기제란 무엇인가?
최상덕 지음 |

| 근간 | 학교는 평화로운가?
따돌림사회연구모임 지음 | 근간 | 교실 평화를 말하다
따돌림사회연구모임 지음 |

| 근간 | 민·관·학 협치 시대를 여는
마을교육공동체 만들기
김태정 지음 | 근간 | 한국 교육 어디서 와서 어디로 가는가?
이주영 지음 |

| 근간 | 민주주의와 교육
Pilar Ocadiz, Pia Wong, Carlos Torres 지음 | 유성상 옮김 | 근간 | 삶을 위한
국어교육과정, 어떻게 만들 것인가?
명혜정 지음 |

| 근간 | 미국의 진보주의 교육 운동사
윌리엄 헤이스 지음 | 심성보 외 옮김 | 근간 | 마을수업, 마을교육과정!
서용선·백윤애 지음 |

| 근간 | 민주시민교육을 위한
역사수업 어떻게 할 것인가?
황현정 지음 | 근간 | 즐거운 동아시아 수업
김은석 지음 |

| 근간 | 혁신학교,
다함께 만들어가는 강명초 5년 이야기
이부영 지음 | | |

참된 삶과 교육에 관한
생각 줍기